신용위험관리

Credit Risk Management

장 욱 · 박종원 저

RISK MANAGEMENT

LEVEL OF RISK

RISK IDENTIFICATION

RISK INVESTMENT

CONTROL

ANALYZE

ASSESSMENT

RISK CAPITAL

IDENTIFY

머리말

한국금융연수원은 금융감독원과 공동으로 금융회사의 FLC(Forward Looking Criteria)에 의한 자산건전성 분류제도의 정착과 신용대출 활성화 방안의 일환으로 여신 전문가 양성을 위해 노력하고 있습니다.

기업신용위험분석은 기업의 미래현금흐름에 기초한 채무상환능력의 분석으로써 금융회사의 신용대출 활성화와 리스크관리에 있어 핵심적인 역할을 담당할 것으로 기대됩니다.

이에 우리 원에서는 이러한 업무를 담당할 신용위험분석사를 양성하고 관심 있는 금융인의 학습과 실무를 위한 지침서로서 본서를 발간하게 되었습니다.

본서의 특징은
첫째, 기업신용위험분석과 관련된 이론적 지식중에 신용위험관리 방법론, 신용위험관리 정책, 전통적 신용포트폴리오 관리, 자산유동화증권과 위험관리 그리고 신용파생상품을 이용한 신용위험관리를 중심으로 체계적으로 알기 쉽게 정리하였습니다.

둘째, 독자 여러분의 자율적인 학습이 가능하도록 수록내용을 비교적 쉽게 기술하였습니다. 이를 위해 본서의 각 장별로 서두에 '학습목표'와 '학습개요'를 제시하여 해당 장에서 학습하여야 할 학습목표와 내용을 요약하고 각 장 말미에는 '연습문제'를 두어 학습결과를 스스로 측정 · 확인할 수 있도록 하였습니다.

셋째, 실무적으로 활용할 수 있도록 수록내용의 근거가 되는 관련 법률이나 규정 등을 명시하고 외국의 사례 등을 소개 하였습니다.

끝으로 이 책이 나오기까지 많은 노고를 아끼지 않은 집필진 여러분께 깊이 감사드리며 앞으로 새로운 금융환경의 변화에 따라 본서의 내용을 계속 수정 · 보완하여 보다 충실한 도서가 될 수 있도록 독자 여러분의 아낌없는 지도 · 편달을 부탁드립니다.

2009년 6월

한국금융연수원장

차례

제1편 신용위험관리 개론

제1장 신용위험관리 기초

제2장 신용위험관리 방법론

제3장 신용위험관리 정책

제4장 전통적 신용 포트폴리오 관리

제2편 자산유동화증권과 위험관리

제1장 자산유동화의 기초와 구조

제2장 자산유동화증권의 이용과 위험관리

제3편 신용파생상품을 이용한 신용위험관리

제1장 신용위험과 신용파생상품

제 1 편

신용위험관리 개론

본서에서는 신용위험의 측정방법에 의해 측정된 신용위험 척도를 이용하여 실제 경영 의사결정 과정에서 신용위험을 일정수준 이내로 관리하는 방법에 대하여 설명하고자 한다.

제1편에서는 신용위험관리에서 기초가 되는 부분을 다루도록 한다. 먼저 신용위험의 기초적인 개념을 설명하고, 신용위험을 측정하고 관리하는 여러 가지 방법론에 대하여 비교 · 설명하고 신용위험관리의 정책적 이슈에 대하여 살펴보고, 마지막으로 전통적 신용포트폴리오 관리에 대하여 설명한다.

제1장에서는 신용위험의 정의에 대하여 설명하고, 신용위험관리의 정의 및 관리절차에 대하여 설명한다.

제2장에서는 신용위험을 측정하고 관리하는 방법론에 대하여 비교 · 설명한다. 개별 신용위험을 다루는 구조모형(KMV)과 축약모형(Kamakura)을 설명하고, 포트폴리오 접근법으로서 CreditMetrics와 Creditrisk+의 신용위험관리방법론에 대하여 다루도록 한다.

제3장에서는 신용위험관리의 정책적 이슈에 대하여 설명한다. 자본배분, 한도관리, 성과평가 및 대출금리결정은 신용위험관리에서 중요한 정책이다.

제4장에서는 전통적 신용포트폴리오 관리에 대하여 설명한다. 이장은 구성상 제2편과 제3편에 연결되어 신용위험관리기법에 관계된 내용이므로 별도의 편으로 구성되어야 마땅하나 내용이 적어 부득이 제1편의 마지막장으로 편집하였다. 그러나 독자들은 신용위험의 관리기법을 전통적 신용포트폴리오 관리, 증권화기법을 이용한 신용위험관리, 그리고 신용파생상품을 이용한 신용위험관리로 대별할 수 있음을 이해하기 바란다.

제 1 장 신용위험관리 기초

학습목표

1. 신용위험의 정의를 숙지한다.
2. 신용위험관리의 정의를 숙지한다.
3. 신용위험관리조직을 이해한다.
4. 신용위험관리절차를 이해한다.

학습개요

제1장에서는 신용위험관리의 기초개념에 대하여 살펴보고자 한다. 신용위험의 정의에 대하여 먼저 살펴보고, 이후 신용위험관리의 정의를 설명하고, 또한 신용위험을 관리하는 합리적 조직설계에 대하여 알아본다. 마지막으로는 신용위험관리의 절차에 대하여 살펴보도록 한다.

제1절

신용위험의 의의

신용위험(Credit Risk)이란 "거래상대방(차주)의 부도 가능성으로 인해 일정 기간 동안 발생할 수 있는 금전적인 손실" 또는 "거래상대방의 신용도 하락이나 상승에 따른 자산가치의 변화"라고 정의할 수 있다. 여기에서 거래상대방은 은행에서는 차주라는 용어를 사용하기도 하는데 대출의 경우에는 차입자를 가리키고 채권의 경우에는 채권을 발행해서 자금을 차입하는 기업을 의미한다.

신용도는 거래상대방이 부도날 가능성(부도율이라고 함)을 나타내는 것으로 신용도가 하락한다는 것은 부도가능성이 높아지는 것을 의미하고 신용도가 상승한다고 하는 것은 부도가능성이 낮아지는 것을 의미한다. 부도율(Probability of Default: PD)은 대출심사역, 신용평가기관 등 시장참가자들이 생산한 정보를 종합하여 시장에서 평가된다. 거래상대방은 여러 부채증권을 발행할 수 있지만 부도는 차주로부터 발생하기 때문에 신용위험은 차주가 발행하는 여러 부채증권에 동시에 발생하게 된다.

신용위험은 손실가능성이므로 부도율뿐만 아니라 부도시손실율도 영향을 미치게 된다. 부도시손실율(Loss Given Default: LGD)은 부도발생 후 최종 회수되지 못하는 금액을 나타낸다. 특히 같은 차주가 발행한 여러 증권 중에서 부도시 상환 우선순위에 따라 회수금액이 달라지는 경우가 발생할 수 있다. 이 경우 부도율은 같지만 부도시손실율이 달라서 신용위험이 다르게 평가된다.

또한 신용위험은 부도시노출금액에 따라 손실금액이 달라진다. 노출금액이 크면 신용손실금액도 커지고 노출금액이 작으면 신용손실금액도 작아진다. 부도시노출금액(Exposure at Default: EAD)은 부도시 신용손실 가능금액으로서 고정소득증권은 보통 발행시 정한 원리금이 해당되나 약정대출과 같이 수시 대출이 가능한 증권은 원리금이 변동할 가능성이 있으므로 부도시노출금액이 달라질 수 있다. 결국 특정 차주의 특정 증권에 대한 신용손실은 부도시노출금액, 부도율, 그리고 부도시손실율에 의해 좌우된다.

신용위험은 전통적으로 대출과 지급보증과 같은 직접적인 신용의 제공만을 범위로 하였으나 업무가 다양화되면서 거액의 우발채무를 발생시키는 파생금융상품의 거래가 늘어남에 따라 장외파생상품과 같이 금융기관이 직접 신용을 제공하지는 않지만 상대방의 지불능력에 대한 신뢰를 바탕으로 하는 거래상대방 위험을 포함하게 되었다. 신용위험은 금융기관이 취급하는 상품의 종류에 따라 다음 표와 같이 구분할 수 있다.

[표 1-1] 신용위험의 종류

종 류	내 용
대출 및 지급보증	기업 및 개인에 대한 대출 및 지급보증
채권	기업 및 단체가 발행한 채권, 대표적으로 회사채가 있음
파생금융상품	거래상대방이나 기초증권에 신용위험이 존재하는 파생상품, 대표적으로 장외파생상품이 있음

신용손실은 특성에 따라 예상손실, 예상외손실과 예외적 손실로 구분할 수 있다. 예상손실(Expected Loss)의 위험요소(Risk Factor)는 거래상대방의 부도시노출금액, 부도율, 그리고 부도시손실율이며, 개별거래상대방의 부도발생에 의한 손실금액을 의미한다. 예상손실은 금융기관이 대손충당금을 설정할 경우 그 기준으로 사용될 수 있다. 예상외손실(Unexpected Loss ; Credit VaR)의 위험요소는 부도율의 변동성(표준편차)이며, 부도율의 변동성은 거래상대방들 사이의 동시부도 상관계수의 영향으로 발생한다. 예상외손실은 금융기관이 회수불능금액을 미리 추산해서 대

손충당금과 같이 손실준비금을 설정하는 것이 어렵기 때문에 자본금에 의해 충당될 수 있다. 예외적 손실은 확률이 매우 작지만 극단적 손실로 이어지는 손실을 의미한다. 이러한 손실은 아주 예외적으로 발생하기 때문에 이를 위해 사전적으로 대비하는 것은 낭비일 수도 있다. 일반적으로 신용위험은 예상손실 및 예상외손실을 포함하여 정의된다.

[그림 1-1] 신용위험의 구성

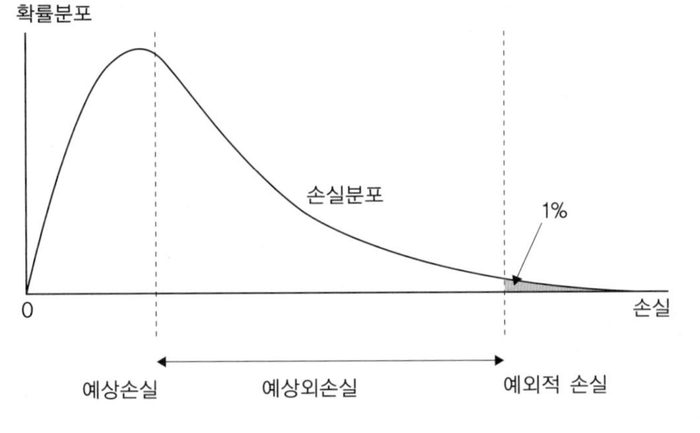

신용위험관리는 주로 은행 경영에서 중요한 문제이므로 본서에서는 은행에서 일어나는 경우를 중심으로 신용위험관리 내용을 다루도록 한다. 신용위험에 대한 사례는 은행에서 여신과 자본시장을 통해 차입하는 채권 발행이 대표적인 경우이기 때문에 향후 본서를 서술함에 있어서 이 두 가지 경우 중 주로 은행의 경우에 대하여 예시하도록 하겠다.

1. 신용위험이 미치는 영향

신용위험은 경기변동과 기업에 고유한 사건들에 의해 영향을 받게 되며, 이는 시장의 많은 참가자들에게 다시 영향을 미친다. 신용위험은 경기상승기에는 일반적으로 하락하는데 그 이유는 기업들이 이전보다 더 많은 이익을 내어 시장전체의 부도율을 낮추기 때문이다. 반면에 신용위험은 경기하락기에는 증가하는데, 이는 기업이윤이 작아져 대출금의 상환이나 채권상환 등이 어려워지기 때문이다. 경제 전체의 경기상황과는 관련이 없는 특정기업에 고유한 신용위험은 기업의 경영 활동, 산업 활동, 제조물 책임소송(product liability lawsuits)과 같은 해당기업에 고유한 일련의 사건들로부터 발생한다. 예를 들어, 미국의 경우 석면이 건강에 대해 위험하다는 사실이 알려졌을 때, 제조물 책임소송은 석면제조에서 선두기업이었던 Johns Manville을 파산으로 몰고 갔고 그 채권들은 채무불이행 되었다. 일반적으로 신용위험의 영향을 받는 주요 이해당사자와 그 영향은 다음과 같이 구분할 수 있다.

1) 자금조달자(채권발행자)

자금을 조달하기 위해 은행으로부터 대출을 받거나 채권을 발행하고자 하는 기업은 자신의 신용위험으로 인해 가장 직접적인 영향을 받는 이해 당사자이다. 은행 대출이나 채권의 가격이 발행자의 신용위험에 대한 프리미엄을 반영하기 때문에 신용위험이 큰 발행자는 자금조달비용이 높아지게 된다. 특히 가까운 장래에 채권을 발행하고자 하는 기업의 경우 예기치 못한 상황이 발생하여 신용위험에 따른 프리미엄이 상승하게 되면 자금조달계획에 큰 차질을 가져올 수 있다. 이에 더해, 기업 고유의 신용에 변화가 없다 하더라도, 경제상황의 악화는 평균적인 신용위험 프리미엄(credit risk premium)을 증가시키므로 모든 채권발행자들의 자본비용을 증가시킨다.

2) 채권투자자

채권투자자는 두 가지 측면에서 신용위험에 영향을 받는다. 하나는 신용위험이 실현되어 채권발행기업이 도산함으로써 원리금의 회수가 어려워지는 경우이다. 또 하나의 경우는 발행자의 신용등급이 하락함으로써 신용위험프리미엄이 상승하여 채권

가격이 하락하는 경우이다. 어느 경우이든 채권투자자는 실질적인 손실이나(도산 혹은 중도매각의 경우) 기회손실(만기보유의 경우)을 피할 수 없다.

3) 상업은행

상업은행(commercial bank)은 차입자가 대출에 대해 채무불이행할 위험에 노출된다. 은행이 직면하는 신용위험은 다음의 두 가지 이유 때문에 상대적으로 높다고 할 수 있다. 첫째, 은행은 특정지역이나 특정산업에 집중하여 대출을 하는 경향이 있고 이러한 경향으로 인해 신용위험을 상대적으로 크게 부담하게 된다. 둘째, 신용위험은 특정 산업부문에 대한 대출시 사전에 정해지는 위험이다. 대출이자율이 무위험이자율의 변화를 반영하여 주기적으로 변경되는 조정 가능한 금리체계를 가지는 경우 무위험이자율의 움직임은 은행에 큰 위험을 부과하지 않는다. 그러나 신용위험 프리미엄은 대출이 행해질 때 이미 고정된다. 만약 신용위험의 증가로 신용위험 프리미엄이 계속해서 상승한다면, 은행은 대출금 상환액(loan payment)이 높은 위험을 보상하는데 불충분하기 때문에 손실을 입게 될 것이다.

2. 신용위험에 따른 손실

앞서 언급한 것처럼 신용위험이 시장참가자들에게 미치는 영향은 매우 크다. 다음에서는 신용위험에 따라 발생하는 손실을 금융기관을 중심으로 설명한다. 신용위험으로부터 발생하는 손실은 일반적으로 두 가지로 구분되는데, 평균적으로 발생하는 예상손실(expected loss)과 예상외손실(unexpected loss)이 그것이다. 예상손실은 금융기관의 과거 경험에 의존하거나 특별한 외부의 충격이 없을 때 발생하는 평균적인 손실이며, 예상외손실이란 확률적 성격을 갖는 불확실한 손실이다. 예상손실은 금융기관의 영업 수행상 불가피한 것이므로 영업비용으로 인식하여 개별 거래의 가격에 반영하거나 대손충당금으로 설정해야 한다.

한편 예상외손실은 발생 가능성은 작지만 일단 발생하면 그 규모가 상당히 커서 금융기관의 입장에서는 자본으로 흡수할 수밖에 없다. 결국 신용위험으로부터 발생하는 손실은 금융기관의 수익성을 악화시킬 뿐만 아니라 자본의 잠식을 가져오며 그로 인해 금융기관은 파산위험에 노출되게 된다. 이런 관점에서 보면 신용위험을 측정하여 적정한 자본수준을 유지하는 것은 금융기관의 생존을 위해서 필수 불가결한 것이다. 흔히 금융감독당국이 강조하는 자본의 적정성을 유지해야 한다는 것은 예상손실에 대비하는 것뿐만 아니라 신용위험에 따른 예상외손실에 대비하여 최소한 필요자본을 보유해야 한다는 의미인 것이다. 더욱이 신용위험 측정을 통하여 최소한의 필요자본이 계산될 수 있으므로 이를 통하여 은행은 자본계획이나 자본배분을 수행하여 최적의 자본수준을 유지하는 것이 가능하게 된다.

3. 신용위험의 특성

1) 통계자료의 불명확성

시장위험의 경우 동일한 상품의 가격변화 자료를 시장에서 반복적으로 수집할 수 있는데 비해 신용위험의 경우 동일한 기업의 과거 통계 자료(예를 들어 부도발생자료)는 존재하지 않는다. 예를 들어, 예상 도산확률 1%는 해당기업의 도산확률이 1%라는 말이 아니고 유사한 특성을 가진 100개 기업 중 1개 기업이 도산할 확률을 나타낸 것이다.

2) 예상외손실의 측정의 어려움

도산은 발생빈도는 낮으나 발생시 그 손실규모는 매우 크기 때문에 신용위험에 따른 손실확률분포는 정규분포를 가정할 수 없다. 즉, 손실분포가 비대칭적이고 두터운 꼬리를 갖기 때문에 평균과 표준편차만으로 예상외손실을 측정하는 경우 오차가 크게 발생한다.

3) 예상외손실의 측정의 어려움

신용위험은 도산이 개별적 사건이며 도산시의 손실이 이항분포 형태(예 : loss or no loss)로 나타나기 때문에 상관관계의 성격이 시장위험과 상이하다. 그리고 도산은 발생빈도가 낮고 관측기간이 장기간이기 때문에 도산확률 간의 상관관계 측정이 어려울 뿐 아니라 정확한 신용위험의 평가를 위해서는 도산확률과 손실률의 상관관계 측정도 필요하다. 또한 대출 등 신용위험 관련 상품의 거래시장 부재로 인해 유동성이 낮고 정확한 가치평가가 곤란하며 지급보증, 담보 또는 상계약정 등 다양한 형태의 신용보완(credit enhancement) 조치가 가능하여 신용위험 구조가 복잡하게 구성되어 있다.

따라서 신용위험을 제대로 측정하는 것은 매우 정교하고 어려운 작업이므로 각별히 주의를 기울여야 한다.

제2절

신용위험관리의 의의

신용위험이란 거래상대방의 부도로 인해 부채계약 이행이 불가능하게 될 수 있는 위험을 의미한다. 금융기관의 신용위험은 거래상대방(기업 또는 개인)의 부도로 발생하게 되는 금융기관의 금전적 손실의 위험으로 정의된다. 따라서 금융기관의 신용위험은 거래상대방의 부도발생 확률 혹은 부도로 발생할 수 있는 손실금액으로 측정할 수 있다.

현대의 금융기관은 수 백, 수 천의 거래상대방과 금융거래를 유지하고 있으므로 개별 거래상대방의 신용위험 뿐만 아니라 포트폴리오 전체적인 신용위험을 내포하고 있다. 포트폴리오 전체의 신용위험은 개별 거래상대방의 부도 가능성과 함께 여러 개 거래상대방의 동시부도 발생 가능성까지를 포함하고 있다.

1990년 이후 금융기관의 신용위험관리는 개별 거래상대방의 신용위험관리에서 포트폴리오 차원의 신용위험관리로 변화하고 있는 추세이다. 한도관리 및 거래상대방의 모니터링 등 개별 거래상대방의 신용위험의 측정으로 관리가 되어 왔던 신용위험관리는 포트폴리오의 개념과 접목되기 시작하면서 위험관리의 주요 이슈로 등장하기 시작하였다.

포트폴리오의 개념과 접목되기 이전의 신용위험관리는 주로 개별 거래상대방의 부도확률을 예측하는 것으로 인식되고 있다. 기업의 주식가격, 채권가격, 재무비율, 산업평가 및 경영진의 평가 등을 여러 가지 통계/비통계적 기법을 활용하여 분석하고,

분석의 결과로써 해당 기업의 상대적인 부도확률을 예측함으로써 한도관리 및 모니터링 작업을 수행하여 왔다.

금융기관이 하나의 거래상대방을 대상으로 영업활동을 수행한다면 해당 거래상대방의 부도확률변동을 지속적으로 관리함으로써 신용위험관리가 충분히 가능하나, 여러 개의 거래상대방을 대상으로 영업이 이루어지고 있는 상황에서는 포트폴리오를 구성하고 있는 복수 거래상대방 각각의 부도확률 예측 뿐만 아니라 거래상대방들의 동시부도확률 또한 간과할 수 없는 위험 요소이다.

거래상대방의 동시부도확률은 경기변동 등 개별 기업의 영업성과와는 큰 관계가 없이 국가적으로 형성되지만, 개별 기업의 부도확률 및 동시부도확률에 많은 영향을 미칠 수 있다. 그러므로 포트폴리오의 개념에 입각한 신용위험관리는 개별 거래상대방 뿐만 아니라 전체 포트폴리오의 수준에서 발생할 수 있는 신용위험의 측정 및 관리로 정의할 수 있다.

1. 신용위험관리의 중요성

신용위험의 개념은 새로운 개념이 아니다. 신용위험은 과거에도 존재하였고 따라서 금융기관들은 오래전부터 신용위험관리에 많은 관심을 가져왔다. 그렇다면 최근 들어 특히 신용위험의 중요성이 강조되는 이유는 무엇일까?

첫째, 기업간 경쟁의 심화로 인한 채무불이행이나 파산의 증대경향이다. 정보기술의 발달과 각 국의 시장개방 확대로 인해 기업의 경쟁자가 전 세계적으로 확대되었으며 이에 따라 모든 국가에서 기업간의 경쟁은 더욱 치열해졌고 기업파산이 급증하고 있다. 또한 하루가 다르게 변화하는 금융환경도 기업의 안정성을 저해하는 요인으로서 기업의 파산위험을 증대시키고 있다.

둘째, 자본시장의 발전은 승자의 저주(winner's curse) 현상을 발생시켰다. 즉, 자본시장이 발달함에 따라 규모가 작고 위험이 큰 기업들이 자금을 쉽게 조달할 수 있게 되었고 따라서, 이들의 위험을 관리하고 이전시키는 것이 중요한 문제로 부각되었다. 이의 대표적인 예가 정크본드(junk bond)라고 불리는 고수익-고위험 채권이다. 우리나라의 경우에도 하이일드 펀드(high-yield fund)가 허용되어 시장규모가 크게 성장하고 있다. 또한 벤처기업을 중심으로 코스닥(KOSDAQ) 시장도 급성장하였다. 그런데 벤처기업들은 그 성격상 위험 특히 신용위험이 높은 것이 일반적이다. 벤처기업의 육성을 위해서는 이들의 신용위험을 효율적으로 배분하고 관리할 수 있는 메커니즘이 절실히 요구된다.

셋째, 금융기관간의 경쟁이 치열해졌다. 현재의 금융기관은 동일한 업무영역에 속한 금융기관들과 경쟁할 뿐 아니라 다른 업무영역에 속한 금융기관들과도 경쟁해야 하는 상황에 처해 있다. 전통적인 영역에서 시간이 지날수록 이익의 폭이 작아지고 있기 때문에 필연적으로 고수익 투자대상을 발굴해야 한다. 고수익 투자대상에는 고위험이 수반되기 때문에 금융기관 입장에서는 이를 효율적으로 관리하는 것이 중요하게 된다.

넷째, 부동산을 포함한 담보자산의 가치가 불확실하다. 1990년대 중반이후의 아시아의 금융위기에서 보았듯이 부동산 등의 담보가치는 그 불확실성이 커서 이를 통한 신용위험관리에 한계가 존재한다.

다섯째, 장외파생상품(OTC derivatives)과 부외거래(off balance sheet transaction)가 급속히 성장하였으며, 이에 따라 거래상대방위험(counterparty risk) 등이 증대하였다. 따라서, 감독당국의 입장에서는 신용위험을 보다 강조하는 입장으로 재무건전성 규제정책을 수행하고 있다. 금융기관 입장에서도 신용위험을 관리하는 위험관리시스템 개발과 신용위험을 전가할 수 있는 신용파생상품 거래에 많은 관심을 기울이고 있다.

이상과 같이 오늘날의 기업이나 금융기관들은 여러 가지 불확실한 요인들에 노출되어 있는데 특히 신용위험에 대한 노출이 증대되고 있다. 이 같은 현상은 기업의 입장에서는 피할 수 없는 현실이다. 따라서 기업이나 금융기관이 관심을 가져야할 문제는 신용위험을 어떻게 회피하느냐의 문제가 아니고 필연적으로 발생하는 신용위험을 어떻게 효율적으로 관리하느냐 하는 문제이다. 분산화와 대출매각, 증권화와 같은 전통적인 신용위험의 관리방법과 더불어 다음에 설명할 신용파생상품은 보다 효율적으로 신용위험관리를 가능케 해 주는 혁신적인 금융상품인 것이다.

2. 신용위험의 전통적인 관리방법

전통적으로 은행과 같이 신용위험의 부담을 주된 영업으로 하는 금융기관들은 신용위험을 관리하는 데에 ① 엄격한 신용평가를 통해 거래상대방을 신중히 선별하는 한편, ② 업종별, 지역별, 거래처별로 신용위험의 한도를 설정하여 신용위험이 특정 부문에 집중되는 것을 억제한다. 다음에서는 이러한 내용에 대해 자세히 살펴본다.

1) 대출기준(underwriting standards)의 강화

기업에 대한 대출의 예를 들어보자. 금융기관은 우선 대출제공 대상이 되는 기업의 재무제표를 면밀히 분석하여 이익의 크기, 수익성, 부채현황 등을 파악한다. 이러한 재무분석의 결과 대출을 해도 무방할 것으로 보이면 다음단계로서 대상기업이 속해 있는 산업의 현황을 분석하여 경쟁압력(competitive pressures), 제품수명주기(product cycle), 미래의 성장전망(growth prospects) 등을 면밀히 검토한다. 재무분석 및 산업분석의 결과 도산가능성이 낮아 대출제공에 문제가 없는 것으로 판단되면, 다음 단계로서 대출 계약조건을 통하여 도산 발생시의 손실금액을 한정함으로써 신용위험에의 노출을 통제한다. 즉, 대출의 규모에 한도를 설정한다든지, 만기 이전에 원금의 일부를 상환토록 규정함으로써 시간의 흐름에 따른 신용도 변화에 대한 위험노출을 줄여나가며, 신용위험이 큰 경우에는 추가적으로 담보(collateral)를 요구한다.

2) 분산화(diversification)

금융기관은 하나의 거래상대방에게 거액을 대출하거나 특정 산업이나 특정지역에 대출을 집중하는 대신 여러 거래처와 다양한 산업 및 지역에 대출을 분산시킴으로써 다각화를 통한 신용위험의 분산화를 기한다.

분산화는 위험관리의 중요한 수단이기는 하지만 신용위험에 관한 한 많은 경우에 분산화의 기회 자체가 제한되기 때문에 그 효과에는 일정한 한계가 있다. 예를 들어 소규모 상업은행의 경우 인근지역에 대한 대출 이외에는 분산화의 기회를 찾기 어려울 것이 보통이기 때문에 지역경제의 호 불황에 따라 신용위험이 크게 변화할 수밖에 없다. 마찬가지로 자동차회사의 신용판매부문은 자동차 이외의 다른 산업부문으로 대출의 분산화를 꾀하는 것이 거의 불가능할 것이다.

더구나 분산화를 통한 신용위험의 통제는 본질적으로 유가증권투자에서 분산화를 통한 위험의 감소 효과를 얻는 것에 비하여 불완전하다. 그 이유는 유가증권의 가격 변동과 달리 대출과 같은 신용자산은 분산화에 의한 위험의 상쇄에 한계가 있기 때문이다. 앞서 예를 든 것과 같이 어떤 은행이 A와 B라는 두 업체에 대출을 제공하였으며, 이들 두 업체의 기업가치는 완전한 음의 상관관계(즉 상관계수= −1)를 갖고 있다고 가정하자. 만약 은행이 대출을 제공하는 대신 이들 두 업체의 주식을 취득하였다면 양자의 상관관계로 인하여 위험이 전혀 없는 투자를 한다고 볼 수 있다. 즉 A의 기업가치가 하락하면 그만큼 B의 기업가치가 상승하게 되어 포트폴리오 전체의 가치는 변화가 없을 것이다.

그러나 대출을 제공한 경우의 분산화에 의한 위험의 상쇄효과는 전혀 다른 양상을 보인다. 예를 들어 A의 기업가치가 하락하여 도산에 이르렀다고 가정하자. 이 경우 음의 상관관계에 의하여 B의 기업가치는 상승하겠지만 은행이 B로부터 지급받는 원리금은 고정되어 있으므로 B의 기업가치 상승이 A의 도산으로 인한 손실을 보전하지는 못한다. 따라서 B에 대한 대출이 보다 안전해졌다는 점을 제외하고는 은행이 A와 B간의 음의 상관관계로 인하여 위험의 상쇄효과를 얻은 것은 아무 것도 없을 수 있다. 결국 신용위험의 경우 분산화를 통하여 얻게 되는 효과는 위험의 상쇄라기보다는 집중도의 완화를 통해 특정기업이나 산업 혹은 지역에 문제가 발생할 경우 그 영향이 전체 대출포트폴리오의 일부분에 국한되도록 하는 것이다.

3. 대출매각과 증권화

신용위험관리에서 "신용위험을 가장 잘 발생시키는 사람이 그 위험을 가장 잘 보유할 수 있는 것은 아니다" 라는 말이 있다, 그 의미는 "신용상태가 좋은 우량고객만을 찾아 거래를 체결한다고 해서 신용위험이 잘 관리되는 것은 아니다"라는 것이다. 거래상대방의 신용상태는 항상 변화할 수 있기 때문에 거래의 체결 당시에는 우량한 고객이었다고 하더라도 사후적으로 신용상태가 나빠질 수도 있으며, 설사 신용상태의 변동이 없다고 하더라도 포트폴리오 관리 차원에서 특정한 거래상대방에 대한 신용위험의 노출을 지속하는 것이 바람직하지 않다고 판명되는 경우도 있을 수 있다. 그러므로 신용위험의 관리는 단순히 신용상태가 우량한 거래상대방에 대해서만 거래를 체결하는 것을 넘어 이미 부담하고 있는 신용위험의 수준을 적절하게 변형시킬 수 있는 능력을 필요로 한다. 영업지역이나 업무영역의 제한 등으로 인하여 대출기준의 강화 및 분산화만 가지고 신용위험을 통제하기 어려운 경우에 이용할 수 있는 방법이 대출매각(loan sale)과 증권화(securitization)이다. 이는 단일 혹은 여러 건의 대출을 제 3자에게 매각함으로써 해당 대출에 대한 신용위험의 부담을 이전시키는 방법이다. 마찬가지로 자신의 자산포트폴리오와는 상이한 특성을 가진 제3자의 대출채권을 매입함으로써 분산화의 효과를 거둘 수도 있다.

대출채권에 대한 증권화 및 대출매각은 신용위험을 관리하는 데에 중요한 수단이 되기는 하지만 역시 일정한 제약이 있다. 특히 증권화를 위한 대출채권의 포트폴리오는 여기에 속한 대출들이 표준화된 지급조건을 갖고 신용위험의 특성 또한 동질적이어야 하는 것이 보통이다. 미국에서 증권화가 크게 활성화되고 있는 주택저당증권(mortgage)이나 자동차 대출(auto loan) 등은 이러한 조건을 충족시킨다고 볼 수 있다. 그러나 일반적으로 은행들이 보유하고 있는 상업대출은 지급조건이나 신용위험의 특성을 표준화하는 것이 거의 불가능할 정도로 다양한 것이 보통이다. 따라서 이러한 대출을 대상으로 증권을 발행하여 기관투자가에게 판매하는 것은 쉬운 일이 아니다.

지금까지 살펴본 전통적인 신용위험관리의 방법들은 기본적으로 거래상대방에 대해 신용을 제공하는 범위에 일정한 제한을 가하여 고객관계에 어려움을 가져오거나, 신용이 제공된 기존의 거래상대방과의 채권, 채무관계를 제3자에게 이전하기 위하여 복잡한 절차를 거쳐야 하는 불편함을 초래하게 된다. 특히 신용위험의 관리를 위해 고객과의 거래관계를 변경시켜야 하는 경우 대개의 금융기관에서 거래를 체결하는(즉 신용위험을 발생시키는) 고객관리 담당자와 위험관리 담당자간에는 입장의 대립이 있을 수 있다.

이러한 자산유동화증권에 대해서는 제2편에서 자세히 설명하도록 한다.

4. 신용파생상품을 이용한 신용위험관리

신용파생상품을 이용하여 신용위험을 관리하면 신용포트폴리오를 재구성하지 않고 비교적 쉽게 신용위험을 헤지할 수 있다. 따라서 신용위험관리자는 자신이 관리하는 신용포트폴리오 내의 개별 신용자산을 매각하거나 새로운 자산을 매입하지 않더라도 문제가 되는 신용위험을 관리할 수 있다.

신용파생상품(credit derivatives)은 채권이나 대출 등과 같이 차입자(또는 발행자)의 신용도에 따라 가치가 변동하는 기초자산(underlying asset)으로부터 신용위험(credit risk)을 분리하여 거래할 수 있도록 설계된 금융계약이다.

이 때 신용위험을 전가하는 거래자는 위험매도자(risk seller) 또는 보장매입자(protection buyer)라고 하고, 신용위험을 부담하는 거래자는 위험매입자(risk buyer) 또는 보장제공자(protection seller)라고 한다. 일반적으로 신용파생상품은 기초자산의 신용상태가 일정한 수준 이하로 악화되는 경우 보장제공자가 일정액의 수수료를 보장매입자에게 지불한다. 따라서 보장매입자는 기초자산의 신용상태 하락에 따라 발생하는 손실을 신용파생상품 거래의 성과로부터 보전받을 수 있다.

신용파생상품이 거래되기 시작한 것은 1991년 신흥시장(emerging market)의 채권을 다수 보유하고 있던 미국계 대형 투자은행이 주축이 되어 신용위험 관리수단으로 도입하면서부터이다. 도입된 이후 시장의 수요는 지속적으로 증가하여 연평균 50% 이상의 고성장세를 보였다.

이러한 신용파생상품에 대해서는 제3편에서 자세히 설명하도록 한다.

제3절

신용위험관리조직

신용위험을 제대로 관리하기 위해서는 이에 대한 전문인력과 이들이 활동할 수 있는 공식화된 조직이 중요하다. 신용위험관리조직은 신용위험의 측정 및 관리와 관련된 일체의 업무에 대한 역할분담을 조직을 통해 공식화한 것이다. 일반적으로 금융기관은 신용위험을 관리하기 위하여 심사역, 신용위원회, 그리고 이사회의 3단계로 이루어진 조직체계를 기본으로 업무를 수행한다.

1. 심사역

심사역은 직접 신용평가를 수행하는 담당자이다. 이런 의미에서 심사역은 신용위험의 관리보다는 측정을 담당하는 것으로 이해할 수도 있다. 그러나 다수의 금융기관에서 신용평가를 담당한 심사역이 신용 제공에 대한 권한을 가지게 되므로 신용위험관리의 제일선을 담당한다고도 볼 수 있다.

일반적으로 심사역은 이사회 또는 신용위원회의 승인을 받아 확정된 평가의 기준과 절차에 따라 개별 거래상대방에 대한 신용평가를 수행하고 신용을 제공할 것인지를 판단한다. 금융기관에 따라 심사역의 개인적 평가오류를 최소화하기 위하여 표준화된 신용평가모형 시스템을 구축하여 활용하기도 하지만 궁극적으로 거래상대방에 대한 질적 평가를 포함한 심사역의 질적 판단이 존중된다.

심사역의 평가는 특정한 거래상대방의 채무변제능력에 대한 분석에 국한되며 금융기관 전체 신용위험에 대한 노출도 및 집중도 등에 대한 고려는 신용위원회에서 결정되기 때문에 금액이 큰 신용거래에 대한 신용제공여부는 심사역의 판단을 고려하여 최종적으로 신용위원회에서 결정된다.

2. 신용위원회

신용위원회는 대개 이사회 산하의 소그룹으로 운영되며, 이사회에서 결정된 경영전략, 신용정책 및 관련규정의 범위 내에서 신용위험의 부담과 관련되는 모든 업무에 대한 의사결정기구로 활용된다. 신용위원회의 중요한 임무는 금융기관이 부담하는 신용위험에의 노출도를 부문별로 파악하여 신용포트폴리오 전체의 위험도를 적정한 수준으로 유지하는 것이다. 신용위원회의 주요 기능은 다음과 같다.

국가별, 부문별, 산업별 전략을 검토하고 신용위험의 노출정도를 측정하고 평가한다. 특정 국가, 부문 및 산업의 상황이 전체 신용포트폴리오에 주는 영향을 검토하여 이에 대처할 수 있는 실행계획을 입안한다. 신용위험의 부담, 위험부담에 대한 보상 등을 고려하여 사업부문별로 신용위험의 편중도 및 목표를 설정하고 이의 준수 여부를 감시한다. 사업부문별로 공정하고 적절한 자본의 배분이 이루어질 수 있도록 위험노출자본에 대한 한도 및 영업전략을 입안한다.

신용위원회가 운영되는 방식은 개별 금융기관의 특성에 따라 달라진다. 소규모 금융기관의 경우에는 이사회와 신용위원회의 구분이 사실상 없기 때문에 이사회가 신용위원회의 역할을 대신하는 경우가 많고 대형 금융기관의 경우에는 신용위원회가 기능별로 다수로 나누어져 있다. 또한 신용위험의 중요성을 인식하여 신용위원회의 상위기구로 위험관리위원회(Risk Committee)를 두어 신용위험을 총괄하는 경우가 점차 증가하고 있다.

3. 이사회

이사회는 신용위험관리의 최종적인 책임과 결정권한을 가지는 기구이다. 일반적으로 이사회는 실질적인 업무수행을 하기보다는 신용위험관리조직을 확정하고 신용정책을 수립하며 그 시행을 적절한 담당자에게 위임하고 성과를 감독한다.

신용위험관리와 관련하여 이사회가 수행하는 가장 중요한 기능은 신용정책을 수립하는 것이다. 일반적으로 신용정책은 신용위험의 측정이나 집중도에 대한 통제 등을 포함하는 포괄적인 내용을 선언함으로써 금융기관의 신용위험관리의 큰 틀을 확정하게 되며, 신용원칙, 신용규칙, 신용지침과 신용절차 등에 의해 보다 구체적으로 신용위험관리와 관련된 세부사항을 규정하는 역할을 한다.

신용원칙(Credit Principles)은 신용평가시 적용되는 기초적인 행동규범으로서 신용평가의 넓은 기준이 된다. 신용규칙(Credit Rules)은 신용원칙보다 구체적인 평가기준으로 신용원칙을 보완한다. 신용지침(Credit Guidelines) 및 신용절차(Credit Procedures)는 신용평가에 대한 일상적인 처리방식을 규정함으로써 신용 관련 업무의 표준화를 도모한다.

제4절

신용위험관리 절차

기업을 대상으로 한 신용위험관리는 첫째, 거래상대방의 신용평가(Ratings), 둘째, 신용노출금액의 산출(Credit Exposure Calculation) 및 셋째, 포트폴리오 분석(Portfolio Analysis)으로 절차를 구분할 수 있다.

신용위험관리의 대상이 되는 거래상대방은 기업과 개인으로 분류할 수 있으나, 개인의 여신은 금융기관의 입장에서는 이미 소액 분산화가 되어 있고 동시부도확률 예측의 어려움 등으로 기업거래상대방과 같이 많은 연구가 이루어지고 있지 않은 실정이다. 따라서 앞으로 신용위험관리 대상은 주로 기업으로 한정하도록 한다.

최종적으로 위의 절차가 끝난 후 신용위험관리정책에 따라 신용포트폴리오 관리방법이나 신용파생상품을 이용하는 방법을 통해 신용위험을 관리할 수 있다. 신용포트폴리오관리와 신용파생상품을 이용한 신용위험관리에 대하여는 다음 편부터 설명하도록 하고 여기에서는 우선 그 이전 단계의 기본적인 절차에 대해서만 설명하도록 한다.

[그림 1-2] 신용위험관리의 절차

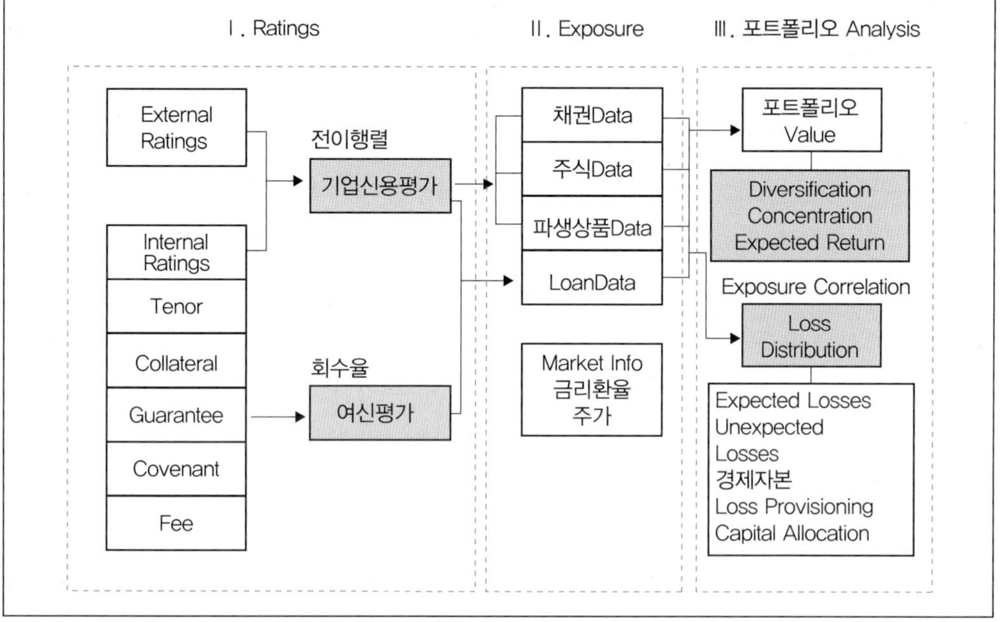

1. 거래상대방의 신용평가

신용평가(Rating)는 거래상대방의 일반적 상환능력을 기준으로 정의된 기업신용평가 및 개별 채권 및 여신의 특성에 따라 정의된 개별 여신평가로 구분될 수 있다. 신용위험관리의 기초단위는 거래상대방이므로 거래상대방의 부도확률을 예측하는 기업신용평가 단계는 신용위험관리의 가장 기초적인 입력자료 산출을 위한 단계라 할 수 있다. 거래상대방의 부도발생시 금융기관이 감수하게 되는 금전적 손실은 해당 거래의 계약조건에 따라 큰 차이가 있기 때문에 각 계약조건별 회수율의 정확한 추정은 신용위험관리의 중요한 자료이다.

금융기관의 조직구조 상 일반적으로 기업신용평가는 심사부서에서 담당하여 신용위험관리를 위한 전이행렬(transition matrix)의 입력자료를 제공하게 되며, 개별 여신평가 및 실행은 여신부서에서 담당하여 회수율의 입력자료를 제공하게 된다.

1) 기업신용평가

기업신용평가는 개별 기업의 부도확률을 포함한 신용등급 변화확률의 예측 및 여신가격결정의 기초자료로 활용되는데, 신용평가 전문기관에 의한 외부 신용평가(External Rating)와 금융기관 자체의 내부 신용평가(Internal Rating)로 구분된다. 기업신용평가는 신용위험관리의 기초 입력자료 중 하나로써 금융기관의 특성에 따라 주거래 대상이 대기업인 경우에는 외부 신용평가의 활용도가, 중소기업인 경우에는 내부평가의 활용도가 상대적으로 크다. 궁극적으로 금융기관 자체의 고유 포트폴리오에 적합한 신용위험모형을 구축하기 위해서는 포트폴리오를 구성하는 모든 신용노출금액의 신용등급을 파악해야 하므로 내부 및 외부평가가 동시에 활용된다.

신용위험모형은 같은 신용등급을 가진 기업이 동일한 수준의 부도확률을 가지고 있다고 가정하므로 일관된 신용평가기준을 적용한 정확한 신용평가가 수행되어야만 동일한 등급 내에서의 부도확률의 변동성이 작아질 수 있다. 동일 등급 내에서의 부도확률 변동성은 경기변동 등에 의한 체계적 위험(systematic risk)을 측정하기 위해 활용되기 때문에 일관되지 못한 신용평가 작업으로 인해 발생되는 변동성은 모형의 정확도에 치명적인 오류를 가져올 수 있다.

① 외부 신용평가

외부 신용평가는 주로 신용평가기관에 의한 대기업의 신용평가등급으로 거래상대방별 신용등급 변화확률 및 부도확률의 측정에 활용된다.[1] 국내 외부 신용평가기관으로는 한국기업평가(1983년 설립), 한국신용평가(1985년 설립), NICE평가정보((구)한국신용정보, 1985년 설립), 그리고 SCI평가정보((구)서울신용평가정보, 1992년 설립)가 있으며 무보증채권(회사채, 금융채, 특수채 등), 기업어음(CP), 자산유동화증권(ABS, MBS, P-CBO 등), 사회간접자본(SOC)채권, 보증기관 등을 대상으로 평가를 수행하고 있다.

---

1) 원론적으로 외부평가는 대기업 특히 상장기업 들이 선택하는 방법이지만 현실적으로 우리나라의 경우 상장기업의 외부평가 이용비율은 매우 낮은 수준에 불과하다. 이는 은행의 여신을 중심으로 형성된 우리나라 금융구조의 특이한 관행에 비롯된 것으로 사료된다.

② 내부 신용평가

내부 신용평가는 금융기관 내부적으로 여신심사 기능의 강화, 여신 대상기업의 발굴 및 효율적인 여신포트폴리오관리를 위해 기업의 신용등급을 평가하는 기능을 의미한다. 주로 거래한도 및 여신 전결한도의 차등화, 차등금리 적용 등 신용등급에 따른 차별적인 여신관리 체제를 구성하기 위해 실시한다.

1990년대에 들어서 내부 신용평가체계가 금융기관의 업무시스템과 접목되고 신용평가의 대상이 기업뿐만 아니라 개인고객으로 확대됨에 따라 신용평점시스템(Credit Scoring System)이라고 불리기 시작하였다. 즉, 객관성, 일관성, 신속성을 강조한 여신업무 절차의 시스템적 필요성이 대두됨에 따라 심사비용을 절감하고 효율적인 여신업무 수행 및 대고객 서비스 제고를 위해 발달하기 시작하였다. 신용평점시스템은 여신 대상 고객의 상대적인 부도 가능성을 계량화하여 한 개의 측정값(Score)으로 산출 · 관리하는 자동화된 일련의 처리 과정이다. 신용평점은 여신대상에 따라 개인신용평점(Individual Credit Scoring)과 기업신용평점(Corporate Credit Scoring)으로 구분될 수 있으며 부도가능성의 예측항목에 따라 다시 응용평점(Application Scoring)과 행위평점(Behavior Scoring)으로 구분된다.

2) 여신평가

여신은 여신 대상기업의 기업신용평가등급과 금융기관의 여신방침, 담보조건, 보증인, 계약조건 등에 의해 결정되므로 여신이 실행되기 위해서는 기업신용평가 결과뿐만 아니라 개별여신에 대한 평가가 수행되어야 한다. 채권발행의 경우에도 채권 발행기업에 대한 기업평가와 함께 발행되는 채권에 내재된 재무특약조항(Bond Covenant)에 따라 개별 증권평가가 이루어진다. 재무특약조항에서는 기업, 주주, 채권자 등 기업의 이해관계자들의 권리를 제한하는 조항이 삽입될 수 있으므로 이에 따라 채권의 신용등급은 현저히 차이가 날 수 있다.

또한 포트폴리오 관점에서의 여신 실행여부에 대한 결정은 전체 손실분포에 대한 한계비용을 고려해야 하므로 금융기관 전체적인 포트폴리오의 피드백이 요구된다. 궁극적으로 여신가격의 결정은 해당 여신의 포트폴리오에 대한 한계 위험노출금액 비율을 감안하게 되므로 포트폴리오 분석의 결과가 피드백되어야 한다.

2. 신용노출금액의 산출

신용노출금액은 거래상대방의 신용등급이 변화하거나 부도시 발생하게 되는 금융기관 자산의 손실가능금액을 의미한다. 신용위험에 노출되어 있는 금융기관의 자산을 관리계정으로 분류하면 자산계정(Asset Account)과 부외계정(Off-Balance Account)으로 구분할 수 있는데, 자산계정은 전통적인 상품인 대출 등과 같은 은행자산과 채권, 주식 등 시장에서 매매가 가능한 거래자산으로 재분류할 수 있다. 부외계정은 금융기관의 재무상태표 상 자산으로 기록되지 않는 상품으로서 약정(Commitment), 보증(Guarantee), 신용파생상품 등을 들 수 있다.

신용위험관리를 위해서는 신용위험에 노출되어 있는 금융기관의 모든 거래가 신용노출금액의 형태로 변환되어야 한다. 예를 들어 은행계정은 장부가를 기준으로, 거래계정은 시가를 기준으로 하며 부외거래는 총 노출금액을 기준으로 변환되어야 한다.

금융기관의 관리계정을 다시 상품으로 분류하면 일반적으로 수 백 가지의 상품이 존재하므로 이를 모두 신용위험노출금액으로 변환하기 위해서는 상당한 시간이 필요하다. 또한 신용노출금액으로의 변환은 기업의 신용등급 변화확률뿐만 아니라 개별거래의 계약조건(Collateral, Netting, Guarantee 등을 고려한 회수율)까지 반영되어야 하므로 복잡한 개념적, 기능적 계산절차가 수반된다.

[그림 1-3] 신용익스포져의 산출

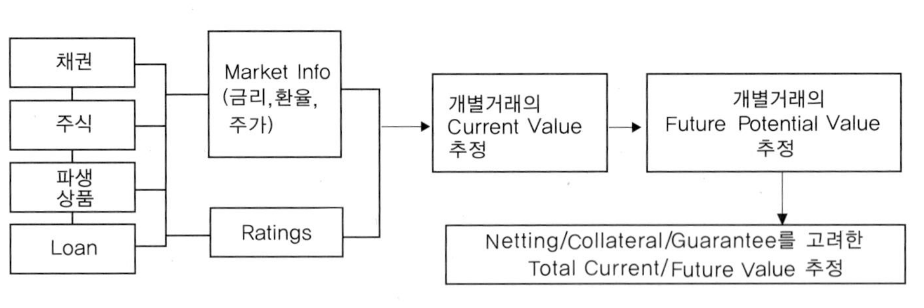

3. 포트폴리오 분석

신용위험의 포트폴리오 분석은 신용평가 단계의 전이행렬 및 회수율과 신용노출금액 계산단계를 통합하여 금융기관 전체 포트포리오의 신용위험을 추정하게 된다. 포트폴리오의 신용위험은 거래상대방의 동시부도 상관관계(Default Correlation)에 상당한 영향을 받을 수 있으므로 포트폴리오 분석시 이의 반영이 필수적이며, 기업신용평가, 시장정보 및 주가수익률 등을 종합적으로 고려하여 동시부도의 가능성을 추정하게 된다.

Markowitz(1952)의 포트폴리오 이론을 응용한 신용위험의 포트폴리오 분석은 동시부도가능성의 추정에 따른 포트폴리오 가치분포. 및 손실분포의 도출로 구분할 수 있다.

[그림 1-4] 포트폴리오 분석

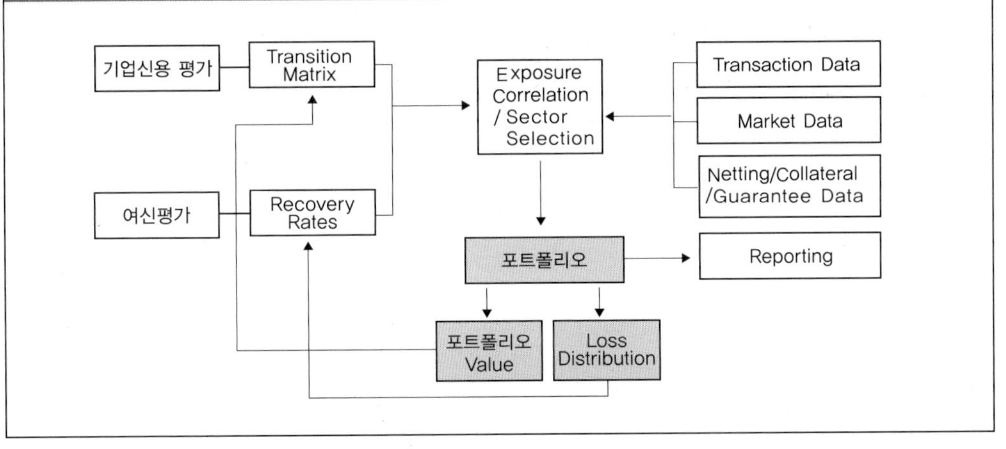

1) 포트폴리오 가치분포

포트폴리오 가치분포가 추정되면 포트폴리오를 구성하고 있는 개별 기업의 신용등급변화 시나리오에 따른 포트폴리오 가치 변화의 추정이 가능하므로 한계효과에 의한 개별 거래의 특성을 파악할 수 있고 위험-수익률 기준에 의한 포트폴리오의 최적화가 가능하다. 예를 들어 포트폴리오 상의 가장 큰 비중을 차지하고 있는 신용위험

노출금액이 신용등급이 하락함에 따라 금융기관의 전체 포트폴리오에 어떠한 영향을 미치는가를 측정할 수 있다.

금융기관의 관점에서는 여신, 채권, 주식, 파생상품 등의 부분 포트폴리오가 통합되어 전체 포트폴리오를 구성하고 있으므로 전체 포트폴리오 가치에 대한 각 부분 포트포리오의 한계표준편차를 산출함으로써 분산효과를 측정할 수도 있다. 또한 포트폴리오 분석의 결과로 각 부분 포트폴리오를 담당하고 있는 여신, 채권, 주식, 파생상품의 한도관리 및 실적평가를 수행하게 된다.

포트폴리오 가치분포를 추정하기 위한 기초 입력자료는 전이행렬이므로 시나리오 분석의 유형에 따라 유연하게 신용등급이 수정되는 등 입력 및 피드백 작업이 계속적으로 필요하게 된다.

2) 신용손실분포

경제적자본 산출의 기본이 되는 신용손실분포(Credit Loss Distribution)는 거래상대방의 부도로부터 발생할 수 있는 포트폴리오의 손실액을 추정하므로 전이행렬 중 신용등급별 부도확률과 회수율을 입력자료로 한다. 신용손실분포는 부도가 발생하는 경우만을 고려하므로 포트폴리오 가치분포의 왼쪽 부분집합으로 생각하여도 무방하다.

제5절

본서의 구성

앞서 잠깐 언급한 바와 같이, 위험관리 이론과 ICT기술의 발전에 따라 금융기관이 신용위험을 관리할 수 있는 수단이 다양화되고 고도화되었다. 과거 개별 거래상대방별 신용위험을 관리하는 형태에서 전체 신용포트폴리오 관점에서 신용위험을 관리하는 형태로 시각이 확대되고, 대출제한 등과 같은 소극적인 전통적 관리방법에서 대출매각과 증권화, 신용파생상품 활용 등과 같은 적극적인 현대적 관리방법으로 변화하게 되었다. 따라서 신용위험관리는 동시부도상관관계를 고려한 집중도관리 또는 위험이 집중된 대출자산 매각을 통한 증권화관리 등을 포함하는 포트폴리오관리와 신용파생상품을 이용한 신용위험관리로 나누어볼 수 있다. 본서에서는 이점을 고려하여 신용위험관리를 포트폴리오관리와 신용파생상품을 이용한 신용위험관리로 나누어 설명하고자 한다.

제1편에서는 신용위험관리에서 기초가 되는 부분을 다루도록 한다. 먼저 신용위험의 기초적인 개념을 설명하고, 신용위험을 관리하는 방법론에 대하여 비교 · 설명하고, 마지막으로 신용위험관리의 정책적 이슈에 대하여 설명한다. 제1장에서는 신용위험의 정의에 대하여 먼저 설명하고, 신용위험관리의 정의 및 관리절차에 대하여 설명한다. 제2장에서는 신용위험을 측정하고 관리하는 방법론에 대하여 비교 · 설명한다. 개별 신용위험을 다루는 구조모형(KMV)과 축약모형(Kamakura)을 설명하고, 포트폴리오 접근법으로서 CreditMetrics와 Creditrisk+의 신용위험관리방법론

에 대하여 다루도록 한다. 제3장에서는 신용위험관리의 정책적 이슈에 대하여 설명한다. 자본배분, 한도관리 및 성과평가는 신용위험관리에서 중요한 정책이다. 제4장에서는 동시부도상관관계를 고려하여 개별 대출의 위험뿐만 아니라 전체 포트폴리오 내에서 개별 대출의 집중도와 분산도를 일정 수준으로 관리하는 전통적인 포트폴리오관리를 설명한다.

제2편에서는 자산유동화증권과 위험관리에 대하여 설명하도록 한다. 전체 신용포트폴리오 중 문제가 되는 대출자산을 매각하는 증권화관리에 대하여 살펴보도록 한다. 제1장에서는 자산유동화의 기초와 구조에 대하여 설명한다. 제2장에서는 유동화 대상자산별 자산유동화증권의 이용과 위험관리에 대하여 설명한다.

제3편에서는 신용파생상품을 이용한 신용위험관리에 대하여 설명한다. 신용파생상품은 기존 포트폴리오관리의 한계를 극복하고 비용도 저렴하여 최근 그 이용이 증가하는 추세이다. 제1장에서는 신용파생상품의 구조, 기능과 특징을 설명한다. 제2장과 3장에서는 신용파생상품의 종류별 구조와 활용방안을 설명한다. 제4장에서는 신용파생상품의 가격결정과 평가방법을 설명한다. 마지막으로 제5장에서는 신용파생상품거래에 대한 규제와 고려사항을 설명한다.

연습문제

1. 신용위험의 정의를 설명하라.

2. 예상손실과 예상외손실을 설명하라.

3. 신용위험의 특징을 설명하라.

4. 신용위험관리의 의의를 설명하라.

5. 신용위험관리 조직을 설명하라.

6. 신용위험관리 절차를 설명하라.

7. 전통적 신용위험관리와 신용파생상품을 이용한 신용위험관리를 비교하여 설명하라.

해답

1. 신용위험(Credit Risk)이란 "거래상대방의 파산 가능성으로 인해 일정기간 동안 발생할 수 있는 금전적인 손실" 또는 "거래상대방의 신용도 하락이나 상승에 따른 자산가치의 변화"라고 정의할 수 있다. 신용위험이란 거래상대방의 부도로 인해 貸 · 借主 사이의 계약이행이 불가능하게 될 수 있는 위험을 의미한다. 금융기관의 신용위험은 거래상대방(기업 또는 개인)의 부도로 발생하게 되는 금융기관의 금전적 손실의 위험으로 정의된다. 따라서 금융기관의 신용위험은 거래상대방의 부도 발생 확률 혹은 부도로 발생할 수 있는 손실금액으로 측정할 수 있다.

2. 예상손실(Expected Loss)의 위험요소(Risk Factor)는 거래상대방의 부도율이며, 개별거래상대방의 부도발생에 의한 손실금액을 의미한다. 예상손실은 대손충당금을 설정할 경우 그 기준으로 사용될 수 있다. 예상외손실(Unexpected Loss:Credit VaR)의 위험요소는 부도율의 변동성(표준편차)이며, 부도율의 변동성은 거래상대방들 사이의 동시부도 상관계수의 영향으로 발생한다. 예상외손실은 자본금에 의해 충당될 수 있다. 일반적으로 신용위험은 예상손실 및 예상외손실을 포함하여 정의된다.

3. 신용위험은 다른 위험들과 비교하여 구분되는 다음과 같은 특성을 가지고 있다. 첫째, 통계자료의 불명확성, 시장위험의 경우 동일한 상품의 가격변화 자료를 시장에서 반복적으로 수집할 수 있는데 비해 신용위험의 경우 동일한 기업의 과거 통계 자료(예를 들어 부도 발생자료)는 존재하지 않는다. 예를 들어, 예상 도산확률 1%는 해당 기업의 도산확률이 1%라는 말이 아니고 유사한 특성을 가진 100개 기업 중 1개 기업이 도산할 확률을 나타낸 것이다. 둘째, 예상외손실의 측정의 어려움, 도산은 발생빈도는 낮으나 발생시 그 손실규모는 매우 크기 때문에 신용위험에 따른 손실 확률분포는 정규분포를 가정할 수 없다. 즉, 손실분포가 비대칭적이고 두터운 꼬리를 갖기 때문에 평균과 표준편차만으로 예상외손실을 측정하는 경우 오차가 크게 발생한다. 셋째, 상관관계의 특수성, 신용위험은 도산이 개별적 사건이며 도산시의 손실이 이항분포 형태(예:loss or no loss)로 나타나기 때문에 상관관계의 성격이 시장위험과 상이하다. 그리고 도산은 발생빈도가 낮고 관측기간이 장기간이기 때문에 도산확률 간의 상관관계 측정이 어려울 뿐 아니라 정확한 신용위험의 평가를 위해서는 도산확률과 손실률의 상관관계 측정도 필요하다. 또한 대출 등 신용위험 관련 상품의 거래시장 부재로 인해 유동성이 낮고 정확한 가치평가가 곤란하며 지급보증, 담보 또는 상계약정 등 다양한 형태의 신용보강(credit enhancement)조치가 가능하여 신용위험 구조가 복잡하게 구성되어 있다.

해답

4. 현대의 금융기관은 수 백, 수 천의 거래상대방과 금융거래를 유지하고 있으므로 개별 거래상대방의 신용위험뿐만 아니라 포트폴리오 전체적인 신용위험을 내포하고 있다. 포트폴리오 전체의 신용위험은 개별 거래상대방의 부도 가능성과 함께 여러 개 거래상대방의 동시부도 발생 가능성까지를 포함하고 있다. 1990년 이후 금융기관의 신용위험관리는 개별 거래상대방의 신용위험관리에서 포트폴리오 차원의 신용위험관리로 변화하고 있는 추세이다. 한도관리 및 거래상대방의 모니터링 등 개별 거래상대방의 신용위험의 측정으로 관리가 되어 왔던 신용위험관리는 포트폴리오의 개념과 접목되기 시작하면서 위험관리의 주요 이슈로 등장하기 시작하였다.

5. 신용위험을 제대로 관리하기 위해서는 이에 대한 전문인력과 이들이 활동할 수 있는 공식화된 조직이 필요하다. 신용위험관리조직은 신용위험의 측정 및 관리와 관련된 일체의 업무에 대한 역할 분담을 조직을 통해 공식화한 것이다. 일반적으로 금융기관은 신용위험을 관리하기 위하여 심사역, 신용위원회 그리고 이사회의 3단계로 이루어진 조직체계를 기본으로 업무를 수행한다. 심사역은 이사회 또는 신용위원회의 승인을 받아 확정된 평가의 기준과 절차에 따라 개별 거래상대방에 대한 신용평가를 수행하고 신용을 제공할 것인지를 판단한다. 신용위원회는 대개 이사회 산하의 소그룹으로 운영되며, 이사회에서 결정된 경영전략, 신용정책 및 관련규정의 범위내에서 신용위험의 부담과 관련되는 모든 업무에 대한 의사결정기구로 활용된다. 신용위원회의 중요한 임무는 금융기관이 부담하는 신용위험에의 노출도를 부문별로 파악하여 신용포트폴리오 전체의 위험도를 적정한 수준으로 유지하는 것이다. 이사회는 신용위험관리의 최종적인 책임과 결정권한을 가지는 기구이다. 일반적으로 이사회는 실질적인 업무수행을 하기보다는 신용위험관리조직을 확정하고 신용정책을 수립하며 그 시행을 적절한 담당자에게 위임하고 성과를 감독한다.

6. 신용위험관리는 첫째, 거래상대방의 신용평가(Ratings), 둘째, 신용노출금액의 산출(Credit Exposure Calculation), 셋째, 포트폴리오 분석(Portfolio Analysis)으로 절차를 구분할 수 있다. 신용평가(Rating)는 거래상대방(Issuer)의 일반적 상환능력을 기준으로 정의된 기업신용평가 및 개별 채권 및 여신(Issue)의 특성에 따라 정의된 개별 여신평가로 구분될 수 있다. 신용위험관리를 위해서는 신용위험에 노출되어 있는 금융기관의 모든 거래가 신용노출금액의 형태로 변환되어야 한다. 예를 들어 은행계정은 장부가를 기준으로, 거래계정은 시가를 기준으로 하며 부외거래는 총 노출금액을 기준으로 변환되어야 한다. 신용위험의 포트폴리오 분석은 신용평가 단계의 전이행렬 및 회수율과 신용노출금액 계산단계를 통합하여 금융기관 전체 포트폴리오의 신용위험을 추정하게 된다. 포트폴리오의 신용위험은 거래상대방의 동시부도 가능성(Exposure Correlation)에 극단적인 영향

해답

을 받을 수 있으므로 포트폴리오 분석시 이것의 반영이 필수적이며, 기업신용평가, 시장정보 및 주가수익률 등을 종합적으로 고려하여 동시부도의 가능성을 추정하게 된다.

7. 전통적으로 금융기관들은 신용위험을 관리하는 데에 ①엄격한 신용평가를 통해 거래상대방을 신중히 선별하는 한편, ②업종별, 지역별, 거래처별로 신용위험의 한도를 설정하여 신용위험이 특정부문에 집중되는 것을 억제하고, ③대출채권 매각이나 증권화 등을 통하여 이미 부담하고 있는 신용위험을 해소하는 등의 방법을 통하여 신용위험을 관리해 왔다. 신용파생상품을 이용하여 신용위험을 관리하면 신용포트폴리오를 재구성하지 않고 비교적 쉽게 신용위험을 헤지할 수 있다. 따라서 신용위험관리자는 자신이 관리하는 신용포트폴리오내의 개별 신용자산을 매각하거나 새로운 자산을 매입하지 않더라도 문제가 되는 신용위험을 관리할 수 있다.

참고문헌

[국내문헌]

- 김규형, 『신용위험의 측정과 관리』, 한국금융공학컨설팅, 2000.
- 김형태, 이준희, 『신용파생상품에 관한 연구』, 한국증권연구원, 2000.
- 오세경, 김진호, 이건호, 『위험관리론』, 경문사 1999.
- 이건호, 『신용파생상품의 이해와 위험관리에의 활용』, 한국금융연구원, 1999.
- 한국은행, 『신용위험의 측정기법과 활용』, 한국은행, 2001.

[국외문헌]

- Altman Edward I., A. Saunders, "Credit Risk Measurement: Developments over the Last 20 years", journal of Banking and Finance 21, 1997, 1721~1742.
- Caoutte John B., Edward I. Altman, Paul Narayanan, "Managing Credit Risk: The Next Great Challenge", John Wiley & Sons, 1998.
- Markowitz Harry, "Portfolio Selection", Journal of Finance, 7(1), 1952, 77-91.
- Saunders Anthony, Lomda Allen, "Credit Risk Measurement", John Wiley & Sons, 2002.

제 2 장 신용위험관리 방법론

제1절 각 신용위험관리방법론의 개황

제2절 구조모형(KMV)

제3절 축약모형(Kamakura)

제4절 CreditMetrics(J.P. Morgan)

제5절 CreditRisk+ (Credit Suisse Group)

학습목표

1. 신용위험관리 방법론의 각각 특징을 이해한다.
2. 구조모형(KMV) 방법론의 특징을 이해한다.
3. 축약모형(Kamakura) 방법론의 특징을 이해한다.
4. CreditMetrics 방법론의 특징을 이해한다.
5. CreditRisk+ 방법론의 특징을 이해한다.

학습개요

제2장에서는 신용위험을 측정하고 관리하는 여러 가지 방법론에 대해서 살펴보고자 한다. 지금까지 알려진 대표적인 신용위험관리방법론에서 개별 신용위험을 측정 · 관리하는 구조모형(KMV) 방법론과 축약모형(Kamakura) 방법론을 설명하고, 신용포트폴리의 신용위험을 측정 · 관리하는 J P Morgan의 CreditMetrics방법론과 Credit Suisse Group의 CreditRisk+방법론을 설명한다. 이 방법론들은 개별 자산 및 포트폴리오 관점에서 신용위험을 측정하고 이를 바탕으로 신용위험관리에 필요한 다양한 정보를 제공하는 수단이다. 신용위험관리 방법론은 개별자산의 신용위험을 측정하여 미래 부실가능성을 예측하는 신용위험모형과는 그 관점에서 차이가 있다. 신용위험모형에 대해서는 CRA교재 기업신용분석에 설명되어 있다.

제1절

각 신용위험관리방법론의 개황

신용위험을 측정하고 관리하기 위해 다양한 방법론들이 제시되고 있다. 개별 신용자산의 부도위험을 측정 · 관리하는 모형은 구조모형(KMV)과 축약모형(Kamakura)이 있고, 신용포트폴리오의 손실분포로부터 VaR를 구하는 신용위험 모형은 J.P. Morgan의 CreditMetrics, 그리고 CSFB의 CreditRisk+가 있다. 각 방법론은 특징적인 차이가 존재하지만 사용된 모수가 동일하다면 세 모형으로부터 얻은 분석결과는 유사한 것으로 평가되고 있다(Koyluoglu · Hickman, 1998). 아래 표에서는 각 방법론의 특징을 간략히 나타내고 있다.

구조모형(KMV)과 축약모형(Kamakura)은 각각 이론적 배경이 되는 구조모형과 축약모형이 의도하는바와 같이 위험채권의 예상손실을 관리하는 방법론으로서 보다 널리 알려져 있다. 그리고 CreditMetrics와 CreditRisk+는 각각 기업자산과 소매자산으로 구성된 신용포트폴리오를 관리하는 방법론으로 폭넓게 활용되고 있다. 먼저 위험채권 가격결정모형으로서 구조모형(KMV)과 축약모형(Kamakura)을 살펴보고 다음으로 신용포트폴리오모형으로서 CreditMetrics 방법론과 CreditRisk+ 방법론을 살펴본다.

[표 2-1] 신용위험관리 방법론의 비교

구분	구조모형(KMV)	축약모형 (Kamakura)	CreditMetrics	CreditRisk+
손실분포 산출유형	시가평가	시가평가	시가평가	Default/Non Default
특징적인 입력자료 요건	거래상대방별 주가수익률/변동성/부채, 옵션 가격결정모형	거래상대방별 채권가격, 신용등급별 신용스프레드, Jarrow & Turnbull 모형(1995)	업종별 대표 주가수익률, 신용등급별 이자율	신용등급별 부도율/표준편차, 독립 섹터
부도율 산출	새로운 신용평가모형 도입	새로운 신용평가모형 도입	금융기관 내부신용등급 활용	금융기관 내부신용등급 활용
대상 거래상대방	대기업(상장기업) 위주	대기업(채권 발행 기업) 위주	대기업(상장기업) 위주	대/중소기업/ 개인
적용시 고려사항	상장기업 부도확률 추정의 적정성, 비상장기업의 부도 예측	이자율에 대한기간구조모형, 국내 채권시장의 부족한 유동성	신용등급에 따른 자산평가	독립섹터 추정의 적정성
장단점 및 적용가능성	북미 상장기업의 부도예측에 비교적 정확하다는 평을 받고 있다. 포트폴리오 분석방법의 검증이 필요하다고 판단됨	북미 투자적격등급 기업의 부도예측에 비교적 정확하다는 평을 받고 있다. 채권시장이 불완전한 환경에서의 추정방법에 검증이 필요하다고 판단됨	KMV 방법론의 포트폴리오분석과 거의 동일하다. 업종 주가수익률 상관계수의 검증이 필요하다고 판단됨	최소한의 입력자료 추정으로 손실분포의 추정이 가능하다. 독립섹터의 현실적 추정이 검증되어야 함

제2절

구조모형(KMV)

1. 구조모형과 축약모형의 비교

위험채권의 가격결정모형은 구조모형과 축약모형의 두 종류로 나눌 수 있다(Duffie and Singleton, 1998). 구조모형은 부도가 기업의 자산가치와 부채가치의 차이에 의해 결정된다고 본다. 즉, 구조형 모형에서는 특정 기업의 자산가치의 변화과정을 확률과정으로 구체적으로 명시하고 이러한 자산가치가 기업의 부채가치 수준 이하로 떨어질 때 부도가 발생한다고 가정한다. 따라서 구조모형에서는 신용스프레드는 자산가치의 변동성과 자본구조와 같은 구조적인 요인에 의해 결정된다. 축약모형은 기업의 자산가치와 관련된 변수가 모형에 포함되지 않는다. 이 모형에서 부도는 기본적으로 예측이 불가능한 사건으로 간주된다. 축약모형에서 부도과정은 외생적으로 주어지는 확률과정이며 채권만기까지 어느 시점에서도 부도가 발생할 수 있다. 즉, 부도는 확률변수로서 예측이 불가능하고 갑작스러운 외생적인 사건으로 간주된다.

2. 구조모형의 개념

구조모형은 기업에 대한 주주와 채권자의 상태의존계약 개념에서 시작된다. 특정 기업이 할인채권 B를 발행하여 필요자금을 조달하고, 그 기업은 만기 T에 채권보유자에게 액면가 F를 지불해야 하는 경우를 생각해보자. T시점에서 기업의 자산가치 V가 채권의 액면가 F이상이면, 채권보유자는 약정된 부채상환액을 받고, 그 기업의 주주는 남은 자산가치를 가지게 된다. 그러나 V가 F보다 작으면, 그 기업은 부도가 난 것으로 간주할 수 있고, 그 기업의 전 자산은 채권자의 소유가 된다.

$$T \text{ 시점 주주의 가치: } S_T = Max(0, V_T - F)$$
$$T \text{ 시점 채권자의 가치: } B_T = Min(F, V_T) = F - Max(0, F - V_T) \quad (1)$$

주주의 가치는 행사가격 F를 가진 유럽형 콜옵션을 보유한 것과 동일하다. 채권자의 가치는 무위험채권을 매입하고 행사가격 F를 가진 유럽형 풋옵션에 대한 매도 포지션을 가진 것과 동일하다.

비연속적인 재무자료를 이용한 로지스틱 회귀방법론은 연속적인 개념인 부도율을 설명하는 데에는 방법론적으로 한계가 있을뿐더러 기업의 미래 현금흐름에 대한 적절한 할인율을 적용하여 얻은 자산가치[2)]가 과거로부터 얻은 재무자료보다는 더 유용하다는 근거에서 본 모형은 기업의 부도가 기업의 자산가치와 부채가치의 차이에 의해 결정된다고 본다. 다만, 구조모형을 바탕으로 기업의 실제 부도확률을 도출하기 위해서는 자산의 가치 및 변동성 추정, 부도위험 측정수단으로서의 부도거리뿐만 아니라 부도자료를 이용한 실제 부도확률로 조정하는 과정이 필요하다[3)].

---

2) 기업의 부채 및 주식의 시장가격은 기업의 재무자료, 기업의 향후 전망과 위험, 경제 전반에 관한 예측을 종합하여 나타나는 지표이다. Aharoney and Swary(1996)는 주식보유자들이 은행 자산의 질에 관한 정보에 따라 합리적으로 반응하고 주가는 은행부도에 관한 유용한 정보를 제공함을 보였고, Gropp · Vesala · Vulpes(2002)은 Merton(1974)의 옵션모형을 이용하여 주가 및 은행발행 채권금리 스프레드를 사용하여 구축한 모형이 유럽 은행들의 부도를 예측하는 데 효과적이었음을 보였다.

3) 부도자료를 이용한 실제 부도확률로 조정하는 과정이 KMV모형의 고유한 특징이다.

3. 자산 가치 및 변동성 추정

기업의 주가자료가 사용 가능하다면, 주식가치는 기업의 자산을 기초자산으로 자산의 가치가 부채금액에서 0을 갖는 만기가 영구적인 콜옵션(perpetual call option)으로 생각할 수 있다. 따라서 옵션평가모형에서 옵션의 시장가격과 변동성을 이용하여 기초자산의 가치와 내재변동성을 도출할 수 있듯이 자산의 가치와 변동성을 도출할 수 있다. 문제를 단순화하기 위하여 기업의 자산가치 V_t^A가 기하적인 브라운 운동(geometric Brownian motion)을 따른다고 가정하자.

$$\frac{dV_t^A}{V_t^A} = \mu dt + \sigma_A dW_t, \tag{2}$$

여기서 W_t는 표준 브라운 운동을 따르고 σ_A는 자산의 변동성이고, μ는 자산의 수익률 이다. 부도를 예측하고자 하는 시점이 T일 때, 이 시점에서 부채의 장부가를 K라 하면, Black-Scholes(BS) 옵션가격 공식에 의해 주식의 시장가격 V_E는 다음과 같다.

$$V_E = V_A N(d_1) - e^{-rT} K N(d_2), \tag{3}$$

여기서 r 은 무위험 이자율이고, $V_A = V_0^A$이고,

$$d_1 = \frac{\ln(V_A/K) + (r + \sigma_A^2/2)T}{\sigma_A \sqrt{T}}, \qquad d_2 = d_1 - \sigma_A \sqrt{T} \text{ 이다.}$$

수식 (1)로부터 V_E는 V_A에 관한 함수이므로 주식과 자산의 변동성은 다음과 같은 관계를 만족한다.

$$\sigma_E = \sigma_A \frac{V_A}{V_E} \frac{\partial V_E}{\partial V_A}, \tag{4}$$

여기서 σ_E는 주가의 변동성이고 자산이 기하적인 브라운운동을 따를 경우에는 $\partial V_E/\partial V_A = N(d_1)$임을 알 수 있다.

4. 부도거리의 계산

옵션가격모형에서 기업의 자산가치가 부채금액 이하로 하락할 경우에 부도가 발생하므로 부도확률은 자산가치가 부도금액 이하로 하락할 확률이다. 만약 자산가치의 분포를 알고 있다면 부도확률은 누적분포함수를 통해 쉽게 계산할 수 있으나 현실적으로 분포를 파악하기는 쉽지 않다. 이런 문제를 해결하기 위하여 구조모형에서는 먼저 자산가치가 부채금액간의 간격을 자산가치의 표준편차를 단위로 측정하여 이를 부도거리(DD: distance to default)라고 정의한 후 실증자료의 분포를 이용하여 부도확률을 계산하는 과정을 따른다. 즉, 부도거리는 다음과 같이 산출한다.

$$\text{부도거리(DD)} = \frac{\text{자산가치} - \text{부채금액}}{\text{자산가치} \times \text{자산변동성}}$$

예를 들어, A기업의 자산가치가 100이고, 부채금액이 25라면 기업의 순가치는 75로서 75%의 자산가치 하락으로 도산하게 된다. A기업의 자산가치 변동성(표준편차)이 25%, 즉 25라면 부도거리(DD)는 3표준편차의 크기가 된다.

자산가치가 기하적인 브라운 운동을 따를 경우 부도를 예측하고자 하는 시점이 일 때, 이 시점에서 부채의 장부가를 K_T라 하면 부도거리는 다음과 같다.

$$(DD) = \frac{\ln(V_A/K_T) + (\mu - \sigma^2_A/2)T}{\sigma_A\sqrt{T}} \qquad (5)$$

부도거리는 기업의 기대수익에 관련된 모든 정보를 반영하는 자산가치 V_A, 기업이 지불해야 하는 계약상의 모든 부채의 장부가를 자산가치로 나눈 차입비율 $L = K_T/V_A$ 과 자산의 위험도를 나타내는 자산의 변동성 σ_A을 포함하고 있으므로 Gropp, Vesala and Vulpes(2002)가 제시한 기업부실을 나타내는 지표로서 만족해야 할 완전성(completeness)을 갖고 있다. 뿐만 아니라 부도거리는 다음과 같은 세 개의 조건을 만족하고 있다.

$$
\text{(i)} \quad \frac{\partial DD}{\partial V_A} = \frac{1}{\sigma_A \sqrt{T}\, V_A} > 0
$$

$$
\text{(ii)} \quad \frac{\partial DD}{\partial L} = -\frac{1}{L} < 0 \qquad (6)
$$

$$
\text{(iii)} \quad \frac{\partial DD}{\partial \sigma_A} = \frac{\ln(V_A/K_T) + \mu T}{\sigma_A^2 \sqrt{T}} - \frac{\sqrt{T}}{2} < 0
$$

부도거리가 음(−)의 값(−DD)을 가지는 것은 기업의 부실을 나타내는 지표로서, 자산가치가 증가함에 따라 부도거리가 감소하고, 차입비율이나 자산의 변동성이 증가하면 부도거리가 증가하는 특성을 갖고 있음을 알 수 있고 이를 불편의성(unbiasedness)이라 부른다.

부도에 관한 KMV의 실증적인 자료 분석에 의하면, 일반적으로 자산가치가 총부채의 장부가에 도달하여도 부도가 발생하지 않은 경우가 발생함을 확인 할 수 있었고, 따라서 실증분석을 통해 부도가 발생하는 점을 다음과 같이 단순화할 수 있다. 즉, 실제 부도는 자산가치가 총부채 수준까지 하락해도 발생하지 않고 그 이하 수준인 부도점(Default Point)에서 발생하는 경우가 많다.

$$
\text{부도점} = \text{단기부채} + \text{장기부채} \cdot \frac{1}{2}
$$

[그림 2-1] 자산가치의 변화과정

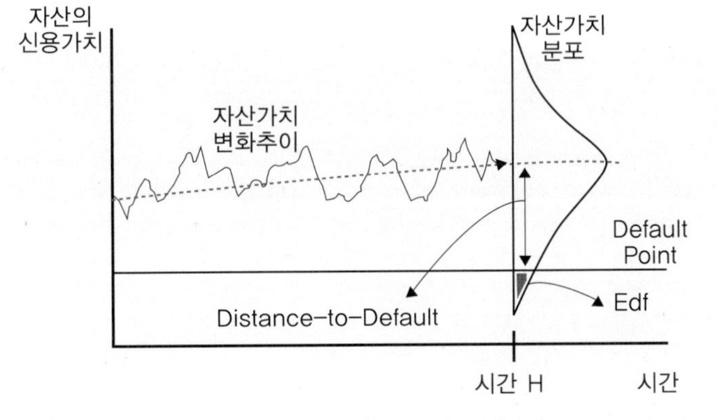

5. 부도확률의 계산

KMV는 주어진 부도거리로부터 부도확률을 과거 자료를 이용하여 산출하고 이를 EDF(expected default frequency)라 부른다. 예를 들어, 어떤 기업의 1년 후 부도거리가 7이라면, 부도거리가 7인 기업 모집단(예를 들어 10,000개)에서 1년 후에 5개 기업에서 부도가 발생할 경우, EDF는 0.05%로 계산한다.

자산가치가 기하적인 브라운 운동을 따를 경우 부도를 예측하고자 하는 시점이 일 때, 이 시점에서 부도점을 K_T라 하면 부도확률 EDF는 다음과 같다.

$$EDF = \mathrm{P}[V_T^A \le K_T / V_0^A = V_A]$$
$$= \mathrm{P}\left[Z \le -\ln\frac{(V_A/K_T) + (\mu - \sigma^2{}_A/2)T}{\sigma_A\sqrt{T}}\right] = N(-\mathrm{DD}), \qquad (7)$$

여기서 N(·)는 표준정규분포이고 DD는 전 단계에서 구한 부도거리이다.

DD가 크면 클수록 도산가능성은 낮아짐에 따라 EDF와 DD와의 관계는 역의 관계이다. DD는 자산의 변동성, 자산의 시장가치 그리고 부도점에 영향을 받으므로 자산의 시장가치가 작을수록, 부채의 장부가치가 클수록, 그리고 자산의 변동성이 클수록 EDF의 크기는 커진다.

먼저 다른 변수들이 변하지 않고 자산가치만 변동하는 경우를 살펴보면, 아래 그림에서 자산가치가 하락(실선에서 점선으로)하는 경우 EDF는 증가하고, 자산가치가 상승(실선에서 점 선으로) 하는 경우 EDF는 감소한다.

[그림 2-2] 자산가치만 변동하는 경우 EDF의 변동

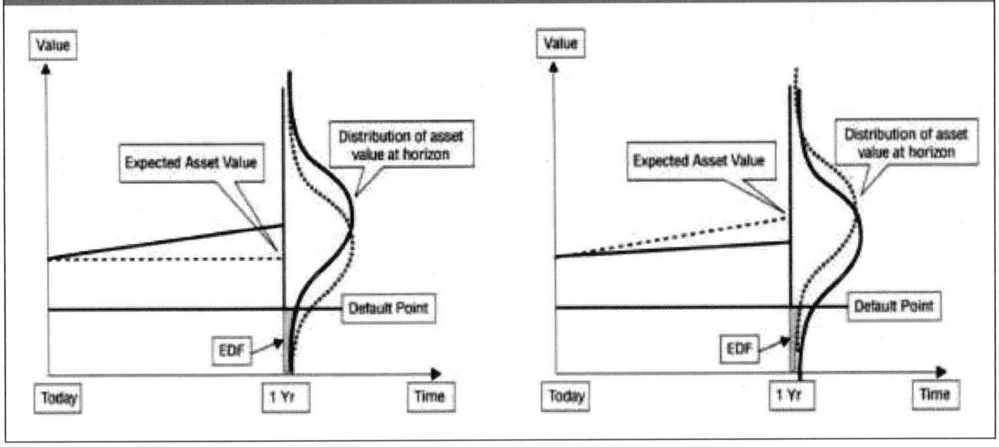

다음으로 다른 변수들이 변하지 않고 부도점만 변동하는 경우를 살펴보면, 아래 그림에서 부도점이 하락(실선에서 점선으로)하는 경우 EDF는 감소하고, 부도점이 상승(실선에서 점선으로)하는 경우 EDF는 증가한다.

[그림 2-3] 부도점이 변동하는 경우 EDF의 변동

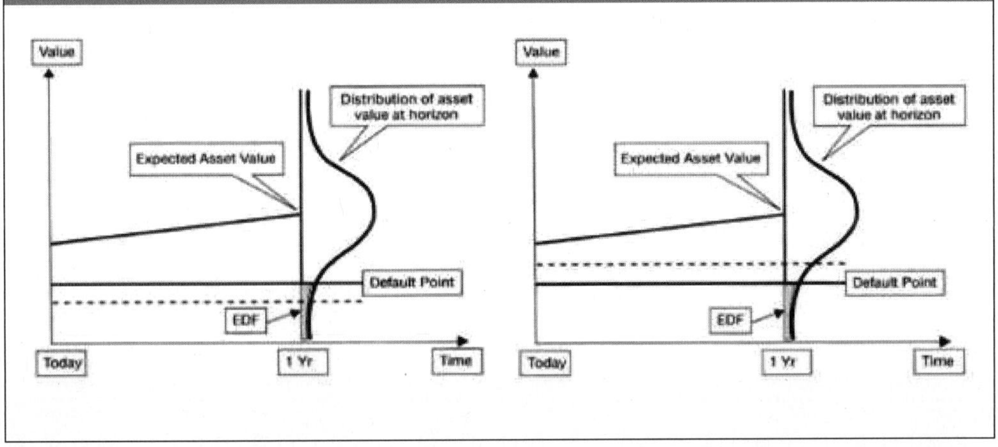

자료: KMV

마지막으로 다른 변수들이 변하지 않고 자산가치 변동성의 크기만 변동하는 경우를 살펴보면, 아래 그림에서 자산가치 변동성이 작아지는(실선에서 점선으로) 경우 EDF는 감소하고, 자산가치 변동성이 커지는(실선에서 점선으로) 경우 EDF는 증가한다.

[그림 2-4] 자산가치 변동성이 변동하는 경우 EDI의 변동

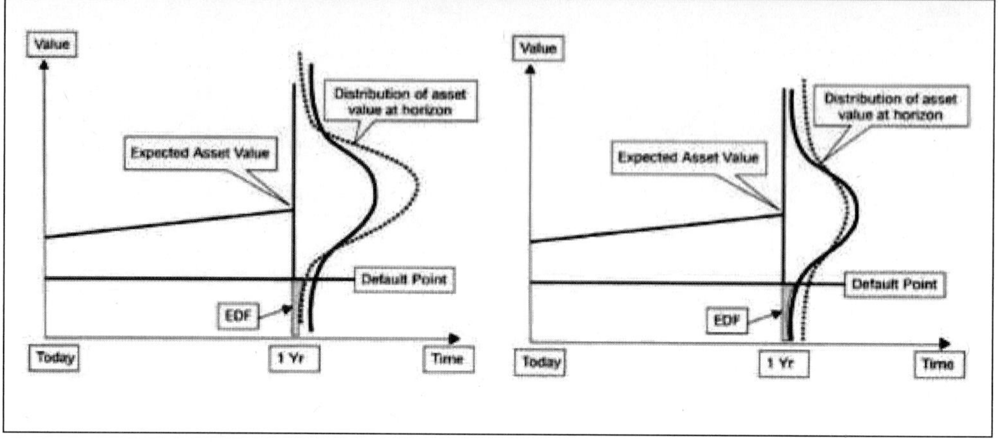

자료: KMV

KMV는 역사적 부도자료를 이용하여 실증적 EDF(empirical EDF)라고 불리는 실증적인 부도확률을 계산한다. 정규분포를 가정하는 EDF는 실증적 EDF로 매핑되어서 부도확률을 보다 현실적으로 나타낼 수 있도록 가공된다.

$$\text{Empirical EDF} = \frac{\begin{array}{l}\text{Number of firms that defaulted within}\\ \text{a year with asset values of } 2\,\sigma \text{ from}\\ \text{B at the beginning of the year}\end{array}}{\begin{array}{l}\text{Total population of firms with}\\ \text{asset values of } 2\,\sigma \text{ from B}\\ \text{at the beginning of the year}\end{array}}$$

KMV의 EDF는 정보가 효율적으로 업데이트되는 주가정보를 사용하기 때문에 그렇지 못한 재무정보를 주로 사용하는 신용등급에 비해 조기경보(early warning)하는 것으로 알려져 있다. 아래 그림은 부도기업들의 EDF(실선으로 표시)가 신용등급(점선으로 표시)보다 부도 이전에 빨리 반응하는 모습을 보여준다.

[그림 2-5] 자산가치만 변동하는 경우 EDF의 변동

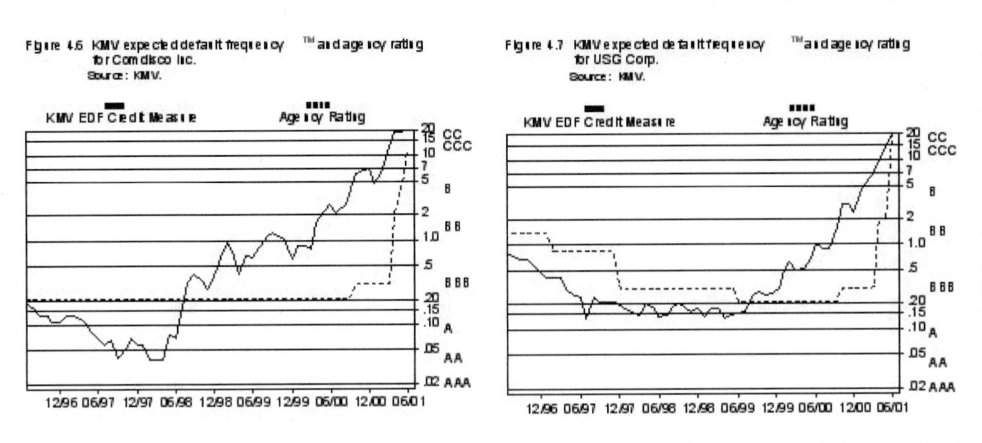

6. 비상장기업의 부도확률 추정

KMV는 주식의 시장가격을 활용하여 부도확률을 예측하므로 비상장기업(Private Firm)에 대한 부도확률의 예측은 논리적으로 불가능하다. 그러므로 비상장기업에 대한 주식의 시장가격은 해당기업과 가장 유사한 형태의 상장기업群의 주식가격을 활용하고 있는데, 이를 비상장기업모형(Private Firm Model)이라 정의한다.

1997년 5월 현재 KMV가 전 세계적으로 분석하고 있는 상장기업의 수는 약 18,000여 개 업체인데, 이는 일반적인 미국은행 포트폴리오의 40~50% 정도를 수용할 수 있는 수준이다. 따라서 나머지 50~60%를 차지하고 있는 비상장기업에 대한 자산가치의 추정은 비상장기업모형이 담당하고 있으며, 비상장기업모형에 의한 비상장기업의 자산가치 추정은 유사 상장기업의 정보로부터 유추된다.

즉, 해당 비상장기업과 현금흐름, 제품의 판매규모, 부채의 장부가격 및 산업특성이 가장 비슷한 상장기업群을 추출하여 자산가치 및 자산가치의 표준편차를 대체·추정하고 있다.

1) 비상장기업의 자산가치 추정

일반적으로 많은 현금흐름을 가지고 있는 기업은 높은 자산가치를 나타내며 낮은 현금흐름의 기업은 낮은 자산가치를 나타내고 있다. 그러나 부(−)의 현금흐름 혹은 아주 적은 현금흐름을 보이는 기업에 대하여서는 이와 같은 일반적인 특성이 성립하지 않으므로 적용에 주의를 기울여야 한다.

또한 현금흐름과 자산가치의 정(+)의 관계는 산업별로 약간씩 다른 양상을 보이고 있다. 즉, 성장율이 높은 산업은 현금흐름의 단위 당 상대적으로 높은 자산가치를 보이는 반면, 이미 성숙 단계의 산업은 상대적으로 낮은 자산가치를 나타낸다. 그러므로 비상장기업의 자산가치를 추정하기 위해서 KMV는 지역별 · 산업별로 비슷한 현금흐름을 보이는 상장기업群 자산가치의 중앙값(Median)을 사용한다.

2) 비상장기업 자산가치의 표준편차 추정

규모가 큰 기업은 작은 기업보다 상대적으로 안정적인 자산가치를 나타내므로 기업의 규모는 자산가치의 표준편차에 중요한 영향을 미친다고 할 수 있다. 따라서 비상장기업 자산가치의 표준편차를 추정하기 위해서는 지역 및 산업 외에도 기업규모를 고려하여야 한다. 따라서 비상장기업모형은 지역 · 산업 · 규모 등을 감안하여 해당 비상장기업과 비슷한 상장기업群 자산가치 표준편차의 중앙값(Median)을 대체하여 활용하고 있다.

7. 신용위험의 포트폴리오관리

KMV는 비록 개별 자산의 신용위험을 측정 · 관리하는 EDF에 중점을 둔 방법론이지만 전체 포트폴리오의 신용위험을 측정 · 관리하는 방안도 제시하고 있다. 포트폴리오의 분산화이론은 1950년대 Markowitz에 의해 성립되어 주식의 포트폴리오 관리에 성공적으로 활용되어 왔다. 여기에서는 이러한 Markowitz의 이론을 여신을 포함한 전체 포트폴리오에 확대시킴으로써 분산화를 측정하고, 자산의 집중화를 최소화하는 동시에 포트폴리오의 수익률을 최대화하는 방법론에 대하여 고찰하고자

한다.[4)]

기업의 부도는 일반적으로 연간 2% 미만의 확률로 발생하므로 확률적으로는 아주 적은 가능성이지만, 일단 발생하게 되면 차주의 재무구조에 악영향을 미칠 수 있다. 기업의 부도발생으로 인한 은행의 신용위험은 구조적으로 제거될 수 있는 성질이 아니므로 은행 중 누군가는 손해를 보아야만 한다. 그러나 은행의 입장에서 이러한 신용위험은 포트폴리오의 분산화를 통해 관리될 수 있다. 즉, 포트폴리오를 구성하고 있는 거래상대방의 동시부도 가능성을 최대한으로 감소시킴으로써 거래상대방의 부도발생으로 인한 손해를 최소화할 수 있는 것이다. 포트폴리오 분산화의 측정이란 전체 포트폴리오 상에서 발생할 수 있는 손실액수의 범위를 측정하는 것을 의미한다. 그러므로 예상손실 뿐만 아니라 예상외손실의 측정이 확률적 근거를 가지고 이루어져야 한다.

한 기업의 부도는 은행에게 손실을 가져오고, 손실은 대출자산의 회수율에 따라 액수의 많고 적음이 결정된다. KMV는 회수율대신 손실율의 개념을 사용하며, 손실율을 대출자산의 장부가격에 대한 비율로 표현하고 있다. 즉, (손실율 = 1 - 회수율)의 관계가 성립한다. 한 거래상대방의 부도로 인한 예상손실은 손실율의 정의를 이용하면 아래와 같이 정의할 수 있다.

$$\text{예상손실} = \text{신용노출금액} \times \text{부도확율} \times \text{손실율}$$

또한 부도의 발생 및 미발생은 이항 확률변수(Binomial Random Variable)로 표현할 수 있으므로 한 거래상대방의 부도발생으로 인한 예상외손실, 즉 표준편차는 Bernoulli 확률변수의 표준편차를 이용하여 아래와 같이 정의된다.

$$\text{예상외손실} = \text{신용노출금액} \times \text{손실율} \times \sqrt{\{(\text{부도확률}) \times (1-\text{부도확률})\}}$$

4) 본 장은 KMV Corporation의 설립파트너 중 한 사람으로서 Stephen Kealhofer가 기술한 포트폴리오 Management of Default Risk를 요약한 것이다.

전체 포트폴리오의 예상손실은 통계학의 기대값의 개념과 동일하게 각각의 거래상대방에 대한 예상손실의 가중평균(포트폴리오 노출금액에 대한 각 노출금액의 비율에 대한 가중)합으로 산출될 수 있다. 그러나 예상외손실, 즉 표준편차는 거래상대방간 부도확률의 상관관계로 인해 예상손실과 동일하게 단순 합으로 산출할 수 없다. 포트폴리오 위험의 관계식에 의해 전체 포트폴리오의 예상외손실을 측정하기 위해서는 포트폴리오를 구성하고 있는 모든 거래상대방의 雙(All Possible Pairwise)에 대한 상관계수를 추정해야 한다.[5)]

포트폴리오 전체의 예상외손실을 추정하기 위해서는 각 거래상대방별 예상외손실과 거래상대방의 쌍에 대한 상관계수가 필요하다. 각 거래상대방별 예상외손실은 거래상대방의 부도확률과 손실율로 산출이 가능하므로 현실적인 어려움이 없다. 문제는 거래상대방의 쌍에 대한 상관계수의 추정인데, KMV는 이를 거래상대방의 쌍에 대한 자산가치의 상관계수를 추정함으로써 대체하고 있다. 거래상대방의 자산가치는 앞에서 살펴 본 바와 같이 옵션가격결정이론을 이용한 주식의 시장가격으로 추정이 가능하므로, 추정된 자산가치의 시계열자료로 상관계수를 추정하게 된다. 두 거래상대방간 동시부도 확률의 상관계수를 직접적으로 추정할 수 있는 방법이 현실적으로 없기 때문에 KMV는 자산가치의 움직임을 대체적으로 활용하였으며, 이를 이차적 접근법(Derivatives Approach)라 부르고 있다.

---

5) A와 B의 두 자산 포트폴리오 위험은 $\sigma^2_{A+B} = \sigma^2_A + \sigma^2_B + 2\sigma_{A,B} = \sigma^2_A + \sigma^2_B + 2\rho_{A,B}\sigma_A\sigma_B$ 이다.

제3절

축약모형(Kamakura)

1. 축약모형의 개념

축약모형은 신용스프레드의 기간구조를 모형화함으로써 거래상대방의 향후 부도확률을 추정하는 방법론이다. 신용등급별 회사채의 신용스프레드 변화를 시간의 흐름에 따라 모형화함으로써 향후의 신용등급별 신용스프레드를 예측하고 이로부터 부도확률을 추정한다. 회사채의 가격이 차익거래이론에 의해 결정된다고 가정하고 회사채의 시장가격으로부터 역으로 신용스프레드에 대한 모수를 추정한다. 이러한 축약모형의 부실확률 추정방법론은 Jarrow & Turnbull(1995)의 이론에서 출발하였으므로 Jarrow–Turnbull 모형이라 부른다.

KMV의 이론배경인 Merton(1974)의 구조모형과 Kamakura의 이론배경인 Jarrow & Turnbull(1995)의 축약모형은 차익거래이론을 사용하여 거래상대방의 부도확률 또는 신용스프레드를 추정한다는 점에서는 공통점이 있으나, 아래와 같은 확실한 차이점이 존재한다. 구조모형은 거래상대방의 부도가 기업의 자산 및 부채가치의 변화에 의해 발생한다고 가정하였으나, 이자율의 변화요인은 고려하지 않고 Black Scholes 모형(1973)과 동일하게 이자율을 상수라고 가정한다. 반면 축약모형은 Heath, Jarrow and Morton(1992)의 무위험 이자율 기간구조모형을 사용하여 회사채의 가격으로부터 신용등급별 신용스프레드 및 부도확률을 추정한다. 구조모형에서는 기업의 자산가치가 확률적으로 변동하지만 부채는 고정되었다고 가정하였는데, 이는 실질적인 기업의 자산관리 측면에서 지나치게 단순화되었다고 할 수 있다. 반면 축약모형은 시장에서 거래되는 기업의 부채인 회사채가격에 이미 자산가치의 변동성에 대한 부채의 변동성이 동시에 반영되었다고 간주한다.

축약모형을 이용하여 신용스프레드에 내재된 부도율을 추정하는 과정을 예시하면 다음과 같다. 1기간 후 액면가 100을 지불하는 신용위험이 있는 할인채의 시장가격이 87.96으로 관찰되면, 만기수익률 y는 다음 식으로 계산할 수 있다. $87.96 = \frac{100}{(1+y)}$, 즉 y = 0.1369. 무위험이자율 r = 0.08이라고 하면, 다음과 같은 관계를 설정할 수 있다. 1+r = (1 − EL)(1+y) = (1 − PD × LGD)(1+y), 앞의 식에서 EL = PD×LGD이고 PD×LGD×y는 0에 가까운 아주 작은 값이므로 식을 전개하면 y = r+PD x LGD = r+EL, 즉 EL = 0.0569. PD에 대해서 풀기 위해 LGD를 1로 가정하면 PD = 0.0569이다. 위와 같이 시장에서 관찰되는 신용스프레드를 통해서 내재적으로 산출되는 부도가능성을 내재부도확률(Implied Default Probability : IDP)이라고 한다.

2. Jarrow-Turnbull(1995) 모형

앞서 1기간 예제로 예시한 축약모형의 개념을 일반화하면 다음과 같다. 축약모형은 무위험채권으로부터 신용위험을 가진 채권의 상대적 가격을 추론한다. p(t,T)는 만기 T에 1달러를 지불하는 무위험 할인채권의 t 시점 가격이다. r(t)는 t 시점의 무위험 현물이자율이다. B(t)는 0 시점부터 t−1 시점까지 누적이자율의 현가이다.

$$p(t, T) = \widetilde{E}_t\left(\frac{B(t)}{B(T)}\right) \tag{8}$$

$v(t, T)$는 만기 T에 1달러를 지불하는 위험할인채권의 t 시점 가격이다. 기업이 부도가 나지 않으면 1달러를 지불하고, 부도가 나면 회수율 $\delta \langle 1$을 지불한다. τ^*는 부도가 발생하는 확률적 시점이다.

$$v(t,T) = \tilde{E}_t\left(\frac{B(t)}{B(T)}(\delta 1_{\{\tau^* \le T\}} + 1_{\{\tau^* > T\}})\right) \quad (9)$$

무위험 현물이자율 r(t)의 확률과정과 부도과정 τ^*은 통계적으로 독립이라고 가정한다. $Q_t(\tau^* > T)$는 부도가 만기 T 후 발생할 확률이다. 위험할인채권과 무위험채권 사이에는 아래 식과 같은 관계가 성립한다.

$$v(t,T) = p(t,T)(\delta + (1-\delta)\tilde{Q}_t(\tau^* > T)) \quad (10)$$

3. 전이행렬

부도율을 외생적으로 구하는 방법으로 신용평가등급을 활용하여 전이행렬을 통해 구하는 방법이 제안된다(Jarrow, Lando & Turnbull, 1997). 이는 이산적인 경우(Discrete Time Case)에 적용될 수 있다. 전이행렬은 기초 신용등급이 기말에 어떤 신용등급으로 변화하는지 확률을 추정한 것이다.

$$\mathcal{Q} = \begin{pmatrix} q_{11} & q_{12} & \cdots & q_{1K} \\ q_{21} & q_{22} & \cdots & q_{2K} \\ \vdots & & & \\ q_{K-1,1} & q_{K-1,2} & \cdots & q_{K-1,K} \\ 0 & 0 & \cdots & 1 \end{pmatrix}$$

구 분		연말등급								
		AAA	AA	A	BBB	BB	B	CCC/C	D	NR
연초등급	AAA	88.20	7.67	0.43	0.09	0.06	0.00	0.00	0.00	3.49
	AA	0.58	87.16	7.63	0.58	0.06	0.11	0.02	0.01	3.85
	A	0.05	1.90	87.24	5.59	0.42	0.15	0.03	0.04	4.58
	BBB	0.02	0.16	3.85	84.13	4.27	0.76	0.17	0.27	6.37
	BB	0.03	0.04	0.25	5.26	75.74	7.36	0.90	1.12	9.29
	B	0.00	0.05	0.19	0.31	5.52	72.67	4.21	5.38	11.67
	CCC/C	0.00	0.00	0.28	0.41	1.24	10.92	47.06	27.02	13.06

전이행렬의 좌상방에서 우하방으로 연결되는 대각선은 등급이 유지될 확률을 의미한다. 그 대각선을 기준으로 우상방 측 확률은 등급이 하락할 확률이다. 대각선을 기준으로 좌하방 측 확률은 등급이 상승할 확률이다. 오른쪽 D 등급 칼럼은 부도율을 나타낸다.

제4절

CreditMetrics(J.P. Morgan)

신용포트폴리오모형은 가격결정모형 중 축약모형을 이론적 배경으로 한다. 신용포트폴리오모형 중 CreditMetrics와 CreditRisk+는 각각 기업자산과 소매자산으로 구성된 신용포트폴리오를 관리하는 방법론으로 폭넓게 활용되고 있다. CreditMetrics는 전이행렬을 사용하여 채권가치를 시가평가(mark-to-market)할 수 있고 개별자산간 동시부도상관계수를 정의하여 신용포트폴리오의 손실분포를 시뮬레이션할 수 있기 때문에 개별 자산과 전체 신용포트폴리오의 신용위험을 추정하는데 주로 활용된다. CreditRisk+는 섹터분석을 통해 자산들을 풀링할 수 있고 개별 자산과 신용포트폴리오의 손실분포를 미리 정해진 분포로 유도하기 때문에 소매자산과 같이 차주 수가 많은 경우에 주로 활용된다.

CreditMetrics는 도산을 포함한 모든 신용도의 변화를 고려하며, 시가평가에 의해 신용위험을 계산한다. CreditMetrics는 목표보유기간과 신뢰수준을 설정하고 다음 과정에 따라 신용포트폴리오 위험을 측정한다. 첫째, 개별자산의 신용리스크 노출액 측정, 둘째, 개별자산 신용등급변화의 가치변동성 측정, 셋째, 개별자산간 상관관계를 감안한 신용등급변동 결합확률분포 측정, 마지막으로, 포트폴리오 신용위험의 측정. CreditMetrics 방법론의 주요 특징은 아래의 네가지로 요약할 수 있다.

Migration Analysis: PD를 포함한 신용등급의 Up/Down에 의한 자산가치 변동을 추정
· Transition Matrix의 추정을 통한 Marking to Market 방식

Recovery Analysis: LGD를 고정된 값이 아니라 확률변수로 추정
· Beta 분포를 이용한 회수율의 분포추정

Correlation Analysis: 동시부도상관계수를 추정
· 자산간 동시부도 상관관계를 추정하기 위해 Asset Value Model 활용

Simulation Analysis: Monte Carlo Simulation을 활용한 Credit Portfolio의 손실 분포 산출
· Importance sampling 등 고급 분산안정화 기법 사용

1. 전이행렬의 분석

CreditMetrics 모형에서 신용위험은 부도뿐만 아니라 신용등급 변동 (up /down grade)에 의한 자산 가치의 변화로부터 발생한다. 이는 부도/비부도 여부뿐만 아니라 신용등급의 변동으로 중도에 채권을 매각할 때 손실을 보는 것까지 가정한 것이다. 신용등급의 변동에 의한 채권가치의 변화는 시가평가로서 나타난다. 현재 i 등급에서 1년 뒤 j 등급으로 변하는 1년간 전이행렬(One-year Transition matrix)은 앞 장의 축약모형에서 설명한바 있다. 전이행렬 내 한 셀로서 전이확률은 연초에 특정신용등급을 가진 차주가 연말에 특정등급으로 전이할 수 있는 확률(부도율 포함)을 의미한다. 전이행렬의 산출주기는 기본적으로 1년으로 한다. 전이확률은 통계적 추정방법과 실제 역사적 자료를 이용하는 방법으로 추정할 수 있다.

[표 2-2] 신용등급 전이행렬 예시

최초 등급	연말 등급(%)							
	AAA	AA	A	BBB	BB	B	CCC	도산
AAA	90.81	8.33	0.68	0.06	0.12	0	0	0
AA	0.10	90.65	7.79	0.64	0.64	0.14	0.02	0
A	0.09	2.27	91.05	5.52	0.74	0.26	0.01	0.06
BBB	0.02	0.33	5.95	86.93	5.30	1.17	0.12	0.18
BB	0.03	0.14	0.67	7.73	80.53	8.84	1.00	1.06
B	0	0.11	0.24	0.43	6.48	83.46	4.07	5.20
CCC	0.22	0	0.22	1.30	2.38	11.24	64.86	19.79

자료: CreditMetrics

2. 회수율의 베타분포 추정

회수율(1-LGD)은 0%에서 100% 사이의 값을 가지며, 일반적으로 변동성이 매우 큰 것으로 알려져 있다. 아래 표에서 보는 바와 같이 가장 일반적인 선순위채권(Senior Unsecured)의 경우에도 표준편차는 25.45%에 이르러 회수율이 변제우선순위에 따라 매우 큰 차이를 보임을 알 수 있다.

[표 2-3] 회수율의 추정

Seniority Class	Mean(%)	STD(%)
Senior Secured	53.80	26.86
Senior Unsecured	51.13	25.45
Senior Subordinated	38.52	23.81
Subordinated	32.74	20.18
Junior Subordinated	17.09	10.90

자료: Carty & Lieberman, Moody's Investors Service

따라서 CreditMetrics에서는 회수율을 고정된(fixed) 값으로 보지 않고 확률적인(random) 값을 따르는 것으로 처리한다. 즉, 회수율의 분포를 Beta 분포로 가정한다. Beta 분포를 따르는 확률변수는 0에서 1 사이의 값을 가지고 모수 (α, β)의 선택에 따라 분포의 모양이 비교적 자유롭게 변형되므로 회수율에 대한 Fitting이 타 분포보다 상대적으로 용이한 점이 있다.

베타분포(Beta Distribution)의 모양을 확정하기 위해서는 두 개의 모수(α, β)가 필요하며 통계적으로는 특정 현상의 비율(Proportion)을 설명하기 위하여 활용된다. 베타분포를 따르는 확률변수의 범위는 $0 \le x \le 1$ 에서 정의되므로 비율의 분포를 설명하기 위한 1차 조건이 만족된다. 베타분포를 따르는 확률변수 X의 확률밀도함수 f(x)는 정(+)의 실수 α와 β를 모수로 하며, 아래와 같은 함수의 형태로 표현된다.

$$
\begin{aligned}
& f(x) = [x^{\alpha-1}(1-x)^{\beta-1}] / B(\alpha,\beta),\ 0 \le x \le 1,\ \alpha,\beta > 0 \\
& B(\alpha,\beta) = [\Gamma(\alpha)\Gamma(\beta)] / \Gamma(\alpha+\beta), \\
& \Gamma(\alpha) = (\alpha-1)!,\ \Gamma(\beta) = (\beta-1)!,\ \Gamma(\alpha+\beta) = (\alpha+\beta-1)!
\end{aligned}
\tag{11}
$$

α=β=1인 경우는 f(x)=1이 되어 확률변수 x=U(0,1)의 분포를 따르기 때문에 회수율의 경우, 평균 50%, 표준편차 29%를 갖게 된다. 아래의 그림은 모수 α와 β의 값에 따라 베타확률변수의 확률밀도함수가 다양한 형태를 가질 수 있음을 보여주고 있다.

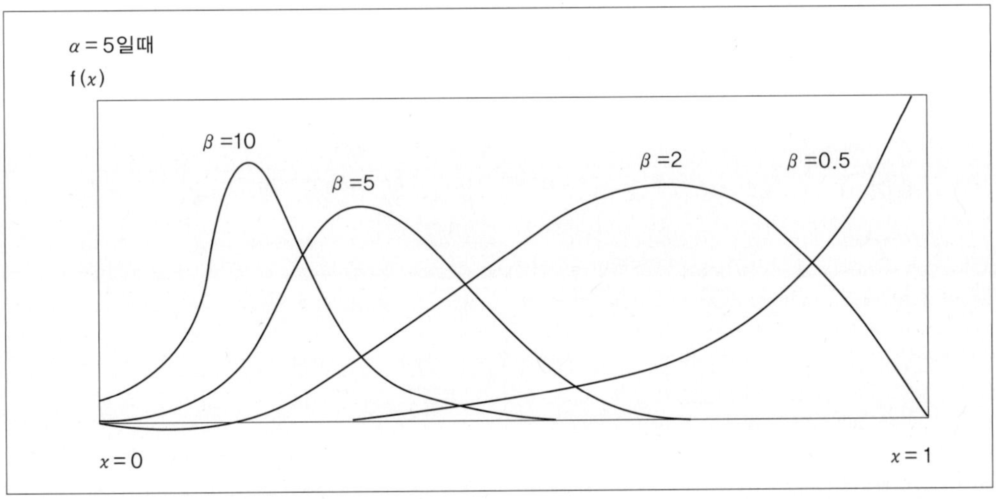

α 〈 1 혹은 β 〈 1 인 경우에는 확률밀도함수가 x=0 혹은 x=1 에서 각각 상당히 큰 값을 가지게 된다. α 〈 1 이고 β 〉1 인 경우에는 확률밀도함수가 감소하게 된다. 반면 〉1 이고 〈1 인 경우의 확률밀도함수는 증가한다. α 와 β 가 모두 1보다 작은 경우에는 U자 모양의 분포를 보인다. α 와 β 가 모두 1보다 큰 경우의 확률밀도함수는 단봉(Unimode)의 형태이다. α = β 의 경우에는 x = 0.5에서 대칭을 보이나, 그 외의 분포는 모두 비대칭이다. 이상에서 보는 바와 같이 베타분포는 여러 가지의 형태로 변형이 가능하므로 타 분포보다 회수율의 Fitting이 용이하다.

회수율을 베타분포로 피팅(fitting)하기 위해서는 (i) 두 개의 모수 α 와 β 를 추정하여 베타분포의 확률밀도함수 형태를 확정한 후 (ii) 관찰된 실제회수율 자료와 추정된 베타분포와의 적합성을 검정하여야 한다. 베타확률변수의 평균과 분산은 각각 아래와 같이 α 와 β 로 표현된다.

$$\alpha = \mu^2(1-\mu)/\ \sigma^2-\mu$$
$$\beta = \mu(1-\mu)^2/\ \sigma^2-(1-\mu)$$

3. 동시부도상관관계의 분석

동시부도의 발생가능성에 대한 체계적 위험을 측정하기 위해 CreditMetrics는 자산가치모형을 활용하여 상관관계를 추정하고 있다. 즉 기업의 자산가치 변화가 부도 발생의 가능성을 설명할 수 있다고 가정한다. KMV가 옵션가격결정이론을 활용하여 기업의 자산을 추정한 반면, CreditMetrics는 주가수익률만을 활용하였다. 즉, 주 단위 주가수익률의 시계열자료로 산업별 상관관계를 추정하여 동시부도의 체계적 위험을 설명하고자 하였다.

CreditMetrics는 Morgan Stanley의 업종코드를 기준으로 28개국의 산업을 23개 업종으로 구분하여 산업별 대표상관계수를 추정하였다. 우리나라는 23개 업종 중 금융, 화학, 건설, 식음료, 보험, 기계설비, 광공업, 제지업, 의류직물 및 운송업 등 10개 업종으로 대분류되어 각각의 대표상관계수가 추정되어 있다. 아래 표는 CreditMetrics에서 제시하는 업종별 상관계수의 일부분이다. 우리나라의 업종별 상관계수가 대체적으로 미국보다 높게 나타나며, 이는 동일 업종에 동일한 노출금액을 보유하고 있더라도 우리나라의 포트폴리오에서 미국보다 상대적으로 많은 손실이 발생할 수 있음을 의미한다.

일반적으로 우리나라 기업의 부도확률이 미국 기업보다 높기 때문에 우리나라 포트폴리오의 예상손실이 미국보다 크다는 것은 당연한 사실이며, 위의 표에서 나타나는 바와 같이 예상외손실 부분에 있어서도 우리나라의 포트폴리오가 크게 나타난다. Morgan Stanley의 업종은 경기변동 등 경제분석의 도구를 기준으로 분류되어 우리나라 증권거래소의 업종과는 분류기준에 많은 차이가 있다.

[표 2-4] Morgan Stanley 기준에 의한 국내 산업별 상관계수

	Basic Material	Cyclical Consumer	Non-Cyclic Consumer	Energy	Financial	Industrial	Technology	Utilities	Independents
Basic Material	1.000	0.825 (0.583)	0.769 (0.376)	0.775 (0.325)	0.671 (0.601)	0.817 (0.718)	0.837 (0.418)	0.797 (0.103)	0.697 (0.334)
Cyclical Consumer		1.000	0.797 (0.711)	0.671 (0.347)	0.732 (0.865)	0.839 (0.849)	0.761 (0.794)	0.688 (0.336)	0.674 (0.673)
Non-Cyclic Consumer			1.000	0.647 (0.401)	0.639 (0.699)	0.801 (0.619)	0.711 (0.626)	0.600 (0.485)	0.705 (0.629)

Energy				1.000	0.599 (0.313)	0.687 (0.459)	0.709 (0.274)	0.759 (0.410)	0.541 (0.164)
Financial					1.000	0.750 (0.840)	0.599 (0.711)	0.521 (0.276)	0.674 (0.684)
Industrial						1.000	0.828 (0.747)	0.692 (0.276)	0.693 (0.583)
Technology							1.000	0.759 (0.352)	0.592 (0.666)
Utilities								1.000	0.514 (0.404)
Independents									1.000

주) 괄호 안은 미국의 상관계수

증권거래소는 국내 업종을 17개로 대분류하였는데, CreditMetrics에서 Morgan Stanley 기준으로 산출한 상관계수와의 비교를 위해 1994년 1월 ~ 1997년 12월동안 증권거래소 업종별 대표주가수익률로 직접 산출해 보면 아래 표의 결과와 같다. 증권거래소 기준에 의한 상관계수는 기계조립금속을 제외하고는 Morgan Stanley 기준의 상관계수의 절대값과 큰 차이를 보이지는 않고 있다. 결과적으로 예외적인 업종이 존재하지만 우리나라의 업종별 상관계수는 약 0.7로 미국보다 높게 나타난다.

[표 2-5] 한국거래소 기준에 의한 국내 산업별 상관계수

	화학	비금속 광물	1차금속	기계 조립금속	운수장비	기타제조	건설
화학	1.000	0.884	0.672	−0.072	0.787	0.805	0.738
비금속 광물		1.000	0.663	−0.027	0.799	0.784	0.759
1차금속			1.000	0.019	0.739	0.521	0.552
기계조립금속				1.000	−0.072	−0.019	−0.056
운수장비					1.000	0.649	0.703
기타제조						1.000	0.625
건설							1.000

개별자산이 아닌 2개의 자산을 고려하는 경우 결합확률분포를 추정하려면, 전이행렬을 이용하여 결합등급이동확률을 계산하여야 한다. 다음 표는 상이한 채무자의 등급변화가 상호독립적이라는 가정 아래 결합확률을 구한 것이다. 예컨대. BBB등급 채권과 A등급 채권의 결합확률은 79.15 % 이다. 결합확률 = 86.93 % x 91.05% =79.15% 그러나 일반적으로는 산업간 연관성 공통적인 시장상황의 영향 등으로 개별자산간에는 상관관계가 존재하므로 이를 추정하기 위한 별도의 과정이 필요하다.

[표 2-6] 결합전이확률 예시(상관계수=0 인 경우)

BBB등급 채권		A등급 채권							
		AAA	AA	A	BBB	BB	B	CCC	도산
		0.09	2.27	91.05	5.52	0.74	0.26	0.01	0.06
AAA	0.02	0.00	0.00	0.02	0.00	0.00	0.00	0.00	0.00
AA	0.33	0.00	0.01	0.30	0.02	0.00	0.00	0.00	0.00
A	5.95	0.01	0.14	5.42	0.33	0.04	0.02	0.00	0.00
BBB	86.93	0.08	1.98	79.15	4.80	0.64	0.23	0.01	0.05
BB	5.30	0.00	0.12	4.83	0.29	0.04	0.01	0.00	0.00
B	1.17	0.00	0.03	1.06	0.06	0.01	0.00	0.00	0.00
CCC	0.12	0.00	0.00	0.11	0.01	0.00	0.00	0.00	0.00
도산	0.18	0.00	0.00	0.16	0.01	0.00	0.00	0.00	0.00

자료: CreditMetrics

두 기업에 대한 신용등급이동의 상관계수 추정은 각 자산수익률 분포간의 상관계수 추정으로 대체 가능하나 현실적으로 자산수익률의 데이터를 구하기가 어려우므로 이에 대한 대용치로서 CreditMetrics는 주가수익률간의 상관계수를 사용한다. 그러나 이 또한 수많은 자산을 대상으로 상관계수를 산출하는 계산상의 노력을 요구하기 때문에 CreditMetrics는 산업별/국가별로 벤치마크 상관계수 행렬을 설정하고 개별 자산간의 상관관계는 이를 개별자산의 특성에 따라 산업별/국가별 가중치를 통해 적절히 매핑시키는 접근방법을 채택하고 있다 이러한 방식을 통해 상장되지 않은 기업, 주가에 대한 정보가 적은 기업들을 대상으로 하는 상관계수도 도출할 수 있다. 만약 위와 같은 방법으로 상관계수가 0.3으로 정해진 경우 2개 자산으로 구성된 신용포트폴리오의 결합전이확률은 양 개별자산의 전이확률과 상관계수를 결합해서 정해진다. 아래 표는 결합전이확률을 예시한 것이다.

[표 2-7] 결합전이확률 예시(상관계수=0.3인 경우)

BBB등급 채권		A등급 채권							
		AAA	AA	A	BBB	BB	B	CCC	도산
		0.09	2.27	91.05	5.52	0.74	0.26	0.01	0.06
AAA	0.02	0.00	0.00	0.02	0.00	0.00	0.00	0.00	0.00
AA	0.33	0.00	0.04	0.29	0.02	0.00	0.00	0.00	0.00
A	5.95	0.02	0.39	5.44	0.08	0.01	0.00	0.00	0.00
BBB	86.93	0.07	1.81	79.69	4.55	0.57	0.19	0.01	0.04
BB	5.30	0.00	0.02	4.47	0.64	0.11	0.04	0.00	0.01
B	1.17	0.00	0.00	0.92	0.18	0.04	0.02	0.00	0.00
CCC	0.12	0.00	0.00	0.09	0.02	0.00	0.00	0.00	0.00
도산	0.18	0.00	0.00	0.13	0.04	0.01	0.00	0.00	0.00

자료: CreditMetrics

위의 표와 같이 각 채권의 신용등급이 8단계인 경우 N개의 자산으로 구성된 포트폴리오 내의 자산간 결합전이확률을 구하려면, 전체 포트폴리오는 8N개의 경우수를 감안하여야 한다. 포트폴리오 내의 자산의 수가 증가하면 발생가능한 경우수가 기하급수적으로 증가하므로 발생가능한 모든 경우를 고려하여 포트폴리오의 확률분포를 추정하는 것은 많은 시간과 비용이 소요되므로 CreditMetrics는 현실적인 대안으로 몬테칼로 시뮬레이션을 통해 확률분포를 추정하는 방법을 채택하고 있다. 몬테칼로 시뮬레이션은 시나리오 생성, 포트폴리오 가치산출, 포트폴리오분포 산출의 단계를 거친다.

4. 포트폴리오 분포의 산출

전체 포트폴리오의 분포가 정규분포 혹은 지수분포 등 확률밀도함수가 알려진 분포라면 포트폴리오의 평균, 표준편차 및 상관분석으로 포트폴리오 관리에 필요한 통계량을 추정할 수 있으나, 현실적으로 포트폴리오의 분포를 가정할 수 없는 한계가 있다. CreditMetrics는 특정분포의 가정없이 포트폴리오의 분포를 추정하기 위해 몬테칼로 시뮬레이션을 활용하여 분포의 백분위수(Percentiles)를 산출하고 있다.

몬테칼로 시뮬레이션은 (i) 전이행렬을 이용한 출현가능한 시나리오 생성 (ii) 시나리오별 포트폴리오 가치 산출 및 (iii) 포트폴리오분포 산출하는 단계로 구분할 수 있다.

1) 전이행렬을 이용한 시나리오 생성

포트폴리오를 구성하고 있는 거래상대방의 신용등급 변화확률은 전이행렬로 표현되므로 각 거래상대방의 변화가능성 및 이에 대응하는 노출금액을 충분한 수의 임의난수로 생성하면 모든 출현가능한 시나리오가 생성된다. 예를 들어 BBB등급 거래상대방의 신용등급 변화확률이 아래의 표와 같이 주어졌을 때 1,000번의 임의난수를 생성한다면 BBB등급에 머무를 빈도가 약 869번, A등급으로 상향될 빈도가 약 59번 등으로 생성될 것이다. 동일한 맥락으로 거래상대방의 수가 늘어나도 7개 신용등급의 변화확률을 이용하면 모든 거래상대방의 가능한 변화움직임을 추적할 수 있다.

신용등급 변화확률로부터 임의난수를 생성하기 위해서는 모집단 분포의 가정이 필요한데, CreditMetrics는 자산가치의 변화율이 정규분포를 따른다는 가정 하에 정규분포에서의 난수를 생성한다. 전이행렬의 특성 상 향후에도 현재의 신용등급에 머무를 확률이 높은 만큼 생성된 시나리오도 현재의 포트폴리오 상태와 동일한 경우가 많을 것이다. 따라서 전이행렬의 확률을 충분히 반영할 수 있는 많은 시나리오가 생성되어야 변동효과에 의한 오차(Fluctuation Error)를 감소시킬 수 있다. 임의난수는 산업별 상관계수가 거래상대방의 수만큼 반영된 다변량 정규분포(Multi-Variate Normal Distribution)에서 생성되어야 하는데, 실제적으로 이를 산출하기 위해서 일변량 정규분포 및 Choleski Decomposition이 활용된다.

2) 시나리오별 포트폴리오 가치 산출

위에서 언급한 시나리오 생성 절차에 의해 n개의 포트폴리오가 생성되면 n개 포트폴리오 각각에 대하여 회수율을 고려한 포트폴리오가치가 산출된다. 예를 들어 3개의 거래상대방으로 구성된 n개 포트폴리오가 생성되었으면 베타분포로 추정된 회수율을 임의로 3개 거래상대방에 반영하여 각각의 순노출금액을 산출한 후, 포트폴리오의 가치가 최종적으로 산출된다. 그러므로 동일한 신용등급으로 구성된 포트폴리오일지라도 회수율의 임의할당으로 인해 서로 다른 포트폴리오의 가치가 산출된다.

3) 포트폴리오 분포

n개의 포트폴리오 가치를 통합한 하나의 그래프는 포트폴리오의 분포를 나타낸다. 몬테칼로·시뮬레이션을 통한 포트폴리오의 분포로 필요한 통계량(백분위수 등)을 파악할 수 있다.

[그림 2-6] 포트폴리오 분포로부터 VaR의 산출 예시

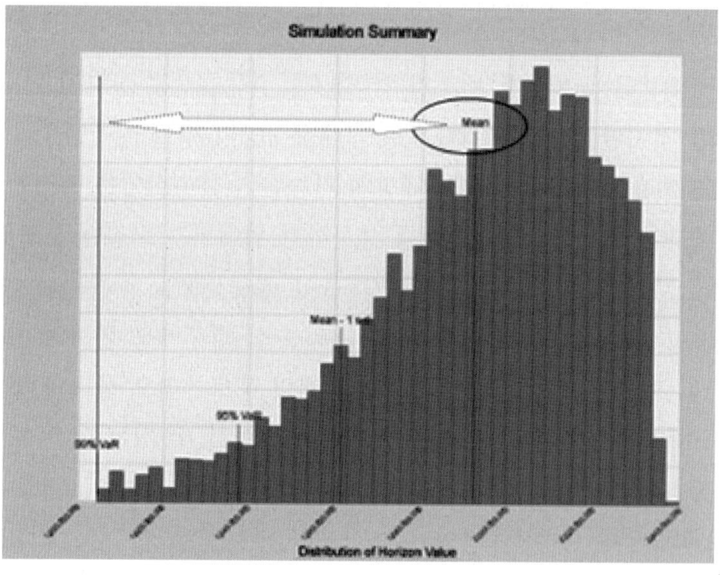

자료: CreditMetrics

5. CreditMetrics 방법론의 절차

여기에서는 채권자산이 아래와 같이 두 개인 경우를 예로 들어 CreditMetrics방법론을 사용하여 VaR를 구해본다.

[그림 2-7] 두 채권 발행정보 및 등급전이확률

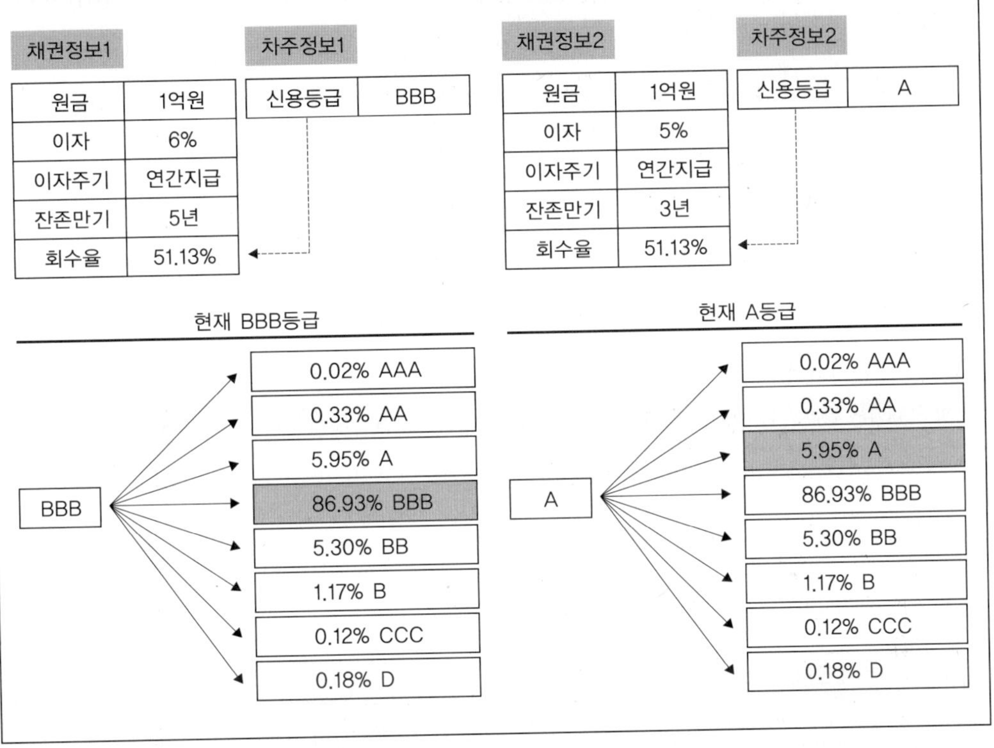

CreditMetrics는 위 채권정보를 이용해서 두 채권의 1년후 선도가치의 분포를 구해야 한다. 이를 위해서는 1년후 선도이자율에 시장정보가 필요하다. 아래 표는 채권시장의 이자율 정보를 이용해서 구한 신용등급별 선도이자율 정보를 보여준다.

[표 2-8] 신용등급별 선도이자율

신용등급	1yr	2yr	3yr	4yr
AAA	0.00	0.00	0.00	0.00
AA	0.00	0.00	0.00	0.00
A	0.02	0.02	0.02	0.02
BBB	0.07	0.07	0.07	0.07
BB	0.00	0.00	0.00	0.00
B	0.00	0.00	0.00	0.00
CCC	0.00	0.00	0.00	0.00

위 채권정보와 선도이자율을 이용해서 현재 BBB 채권1의 1년후 선도가치 분포를 구해보면 다음 표와 같다. 표의 오른 쪽은 1년후 A와 BB로 전이하는 경우 선도가치를 계산하는 공식을 보여준다. 현재 5년 만기 채권은 1년후 4년 만기 채권이 되고 각 신용등급별 선도이자율로 할인하면 선도가치를 구할 수 있다. 1년후 부도가 나는 경우 회수율만큼 회수되는 것으로 가정한다.

[표 2-9] BBB 채권의 1년후 선도가치 분포

BBB채권의 1년후 선도가치 분포		
Year-end rating	Value($)	Probability(%)
AAA	109.37	0.02
AA	109.19	0.33
A	108.66	5.95
BBB	107.55	86.93
BB	102.02	5.30
B	98.10	1.17
CCC	83.64	0.12
Default	51.13	0.18

Case1: 보유채권의 신용등급이 A등급으로 상향될 경우 가치

$$= 6 + \frac{6}{(1+3.72\%)} + \frac{6}{(1+4.32\%)^2} + \frac{6}{(1+4.93\%)^2} + \frac{6}{(1+5.32\%)^2} = 108.66$$

Case2: 보유채권의 신용등급이 BB등급으로 상향될 경우 가치

$$= 6 + \frac{6}{(1+3.72\%)} + \frac{6}{(1+4.32\%)^2} + \frac{6}{(1+4.93\%)^2} + \frac{6}{(1+5.32\%)^2} = 108.66$$

아래 그림은 BBB 채권의 1년후 선도가치 분포를 보여준다. 이 분포의 1% 유의수준의 Credit VaR는 평균과 임계점 사이 거리이므로 8.99이다.

[그림 2-8] BBB채권의 Credit Var의 계산

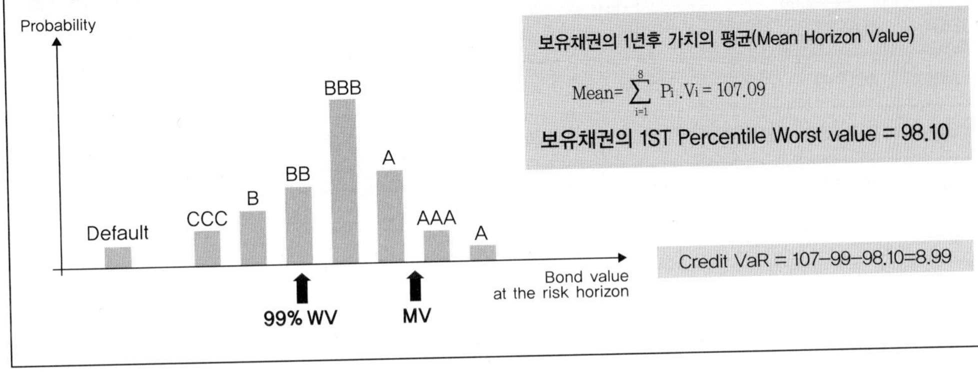

같은 방법으로 현재 A 채권2의 1년후 선도가치 분포를 계산한 후 두 채권 포트폴리오의 1년후 선도가치 분포를 계산하면 아래 표와 같다. 두 채권 포트폴리오의 선도가치는 두 채권의 선도가치를 단순 합하면 쉽게 구할 수 있다. 아래 표의 가장 왼쪽 수치들은 현재 BBB 채권1의 선도가치를 나타낸다. 가장 위쪽 수치들은 현재 A 채권2의 선도가치를 나타낸다. 나머지 셀들은 포트폴리오의 선도가치들을 나타낸다.

[표 2-10] 두 채권 포트폴리오 1년후 선도가치 분포

BBB등급 채권		A등급 채권							
		AAA	AA	A	BBB	BB	B	CCC	Default
		106.59	106.49	106.30	105.64	103.15	101.39	88.71	51.13
AAA	109.37	215.96	215.86	215.67	215.01	212.52	210.76	198.08	160.50
AA	109.19	215.78	215.68	215.49	214.83	212.34	210.58	197.90	160.32
A	108.66	215.25	215.15	214.96	214.30	211.81	210.05	197.37	159.79
BBB	107.55	214.14	214.04	213.85	213.19	210.70	208.94	196.26	158.68
BB	102.02	208.61	208.51	208.33	207.66	205.17	203.41	190.73	153.15
B	98.10	204.69	204.59	204.40	203.74	201.25	199.49	186.81	149.23
CCC	83.64	190.23	190.13	189.94	189.23	186.79	185.03	172.35	134.77
Default	51.13	157.72	157.62	157.43	156.77	154.28	152.52	139.84	102.26

자료: CreditMetrics

한편 위 포트폴리오의 결합전이확률이 앞서 〈표 8〉과 같다고 하면, 포트폴리오의 선도가치 분포를 얻을 수 있고, 1% 유의수준의 Credit VaR는 평균과 임계점 사이 거리이다.[6] 위 표에서 포트폴리오의 확률평균을 구하면 213.63이고 1% 임계점의 포트폴리오 선도가치는 204.4라고 하면, 포트폴리오의 Credit VaR=9.23이다.

6) 앞서 〈표 2-7〉의 결합전이확률에서 상관계수=0.3이다. 이는 두 자산이 속한 산업주가지수의 상관계수로부터 추정된다.

제5절

CreditRisk+ (Credit Suisse Group) 방법론

CreditRisk+는 신용등급별 부도확률의 시계열 자료로부터 해석적 방법을 통하여 손실 분포에 대한 확률밀도함수를 산출한다. 부도의 원인에 대한 어떠한 가정도 하지 않는다. 이러한 접근 방식은 시장가격 움직임의 원인에 대해 어떠한 설명 변수도 설정하지 않는다는 점에서 시장위험관리의 방식과 비슷하다. 결과적으로 모델링 오차를 줄일 수 있고 해석적으로 다루기 용이한 방식이다. 또한 분석에 요구되는 모형의 입력자료가 다른 방법론에 비해 상대적으로 적다. 신용 정보에 관한 자료가 시장정보에 비해 훨씬 작은 것을 감안할 때 상대적으로 모수 추정에 따른 오차를 줄일 수 있다.

부도모형은 신용등급의 연속적 변화를 통하여 부도확률을 추정하는 방법(Marking-to-market)과는 달리 부도라는 드문 사건 자체를 고려하는 방법이다. 즉, 매년 변화하는 부도확률을 연속확률변수로 간주하여 부도확률과 부도손실에 대한 확률분포를 추정하는 방법이다.

부도율과 배후위험요인 사이의 함수관계를 다음과 같이 정의한다. 매 분기의 경제상황은 거래상대방의 부도발생확률에 직접적 영향을 미칠 뿐만 아니라 거래상대방이 속해있는 각 산업부문에 미치는 영향의 정도가 다를 것이다. 또한 거래상대방의 국적이나 지역 등 속성에 따라 그 영향의 정도가 달라질 것이다. 이러한 배후위험요인은 시장에서 관측할 수 있는 변수일 수도 있지만 관측이 불가능한 개념적인 요인일 수 있다.

부문분석(Sector Analysis)은 거래상대방이 관찰된 특성에 따라 하나의 부문(Sector)에 할당되거나 가중값을 통해 여러 개의 부문에 할당될 수 있다. 동일 부문에 할당된 거래상대방은 동일한 배후위험요인의 영향을 받는다고 가정하여 분석을 수행한다.

비모수적 방법을 사용한다. 가정된 부도손실의 분포에서 모수를 추정하는 방법(Parametric 방법)과는 달리 부도손실의 분포 전체를 추정하는 방법이다. 이론적으로는 손실분포에 대해 정형화된 모양이 없으나, 일반적으로 정규분포와 비교해 Skewed & Fat-Tail 이다. 따라서 평균과 분산을 통해 Credit VaR를 추정하는 것은 큰 의미가 없고 백분위수를 통해 Credit VaR를 산출한다.

1. 방법론의 특성 및 가정

부도율의 행태는 연도별 부도율은 변화가 심하기 때문에 부도율을 확정적인 변수로 보지 않고 시간에 따라 변하는 확률변수로 여긴다. 배후위험요인은 부도율의 변화정도는 경제상황, 국가, 산업, 지역 등 부문 별로 상이한데, 이러한 상이정도가 부문별 거시변수에 의해 결정된다고 가정한다. 즉, 근본적으로 부도발생에 체계적 요인을 주요인으로 여긴다. 따라서 연속확률변수 부도율의 무작위 요인은 각 부문을 특징짓는 배후위험요인이고, 부문 내의 거래상대방은 확률적으로 동일하다고 가정한 것이다.

거래상대방이 여러 요인들에 의해 영향을 받는 경우는 배후위험요인을 특징짓는 거시경제변수에 대한 민감도에 따라 확률분포가 결정되는 것이다. 상관계수를 직접 추정하지 않고 부문분석을 통하여 동일 부문의 집중효과를 구한다. 일종의 내재 상관계수(Implied Correlation)이라 볼 수 있다. 부도확률의 무작위성이 배후위험요인에서 온 것임을 상기할 때 부문분석을 통한 내재 상관계수도 역시 배후위험요인에 의해서 전적으로 결정된 것이다.

주어진 분기 내에서 배후위험요인이 정해지고 나면 각 거래상대방별 부도확률은 독립적으로 일어난다고 가정하는데, 이 가정은 부문 내의 표준편차를 각 거래상대방에 대한 표준편차의 단순합 내지는 가중치 합으로 구해야 함을 의미한다.

보험계리적(Actuarial-Based) 방법론이 사용된다. 부도사건이 발생하는 때와 원인들에 대해 어떠한 설명변수, 예를 들어 계량경제학적인 변수 혹은 산업지수 등을 설정하지 않고 단지 부도에 대한 평균과 분산만을 사용하여 손실분포를 추정한다. 따라서 중소기업이나 개인여신 등에 활용이 가능할 것으로 판단된다.

2. 모형구현을 위한 입력 및 출력

CreditRisk+의 입력자료는 거래상대방별 노출금액, 신용등급별 부도확률에 대한 평균과 분산, 회수율이다. 출력자료는 손실 분포 및 손실에 대한 백분위수, 위험공헌도(Risk Contribution) 등이다.

부도율 추정 방법은 신용평가기관의 신용등급별 부도율 사용하거나 시장에서 거래되는 신용등급별 상품의 가격으로부터 추정한 신용스프레드를 사용할 수 있다. 이는 부도율에 대한 확률과정을 가정하고 과거의 부도자료로부터 모수를 추정하여 부도율의 확률과정을 생성하는 방법이다.

부도확률의 분산에 대한 고려에서 신용기관에서 발표한 부도율은 과거 수년 간의 평균 부도율이다. 그러나 실제 관측된 부도율은 평균 부도율과 비교하여 변동성이 있다. 이러한 변동성을 과거 부도율의 역사적 분산에 반영한다. 신용등급이 낮을수록, 불황 국면에 접어든 경기일수록 높은 분산이 관측될 것이다. 이러한 부도율의 분산에 대한 고려는 시나리오 분석에서 효과적으로 사용할 수 있다.

회수율에 대한 고려는 기본적으로 회수율은 노출금액의 계산에 포함되어 있다고 가정하는 순노출금액 (=노출금액 - 회수율)방식이다.

3. 상관계수 및 배후요인

부도사건은 발생시점이나 발생 총 횟수를 예측할 수 없다. 또한 부도사건에 대한 동시부도의 원인을 규명할 수는 없으나, 부도사건의 상관관계를 설명하는 배후요인, 예를 들어 경기 변동 사이클이 존재한다.

경제상황의 부도율에 대한 영향을 설명함에 있어서 총 부도횟수는 매년 상이하게 다르며 더욱이 경제상황이 변함에 따라 산업별로 받는 영향의 정도는 크게 달라질 것이다. 영향의 정도는 거래상대방의 매출액 등과 더불어 경제 성장율 혹은 이자율 등과 같은 경기 변동요인의 민감도에 의해 결정될 것이다. 예를 들어 건축업종은 경기변동의 영향을 많이 받을 것이고 공공 서비스에 관련된 산업은 상대적으로 영향을 덜 받을 것이다.

각 부문별 부도율에 대한 통계자료를 구하기 어려운 관계로 부도율을 설명하는 계량경제 모형의 적합성 여부의 증명이 용이하지 않다. 부도율과 부도율을 설명하는 경제변수 사이의 관계식이 수년이 지나도 여전히 성립할 만큼 안정적이기가 어렵다.

부도율 자체가 확률분포를 갖도록 함으로써, 즉 부도율에 대한 변동성을 모형에 반영함으로써 배후요인의 영향을 고려한다. 부도율을 증가하게 하는 동시부도의 원인을 설명하는 방법으로 두 가지를 생각해 볼 수 있다. 첫째는 거래상대방별 부도의 상관계수를 고려하는 방법이며, 둘째는 거래상대방이 속해있는 부문의 부도율에 대한 변동성을 고려함으로써 집중영향도(Concentration Effects)를 산정하는 방법이다. 부도의 상관계수를 고려하는 모형에 대한 비판이 있다. 부도의 상관계수에 대한 불안정성 문제, 부도의 상관계수에 대한 자료의 부족 문제가 있다.

한편, 동시부도의 자료는 상대적으로 더욱 부족하기 때문에 이를 보완하기 위해 자산가치에 대한 상관계수의 자료를 사용하기도 하는데 부도율과 자산의 가 치 사이의 관계식에 대한 안정성의 문제가 제기된다. 즉, 정상상태의 영업기간에 산출한 관계식이 부도시기에도 유지될 수 있는 가의 여부 문제 및 자산의 가치를 구할 수 없는 소매업에는 적용할 수 없는 문제 등이 있다.

4. 부문 분석

부문을 구분하는 기준은 크게 두 가지가 있는데, 시장에서 관측이 가능한 경제변수를 이용하는 방법과 개념적 위험요인을 이용하는 방법이다. 산업별 지수 등 시장에서 관측가능한 경제변수를 이용하는 방법으로는 CreditMetrics의 업종별 기준이 해당된다. 시장에서 관측할 수 없는 개념적인 위험요인을 이용한다. 주로 통계적인 자료분석이나 거래상대방의 속성정보 등을 통하여 확률적으로 동질적인 부도사건별로 구분하는 방법이다. 개념적으로 거래상대방의 위험요인의 분포가 달라질 것으로 예상되는 부문을 찾는 것이므로 확률적 동질성에 대한 측도가 필요하다. 그러나 이 방법은 통계적 자료분석을 위한 자료가 충분치 않다는 것이 단점이다.

국내적용시 고려사항은 배후위험요인을 산업별 지수, 거시경제변수 또는 시간에 따라 변하는 요인으로 간주한다면 거래상대방간 부도의 확률적 성질이 가깝다는 것은 부도가 발생한 시간적 거리가 가깝다는 것을 의미한다. 예를 들면 부도가 발생한 거리로 부문을 나누는 기준으로 삼을 때, 경제적 Regime이 달라지는 구간을 고려해야 한다. 즉, 두 거래상대방의 부도가 발생한 시간적 거리가 가깝다 하더라도 IMF 이전과 이후로 그 시점이 나뉘어져 있다면 서로 다르다고 결론을 내려야 할 것이다.

거래상대방을 부문에 할당하는 방법에는 모든 거래상대방을 하나의 부문에 할당하는 방법, 각 거래상대방을 하나의 부문에 할당하는 방법, 그리고 각 거래상대방을 여러 부문을 주어 할당하는 방법이 있다. 모든 거래상대방을 하나의 부문에 할당하는 방법은 모든 거래상대방의 부도율에 대한 변동성이 단지 하나의 체계적 요인에 의해 받는 영향을 분석하게 되므로 분산효과는 무시된다. 각 거래상대방을 하나의 부문에 할당하는 방법은 각 거래상대방의 부도율에 대한 불확실성이 한 개의 체계적 요인에 의해 결정되는 경우에 활용된다. 각 거래상대방을 여러 부문에 가중치를 주어 할당하는 방법은 각 거래상대방의 매출액 비율 혹은 통계적 분석을 통하여 가중치를 구한다. 개별요인에 대한 고려는 체계적 요인이 포트폴리오의 극단 손실에 주로 영향을 미치기 때문에 상대적으로 개별요인의 영향이 작다. 따라서 모든 거래상대방에 대한 개별요인을 각각 고려하지 않고, 하나의 부문을 옵션으로 두어 처리한다.

5. CreditRisk+ 방법론의 절차

CreditRisk+ 모형은 도산의 원인에 대해서는 특별한 가정을 부여하고 있지 않으며, 특정도산의 정확한 발생 시점과 전체도산의 정확한 숫자의 예측은 불가능하다는 가정 하에서 일련의 신용사건과정(sequence of events)에서 도산이 발생한다고 설명하고 있다. 즉, 조건부 부도율 (Fixed Default Rate) 개념으로써 각 부문의 평균 부도율이 주어졌을 때 부도사건의 분포를 구하는데 부도의 원인에 대한 어떠한 가정도 하지 않는다. 포트폴리오를 구성하는 거래상대방의 개수가 많고 각 거래상대방별 부도확률은 서로 다르지만 부도사건은 서로 독립이라고 가정한다. 이러한 가정 하에서 포트폴리오의 부도횟수는 포아송 분포로 표현된다. 포아송 분포의 모수는 포트폴리오의 거래상대방의 부도율 합이며, 부도율의 변동성을 감안하면 큰 횟수의 동시부도 가능성이 더욱 커진다. 예를 들어, 도산이 예상되는 대출의 수가 3 인 어떤 밴드(band) 에서 도산한 대출의 수가 8 일 경우의 확률은 0.8 % 가 된다.

$$\text{포아송분포의 발생확률} = \frac{e^{-m}m^{n}}{N!} = \frac{e^{-3}3^{8}}{N!} = 0.008 = 0.8\%$$

손실분포를 구하기 위한 사전단계로, CreditRisk+에서는 두 단계를 거치게 된다. 첫 단계로서, 노출금액에서 채무의 변제우선순위와 담보를 고려한 기대회수금액을 차감한다. 신용평가기관에서 공표하고 있는 회수율 데이터는 작성기관에 따라 많은 차이를 보이고 있다. CreditRisk+에서는 회수율을 확률변수가 아닌 고정된 상수로 파악한다. 다음 단계로, 이와 같이 조정된 노출액을 금액 크기에 따라 몇 가지 밴드로 분류한다. 예를 들어, 밴드를 100 억원, 200 억원, 300 억원 등 100 억원 단위로 분류했을 경우, 어떤 대출자산의 순노출액이 175 억원일 때 동 자산은 반올림 과정을 거쳐 가장 가까운 밴드인 200 억원 밴드로 분류될 수 있다. 이에 따라 동 자산의 차주가 도산하였을 경우 200 억원 밴드에서 1 단위 (200 억원)의 손실이 발생한 것으로 간주한다. 이와 같은 단순화를 거치면, 포트폴리오는 동일한 금액의 익스포져로만 이루어진 밴드들로 구분될 수 있고, 이제 각 밴드별로 포아송 근사과정을 통해 손실분포를 도출한다.

아래 표와 그림에서 A부문에서의 손실액이 100 억원이고, 이 부문의 도산율이 0.5 % 라고 하면 도산건수가 0개일 확률은 60.65 %이며, 도산건수가 1개일 확률은 30.33 %이다.

$$\text{A부문의 도산건수가 0개일 확률} = \frac{e^{-m}m^{n}}{N!} = \frac{e^{-0.5}0.5^{0}}{0!} = 60.65\%$$

$$\text{A부문의 도산건수가 1개일 확률} = \frac{e^{-m}m^{n}}{N!} = \frac{e^{-0.5}3^{1}}{1!} = 30.33\%$$

[표 2-11] 부문별 손실분포의 예시

부문		A	B	C	D	E
손실액(억원)		100	200	300	400	500
도산율(%)		0.5	1.0	2.0	3.0	5.0
도산	0	60.65%	36.79%	13.53%	4.98%	0.67%
건수	1	30.33%	36.79%	27.07%	14.94%	3.37%
	2	7.58%	18.39%	27.07%	22.40%	8.42%
	3	1.26%	6.13%	18.04%	22.40%	14.04%
	4	0.16%	1.53%	9.02%	16.80%	17.55%
	5	0.02%	0.31%	3.61%	10.08%	17.55%
	6	0.00%	0.05%	1.20%	5.04%	14.62%
	7	0.00%	0.01%	0.34%	2.16%	10.44%
	8	0.00%	0.00%	0.09%	0.81%	6.53%
	9	0.00%	0.00%	0.02%	0.27%	3.63%
	10	0.00%	0.00%	0.00%	0.08%	1.81%
	11	0.00%	0.00%	0.00%	0.02%	0.82%
	12	0.00%	0.00%	0.00%	0.01%	0.34%

자료: CreditRisk+

만약 A와 B 두 부문만 있다고 가정하면 손실액별 경우수는 아래 표와 같다. 예를 들어 손실액이 300 인 경우 3개의 A부문 또는 1 개의 A부문과 1 개의 B부문으로 구성된다.

[그림 2-9] 포아송 분포에 의한 발생확률

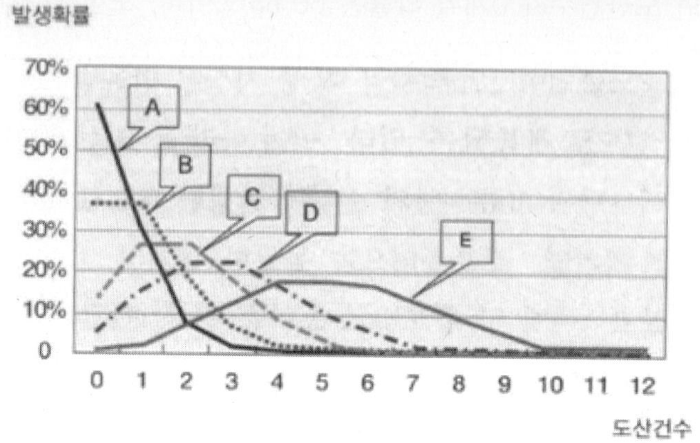

자료: CreditRisk⁺

[표 2-12] A부문과 B부문 사이 손실액별 경우수 예시

손실발생	A	B	A	B	A	B	A	B	A	B	도산	A	B
0	0	0									0	60.65%	36.79%
100	1	0									1	30.33%	36.79%
200	2	0	0	1							2	7.58%	18.39%
300	3	0	1	1							3	1.26%	6.13%
400	4	0	2	1	0	2					4	0.16%	1.53%
500	5	0	3	1	1	2					5	0.02%	0.31%
600	6	0	4	1	2	2	0	3			6	0.00%	0.05%
700	7	0	5	1	3	2	1	3			7	0.00%	0.01%
800	8	0	6	1	4	2	2	3	0	4	8	0.00%	0.00%
900	9	0	7	1	5	2	3	3	1	4	9	0.00%	0.00%

자료: CreditRisk⁺

위 표에서 손실액이 300 인 경우 경우수에 따른 도산율은 아래 표에서 0.46%와 11.16%가 된다.

[표 2-13] A부문과 B부문의 경우수에 따른 도산율 계산

A	B	계산예				
0	0	60.65%	×	36.79%	=	22.31%
1	0	30.33%	×	36.79%	=	11.16%
2	0	7.58%	×	36.79%	=	2.79%
3	0	1.26%	×	36.79%	=	0.46%
4	0	0.16%	×	36.79%	=	0.06%
5	0	0.02%	×	36.79%	=	0.01%
1	1	30.33%	×	36.79%	=	11.16%
0	2	60.65%	×	18.39%	=	11.16%
1	2	30.33%	×	18.39%	=	5.58%
2	2	7.58%	×	18.39%	=	1.39%

자료: CreditRisk+

이를 합하면 아래 표에서와 같이 11.62 % 가 된다.

[표 2-14] A부문과 B부문의 경우수에 따른 손실분포

손실발생						
0	22.31%					22.31%
100	11.16%					11.16%
200	2.79%	22.31%				25.10%
300	0.46%	11.16%				11.62%
400	0.06%	2.79%	11.16%			14.00%
500	0.01%	0.46%	5.58%			6.05%
600	0.00%	0.06%	1.39%	3.72%		5.17%
700	0.00%	0.01%	0.23%	1.86%		2.10%
800	0.00%	0.00%	0.03%	0.46%	0.93%	1.42%
900	0.00%	0.00%	0.00%	0.08%	0.46%	0.55%

자료: CreditRisk+

도산발생건수의 분포가 주어졌다면, 이제는 포트폴리오의 손실분포를 추정해야 한다. 도산발생건수의 분포가 개별 채무자들간의 도산확률 차이와 관계없이 결정되었던 것과는 달리, 포트폴리오의 손실분포는 개별 채무자에 대한 노출액의 차이에 크게 의존한다. 예를 들어, 거액여신의 비중이 클수록 포트폴리오의 손실분포는 더욱 두꺼운 꼬리를 가지게 된다. 이러한 익스포져간의 금액 차이로 인해 포트폴리오 손실분포는 도산발생건수 분포와는 달리 포아송 분포로 계산하는 것이 불가능하다. 확률생성함수(probability generation function)의 특성을 이용하여 밴드별 손실분포를 결합하고, 아래 그림과 같이 포트폴리오 전체의 손실 분포를 추정한다.

[그림 2-10] 전체 포트폴리오의 손실분포

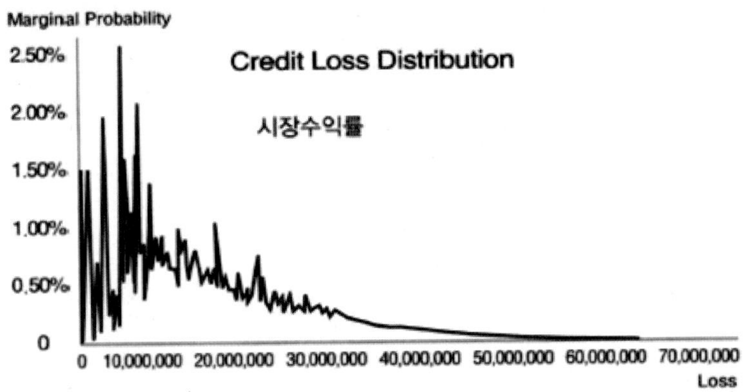

자료: CreditRisk+

연습문제

1. 신용위험관리방법론 중 시가평가(Marking-to-Market)방법론과 부도모형(Default Model)방법론 사이의 차이를 설명하라.

2. 다음은 KMV모형에 의해 개별 자산의 부도확률(EDF)을 추정하는 방법을 정리한 것이다. EDF는 보통 3단계에 의해 추정된다. 첫째, 기업 자산의 시장가치와 변동성을 추정한다. 둘째, 부도거리를 계산한다. 마지막으로, 부도거리와 부도확률 사이의 경험적 관계를 통해 부도확률을 계산한다. 아래 표는 그 과정을 표로 정리한 것이다. 이중 부도거리를 계산해보라.

변수	가치	단위	계산방법
주식의 시장가치	220	억원	주가X주식수
부채가치	490	억원	장부가격
자산의 시장가치	720	억원	옵션가격결정모형
자산의 변동성	10	%	옵션가격결정모형
부도점	370	억원	만기 1년 미만 부채
부도거리	(　)		비율계산(자산가치의 1년간 성장률은 무시함)
EDF(1년)	21	bp	부도확률과 부도점 사이의 경험적Mapping

3. Creditmetrics방법의 경우 개별 자산의 신용위험을 구하기 위해서는 다음의 세 단계를 거쳐야 한다. 다음은 BBB 채권의 신용위험 계산과정을 단계별로 예시한 것이다. 빈칸을 채워라.

제1단계 : 해당 자산의 신용등급으로부터 일정 기간후의 각 등급으로 전이할 확률을 구한다.

연습문제

〈표 1〉 신용등급의 1년후 전이행렬

(단위 : %)

전 → 후	AAA	AA	A	BBB	BB	B	CCC	D
AAA	90.81	8.33	0.68	0.06	0.12	0.00	0.00	0.00
AA	0.70	90.65	7.79	0.64	0.06	0.14	0.02	0.00
A	0.09	2.27	91.05	5.52	0.74	0.26	0.01	0.06
BBB	0.02	0.33	5.95	86.93	5.30	1.17	0.12	0.18
BB	0.03	0.14	0.67	7.73	80.53	8.84	1.00	1.06
B	0.00	0.11	0.24	0.43	6.48	83.46	4.07	5.20
CCC	0.22	0.00	0.22	1.30	2.38	11.24	64.86	19.79

〈표 2〉 회수율

(단위 : 액면금액에 대한%)

우선순위	평균	표준편차
Senior Secured	53.80	26.85
Senior Unsecured	51.13	25.45
Senior Subordinated	38.52	23.81
Subordinated	32.74	20.18
Junior Subordinated	17.09	10.90

〈표 3〉 각 신용등급별 수익률곡선

(단위 : %)

	1년	2년	3년	4년
AAA	3.60	4.17	4.73	5.12
AA	3.65	4.22	4.78	5.17
A	3.72	4.32	4.93	5.32
BBB	4.10	4.67	5.25	5.63
BB	5.55	6.02	6.78	7.27
B	6.05	7.02	8.03	8.52
CCC	15.05	15.02	14.03	13.52

연습문제

현재 BBB등급이고 만기가 5년이고 1년에 1회 지급하는 이자가 6%인 이표채가 1년후 등급이 전이된 후 1년후 현재가치는 다음과 같다.

〈표 4〉 BBB등급 자산의 1년후의 현재가치

(단위 : %)

	확률	현재가치	확률가중가치	편차	편차제곱	확률가중편차
AAA	0.02	( )	219	228.35	52,145.21	1,043
AA	0.33	10,917	3,603	210.30	44,225.90	14,595
A	5.95	( )	64,643	157.36	24,762.69	147,338
BBB	86.93	10,753	934,766	46.16	2,130.45	185,200
BB	5.30	10,201	54,063	−506.30	256,338.68	1,358,595
B	1.17	9,809	11,476	−898.35	807,025.95	944,220
CCC	0.12	8,363	1,004	−2,344.36	5,496,016.45	659,522
D	0.18	5,113	920	−5,593.94	31,292,137.32	5,632,585
	100.00		평균=10,707			분산 = 894
						표준편차 = 30

제3단계 : 각 등급에 대하여 제1단계에서 구한 전이확률과 제2단계에서 구한 개별 자산의 가치를 결합하여 신용변화에 따른 개별 자산 가치변동의 크기를 계산한다.

제1단계와 제2단계에서 구한 전이확률과 채권의 가치를 나타낸 위의 표를 이용하여 CreditVaR를 대강 가늠해보면 다음과 같다. 표의 아래쪽인 채무불이행 부분에서 시작하여 AAA로 올라가면서 누적확률을 구해보면 B등급 중간부분에서 1%의 누적확률이 된다. 이 부분의 자산가치는 9,810으로 평균가치인 (   )보다 (   )원 손실이라고 할 수 있다.

4. 한계공헌위험에 대해서 설명하시오.

해답

1. 신시장에서 얻어진 신용스프레드를 통해 신용위험을 나타내는 모형을 시가평가모형이라고 하고 부도율과 같은 수치정보를 통해 신용위험을 나타내는 모형을 부도모형이라고 한다.

2. $$DD = \frac{720-370}{720 \times 0.1} = 4.86$$

3. 10,935, 10,864, 10,707, 897

4. 개별 신용자산을 매입하는 의사결정은 대개의 경우 전체 신용포트폴리오에 새로운 자산을 추가하는 의사결정인 경우가 많다. 따라서 신용포트폴리오에 새로운 자산을 더할 때 나타나는 한계신용위험(marginal credit Risk)을 계산해보는 것이 보다 의사결정에 도움이 될 것이다.

다음으로 1% 유의수준의 한계위험을 구해보자. 자산1의 기대치는 10,707이고 1% 유의수준에서 1년후 예상되는 자산가치는 9,810원이므로 CreditVaR는 897원이다. 자산2의 기대치는 10,620원이고 1% 유의수준에서 1년후 예상되는 자산가치는 10,315원이므로 CreditVaR는 305원이다. 신용포트폴리오의 경우 기대치는 21,320이고 1% 유의수준에서 1년후 예상되는 자산가치는 20,439원이므로 CreditVaR는 881원이다.

이들 값에 근거하여 각 자산의 한계신용위험을 구하면 다음과 같다.

	자산1	자산2	신용포트폴리오
평균	10,707	10,620	21,320
1% 유의수준에서 자산가치	9,810	10,315	20,439
CreditVaR	897	305	881

자산1의 한계신용위험: 881 − 305 = 576
자산2의 한계신용위험: 881 − 897 = −16

참고문헌

[국외문헌]

- Black, F., and M. Scholes, 1973, "The Pricing of Options and Corporate Liabilities," Journal of Political Economics, May, 637-659.
- Black, F., E. Derman, and W. Toy, 1990, "A One-Factor Model of Interest Rates and Its Application to Treasury Bond Options," Financial Analysts Journal, 46(1), 33-39.
- Caouette, J., E. Altman and P. Narayanan, Managing Credit Risk-The Next Great Financial Challenge, John Wiley & Sons, 1998
- Carty, Lea V., and Dana Lieberman. "Corporate Bond Defaults and Default Rates 1938-1995," Moody's Investors Service, Global Credit Research, (Jan-1996).
- Cox, J., J. Ingersoll, and S. Ross, 1985, "A Theory of the Term Structure of Interest Rates," Econometrica, 53, 385-407.
- CreditMetrics, Technical Document, JP Morgan, 1997 (www.riskmetrics.com/ cm/ index.cgi)
- CreditRisk+, A Credit Risk Management Framework, Credit Suisse Financial Products, 1997(www.geocities.com/WallStreet/8589/credit.htm)
- Crosbie, Peter J., "Modeling Default Risk", KMV Working Paper, 1999.9.
- Crouhy, M., D. Galai and R. Mark, "A Comparative Analysis of Current Credit Risk Models", Journal of Banking and Finance 24, 2000, pp. 59-117
- Cumby, Robert E., and Martin D.D. Evans. "The Term Structure of Credit Risk: Estimates and Specification Tests," Working Paper, Georgetown University and New York University (Revised May-1995).
- Das, Sanjiv Ranjan, and Peter Tufano. "Pricing Credit-Sensitive Debt When Interest Rates, Credit Ratings and Credit Spreads are Stochastic," The Journal of Financial Engineering, Vol 5, No. 2, (Jun-96), pp. 161-198.

참고문헌

- DeGroot, Morris H. Probability and Statistics, Second Edition. Addison Wesley Publishing Co., Reading, Massachusetts (1986).
- Falkenstein, Eric; Andrew Boral and Lea V. Carty, "RiskCalcTM For Private Companies: Moody's Default Model," Moody's Invertors Service, May. 2000
- Fitch IBCA, "Cash Flow Measures Dominate Fitch IBCA Analytics", Special Report, 1998.10.20
- Group of Thirty, 1993, Derivatives: Practices and Principles, report by the Global Derivatives Study Group, Group of Thirty, Washington, D.C.
- Heath, D., R. Jarrow, and A. Morton, 1992, "Bond Pricing and the Term Structure of Interest Rates: A New Methodology for Contingent Claims Valuation," Econometrica, 60, 77–105.
- Hull, J., and A. White, 1991, "The Impact of Default Risk on Option Prices," working paper, University of Toronto.
- Hull,J., Options, Futures & Other Derivatives, 4th ed., Prentice Hall, 2000
- Jarrow, Robert A., and Stuart M. Turnbull. "Pricing Derivatives on Financial Securities Subject to Credit Risk," The Journal of Finance, Vol. L. No. 1, (Mar-1995), pp. 53–85.
- Jarrow, Robert A., David Lando, and Stuart M. Turnbull. "A Markov Model for the Term Structure of Credit Risk Spreads," Forthcoming, Review of Financial Studies, (revised Aug-1995).
- Kealhofer, S. and Matthew Kurbat, Default Prediction Power of the Merton Approach, KMV Corp., Working paper, 2001
- Kealhofer, S., "Portfolio Management of Default Risk", KMV Corporation Working paper, 1997
- Kealhofer, S., Comment on "A New Capital Adequency Framework", K?M?V Corp., Working paper, 1998

참고문헌

- Kealhofer, S.; Sherry Kwok and Wenlong Weng, Uses and Abuses of Bond Default Rates, KMV Corp., Working paper, 1998
- Kealhofer, Stephen. "Managing Default Risk in Portfolios of Derivatives," Derivative Credit Risk: Advances in Measurement and Management, (Renaissance Risk Publications, 1995).
- Longstaff, Francis A., and Eduardo S. Schwartz. "A Simple Approach to Valuing Risky Fixed and Floating Rate Debt," The Journal of Finance, Vol. L, No. 3, (Jul-1995), pp. 789-819.
- McQuown, J., "A Comment on Market vs. Accounting based Measures of Default Risk", KMV Corporation Working paper, 1993
- Merton, Robert C. "On the Pricing of Corporate Debt: The Risk Structure of Interest Rates," The Journal of Finance, Vol. 29, (1974), pp. 449-470.
- Sauders, A., Credit Risk Measurement-New Approaches to Value at Risk and Other Paradigms, John Wiley & Sons, 1999
- Shimko, David C., Naohiko Tejima, and Donald R. Van Deventer. "The Pricing of Risky Debt When Interest Rates are Stochastic," The Journal of Fixed Income, (Sep 1993), pp. 58-65.
- Vasicek, Oldrich A., "Credit Valuation", KMV Working Paper, 1999.7 (www.kmv.com)
- Wilson, T. C. Measuring and Managing Credit Portfolio Risk. McKinsey & Company, 1997.
- Wolkenfeld, S., "CFAR: A New Tool For Predicting Credit Quality", Journal of Applied Corporate Finance, vol 11 no 1, Spring 1998, pp.121-124

제 3 장 신용위험관리 정책

제1절 자본배분 및 한도관리

제2절 대출금리 결정

학습목표

1. 자본배분 기준에 대하여 이해한다.
2. 한도설정 절차에 대하여 이해한다.
3. 대출금리 결정과정을 이해한다.

학습개요

제3장에서는 측정된 신용위험의 업무적용 방안으로 (1) 자본배분 및 한도관리, (2) 대출금리의 결정에 대해 기술한다.

제1절

자본배분 및 한도관리

일반기업에서 자본은 프로젝트에 사용할 자금을 충당하는 기능을 수행하지만 은행은 부채(예금, 회사채 등)로 자산(대출, 투자자산 등) 매입에 사용할 자금을 충당하므로 은행의 경제적 자본은 자산의 예상외손실을 대비하는 준비금의 성격을 가진다. 위험관리의 관점에서는 은행의 위험부담능력이라고 할 수 있는 적정자본금이 유지되어야 하므로 적절한 자본배분이 수행되어야 하며, 이를 효과적으로 관리하기 위해서는 한도관리가 필수적이다.

1. 자본배분의 목적

자본배분(Capital Allocation)은 은행의 (1) 안정적인 영업기반의 구축, (2) 자본금의 급격한 하락의 사전 방지, (3) 합리적인 성과평가의 기준 수립을 목적으로 수행한다.

자본의 배분이란 조직(사업본부) 수준에서 은행의 수익과 위험의 상충관계를 감안하여 자본을 배분함으로써 각 본부의 위험을 통제하고 수익을 극대화하는 수단이다. 즉, 연초에 지난 1년간의 노출금액을 근거로 향후 1년동안 발생할 신용위험을 측정하고, 지난해 발생한 수익 또는 향후 1년간의 예상이익을 기초로 자본을 배분한다.

예상이익을 감안하는 이유는 위험이 향후 1년간의 위험량을 측정하므로 양자간의 보유기간을 일치시키기 위함이다. 자본배분을 수행하는 절차는 다음과 같다.

① 가용자본을 결정

② 위험을 측정

③ 자본배분을 위한 위험조정성과(RAPM)[7] 지표(또는 수익과 위험) 산출

④ 측정된 위험과 위험조정성과 지표를 이용하여 최적의 노출금액과 위험 측정

⑤ 측정된 위험으로 조직별 또는 상품별로 신용위험별로 자본배분을 수행

2. 자본의 정의

측정된 신용위험에 따른 적정한 자본배분을 위해 다음과 같은 세 가지의 자본(가용자본, 규제자본 및 위험자본)을 정의하며, 실질적인 자본배분은 위험자본을 기준으로 한다.

[표 3-1] 자본의 정의 및 의미

구 분	정 의	의 미
가용자본 (Available Capital)	실질적인 채무변제에 사용될 수 있는 자본	현재 은행의 총 신용위험 부담능력을 파악하는 기준지표
규제자본 (Regulatory Capital)	감독기관에서 요구하는 최소한의 자본	감독기준(BIS 8%)의 충족을 위한 필요자본의 규모를 파악하는 절대 지표
위험자본 (Risk Capital)	현재 운용하고 있는 자산의 위험에 대비한 실질적인 필요자본	실질적 위험자산의 규모를 파악하는 기준지표
가용자본÷규제자본		현재 자본의 여유수준을 나타내는 평가지표
위험자본÷가용자본		은행의 위험부담 성향(Risk Appetite)을 나타내는 성향지표

7) 은행 내 각 조직(사업본부)에 대한 성과를 평가할 때 각 사업부문이 부담한 위험의 크기를 감안하여 이에 합당한 수익을 창출하였는지에 따라 위험조정성과 평가지표를 활용하여 평가하는 것을 의미한다. 보다 자세한 내용은 뒤에서 설명한다.

1) 가용자본(Available Capital)

가용자본은 은행의 실질적인 채무변제에 사용될 수 있는 자본으로 신용위험에 대한 BIS 자기자본비율(자기자본,위험가중자산)의 분자 부분에 해당한다.

2) 규제자본(Regulatory Capital)

규제자본은 감독기관에서 요구하는 최소한의 자본으로 신용위험에 대한 BIS 자기자본비율의 분모 부분의 8%를 의미한다.

3) 위험자본(Risk Capital)

위험자본은 현재 은행에서 운용하고 있는 자산의 위험에 대비한 실질적인 필요자본으로 신용손실 엔진에서 추정되는 예상외손실(Credit Value at Risk)을 의미한다.

4) 가용자본, 규제자본

규제자본 대비 실제 은행의 채무변제에 활용할 수 있는 가용자본의 비율로서, 은행 자본의 여유수준을 의미한다.

5) 위험자본, 가용자본

가용자본 대비 실제 운영되고 있는 신용위험자본의 비율로 은행 운용자산의 위험성향을 의미한다.

자본배분을 수행하기 위해서는 배분해야 할 대상 자본을 산출해야 하는데 이것을 가용자본(Available Capital)이라고 한다. 은행이 선택할 수 있는 가용자본은 다음과 같이 분류한다.

(i) 자본금
(ii) 자본금 + 잉여금
(iii) 자본금 + 잉여금 + 경영계획상의 예상이익
(iv) BIS기준 자기자본
(v) 경제적 자본(VaR)

여기서 (i)~(iii)은 재무회계상의 인식기준에 해당하는 것이고 (iv)~(v)는 요구자본에 해당되는 것이다.

국내 은행의 경우는 가용 자본금으로서 요구자본에 의한 기준, 즉 (v)의 경제적 자본을 기본으로 하고 BIS기준의 자기자본을 제한조건으로 채택하는 것이 적당하다고 판단된다.

3. 자본배분의 원칙

[표 3-2] 신용위험에 따른 자본배분 원칙

자본배분의 기준	위험자본(Risk Capital)
자본배분의 대상	예상외손실(Unexpected Loss)
자본배분의 원칙	예상외손실의 크기(Risk Weight)

자본의 배분은 현재 운용 중인 위험자산에 대한 위험의 量이 기준이므로 위험자본(Risk Capital, 위 정의에서의 Credit VaR)을 기준으로 수행한다. 예상외손실은 은행의 안정적 업무운영을 위한 적정한 필요자본금이므로 위험자본과 동일하며, 따라서 예상외손실을 자본배분의 근거로 활용한다. 은행 조직(사업본부)에 대한 자본의 배분은 예상외손실의 크기(Risk Weight)를 기준으로 수행하므로 각 조직별 한계 VaR(Marginal VaR) 혹은 위험공헌도(Risk Contribution)로 설정한다.

신용 위험은 리스크척도로 측정하며 최종적으로 조직/업종, 즉 사업본부별/업종별 위험공헌도(Risk Contribution)가 자본배분을 위한 VaR가 된다. VaR를 위험조정성과의 지표에 대한 입력 자료로 사용하기 위해서는 노출금액의 인식에 있어서 위험요인을 정의하는 것이 선행되어야 한다. 위험공헌도를 구하는 방법은 크게 두가지가 있다. 첫째는 은행이 내부적으로 영업정책 및 경영정책 등을 감안한 가중치를 정하여 위험 요인별 최적자산에 가중치를 곱하여 정하는 방법이고, 둘째는 VaR 측정방법의 알고리즘에 의한 결과물을 이용하는 방법이다.

4. 신용위험별 자본배분 원칙

바젤의 자기자본비율은 거래상대방의 신용위험에 따라 위험가중자산의 8%이므로 효율적인 위험관리를 위해서는 신용위험별 차등화가 이루어져야 한다. 본 절에서는 BIS 비율 8%를 유지하면서 은행 신용위험에 따라 차등화된 자본배분의 원칙을 수립하기 위해 신용위험별 위험가중치를 산출하는 방안을 생각해 본다. 신용위험별 위험가중치는 위에서 기술한 바와 같이 예상외손실의 크기를 원칙으로 수행하므로 신용위험별 부도율의 크기가 아닌 표준편차를 활용하여야 한다.

[표 3-3] S&P의 신용등급별 표준편차를 이용한 위험가중치 산출 예

신용등급	부도율 (%)	표준편차 (%)	순노출금액 (억)	BIS 기준 규제 자본비율(8%)	BIS 기준 규제 자기자본	신용등급 기준 자본비율	신용등급 기준 규제자기자본
AAA	0.00	0.00	100	0.08	8억	0.00	0
AA	0.00	0.00	200	0.08	16억	0.00	0
A	0.05	0.11	300	0.08	24억	0.002436	0.73억
BBB	0.18	0.23	400	0.08	32억	0.005093	2.04억
BB	0.9	1.16	500	0.08	40억	0.025691	12.85억
B	4.72	2.93	600	0.08	48억	0.064892	38.93억
CCC	19.09	10.29	700	0.08	56억	0.242072	169.45억
합계			2,800		224억		224억

S&P의 신용등급은 부도등급을 포함한 8등급 체계이며, 각 신용등급별 표준편차는 부도율에 대한 표준편차이므로 낮은 등급일수록(부도율이 높을수록), 높은 표준편차를 보인다. 위 표의 부도율 및 표준편차는 거의 직선의 관계를 보여, 회귀식은 표준편차 = 0.207 + 0.532 × 부도율, R2 = 99.6%이다. 순노출금액은 BIS 비율 산출에서의 위험가중자산을 예를 들어 가정하였다. 각 순노출금액의 8%의 합인 224억이 2,800억 위험가중자산에 대한 규제자기자본이다. 신용등급별 위험가중치의 산출원칙은 다음과 같다. AAA등급부터 CCC등급까지의 위험가중치를 $W_{AAA}, \cdots, W_{CCC}$로 정의하면, 아래의 두 가지 원칙에 의해 위험가중치가 산출되어야 한다.

$(W_{AAA} \times 100) + (W_{AA} \times 200) + \cdots + (W_{CCC} \times 700) = 2,800 \times 8\% = 224$
$W_{AAA}, \cdots, W_{CCC}$는 각 신용등급의 표준편차의 차이를 반영하여야 한다.
즉, $W_{BBB} = (0.23 \div 0.11) W_A = 2.09 W_A$등을 만족하여야 한다.

여기에서는 앞에서 기술한 신용등급별 위험가중치의 산출방안을 은행이 대출한 기업에 적용하여 예를 들어 보도록 한다.

[표 3-4] 은행의 신용등급별 위험가중치 산출 예

신용등급	부도율 (%)	표준편차 (%)	순노출금액 (억)	BIS 기준 규제 자본비율(8%)	BIS 기준 규제 자기자본	신용등급 기준 자본비율	신용등급 기준 규제자기자본
AAA	0.14	0.34	100	0.08	8억	0.009714	0.97억
AA	0.29	0.70	200	0.08	16억	0.020000	4억
A	0.47	0.87	300	0.08	24억	0.024857	7.45억
BBB	0.99	1.97	400	0.08	32억	0.047142	18.85억
BB	1.05	1.79	500	0.08	40억	0.051142	25.57억
B	1.54	2.59	600	0.08	48억	0.074000	44.4억
CCC	2.27	3.23	700	0.08	56억	0.092285	64.6억
CC	3.03	3.78	800	0.08	64억	0.108000	86.4억
C	3.35	4.19	900	0.08	72억	0.119714	107.74억
합계	합계		4,500		360억		360억

신용등급별 순노출금액을 100억~900억원으로 임의로 가정하였을 때, 바젤 기준의 규제자기 자본비율은 신용등급과 무관하게 8%이므로 총 4,500억원에 대한 규제자기자본은 360억원이다. 신용등급별 위험가중치는 앞 절에서 기술한 바와 같이 표준편차의 차이를 반영하여 추정된다.

$$W_{AAA} \times 100 + W_{AA} \times 200 + W_A \times 300 + W_{BBB} \times 400 + W_{BB} \times 500 + W_B \times 600 + W_{CCC} \times 700 + W_{CC} \times 800 + W_C \times 900 = 360$$

$$W_{AA} = (0.70 \div 0.34) \times W_{AAA}$$

$$W_A = (0.87 \div 0.34) \times W_{AAA}$$

$\cdots$

$W_C=(4.19 \div 0.34) \times W_{AAA}$

따라서 $37455 \times W_{AAA}=360$

$W_{AAA}=0.961667$

$W_{AA}=(0.70 \div 0.34) \times W_{AAA}=1.979902$

$\cdots$

$W_C=(4.19 \div 0.34) \times W_{AAA}=11.85113$

신용등급 기준 규제자기자본은 순노출금액과 위험가중치의 곱으로 산출하며, 규제자기자본의 총 합은 BIS 기준의 총 합과 동일한 360억원이다.

5. 은행의 신용등급별 자본배분 방안

앞에서 설명한 신용등급별 자본배분 방안을 은행에 적용하기 위해서는 아래의 절차가 필요하다.

[표 3-5] 신용등급별 자본배분절차

단계	절차
1단계	은행의 전행적인 실제 위험자본(Credit VaR) 산출
2단계	신용등급별 순노출금액 산출
3단계	표준편차의 차이를 반영한 신용등급별 위험가중치의 산출
4단계	신용등급별 위험가중자산(순노출금액)과 위험가중치(Risk Weight) 산출

은행 거래상대방의 부도율은 외감대상 기업(대기업), 비외감 기업(중소기업) 및 개인으로 구분되므로 각각의 위험가중치가 산출되어야 한다.

6. 위험조정성과 지표의 산출

위험조정성과(RAPM: Risk Adjusted Performance Measurement)는 은행 내 각 조직(사업본부)에 대한 성과를 평가할 때 각 사업부문이 부담한 위험의 크기를 감안하여 이에 합당한 수익을 창출하였는지를 평가한다. 수익과 위험을 감안한 자본배분을 위한 위험조정성과 지표 중 많이 사용되는 위험조정자본수익률(RAROC: Risk Adjusted Return on Capital)은 다음과 같이 세가지를 이용할 수 있는데 어느 것을 선택해야 할지는 은행 내의 합의가 필요하다. 기본적으로 위험조정자본수익률(RAROC)은 수익을 VaR값으로 나눈 값으로서 수익을 VaR 산출시 정의했던 위험요인별로 집계하는 것이 중요하다.

위험조정성과(RAPM) 지표1 = 향후 1년간의 기대이익(Expected Earning) / 연초 계산한 신용위험(Credit VaR)

여기서 향후 1년간의 기대이익 = 예상수익 - 비용 - 기대손실 ± 내부자금이전가격(FTP: Fund Transfer Price)[8)]

위험조정성과(RAPM) 지표2 = 지난 1년간의 실현이익 / 지난해초 계산한 신용위험(Credit VaR)

여기서 지난 1년간의 실현이익 = 실현수익 - 비용 - 대손충당금 ± FTP

위험조정성과(RAPM) 지표3 = 향후 1년간의 이익계획 / 년초 계산한 신용위험(Credit VaR)

여기서 향후 1년간의 이익계획 = 계획수익 - 계획비용 - 기대손실 ± FTP

위험조정성과(RAPM) 지표1은 향후 1년 동안의 예상수익과 향후 1년간 발생할 신용위험(Credit VaR)을 감안한 성과지표를 최적의 자본배분에 이용함을 나타낸다(이러한 이유로 Expected RAPM이라고도 한다). 이는 자본배분이 향후 1년간 사업본부에 대한 경영지침인 동시에 위험에 대한 한도를 설정하는 것이므로 향후의 위험뿐

---

8) 내부자금이전가격(FTP: Fund Transfer Price)은 은행 조직 내에서 본 지점간 또는 부서간 자금을 사고 파는데 적용되는 가격(금리)이다.

만 아니라 이익도 예상이익을 반영하여 사업본부에 대하여 자본을 배분한다는 취지이다. 위험조정성과(RAPM) 지표2는 예상수익의 산출이 어려울 뿐만 아니라 현업부서의 반발이 예상되므로 향후 1년간의 수익대신에 지난 1년간의 실현이익을 이용하며, 또한 신용위험(Credit VaR)도 수익의 기간과 동일하게 지난해 초에 계산한 위험량을 사용한다는 의미이다. 그러나 지난 1년간의 수익만을 반영한다면 단기업적주의에 빠지는 경향이 있으므로 지난 3년간의 수익의 평균을 이용할 수도 있다. 위험조정성과(RAPM) 지표3은 사업본부의 이익계획을 반영하여 자본을 배분하는 방식이다. 이는 사업본부의 의견을 충분히 반영하여 자본배분을 수행하고 그 결과를 사후적으로 위험조정성과(RAPM)로 평가한다.

7. 자본배분의 수행

최적의 자본배분은 다음과 같은 최적화절차의 결과로서 산출된다. X를 전행의 노출금액, X_i는 $_i$번째 위험 요인에 대한 노출금액, R_i는 i번째 위험 요인에 대한 수익률이라 할 때 다음과 같은 최적화 문제를 풀어야 한다.

Maximize : RAPM

s.t. : ① VaR $\leq$ 가용자본

② RAPM $\geq$ Hurdle rate

여기서 RAPM= $R_p / \sqrt{VaR}$, $R_p = \sum_i X_i R_i$, VaR=VaR(X_i), $\sum_i X_i$ =X

상기와 같은 최적화 문제에서 결정되는 변수는 위험 요인별 노출금액이며, 이는 수익과 위험을 감안한 이상적인 최적의 노출금액이 된다. 그리고, 최적의 노출금액을 기초로 신용위험(Credit VaR)을 측정하고, 본부별로 합산하면 이것이 곧 최적의 자본배분 규모이며 이를 신용위험(Credit VaR) 한도로 이용할 수 있다. 또한 산출된 최적의 노출금액을 본부별로 합산하여 이를 각 사업본부 노출금액한도의 기준으로 참고한다. 이와 같이 최적화 방법을 이용하여 자본을 배분하면, 위험의 노출에서 회피할 수 있을 뿐만 아니라 수익의 극대화도 달성할 수 있다. 여기서 제약조건 ①은 가용자본을 전액

소진한다는 의미이므로 상기식에서 산출되는 노출금액은 한도로 참고할 수 있는 값이라고 할 수 있다.

위 식에서 제약조건에 대하여 고려해야 한다. 배분된 총 자산포지션은 전행적인 가용자산포지션보다 작거나 같아야 한다. 신용등급이 부도등급인 경우는 은행의 사정에 따라 노출금액을 고정시키고 최적화 문제를 풀 수 있다.

또한 위 식에서 기준수익률(Hurdle rate)은 요구되는 최소 허용가능한 수익률이다. 위험조정성과(RAPM)에서 실현수익에 대한 벤치마크로 사용된다. 기준수익률은 은행의 자본비용과 경영정책을 반영해야 한다. 은행의 자본비용 계산은 두가지 방식으로 분류할 수 있는데 어떤 것을 이용할 지는 실제 계산 후 판단할 수밖에 없는 것 같다. 첫 번째, 가중평균자본비용(Weighted Average of Cost of Capital: WACC)을 사용하는 방법이다. 이 방법은 은행의 재무구조를 파악하여 실제 가중평균 자본비용을 산출한다. 즉, $WACC = W_E \times R_E + W_D \times R_D (1 - T_C)$, 여기에서 W_E는 자기자본의 시장가치 비율, R_E는 자기자본비용, W_D는 부채의 시장가치 비율, R_D는 부채의 자본비용, 그리고 T_C는 법인세율이다. 두 번째, CAPM모형에 근거한 요구수익률(Required Return)로 대체하는 방법이다. 요구수익률은 주식시장 수익률, 무위험수익률, 은행산업의 베타를 이용하여 산출한다. 즉, 자본비용(Required Return) = $r_f + \beta (r_m - r_f)$, 여기서 r_f는 무위험 수익률, r_m은 주식시장의 수익률이며 β는 은행산업의 베타이다.

조직별/업종별 위험공헌도를 계산하기 위해 VaR 계산방법론의 결과물을 이용하는 방법과 은행의 영업 및 경영정책을 고려하여 가중치를 구하여 앞에서 구한 위험요인별 최적 자산에 곱하여 확정하는 방법이 있다. 자본배분의 과정을 여러 해에 걸쳐 은행 내부적으로 의미있는 가중치를 구할 수 있을 때까지는 VaR 계산방법론의 결과물을 이용하는 것이 적당하다고 판단된다.

8. 배분된 자본의 한도관리

[그림 3-1] 신용위험에 따른 전사적 한도관리

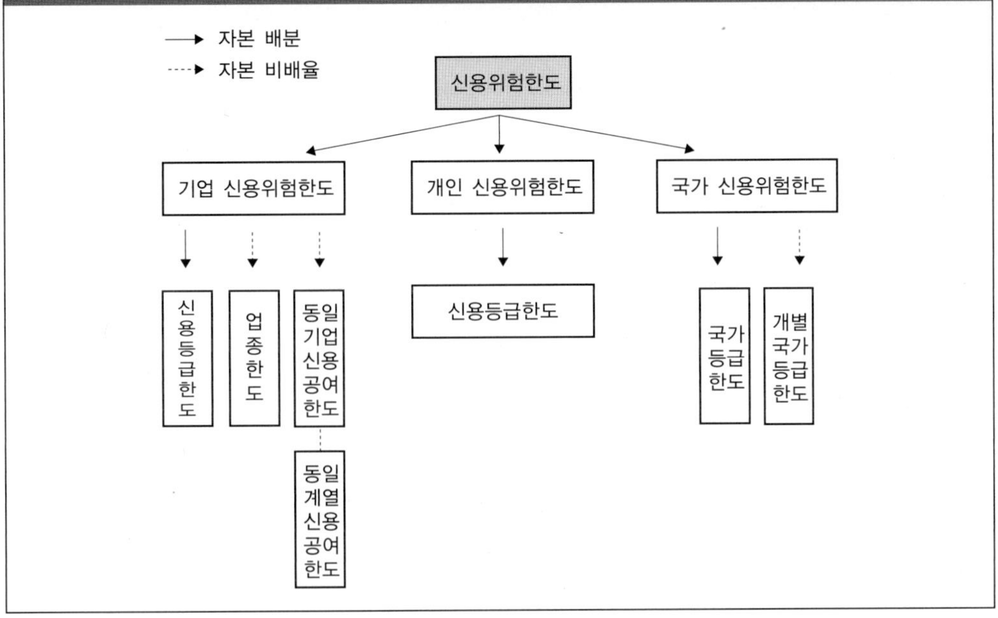

자본금은 위험의 크기에 따라 배분되므로 배분된 자본의 관리와 전략적 관점을 고려한 한도의 설정이 연계되어야 한다. 은행의 신용위험은 기업, 개인 및 국가 신용위험으로 분류하여 총 신용위험에 대한 자본을 배분한다. 은행의 한도관리는 위험자본금이 배분되는 상위개념의 한도와 포지션으로 관리되는 하위개념의 한도를 구분하여 관리한다. 즉, 위의 그림에서 실선으로 표시되는 기업/개인/국가 및 각각의 신용등급별 한도는 배분된 위험자본금을 기준으로 한도를 관리하며, 점선으로 표시된 세부항목은 금감원 규정 및 은행 내부 규정에 의한 포지션으로 한도를 관리한다.

9. 위험자본에 근거한 한도설정 절차

[그림 3-2] 한도설정 절차

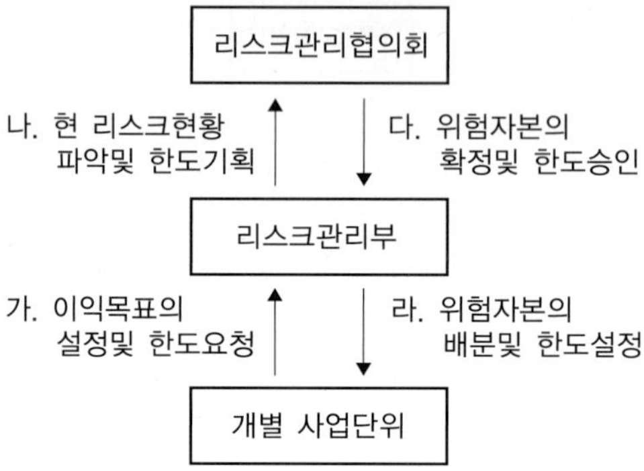

1) 개별 사업단위의 이익목표 설정 및 한도요청

각 사업단위는 설정된 이익목표에 수반되는 필요한도를 요청한다.

2) 위험관리부의 현 위험현황 파악 및 한도기획

전행적인 신용 익스포져 집계 및 신용위험의 측정을 통한 위험자본금을 산출하고, 사업단위별 이익목표를 근간으로 한도안을 기획한다.

3) 위험관리협의회의 위험자본 확정 및 한도승인

전행적인 신용위험의 현황파악 및 한도기획안을 바탕으로 내년도 목표BIS비율과 이익목표를 감안한 위험자본금의 규모를 확정하고, 위험자본의 사업단위별 배분을 위한 조정 후 한도의 승인이 이루어진다. 위험자본금의 규모는 BIS의 규제비율을 충족하면서 은행 내부의 실질적 신용위험에 대한 관리가 이루어지도록 확정되어야 한다.

4) 위험관리부의 위험자본 배분 및 한도설정

확정된 위험자본금은 위험관리부를 통해 각 사업단위로 배분되며, 한도소진율 등으로 관리된다.

제2절

대출금리 결정

1. 성과평가와 대출금리 결정

대출금리의 결정 기준은 기본적으로 은행 종합수익관리의 요건 및 성과평가 기준과의 일관성을 유지해야 한다. 성과평가의 기준은 계량적 요소와 비계량적 요소로 구분될 수 있다. 계량적 요소는 실적을 수치화된 기준으로 측정할 수 있는 평가항목으로서 동 기준으로는 영업 성장률, 위험조정성과(RAPM)에 따른 성과평가치 등과 같은 항목이 있다. 비계량적 요소는 윤리적 기준, 고객만족도 등과 같은 항목으로 정의할 수 있다.

[그림 3-3] 성과평가와 대출금리 결정 절차

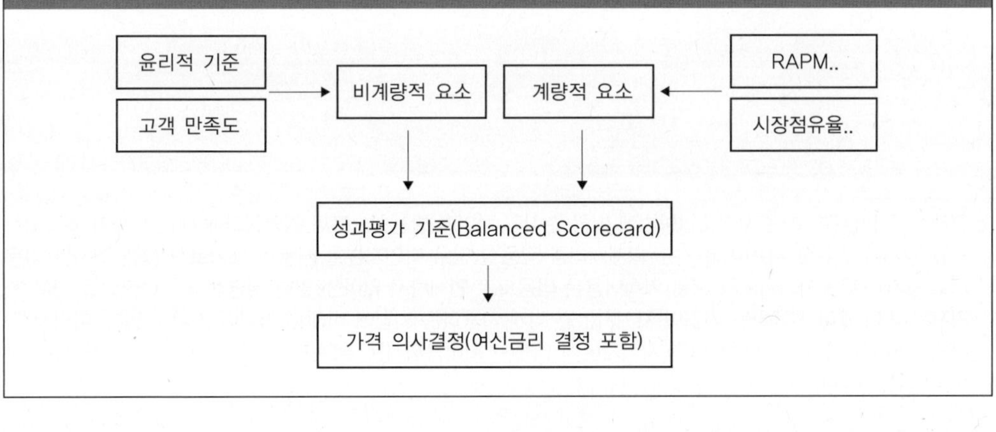

2. 위험조정성과(RAPM)를 기준으로 한 대출금리 결정

여기에서는 대출금리 결정시 계량항목인 위험조정성과(RAPM)를 기준으로 한 대출금리 결정방안을 설명한다. 위험조정성과(RAPM)의 기준 지표로서 경제적 부가가치(EVA: Economic Value Added)를 기준으로 한 대출금리 결정을 기술한다. 경제적 부가가치(EVA)는 은행이 영업활동을 통해 창출한 순가치의 증가분으로서 대출이익에서 법인세, 자본비용 등을 차감한 이익이다.[9)]

EVA = 대출금리 – FTP(본지점) – 업무원가 – 신용원가(예상손실) – 자본원가 (Cost of Capital)

신용원가는 예상손실로 정의된다. 단, 은행의 전행적인 신용 위험 관리 측면에서는 신용손실의 측정 기준을 1년으로 정의했지만, 대출금리 결정시에는 대출여신의 만기를 감안, 신용원가를 차등적으로 적용해야 한다. 예를 들어, 2년 만기의 장기 여신의 경우 1년 기준의 부도율이 아니라 2년만기에 해당하는 누적부도율을 적용해야 하며 2년만기 누적부도율을 기준으로 계산되는 예상손실을 기간 배분해야 한다. 반면, 6개월 만기의 단기 여신의 경우 부도율은 1년 부도율을 활용하되 여신의 만기를 감안하여 계산되는 예상손실금액을 기간 배분해야 한다.

9) 경제적부가가치(EVA)는 자본조달방법에 따라 순이익 차이가 발생함으로써 경영성과에 대한 평가가 왜곡되는 것을 방지하기 위한 지표이다. 기존 회계처리를 적용할 경우 타인자본을 사용한 대가로 지급한 이자는 비용으로 공제하지만 자기자본에 대한 기회비용은 비용으로 인식하지 않아 동일한 경영성과가 나타났을 경우 자기자본을 더 많이 사용하는 기업이 자기자본을 적게 사용하는 기업에 비해 순이익이 커지게 된다. 따라서 자본의 효율성을 정확히 판단하려면 자기자본에 대한 기회비용까지를 감안한 경제적 부가가치를 이용하는 것이 더 바람직하다.

[그림 3-4] 여신의 기간 반영

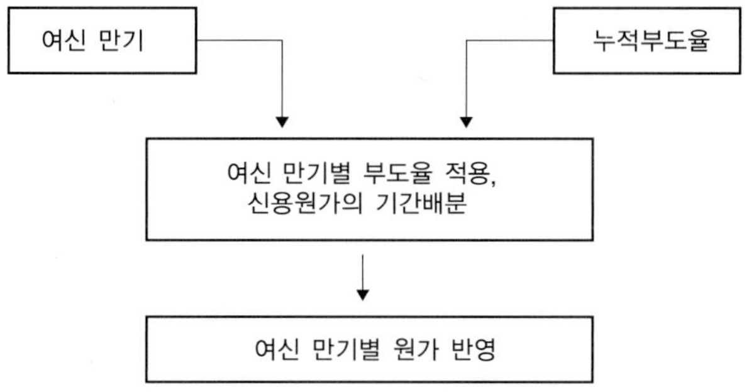

한편, 자본비용은 여신에 수반되는 자본에 대한 기회비용으로 정의된다. 즉, 자본비용 = 자본에 대한 요구수익률 × 자본, 여기에서 자본에 대한 요구수익률은 여신에 수반되는 자본에 대한 요구 수익률이다. 여신에 수반되는 자본으로서 신용위험관리 시 동 자본은 예상외손실로 정의된다.

[그림 5] RAPM을 기준으로 한 대출금리 적용 예

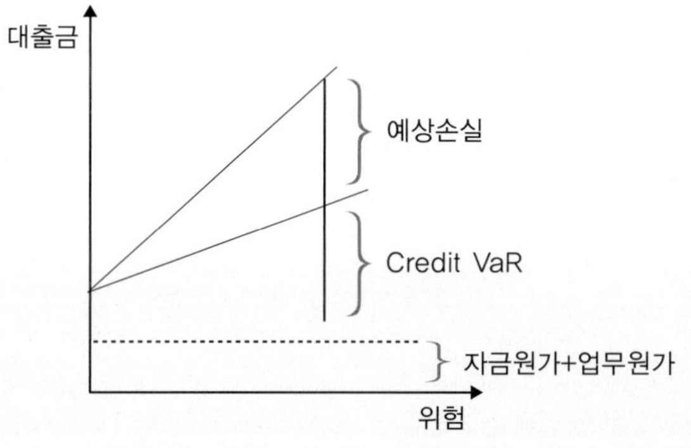

위의 그림은 대출금리의 결정에 있어 자금원가 및 업무원가를 포함하며, 거래상대방의 신용등급에 따른 예상손실(= 부도율 × 부도시손실률)과 예상외손실로 인한 자

본부과(Capital Charge)의 기회비용까지 포함된 적정 대출금리의 산출 사례를 설명하고 있다. 예를 들어, 자금원가와 업무원가가 감안된 금리가 7% 라고 가정하고 부도율이 0.5% 인 AA 등급의 거래상대방에게 1억의 대출이 실행되기 위해서는 아래와 같은 대출금리가 적용된다.

자금원가+업무원가	7%
예상손실률	0.5%
Capital Charge 기회비용	1%
대출금리	8.5%

자본부과의 기회비용은 해당거래상대방에 1억원의 여신이 실행되면서 규제되는 자기자본액수의 기회비용으로, 예를 들어, 해당여신에 1천만원의 예상외손실이 추정되고 10%의 금리를 적용하여 기회비용을 감안한다면 1백만원의 기회비용이 산출되므로 1백만원 / 1억원 = 1%의 비율이 산출된다.

연습문제

1. 자본의 정의를 세가지 관점으로 나누어 설명하라.

2. Hurdle Rate를 설명하라.

3. 경제적 자본에 대해서 설명하라.

해답

1.

구분	정의	의미
가용자본 (Available Capital)	실질적인 채무변제에 사용될 수 있는 자본	현재 은행의 총 신용위험 부담능력을 파악하는 기준지표
규제자본 (Regulatory Capital)	감독기관에서 요구하는최소한의 자본	감독기준(BIS 8%)의 충족을 위한 필요자본의 규모를 파악하는 절대지표
위험자본 (Risk Capital)	현재 운용하고 있는 자산의 위험에 대비한 실질적인 필요자본	실질적 위험자산의 규모를 파악하는 기준지표

가용자본(Available Capital) : 가용자본은 은행의 실질적인 채무변제에 사용될 수 있는 자본으로 신용위험에 대한 BIS 자기자본비율(자기자본위험가중자산)의 분자 부분에 해당한다.

규제자본(Regulatory Capital) : 규제자본은 감독기관에서 요구하는 최소한의 자본으로 신용위험에 대한 BIS 자기자본비율의 분모 부분의 8%를 의미한다.

위험자본(Risk Capital) : 위험자본은 현재 은행에서 운용하고 있는 자산의 위험에 대비한 실질적인 필요자본으로 신용손실 엔진에서 추정되는 미예상손실(Credit Value at Risk)을 의미한다.

2. Hurdle rate는 RAPM에서 실현수익에 대한 벤치마크로 사용되는데 이는 은행의 자본비용과 경영정책을 반영해야 한다. 은행의 자본비용 계산은 2가지 방식으로 분류할 수 있는데 어떤 것을 이용할 지는 실제 계산 후 판단할 수 밖에 없는 것 같다.

WACC(Weighted Average of Cost of Capital) : 이 방법은 은행의 재무구조를 파악하여 실제 가중평균 자본비용을 산출한다.

CAPM모형에 근거한 Required Return : 주식시장 수익률, 무위험수익률, 은행산업의 베타를 이용하여 산출한다. 즉, 자본비용(Required Return)= $rf+(rm-rf)\beta$

여기서 rf는 무위험 수익률, rm은 주식시장의 수익률이며 β 는 은행산업의 베타이다.

3. 본문 참조

참고문헌

[국내문헌]

- 김규형, 『신용위험의 측정과 관리』, 한국금융공학컨설팅, 2000.
- 오세경, 김진호, 이건호, 『위험관리론』, 경문사, 1999.
- 한국은행, 『신용위험의 측정기법과 활용』, 한국은행, 2001.

[국외문헌]

- Caouette, J., E. Altman and P. Narayanan, Managing Credit Risk–The Next Great Financial Challenge, John Wiley & Sons, 1998
- CreditMetrics, Technical Document, JP Morgan, 1997 (www.riskmetrics.com/ cm/ index.cgi)
- CreditRisk+, A Credit Risk Management Framework, Credit Suisse Financial Products, 1997(www.geocities.com/WallStreet/8589/credit.htm)
- Kealhofer, S., "Portfolio Management of Default Risk", KMV Corporation Working paper, 1997
- Saunders, A., Credit Risk Measurement–New Approaches to Value at Risk and Other Paradigms, John Wiley & Sons, 1999
- Wilson, T. C. Measuring and Managing Credit Portfolio Risk. McKinsey & Company, 1997.

제 4 장 전통적 신용포트폴리오 관리

학습목표

1. 집중도관리의 내용을 이해한다.
2. 상품별 집중도관리의 내용을 이해한다.
3. 거래상대별 집중도관리의 내용을 이해한다.
4. 기간별 집중도관리의 내용을 이해한다.
5. 집중도관리 기법을 이해한다.

학습개요

제5장에서는 전통적인 신용포트폴리오 관리기법인 집중도관리에 대해서 학습한다. 집중도관리는 신용포트폴리오의 관점에서 포트폴리오효과를 극대화시키는 관리방법이다. 상품별, 거래상대방별, 그리고 기간별로 집중도를 측정하고 이를 분산시키는 방법에 대해서 살펴본다.

제1절

집중도 관리의 의의

전략적인 관점에서는 신용포트폴리오가 가지는 전체적인 위험을 파악하는 것이 중요하지만 전술적인 관점에서는 포트폴리오내 개별 자산들의 신용위험 원천을 파악하여 이를 제거하는 것이 매우 중요하다. 개별 자산들의 신용위험 원천을 파악하면 신용위험이 집중된 부분을 파악할 수 있다. 일단 신용위험이 집중되는 곳을 파악하게 되면 다음 단계는 이를 헷징하거나 한도를 설정하거나 매각하는 등의 다양한 조치를 취할 수 있다.

집중도관리를 전통적 신용포트폴리오관리라고 한 이유는 이 방법이 신용파생상품과 증권화관리 같은 현대적인 신용위험관리가 출현하기 이전 실무에서 가장 널리 사용된 방법이기 때문이다. 현재도 이 방법은 간편하고 쉽게 이해할 수 있는 장점이 있기 때문에 신용포트폴리오를 관리하는 금융기관에서는 아직도 가장 널리 사용되는 기법이라고 할 수 있다.

다음 그림은 CreditMetrics에서 제공하는 신용위험보고서 중의 일부로서 신용위험의 집중도를 파악할 수 있도록 한 챠트이다. 그림에서 콘(con) 모향은 통화와 만기를 기준으로 포트폴리오에 대한 한계위험을 보여주고 있는데 콘의 크기가 클수록 해당자산이 포트폴리오에 기여하는 한계위험이 크다. 즉, 해당 통화와 만기에서 신용위험의 집중도가 큰 것이다.

[그림 4-1] 집중도 분석 차트

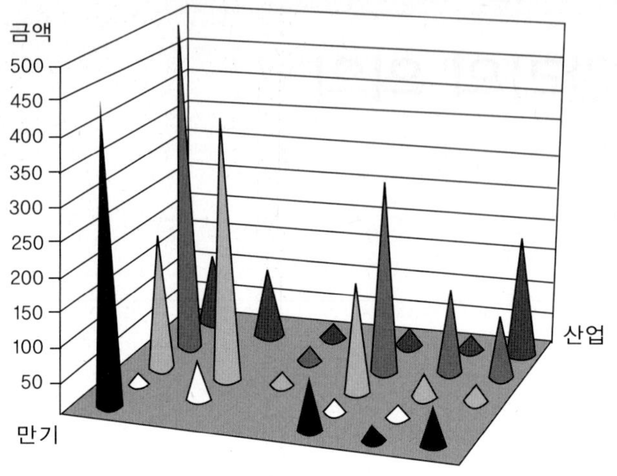

신용집중도는 신용포트폴리오를 구성하는 자산들에 대하여 통화별, 상품종류별, 신용등급별, 만기별, 산업별, 거래상대방별, 국가별 등을 기준으로 신용위험의 집중도를 파악할 수 있다. 기준별 집중도관리의 내용에 대해서는 다음절에서 설명하도록 한다.

제2절

기준별 집중도 관리

신용포트폴리오를 구성하는 자산들에 대하여 상품종류별, 만기별, 거래상대방별, 신용등급별, 국가별, 통화별, 산업별 등을 기준으로 신용위험의 집중도를 파악할 수 있다. 이중에서 국가별과 통화별 기준으로 신용위험 집중도를 관리하는 것은 국내 자산만을 취급하는 국내 금융기관에서는 매우 드문 일이다. 따라서 기준별 집중도관리에서는 상품종류별, 만기별, 거래상대방별, 신용등급별, 산업별 기준만을 다루도록 한다.

1. 상품종류별 집중도관리

신용위험의 측정대상 상품은 대차대조표(B/S)의 자산계정 중에서 거래상대방의 신용변화에 관련된 상품에 한하여 측정한다. 즉, 거래상대방이 있고, 그 거래상대방이 신용위험에 노출된 상품을 신용위험 측정의 대상상품으로 한다. 예를 들어, 국채의 경우 거래상대방이 있으나 거래상대방의 신용위험이 없기 때문에 신용위험 측정대상에서 제외되며, 상품주식의 경우 거래상대방과 신용위험에 대한 접근이 힘들기 때문에 시장위험을 측정하고 신용위험 측정에서는 제외한다.

2. 만기별 집중도관리

채권형 상품의 경우 대개의 경우 만기를 가지고 있다. 채권에서 만기는 가격변동위험과 직결되는 요소이기 때문에 이를 적절히 분산되도록 관리하는 것은 신용위험관리에서 대단히 중요하다.

3. 거래상대방별 집중도관리

거래상대방은 대출의 경우 차입자를 가리키고, 채권의 경우 발행기업을 나타낸다. 거래상대방이 부도가 나는 것이 신용위험이기 때문에 이를 분산시키는 것은 신용위험 자체를 관리하는 것이다.

4. 신용등급별 집중도관리

대출의 경우 은행의 자체 여신심사 기준에 의해 차입자에 대해서 신용등급을 부여한다. 채권의 경우 신용평가회사로부터 발행기업과 발행되는 채권에 대해서 신용등급을 받는다. 신용등급은 신용위험 자체를 기준으로 등급을 매긴 것이기 때문에 이를 안정적으로 관리하는 것은 매우 중요하다. 신용위험이라는 측면만을 본다면 신용등급이 무조건 높은 것들로 신용포트폴리오를 구성하는 것이 좋지만 수익성을 동시에 고려할 경우 신용위험이 높은 자산의 수익률이 높기 때문에 이를 적절히 조화시켜 전체 신용포트폴리오의 신용위험을 적정 수준이내로 관리하면서 수익성을 제고하는 것이 필요하다.

5. 산업별 집중도관리

같은 업종에 속한 산업은 전체적인 산업경기에 영향을 받기 때문에 동시에 부도가 발생할 가능성이 많다. 예를 들어 반도체 가격이 하락할 경우 반도체 관련 업종의 기업들은 부도가 발생할 가능성이 동시에 높아진다. 따라서 산업별로 신용포트폴리오를 분산시키는 것은 신용위험관리에서 매우 중요한 문제이다.

다음은 신용포트폴리오의 집중도를 관리함으로써 신용위험을 축소시키는 경우를 간단한 예로 들어보자. 다음 표는 어떤 은행의 대출담당자가 경기예측과 업종별 부도율에 대해서 조사한 결과를 요약한 표이다. 이 표에 의하면 경기가 상승할 확률은 33.33%이며, 경기상승 시에 산업 A에 속한 기업들의 평균부도율은 2.50%이며 산업 B에 속한 기업들의 평균부도율은 0.75%이다. 경기가 현상유지하거나 하락할 경우에도 마찬가지로 각 산업의 평균부도율을 알 수 있다. 설명의 편의상 산업 A와 산업 B는 상호 연관성이 별로 없기 때문에 경기예측에 따른 부도확률의 변화 이외에는 산업 A에 속한 기업들과 산업 B에 속한 기업들간에 부실화가 발생하는 데는 상관관계가 존재하지 않는다고 가정하자.

[표 4-1] 경기변동에 따른 업종별 부도율

경기변동		업종별 부도확률	
시나리오	확률	산업 A	산업 B
경기상승	33.33%	2.50%	0.75%
현상유지	33.33%	2.97%	3.45%
경기하락	33.33%	4.71%	5.25%

은행의 영업계획상 각 산업별로 대출한도가 100억원씩 할당되었다고 가정하고, 각 산업별 대출한도를 활용하는 방법으로 산업내의 특정 기업에 100억원을 모두 대출하는 경우와 산업내의 여러 기업들에 분산하여 대출하는 경우를 비교해보자. 먼저 산업 A에 속한 특정 기업에 100억원, 산업 B에 속한 특정 기업에 100억원씩을 대출한 경우를 살펴보자. 편의상 각 기업의 부도확률은 자신이 속한 산업의 부도확률과 동일한 것으로 가정한다. 이 경우 대출포트폴리오의 손실확률을 분석한 결과는 아래 표와 같다.

[표 4-2] 대출포트폴리오의 손실확률 분석

시나리오			확률			손실확률분포	
산업 A	산업 B	A+B	경기상승	현상유지	경기하락	손실액	확률
−100	−100	−200	0.01	0.03	0.08	−200	0.1
−100	0	−100	0.83	0.96	1.49	−100	6.3
0	−100	−100	0.24	1.12	1.67	0	93.6
0	0	0	32.26	31.23	30.10		

이제 은행이 각 산업내에서 특정한 기업에 대출을 편중시키는 경우와 포트폴리오 분산효과를 얻기 위해 다수의 기업들에 대출을 제한하는 경우를 생각해보자. 분석의 단순화를 위하여 기업들의 개별적인 부시가능성이 상호 독립적이고 각 산업내에서는 100억원이 다수의 기업에 골고루 대출됨으로써 포트폴리오가 잘 분산되었다고 가정하자. 그러면 대출포트폴리오에 대한 손실예상액은 산업별 대출금액과 그 산업별 부도확률을 곱하여 계산할 수 있다. 따라서 전체 대출포트폴리오의 부실화가능성은 아래 표와 같이 계산된다.

[표 4-3] 잘 분산된 포트폴리오의 부실확률분석

시나리오	손실액			확률
	산업 A	산업 B	A+B	
경기상승	−2.50	−0.75	−3.25	33.33%
현상유지	−2.97	−3.45	−6.42	33.33%
경기하락	−4.71	−5.25	−9.96	33.33%

기대손실액 = 6.54억 원

기대손실액의 표준편차 = 2.74억 원

99% 신뢰수준의 손실가능액 = 9.96억 원

[표 4-4] 불완전하게 분산된 포트폴리오의 부실확률분석

시나리오	손실액			확률
	산업 A	산업 B	A+B	
경기상승	-100 0	-0.75 -0.75	-100.75 -0.75	0.83% 32.50%
현상유지	-100 0	-3.45 -3.45	-103.45 -3.45	0.99% 32.30%
경기하락	-100 0	-5.25 -5.25	-105.25 -5.25	1.57% 31.80%

기대손실액 = 6.54억 원

기대손실액의 표준편차 = 18.27억 원

99% 신뢰수준의 손실가능액 = 105.25억 원

참고문헌

[국내문헌]

- 김규형, 『신용위험의 측정과 관리』, 한국금융공학컨설팅, 2000.
- 오세경 · 김진호 · 이건호, 『위험관리론』, 경문사, 1999.
- 한국은행, 『신용위험의 측정기법과 활용』, 한국은행, 2001.

[국외문헌]

- Caouette, J., E. Altman and P. Narayanan, Managing Credit Risk–The Net Great Financial Challenge, John Wiley & Sons, 1998
- CreditMetrics, Technical Document, JP Morgan, 1997 (www.riskmetrics.com/cm/index.cgi)

제 2 편

자산유동화증권과 위험관리

제 1 장 자산유동화의 기초와 구조

제1절 자산유동화의 기초

제2절 자산유동화의 구조

학습목표

1. 자산유동화의 개념과 특성을 살펴본다.
2. 자산유동화의 구조를 이해한다.
3. 신용보강방법의 존류와 특성을 이해한다.

학습개요

최근 들어 국내금융시장에서 자산유동화증권의 발행이 급증하고 있다. 자산유동화증권은 금융기관이 보유하고 있는 다양한 형태의 신용자산들에서 발생하는 신용위험을 관리하는 효율적인 수단으로 이용될 수 있으며 원 신용자산을 보유시 부담해야 했던 여러 규제들을 회피하는 수단으로 이용될 수도 있다. 이 장에서는 자산유동화에 대한 기초적 내용들을 알아보고, 다양한 형태의 자산유동화증권이 발행되는 구조와 그 특성 등을 살펴본다.

제1절

자산유동화의 기초

1. 자산유동화의 개념과 특성

자산유동화(asset securitization)란 보유하고 있는 자산을 집합(pooling)하고 집합된 자산으로부터 나오는 현금흐름을 기초로 증권을 발행하는 것을 말한다. 즉, 자산유동화는 유동성이 없이 고정화되어 있는 주택저당대출이나 신용카드 매출채권, 기업의 외상매출채권 등을 유동성이 있는 증권으로 전환시키는 것을 말한다. 유동성이 없이 고정화되어 있는 자산을 유동성이 있는 자산으로 전환시키는 과정이 일반적으로 증권을 매개로 하여 이루어지므로 자산유동화와 자산증권화는 같은 의미로 사용되고 있다.

자산유동화는 고정된 유 · 무형 자산을 근거로 유동화증권을 발행하여 사실상 자산을 현금으로 바꾸는 것으로 부동산, 매출채권, 유가증권, 주택저당대출뿐만 아니라 시장에서 평가가 가능한 모든 자산이 유동화 대상이 될 수 있다.

자산유동화증권(asset-backed securities : ABS)은 자산유동화 상품의 일종으로 어떤 기업이 보유하고 있는 자산을 특별목적기구(special purpose vehicle : SPV)에 양도하고 SPV가 발행주체가 되어 양도된 자산으로부터 발생하는 현금흐름을 기초로 발행된 증권을 말한다. 따라서 ABS의 성과는 자산보유자의 신용상태가 아닌, SPV가 보유한 자산으로부터 발생하는 현금흐름의 신용상태에 의존하게 된다.

ABS는 대체로 다음과 같은 특징을 가지고 있는 것으로 정리할 수 있다.

첫째, 발행되는 증권의 신용등급이 자산보유자 자신의 신용 대신에 증권발행의 기초가 되는 자산보유자가 보유한 자산집합의 신용수준에 따라 결정된다는 점이다.

둘째, 증권을 발행하는 데 기초가 되는 자산집합에 대한 신용보강(credit enhance-ment)을 통해 신용수준의 변화를 가져온다.

셋째, 자산보유자(originator)나 자산관리자(servicer)의 신용도 하락이나 파산으로부터 투자자를 보호하기 위하여 자산보유자와 자산관리자로부터 독립된 법적인 실체에 진정으로 자산을 양도(true sale)하는 구조가 있다는 점이다. 자산유동화에 사용되는 신용보강 및 자산양도 등의 기법들은 증권발행의 기초가 되는 자산집합으로부터의 현금흐름을 여러 가지의 금융기법으로 가공하기 위한 것으로서 자산유동화증권은 이와 같이 현금흐름을 구조화한 증권이라는 의미에서 구조화금융상품(structured financial products)이라고도 불린다.

2. 자산유동화의 발전과정과 현황[1)]

자산유동화증권 발행의 역사적 발달과정을 보면 다음과 같은 단계로 정리할 수 있다.

금융중개에 있어서 가장 큰 위험은 차입자가 원리금을 상환하지 못하게 되는 신용위험이다. 이러한 신용위험을 감소시키기 위한 1차적인 수단은 차입자가 담보를 제공하는 것으로서 담보부대출 또는 담보부채권 발행의 형태가 그것이다. 자산유동화증권 발행기법은 대부분 자산담보부대출이나 담보부채권 발행에서 얻어진 기법에 바탕을 두고 있다.

자산을 기초로 한 대출의 좀더 발전된 형태가 팩토링(factoring)이라고 볼 수 있다. 팩토링이란 기업의 매출채권을 금융기관이 인수해서 채권을 회수하는 것으로서 금융기관이 기업에 대해 대출과 매출채권에 대한 관리서비스를 동시에 제공하는 것으로 볼 수 있다.

1) 방근석 · 최두열, 『자산유동화』, 한국경제연구원, 2000, pp.29-32.

자산을 담보로 채권을 발행하는 금융기법은 발행자가 파산하게 되면 제공된 담보가 파산정리에 포함되거나 묶여 버리는 위험이 그대로 남아 있게 된다. 이러한 위험을 치유하기 위해 등장한 것이 자산유동화증권의 초기형태로 나타난 pass-through 형태의 유동화증권이다. 그러나 이는 자산보유자의 파산위험으로부터 담보자산이 분리되기는 했지만 담보자산으로부터 나오는 현금흐름이 투자자의 요구와 일치하지 않을 수 있다는 문제점이 있다.

이러한 문제를 해결하기 위해 등장한 것이 pay-through 형태의 유동화증권이다. pay-through 형태의 유동화증권은 담보자산으로부터 나오는 현금흐름을 투자자의 요구에 맞게 분할 · 가공하고 재포장하여 배분하는 것이다.

자산유동화증권이 오늘날과 같은 형태로 등장하기 시작한 것은 1969년 미국에서 GNMA(government national mortgage association)를 설립하여 이 기구의 보증으로 주택저당대출에 대한 MBS(mortgage backed securities)를 발행하여 매각하는 방식의 자산유동화가 도입되면서부터이다. 이후 1980년대 초 저축대부조합(savings & loans association)의 부실채권을 ABS로 발행하여 효율적으로 정리한 것을 계기로 ABS는 미국에서 다양한 목적으로 활용될 수 있는 주된 금융상품으로 자리잡게 되었다.

1980년대 중반에 들어서는 주택저당대출 이외의 자산을 유동화한 ABS가 등장하기 시작하였다. 1985년에 리스채권, 소비자매출채권, 자동차대출채권 등을 기초로 ABS가 발행되고, 1986년에는 신용카드 매출채권을 기초로 ABS가 발행되기 시작하였다. 그 이후로 자산유동화의 대상이 되는 자산들이 급속도로 다양화되기 시작하여 현재는 거의 모든 자산을 대상으로 증권화가 추진되고 있으며 미래의 전화요금 등 지금은 발생하지 않았으나 미래에 발생할 것이 확실시되는 장래의 현금흐름을 기초로 한 ABS까지도 발행되고 있다.

ABS가 처음 도입된 미국의 경우 1980년대와 1990년대의 발행잔액을 보면 국채 및 일반회사채와 대등한 위치를 차지하고 있으며 1990년대 중반에 들어오면서 미국뿐만 아니라 유럽 및 일본 등에서도 금융기관들이 구조조정을 추진하는 과정에서 ABS 발행을 크게 늘렸고 이후에는 남미 등의 신흥공업국에서도 ABS 시장이 빠른 속도로 성장하고 있다. 아래 그림은 미국의 ABS 발행현황을 나타낸 것이다. 미국의 ABS 발행잔액은 2000년대 이후 서브프라임 모기지 버블에 힘입어 2007년 글로벌 금융위기 발생시까지 급성장했으나 이후 버블이 꺼지면서 발행잔액이 급감하여 버블 이전의 수치로 회귀했다.

[그림 1-1] 미국의 ABS 발행잔액 (단위: 10억달러)

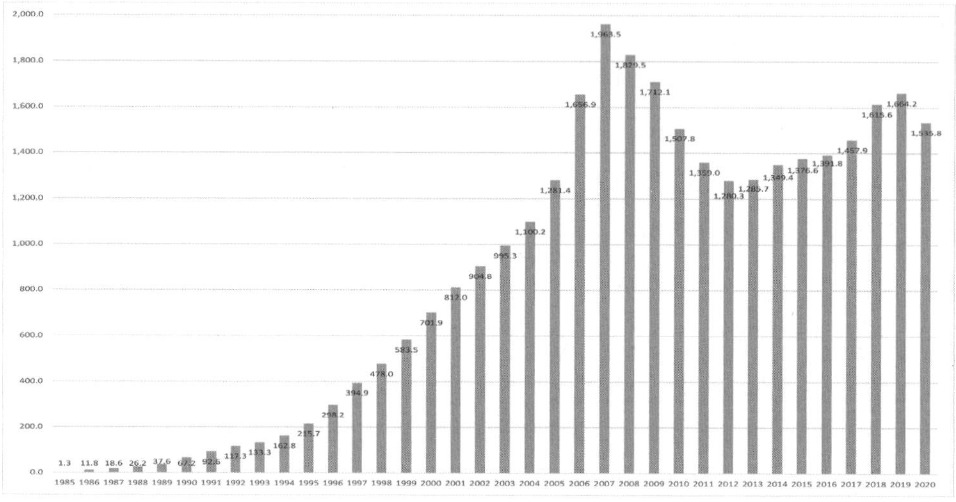

자료 : 미국 SIFMA(securities industry and financial markets association)

우리나라의 경우 ABS가 처음 발행된 이후 1999년 발행금액 기준 6.8조원(32건)에서 2001년 50.9조원(194건)으로 급속히 증가하였다. 2001년 ABS발행을 기관별로 살펴보면 카드사, 은행 등 금융회사가 약 44조원으로서 대부분을 차지하고 있고, 특히 신용카드 이용실적의 급증으로 신용카드 ABS가 폭발적인 성장을 보였다. 〈그림 2〉는 우리나라 ABS 발행추이를 나타낸 것이다. 2001년 이후 ABS 발행은 감소하여 2008년에는 20.6조원이 발행되었다. 2008년까지 ABS 발행이 감소한 것은 바젤2 시행의 영향으로 생각된다. 그러나 2008년 이후 ABS 발행은 다시 증가하게 되는데, 각 자산보유자의 발행수요가 증가한 것에 기인하는 것으로 생각된다.

[그림 1-2] 국내 ABS 발행건수와 금액추이 (단위: 개, 조원)

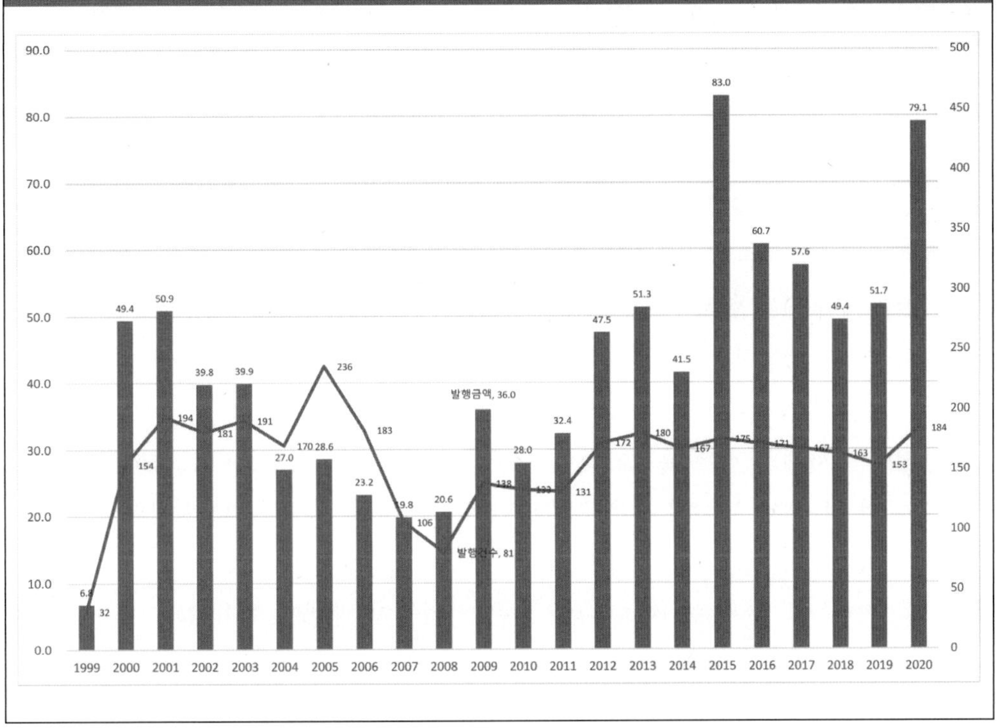

자료 : 금융감독원

3. 자산유동화증권과 회사채의 비교

ABS와 회사채는 신용등급, 위험분산, 수익률 등 몇 가지 측면에서 중요한 차이가 있다.

우선 일반적인 회사채의 경우에는 발행주체의 신용상태에 따라 신용위험이 결정되지만, ABS는 유동화자산의 신용도에 따라 신용등급이 달라지게 된다. 즉, 일반적인 회사채의 경우 발행주체의 사업악화가 직접적으로 신용등급에 영향을 미치게 되지만, ABS의 경우에는 발행주체(SPV)의 실적과는 별도로 유동자산의 질적인 면을 고려하여야 한다. 발행절차에 있어서 ABS는 회사채에 비해 복잡하고 발행참가자도 많다. 또한 상품의 특성이 다양하므로 일반 회사채에는 존재하지 않는 위험도 있다.

일반적인 회사채의 경우 특정기업이 발행한 증권이므로 포트폴리오 효과를 고려하여 투자해야 하지만, ABS의 경우에는 일반적으로 수십~수천 종류의 자산 집합으로 구성되어 있어 자산 집합 내의 개별채권의 채무불이행위험이 ABS에 주는 영향은 상대적으로 작다. 즉, ABS는 서로 다른 많은 기업들이 발행한 회사채와 대출채권 등 다수의 채권을 기초로 발행되므로 위험이 분산되는 효과가 있다. 따라서 기존의 채권 포트폴리오에 일반적인 회사채를 편입하는 것보다 ABS를 편입하는 것이 위험 분산으로 인한 분산투자 효과가 크다고 할 수 있다. 이외에도 ABS는 발행시 같은 만기, 같은 등급의 회사채와 비교해 일반적으로 설정수익률이 높기 때문에 주목을 끌고 있다. 즉 투자자들은 ABS, CBO 등에 익숙하지 않고 시장의 유동성도 낮아 이런 위험에 따른 프리미엄을 요구하게 된다. [표 1-1]은 ABS와 일반 회사채의 특성을 비교해 놓은 것이다.

[표 1-1] ABS와 일반 회사채의 비교

	ABS	일반 회사채
발행주체	SPV (원 자산보유자와 분리)	기업
재무변동	부채 증가 없음	부채 증가
원리금 지급	SPV	발행기업
신용평가	담보자산 자체의 신용	기업의 신용

4. 자산유동화의 종류

ABS는 자산에서 발생하는 현금흐름을 담보로 발행되는 증권이지만, 발행의 기초가 되는 자산의 종류 혹은 발행증권의 현금흐름 특성에 따라 분류된다. 먼저 발행의 기초가 되는 자산에 따른 분류를 살펴보면 다음의 [표 1-2]와 같다.

[표 1-2] 기초자산별 ABS의 분류

기초자산의 종류	ABS의 분류
주택대출채권	MBS(Mortgage Backed Securities)
대출채권	CLO(Collateralized Loan Obligation)
채권(Bond)	CBO(Collateralized Bond Obligation)
신용카드 매출채권	CARD(Certificates of Amortizing Revolving Debts)
자동차할부대출	auto-loan ABS
외상매출채권	ABCP(Asset Backed Commercial Paper)
리스 채권 등	기타

현금흐름의 특성별로 분류하면 기초자산의 현금흐름이 투자자들에게 지급되는 pass-through 형과 기초자산의 현금흐름을 현금흐름이 다양한 여러 종류의 증권으로 나누어 발행하는 pay-through 형으로 구분된다. 아래의 [표 1-3]은 ABS를 현금흐름의 특성별로 분류한 것이다.

[표 1-3] 현금흐름 특성별 ABS의 분류

현금흐름 특성	종 류
기초자산의 현금흐름을 그대로 투자자에게 지급	pass-through형 증권 (MBS 등)
기초자산의 현금흐름을 다른 현금흐름을 가진 여러 종류의 증권으로 나누어 발행	pay-through형 증권 (CLO, CBO, CMO 등)

5. 자산유동화의 경제적 효과와 신용위험관리[2)]

자산유동화는 앞에서 살펴본 바와 같이 위험자산에 대해 자산보유자와 자산관리자로부터 독립된 SPV에 자산을 양도하여 유동성을 높이고 신용을 보강함으로써 자산보유자와 자산간의 신용을 분리한다. 이러한 자산유동화가 갖는 주요 경제적 효과와 신용위험관리에 미치는 효과를 살펴보면 다음과 같다.

1) 파생상품으로서의 ABS

자산유동화증권은 파생상품의 하나로서 자산유동화증권을 통하여 시장참여자들이 자신이 원하는 형태의 위험-수익 구조를 좀더 정확하게 조합할 수 있게 하여 완전한 시장(complete market)에 보다 가깝게 접근하도록 한다. 또한 유동화증권이 없었을 때에는 자동차할부채권이나 부동산 및 부실채권 등에 대하여 투자를 하거나 이들 기초자산들의 위험을 헤지하는 것이 매우 어려웠으나 자산유동화는 이러한 기초자산을 이용한 투자와 위험관리를 손쉽게 해주고 있으며 이들 기초자산을 실제로 거래하는 것보다 훨씬 낮은 거래비용으로 실제거래와 같은 경제적 효과를 얻게 해준다.

2) 이자율위험 관리의 수단

자산유동화는 유동화증권 발행자들로 하여금 이들이 대차대조표에 신용자산을 보유하고 있음에 따라 발생하는 이자율위험(interest rate risk)을 줄여 줄 수 있다. 대부분의 은행들은 단기의 변동금리로 자금을 조달하고 자금의 운용은 장기의 고정금리로 하고자 하는 경향이 있는데 이는 단기 변동금리가 장기의 고정금리보다 낮기 때문이다. 그러나 은행은 기본적으로 레버리지의 비율이 높으며 따라서 이자율의 변동폭이 작더라도 이로 인한 이자율위험이 크게 나타난다. 이러한 이자율위험의 헤지를 위해 은행이 보유 중인 고정금리 장기채권을 매각하여 유동화시키게 되면 금융기관이 안고 있는 이자율위험을 유동화증권의 최종투자자에게 전가시킬 수 있다. 물론 이때 최종 투자자들이 고정금리로부터 발생하는 이자율위험을 받아들일 수 있도록 유동화증권을 구조화시키는 과정을 거치게 된다.

2) 방근석 · 최두열, 『자산유동화』, 한국경제연구원, 2000, pp.45–53.

3) 신용위험의 재배분 효과[3)]

자산유동화를 통해 위험자산에 대한 참여자가 확대됨에 따라 자산에 대한 적절한 평가와 통제가 가능하게 되면 금융기관의 경우 위험자산을 개별적으로 보유할 때에 비하여 이들을 집합화하여 보유하는 경우 위험을 감소시킬 수 있다. [그림 1-3]의 삼성코람의 예에서와 같이 자산유동화증권은 신용위험을 확정이자를 가지는 선순위채권과 선택권을 가지는 후순위채권 구조를 통하여 위험을 재분배할 수 있다. 선순위채권의 매각대금으로 차입금상환 및 신규대출이 가능하여 실적 제고로 연결되고 후순위채권은 제3자 매각시 신용위험이 전가되며, 보유시에는 레버리지 효과를 갖게 된다. 삼성코람의 경우 3,277억원의 자산을 유동화하여 선순위채권 2,840억원, 후순위채권 437억원을 발행하였으며 자산보유자인 삼성캐피탈이 후순위채권을 인수하였다. 삼성캐피탈 위험자산이 3,277억원에서 437억원(후순위채권 인수)으로 감소하였지만 3,277억원에서 부실이 발생할 경우 부실로 인한 손실을 전부 부담하게 되어 3,277억원의 자산에서 발생하는 신용위험이 437억원에 집중되게 된다.

따라서 삼성캐피탈은 자기자본 437억원, 차입금 2,840억원으로 3,277억원의 대출채권에 투자한 것과 동일한 경제적 효과를 갖게 되며, 결국 hidden leverage 효과를 누리게 되는 것이다.

[그림 1-3] 삼성코람의 신용위험 재분배과정

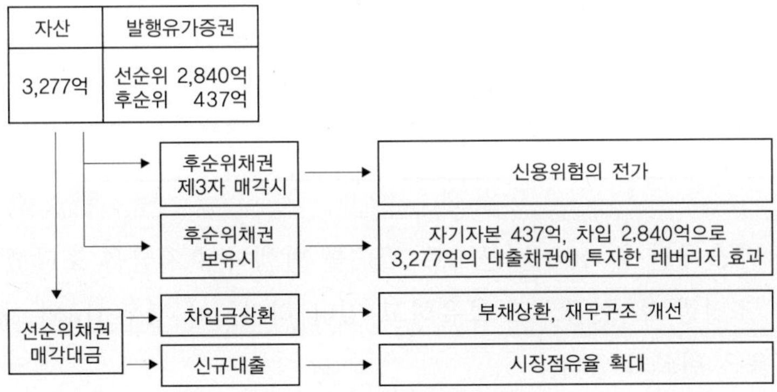

---

3) 한국신용정보, 『한국 자산유동화시장 현황 및 전망』, special report, 1999, pp.4-5.

4) 재무구조 개선과 경영의 건전성 증대 효과

ABS를 통한 자금조달은 자산보유자가 위험자산을 매각하고 현금을 회수함에 따라 기업의 부채비율을 높이지 않고 금융기관의 BIS 비율을 제고하는 등의 재무구조 개선 효과를 가진다. 미국의 신용카드 회사들의 사례를 보면 자산유동화를 통한 자금조달 비중이 매우 높으며 자산유동화를 적극적으로 할수록 회사가 부담하는 신용위험은 동일하나 부채비율은 현격히 축소되는 것으로 나타났다. 따라서 자산유동화에 따라 회사가 부담하는 실제의 신용위험에 비해 부채비율은 양호하게 나타나게 된다. 미국의 신용카드 시장의 경우 자산유동화가 도입되기 전에는 자본이 큰 회사들이 시장을 지배하였으나 자산유동화 도입 후에는 자본이 작은 회사도 ABS를 적극 활용하여 시장점유율을 확대하는 방향으로 산업구조가 개편되었다. 우리나라의 여신전문 금융기관의 경우에도 자산유동화가 적극적으로 이루어지게 되면 자본금의 증가 없이 대출을 확대하여 시장점유율을 높일 수 있고 대출심사 및 신용위험관리 능력이 회사의 경쟁력을 결정하게 되어 여신전문 금융업의 건전성을 증대시킬 수 있을 것이다.

예를 들어 ABS 발행 전 A기업의 부채비율은 400%이며, 현재 재무상태가 다음과 같다고 하자.

(a) ABS 발행 전 재무상태표

매출채권 고정자산	500 500	부채 자기자본	800 200
	1,000		1,000
부채비율 400%			

이 기업이 매출채권 중 400을 근거로 ABS를 발행하여 자금을 조달했다 하자. 그리고 자금을 조달한 후 현금으로 보유하고 있다 하자. 이 경우 (b)의 재무상태표와 같이 부채비율은 변화가 없다.

(b) ABS 발행 후 재무상태표 : 현금보유시

현금	400	부채	800
매출채권	100		
고정자산	500	자기자본	200
	1,000		1,000
부채비율 400%			

다른 상황을 가정하자. 이 기업이 ABS 발행으로 조달한 자금으로 부채를 상환했다 하자. 이 경우 부채비율은 200%로 감소하게 된다.

(b*) ABS 발행 후 재무상태표 : 부채상환시

매출채권	100	부채	400
고정자산	500		
		자기자본	200
	600		600
부채비율 200%			

A기업은 ABS를 발행하기 전 부채비율이 400%로 높은 상태였으나 매출채권에 대한 ABS를 발행한 후 부채비율을 200%로 낮출 수 있게 되어 기업 재무구조를 개선시키는 효과를 얻을 수 있다.

5) 자금조달비용의 절감

기업이나 금융기관이 채권발행이나 예금을 통해 자금을 조달할 경우 해당 기업이나 금융기관의 신용도가 낮으면 자금조달비용이 상승하지만, 우량한 기초자산을 이용하여 신용등급이 높은 자산유동화증권을 발행하게 되면 자산보유자의 신용등급보다 유리한 조건으로 자금을 조달할 수 있게 된다.

이밖에도 자산유동화는 유동성이 낮은 부동산시장의 거래를 활성화시켜 기업이나 금융기관의 구조조정을 촉진시키며, 자산을 매각하여 조달한 자금을 재투자하는 과정을 반복하게 되면 실제 주어진 자본금의 제약을 받지 않고 영업을 확대하는 효과도 얻을 수 있다.

제2절

자산유동화의 구조

1. 자산유동화의 구조와 주요 참가자

자산유동화는 자산보유자로부터 자산을 분리하여 해당 자산의 위험과 자산보유자의 신용위험을 분리시킨 상태에서 자산집합으로부터 발생하는 현금흐름을 유동화상품의 보유자에게 분배하는 구조를 갖는다. 이에 따라 전체의 위험 규모는 변함이 없음에도 불구하고 차별적인 위험수준을 갖는 여러 증권에 개별 현금흐름의 위험도와 그에 따른 수익성을 차별화함으로써 전체적으로는 자산유동화 과정에 참여하는 모든 참여자들의 부가가치를 높일 수 있다. 따라서 자산유동화의 가장 핵심적인 과정은 자산을 자산보유자로부터 분리하는 과정이다. 자산보유자와 자산이 별도로 분리됨으로써 자산보유자가 파산하더라도 분리된 자산으로부터 발생하는 현금흐름으로 이미 발행된 유동화증권의 원리금을 상환해 나갈 수 있기 때문이다.

자산유동화 구조에서는 담보자산을 자산보유자로부터 완전 분리하기 위한 방법으로 담보자산을 자산보유자와 분리된 특별목적기구(SPV)에 양도하는 방법을 사용하며 주로 담보자산을 SPV에 매각한다. 따라서 담보자산이 자산보유자로부터 완전히 분리되었는가의 여부는 SPV로의 매각이 과연 진정한 매각(true sale)인가 여부에 달려 있다. 자산유동화증권의 발행은 유동화증권 발행의 담보자산집합을 자산보유자로부터 분리하여 SPV라는 유동화 중개기구에 양도하는 과정이 가장 중요한 과정이며 부차적인 과정이 분리된 담보자산집합으로부터 생성되는 현금흐름을 다양한 위험도와 수익률을 가진 여러 가지의 현금흐름으로 분할하는 구조화 과정이다. 이러한 자산유동화 과정에 참가하는 주요 참가자는 아래와 같으며 [그림 1-4]는 자산유동화의 구조를 나타낸 것이다.

[그림 1-4] 자산유동화의 구조

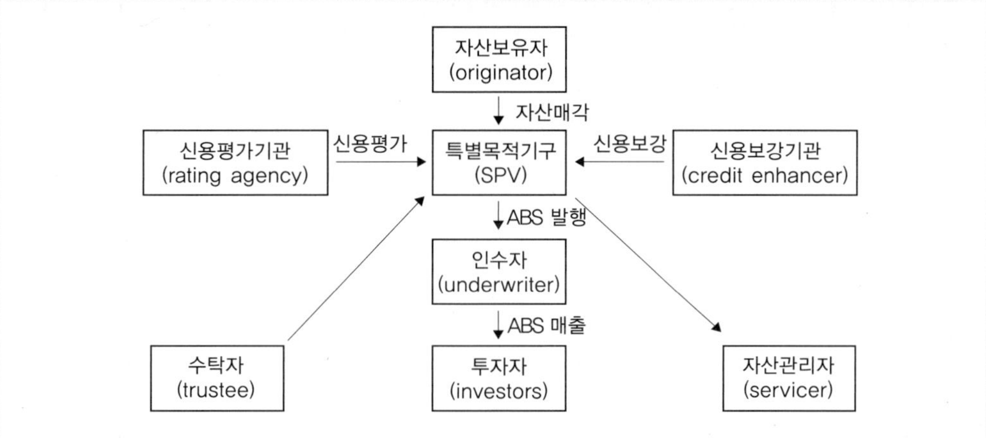

1) 자산보유자

자산보유자(originator)는 현금흐름을 발생시킬 수 있는 자산을 보유한 자로서 보유자산의 유동화를 통하여 자금을 조달하고자 하는 자이다.

자산보유자는 보유자산에 대해 가장 잘 알고 있기 때문에 유동화 과정에 있어서 담보자산과 담보자산으로부터 발생하는 현금흐름을 관리하는 자산관리자(servicer) 역할을 하기도 한다. 자산관리라 함은 담보자산의 원리금 수금 등을 포함한 각종 필요조치를 취하며 담보자산에 대한 채무자가 채무의무를 이행하도록 독촉하여 담보자산에 대한 투자자들의 권리가 유동화 기간동안 보호되도록 하는 역할을 말한다.

2) 특별목적기구

특별목적기구(SPV)란 자산이 자산보유자의 신용과 완전히 절연되어 자산보유자의 신용위험이나 파산에 영향을 받지 않도록 하기 위하여 세워지는 특수목적의 법적인 실체를 의미한다. 자산유동화의 구조에 있어서 가장 중요한 것은 자산보유자로부터 기초자산을 어떻게 완전히 분리하여 자산보유자의 파산위험으로부터 기초자산을 안전하게 지키느냐 하는 것이다. 즉 자산보유자가 파산하더라도 기초자산으로부터 나오는 현금흐름이 파산 절차에 묶이지 않고 안전하게 투자자들에게 흘러갈 수 있는 구조를 만드는 것이 가장 중요한 작업이다. 이러한 특별목적기구는 자산유동화를 위한 수단으로 사용되며 자산유동화를 위해서는 자산보유자의 신용으로부터 기초자산을 완전히 절연하기 위하여 담보자산을 특별목적기구에 이전하게 된다.

3) 신용평가기관

신용평가기관(rating agency)은 특별목적기구가 발행하는 증권에 대한 신용평가를 통하여 투자자들이 투자결정을 하는 데 도움을 주는 역할을 담당한다. 즉 신용평가기관은 투자자들이 정보의 비대칭(asymmetric information)때문에 자신이 모르는 신용위험을 떠안지 않도록 정보의 수집과 분석을 통해서 투자자를 보호하는 것이다. 자산유동화 과정에서 만들어지는 증권은 담보자산으로부터의 현금흐름을 다양한 위험도와 수익률을 가진 여러 가지의 현금흐름으로 분할하는 구조화 과정과 목표 신용등급을 달성하기 위한 신용보강의 과정을 거치기 때문에 일반투자자들이 이해하기 어려운 복잡한 구조를 가지게 된다. 신용평가기관은 일반투자자들이 통상적으로 이해할 수 있는 신용등급을 사용하여 유동화증권의 신용위험을 평가함으로써 유동화증권이 시장에서 잘 소화되도록 하는 역할을 담당하고 있다.

4) 신용보강기관

신용보강기관(credit enhancer)은 자산유동화증권의 신용등급을 높이고 시장에서의 유동성을 높이기 위하여 보증이나 초과담보와 같은 수단을 제공하는 자를 말하며 대개의 경우 자산보유자보다 높은 신용등급을 갖는 은행, 보험회사 등의 금융기관이 그 역할을 담당한다. 자산유동화증권 발행시 발행기관은 신용평가기관과 예비 모임을 갖고 원하는 신용등급을 제시하는데 이때 신용평가기관은 담보의 질, 자산관리의 질 등 여러 신용평가 요소들을 조사 분석한 후 발행기관이 원하는 등급과 차이가 있을 경우 신용보강을 요구하게 된다. 이 같은 신용보강의 방법으로는 크게 외부적 신용보강 방법과 내부적 신용보강 방법으로 구분할 수 있는데 외부적 신용보강 방법으로는 은행의 신용장이나 신용이 높은 보험회사의 보증 등이 있고 내부적 신용보강

방법으로는 초과담보, 선 · 후순위채권 구조화 등을 들 수 있다.

5) 투자은행 또는 인수기관

인수기관(underwriter)은 법적, 제도적 전문지식을 지닌 기관으로서 자산유동화증권을 발행할 때 증권의 인수와 가격산정, 그리고 증권을 투자자들에게 판매하는 역할을 한다. 인수기관은 새로운 증권이 발행될 때에 발행자로부터 증권을 책임지고 인수하여 투자자에게 판매하면서 인수가격과 판매가격간의 차이(spread)를 대가로 얻게 된다.

6) 투자자

자산유동화증권은 현금흐름의 구조화와 신용보강의 과정을 거쳐서 만들어진 합성증권으로서 일반투자자(investors)들이 쉽게 이해하기 어렵기 때문에 투자자들이 투자를 꺼리는 경우가 많이 있다. 투자자의 참여가 없을 경우 자산유동화증권 시장 자체가 존재할 수 없는 만큼 유동화 과정에서 투자자의 존재는 가장 중요하다. 따라서 투자기간, 위험과 수익에 대한 선호도가 제각기 다른 여러 투자자 층의 요구에 부합되는 자산유동화증권을 만드는 것이 중요하다.

7) 수탁자

수탁자(trustee)는 SPV로부터 유동화 대상 자산의 위탁을 받아 기초자산을 안전하게 보관하는 한편, 자산유동화증권의 원리금 상환 실무 및 채무불이행시 담보권 행사 등 SPV를 대신하여 세부적인 실무업무를 총괄한다. 수탁자는 자산유동화증권과 관련한 현금흐름을 관리하는 데다가 자산유동화증권 투자자의 이익을 최종적으로 방어하기 때문에 주로, 신용도가 높은 우량은행이 그 기능을 담당한다.

8) 자산유동화의 예[4)]

현대캐피탈은 다소 공격적인 영업을 전개하였던 1997년도의 경우 대출실행일로부터 12개월이 경과된 시점에서 총 대출실행액 1조 2,494억원의 2.05%가 연체되었고, 연체 추세가 지속된다고 가정할 경우 총 연체율은 약 5.68%에 이를 것으로 추정하

4) 보다 자세한 내용은 한국신용평가, 『자동차할부채권의 유동화』, 한국신용평가, Special report, 1999를 참조할 것.

였다. 이에 따라 현대캐피탈은 자동차할부채권을 기초로 ABS를 발행하였다. 현대캐피탈의 사례에서 앞서 살펴본 자산유동화의 주요 참가자를 간략히 살펴보면 다음과 같다.

항 목	내 용
자산보유자	현대캐피탈
자산관리자	현대캐피탈
유동화자산	자동차할부대출채권(총 규모 2,420억여 원)
유동화전문기구	현대캐피탈오토9901유동화전문유한회사
신용평가기관	한국신용평가(주)
신용보강	후순위채 발행(총 발행액의 약 17%, 346억여 원)
수탁기관	국민은행

2. 신용보강과 유동성 보완

자산유동화증권 발행의 경제적 측면을 살펴보면 신용보강을 통해 자산유동화증권의 가치(안전성)를 제고하는 것이 가장 중요하다. 신용보강(credit enhancement)이란 자산유동화증권의 만기시까지 기초자산의 가치에 영향을 미칠 수 있는 여러 가지 상황을 분석하여 기대손실 규모를 파악한 다음 이러한 손실에도 불구하고 원리금의 가치가 보전될 수 있도록 안전망을 구축하는 것을 말한다.

신용보강 작업에는 통계적, 법률적 분석이 따르기 때문에 신용평가기관이나 법률회사 등이 참여하는 것이 일반적이며 자산유동화증권의 발행목적, 기초자산의 성격 및 신용평가기관의 평가결과 등에 따라 다양한 신용보강장치가 동원된다. 자산유동화증권은 이러한 신용보강장치에 힘입어 상당히 높은 신용등급(AA+등급 이상)으로 발행되는 것이 일반적이다.

신용보강장치는 크게 외부 신용보강장치와 내부 신용보강장치로 분류할 수 있다. 외부 신용보강장치(external credit enhancement)는 은행 또는 보험사의 지급보증(guarantee) 또는 은행의 신용공여 (credit line)[5] 등과 같이 제3자의 지급능력에 의

5) 기초자산과 자산유동화증권간의 현금흐름이 정확히 일치하지 않을 경우 은행이 유동화전문회사(SPV)에 초단기적으로 유동성을 공급하는 계약을 말한다. 동 자금은 최우선적으로 회수된다.

존하여 해당 자산유동화증권의 신용등급을 제고하는 것이다. 따라서 지급을 보증한 기관의 신용도가 신용보강장치의 신뢰성에 직접 영향을 미치게 된다. 이러한 외부 신용보강장치는 신용보강에 참여하는 제3자의 신용등급 그 이상으로 발행증권의 신용등급을 올릴 수 없다는 점과 제3자의 신용등급이 하락할 경우 제3자가 신용보강을 한 증권의 신용등급이 함께 하락한다는 단점을 가지고 있어 사용이 줄어드는 추세이다. 다음의 [표 1-4]는 외부 신용보강장치들을 나타낸 것이다[6].

[표 1-4] 자산유동화증권 발행을 위한 외부 신용보강장치

신용보강 수단	내 용
단선보험 (monoline insurance)	보증을 전문으로 하는 단선보험사들에게 보증보험료를 지불하고 보증을 받는 방법
관계회사 보증 (corporate guarantee)	자산보유자나 관계된 회사가 유동화증권의 원리금 상환에 대한 보증을 하는 방법
신용장 (letter of credit)	주로 금융기관에 의한 보험으로 그 내용은 대체로 특정 한도의 금액까지의 손실을 신용장을 발급한 기관이 책임을 지는 방법
현금담보계정 (cash collateral account)	유동화 과정에서 발생할 것이 예상되는 손실을 흡수해 주기 위해 제3자가 유동화를 위해 설립된 신탁이 보유하는 현금담보계정에 제공하는 대출금으로서 보통 상업은행들이 제공하는 신용보강 방법

이에 비해 내부 신용보강장치(internal credit enhancement)는 자산유동화증권을 설계할 때부터 위험요소가 경감될 수 있도록 원리금의 지급조건을 조정하거나 자산보유자가 스스로 보증(originator's guarantee)하는 방법이다. 가장 전형적인 방법은 자산유동화증권을 선 · 후순위 구조화(subordination 또는 credit-tranching)하는 것이다. 원리금의 지급순서를 차등화하면, 선순위채권에 대한 원리금은 보다 확실히 보장된다. 이 경우 후순위채권[7]은 정크본드(junk bond)시장에서 소화시키거나 자산보유자가 직접 인수하게 된다. [그림 1-5]는 선 · 후순위채 구조화의 예를 나타낸 것이다.

---

6) 방근석 · 최두열, 『자산유동화』, 한국경제연구원, 2000, pp.84-88.

7) 후순위채권은 원리금 보장면에서 순위가 가장 뒤이기 때문에 Class Z 채권이라고도 한다.

[그림 1-5] 선 · 후순위채 구조화의 예

	만기	액면금액	이자지급	option	목표신용등급
선순위	3개월	400억원	3개월 이표		AAA
	6개월	400억원			
	9개월	400억원			
	1년	400억원			
	1년 6개월	400억원			
	2년	400억원			
	3년	400억원			
후순위	7년	400억원	복리	선순위 상환후	N.A

후순위채 비율이 높을수록 선순위채의 신용보강 정도가 높아지는데 기초자산으로부터 선순위채와 후순위채를 어떤 비율로 발행할 것인가는 기초자산의 부도율과 부도시 손실률 등에 따라 달라진다. 신용평가기관은 과거의 통계자료를 근거로 정상적인 여건하에서의 기초자산의 예상평균손실을 계산한다. 다음으로 최악의 상황이 발생할 경우를 가정하여 예상되는 손실범위를 추정하는 스트레스 테스트(stress test)를 실시하는데 테스트 결과 AAA등급 상황에서 기초자산의 손실률이 10%이고 발행자가 AAA 신용등급을 원한다면 신용평가기관은 10% 예상손실에 대한 신용보강을 요구하게 된다. 외부 신용보강이 없다면 이 기초자산으로부터는 자산의 90%에 해당하는 AAA등급 선순위채를 발행할 수 있다.

선 · 후순위 구조화 이외에도 현금흐름 차액적립, 초과담보 등이 내부 신용보강장치로 이용된다. [표 1-5]에서는 여러 가지 내부 신용보강장치들이 소개되어 있다. 실제 자산유동화증권 발행시에는 한 가지 방법만 사용되는 것이 아니라 여러 신용보강장치가 중복되어 원리금 보장을 보다 확실하게 하고 있다.

[표 1-5] 자산유동화증권 발행을 위한 내부 신용보강장치

신용보강 수단	내 용
선 · 후순위 구조화 (subordination)	원리금 보장 순서를 정하여 각기 다른 신용등급으로 발행
현금흐름 차액적립 (excess spread)	자산유동화증권에 대한 이자지급액이 기초자산으로부터 유입되는 금액보다 다소 작도록 설계하여 동 차액을 유동화전문회사의 적립금계정(reserve account)에 계속 누적시킴으로써 유사시 현금상환능력을 보강하는 데 이용
할인매각 (overcollateralization)	자산보유자가 기초자산의 평가금액보다 다소 낮은 가격으로 유동화전문회사에 매각함으로써 유동화전문회사가 처음부터 여유자금(reserve)을 보유하도록 하며 동 자금은 자산유동화증권 만기시까지 선순위채 투자자에 대한 안전장치로 작용
환매요청권 (put-back option)	기초자산의 신용등급 저하 등 원리금 상환이 의문시되는 상황이 발생하면, 자산보유자가 자산유동화증권을 매입하도록 의무화
자체보증 (originator's guarantee)	자산보유자가 자산유동화증권의 원리금 지급을 자체 신용으로 보증

유동성 보완은 자산유동화회사가 보유자산으로부터 현금흐름 수취와 투자자들에게 원리금 지급시 수취 및 지급시점이 일치하지 않을 경우에 필요하다. 따라서 보유자산으로부터의 현금흐름 수취시점과 투자자들에게 지급하는 원리금의 지급시점 기간을 충분하게 설정하여야 한다. 또한 이러한 원리금 연체시 지급을 대행해 주는 보험기관의 liquidity insurance를 활용할 수도 있으며 위에서 살펴본 다양한 신용보강장치를 활용하거나 대출계약 등으로 이러한 유동성 부족 현상을 해소할 수 있다[8].

8) 한국산업은행, 『자산유동화증권(ABS) 발행현황과 과제』, 자본시장리뷰, 2000, p.54.

3. 자산유동화의 한계[9)]

자산유동화 초기에는 유가증권(채권) 및 카드 대출 등 비교적 현금흐름이 단순한 자산이 유동화되었으나, 최근에는 받을 어음(trade receivables) 및 은행대출(loan) 등 현금흐름이 불확실한 자산들도 유동화되고 있다.

이론적으로는 모든 자산이 유동화될 수 있겠으나 현실적으로는 유동화 대상 자산이 어느 정도 동질성이 있어야 한다는 제약이 따른다. 기초자산의 풀(pool)이 이질적이고 가치측정이 어려울수록 유동화가 어려워지며 이를 상품화하는 과정에서 많은 비용(packaging cost)이 수반된다. 일반적으로 개별심사와 당사자간 의견조율을 거쳐 체결되는 은행대출은, 대출조건이 표준화되어 일정 요건을 갖추면 자동 승인되는 카드 대출 또는 자동차할부대출에 비해 자산유동화에 어려움이 따른다

한편 자산보유자는 자산유동화를 통해 신용등급이 높은 채권을 발행할 수 있으므로 자산유동화가 유리한 자금조달수단이라고 인식되고 있으나, 동 유동화증권 발행에 따르는 실질적인 비용을 감안하면 반드시 그렇다고 보기는 어렵다. 예를 들어 선순위채(저금리)의 신용등급을 높이기 위해 후순위채(고금리) 비율을 높이는 방법을 동원했다면, 결과적으로 자금조달비용면에서 변화가 없다. 또한 현금흐름 차액적립(excess spread) 및 할인매각(overcollateralization) 등의 내부 신용보강장치가 동원되는 경우에는 자산유동화를 통해 자산보유자가 회수하는 금액이 실제 기초자산의 평가가치보다 작아져 이에 따른 비용이 수반된다는 문제가 발생한다. 그리고 자산유동화증권 발행을 위해서는 신용평가회사, 신용보강기관, 법률회사 및 주간사회사 등에 여러 가지 수수료를 지급해야 한다. 따라서 자산유동화증권을 발행하는 것이 유리한 것인가를 판단하기 위해서는 이러한 비용들을 종합적으로 고려하여야 한다.

이와 함께 자산유동화에는 기초자산으로부터 발생하는 위험이 동 자산 매각 이후에도 계속 자산보유자에게 영향을 미칠 수 있다는 문제점이 있다. 선 · 후순위 채권으로 나뉘어 발행되는 자산유동화증권 중에서 후순위채는 자산보유자가 인수하는 경우가 많다. 이 경우 매각한 기초자산의 위험은 사실상 그대로 남아 있는 상태에서 외형상 위험자산의 규모만 축소되기 때문에 자산유동화 이후 남아 있는 자산

---

9) 한국은행, 『우리나라 자산유동화증권(ABS) 시장의 현황과 발전방향』, 2001, pp.10-11.

의 평균적인 안전성(質)은 오히려 악화된다. 선순위채권에 대해 자산보유자의 보증(originator's guarantee) 또는 환매요청권(put-back option)이 부여된 경우에는 더욱 그러하다[10]. 따라서 자산보유자가 인수하는 후순위채 비중이 높거나 환매요청권 등이 부여되는 자산유동화는 부실채권 매각을 통한 구조조정의 수단이 아니라 외형상 BIS 자기자본비율 충족 등 감독당국의 규제를 회피하는 수단에 불과할 수도 있다.

10) 이 경우 자산유동화는 앞에서 언급한 바와 같이 차입투자(leverage financing) 수단으로서의 속성이 강해지면서, 해당 금융기관의 실질적인 재무건전성을 악화시킨다.

연습문제

1. 자산유동화증권과 회사채의 특성을 비교 · 설명하라.

2. 자산유동화증권이 이자율위험과 신용위험관리에 어떤 효과를 미칠 수 있는지를 설명하라.

3. 자산유동화증권이 금융기관의 재무건전성에 어떤 영향을 미칠 수 있는지 설명하라.

4. 자산유동화의 구조에 대해 설명하라.

5. 신용보강방법에 대해 설명하라.

6. 자산유동화의 한계에 대해 설명하라.

– 해답 본문 참조 –

제 2 장 자산유동화증권의 이용과 위험관리

학습목표

1. 자산유동화증권의 종류와 특성을 이해한다.
2. 자산유동화증권을 이용한 신용위험관리방안을 살펴본다.
3. 자산유동화증권 이용에 따른 위험과 관리방안에 대해 살펴본다.

학습개요

이장에서는 자산유동화증권의 다양한 형태와 특성을 살펴보고 자산유동화증권을 이용하여 신용위험을 어떻게 관리할 수 있는지를 공부한다. CBO, CLO, CARD, MBS 등 다양한 종류의 자산유동화증권들이 그 대상이다. 이후 자산유동화증권의 이용과정에서 나타나는 여러 가지 문제점들에 대해 살펴보고 그 관리방안을 알아본다.

제1절

자산유동화증권의 종류와 위험관리

1. CBO/CLO

1) 개념과 특성

CBO(collateralized bond obligation)와 CLO(collateralized loan obligation)는 각각 채권과 은행대출이 담보대상이 되는 ABS이다. CBO와 CLO를 통칭하여 CDO(collateralized debt obligation)라고 부르기도 한다.

일반적으로 CBO에서 담보채권은 다양한 회사채들로 구성되는데 예전에는 고수익채권(high yield bond)이 높은 비중을 차지하고 있었으나, 최근에는 높은 신용등급을 받은 자산담보부 증권의 비중이 커지고 있다. 투자은행들은 회사채 인수를 통해 담보채권을 확보하고 이를 CBO의 형태로 재구성하여 투자자에게 판매한다.

CLO는 은행의 대출자산을 근거로 발행되며 발행과 동시에 대출자산이 은행의 대차대조표상에서 제거된다. 따라서 은행은 CLO를 통해 대출 포트폴리오의 위험을 헤지하는 동시에 신용자산을 증권화함으로써 재무상태표상에서 자산을 제거하고 자기자본 규제를 피할 수 있다.

CBO 와 CLO는 모두 증권화의 원리에 따라 기초증권으로부터 발생되는 현금흐름을 채권의 계층별 우선순위에 따라 투자자에게 지급한다. CBO나 CLO에서 우선순위가 높은 채권은 원 증권보다 높은 신용등급을 받게 된다. CDO의 시장규모는 1996

년 200 억 달러 수준에서 2000년에는 900 억 달러로 급성장하고 있는 것으로 알려지고 있다. 이렇게 CBO와 CLO의 규모가 증가한 원인은 보험회사나 은행의 입장에서 자기자본비율의 규제로 묶여진 자본을 보다 효율적으로 활용해야 할 필요성이 증대되었기 때문이다. 금융기관은 이러한 상품을 이용함으로써 집중된 자산 포트폴리오 위험을 지리적, 산업별, 채무자별로 이전 또는 분산시킬 수 있으며, 엄격한 자기지본 규제에 신축적으로 대응하고, 펀드 내에서 수익성이 떨어지는 자산의 비중을 줄일 수 있다. 또한 신디케이티드 론 및 고수익 채권시장에서 CBO와 CLO의 유동성이 증가한 것도 중요한 원인 중의 하나이다.

2000년 이후 CDO 발행은 미국의 서브프라임 모기지 버블과 함께 급성장했다. 여기에는 앞서 설명한 이유들과 함께, 재유동화 기법의 발달도 영향을 미쳤다. 즉, 이미 유동화한 ABS를 기초자산으로 해서 다시 유동화하는 것이다. 이는 기초자산의 위험을 희석화하고 CDO의 발행구조와 가격결정을 복잡하게 하지만 시장버블 현상과 함께 크게 인기를 끌었다. 그리고 이 때부터 CDO는 개념이 확대되어 채권과 대출뿐만 아니라 각종 유동화자산을 기초증권으로 포함하게 되었다.

[표 2-1]은 CBO와 CLO의 이점을 요약한 것이다.

[표 2-1] CBO와 CLO의 이점

	이 점	내 용
발행자	신용의 질 (credit quality)	B/S상 신용위험에 대한 신용보강과 더불어 투자자에게 신용위험을 이전 중요한 고객관계를 유지하면서 신용을 집중시켜 관리
	수익성 (profitability)	낮은 스프레드의 B/S상 대출을 적은 자본부담으로 높은 수익을 제공해줄 수 있는 부외거래의 수익으로 이전 ROE에 대한 긍정적인 효과
	자본비율 (capital ratio)	요구되는 총자본을 자유롭게 함으로써 보다 높은 수익사업에 집중하여 경제적 자본에 대한 수익성 제고
투자자	분산화 (diversify)	산업 및 신용등급, 위험등급에 대한 신용평가기관의 기준에 적합한 분산된 포트폴리오에 투자 가능
	레버리지 (leverage)	개별투자에 비해 자산 포트폴리오에 대한 투자로 수익성 제고 매우 적은 투자로 포트폴리오의 경제적 효과 향유
	손실제한 (limited loss)	투자규모에 비해 포트폴리오의 경제적 효과 향유 반면 최대손실은 투자금액 한도
	수익성 강화 (enhanced yield)	구조화채권에 투자함으로써 위험-수익 기준으로 상대적으로 높은 등급의 자산을 사는 것과 같은 효과

2) CBO

① CBO의 개념과 구조

CBO(collateralized bond obligation)는 채권을 기초로 발행되는 ABS를 말하는데 신규발행 채권을 기초로 하는 발행시장 CBO(primary CBO)와 이미 발행된 채권을 기초로 하는 유통시장 CBO(secondary CBO)로 구분된다.

신용도가 낮아 채권시장에서 회사채를 직접 발행하기 어려운 기업의 회사채 차환발행을 지원하기 위해 도입된 국내 발행시장 CBO는 다수의 기업이 신규로 발행하는 회사채를 증권회사가 먼저 총액 사모방식으로 인수하여 이를 SPV에 양도하면 SPV가 신용보강 후 발행시장 CBO를 발행하여 투자자에게 매각함으로써 인수자금을 조달하는 구조로 되어 있다. 발행시장 CBO의 신용보강은 주로 수탁은행의 신용공급에 의해 이루어지며 신용보증기금 등이 신용공급에 대한 지급보증을 한다.

유통시장 CBO는 금융기관이 투기등급 채권을 SPV에 매각하고 SPV는 신용을 보강한 다음 CBO를 발행하여 투자자에게 매각함으로써 자금을 조달하는 구조로 되어 있으며 국내시장의 경우 주로 투자신탁회사가 부실채권을 기초로 자금을 조달하기 위하여 유통시장 CBO를 발행하고 있다. 유통시장 CBO의 신용보강은 수탁은행의 신용공급과 선·후순위 구조로 이루어진다. 2001년 6월 말까지 발행된 유통시장 CBO의 후순위 비율은 기초자산이 투기등급 채권이라는 특성을 반영하여 42%에 이른다.

[그림 2-1]은 CBO의 거래구조를 설명한 것이다.

[그림 2-1] CBO의 거래구조

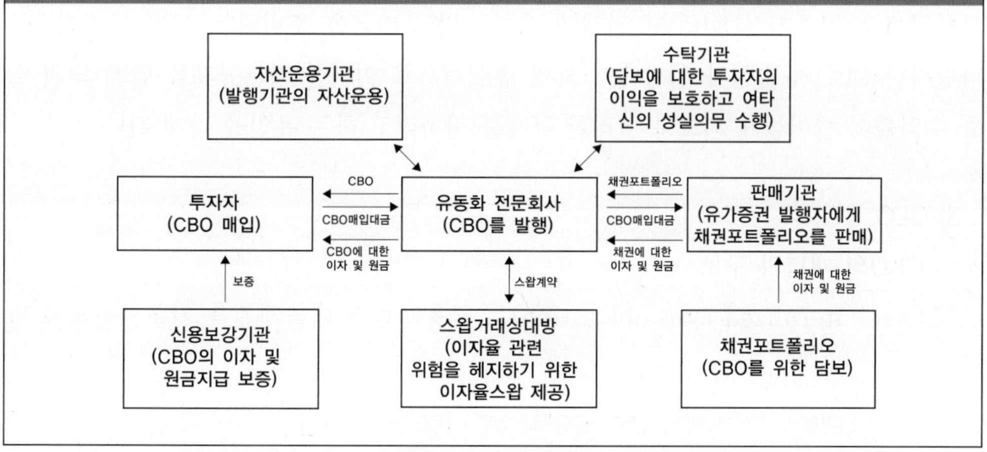

② CBO의 예[11)]

Connecticut Mutual Life Insurance Co.는 1991년 11월 시장유동성이 없는 $400M의 정크본드를 대차대조표에서 제거함으로써 규제당국이 요구하는 수준의 높은 자기자본비율을 만족시키기 위하여 CBO를 발행하였다. 발행방법은 우선 SPV를 설립하고 이 SPV에 정크본드를 매각한 뒤 SPV가 $400M의 채권을 기초자산으로 하여 다음의 세 가지 종류의 증권(tranche)을 발행하는 것이다.

종류	금액	등급	소지자
senior bond	$310M	AA	투자자
junior bond	$20M	BBB	투자자
주식	$70M	unrated	발행자

이렇게 세 가지 트랜취를 발행하면서 Connecticut Mutual Life Insurance Co.는 투자등급이 없는 주식 $70M를 소지한다. 따라서 대부분의 신용위험은 주식에 집중되게 되므로 이 트랜취는 위험이 매우 크다. 이러한 CBO를 발행함으로써 Connecticut Mutual Life Insurance Co.는 레버리지 투자를 하는 효과를 얻을 수 있다. 즉, senior 트랜취와 junior 트랜취에 의하여 부채에 의한 자금을 조달하여 해당 자산에 투자하고 자신은 주식부분에 투자함으로써 레버리지 효과를 얻는다. 이때 발행자가 신용위험을 부담한다. 이러한 경우 금융감독기관에서는 주식 부분 $70M에 대해서만 자본준비금을 요구할 수 있다. 그러나 실제로는 원 기초자산 소유자인 Connecticut Mutual Life Insurance Co.가 소유하는 주식 부분이 기초자산 전체의 신용위험을 부담하므로 기초자산 $400M 전체에 대한 위험준비금을 준비하는 것이 논리적으로 타당하나 CBO의 발행자 입장에서 보면 현실적으로 이러한 자본규제를 받게 되면 실효 수익률이 줄어들게 되므로 이러한 규제를 피하려고 하는 유인을 갖게 된다.

3) CLO

① CLO의 개념과 구조

CLO(collateralized loan obligation)는 금융기관의 대출채권을 기초자산으로 발

11) 김규형, 『신용위험의 측정과 관리』, 한국금융공학컨설팅, 2000, pp.260~261.

행되는 ABS를 의미하는데 무수익대출채권(non-performing loan : NPL) 등을 포함하는 기존 대출채권을 유동화하는 CLO와 신규 대출채권을 기초로 하는 발행시장 CLO(primary CLO)가 있다. 우리나라의 경우 일반 CLO가 대부분 무수익채권을 기초자산으로 발행되고 있는데 무수익대출채권을 기초로 하는 CLO를 NPL ABS라고도 한다.

국내시장의 NPL ABS는 외환위기 이후 급증한 부실채권을 처분하여 금융기관의 재무건전성을 높이기 위해 발행되고 있는데 금융기관은 부실채권을 SPV로 양도함으로써 직접 유동화하거나 한국자산관리공사에 매각한다. NPL ABS는 자산 자체의 현금흐름이 없으므로 담보의 처분, 채권추심 등을 통해 얻어질 수 있는 현금흐름을 기초로 상품구조를 설계하며 신용보강은 수탁은행의 신용공급과 선 · 후순위 구조로 이루어진다. 한국자산관리공사가 발행하는 NPL ABS는 채권은행에 대한 환매요구권이 신용보강에 이용된다.

한편 발행시장 CLO는 신용도가 취약한 기업에 대한 은행대출을 지원하기 위해 활용되고 있다. 발행시장 CLO는 은행이 다수의 기업에 대한 신규 대출채권을 SPV에 매각하고, SPV가 이를 기초로 CLO를 발행하여 자금을 조달하는 구조로 되어 있다. 발행시장 CLO의 신용보강은 주로 수탁은행의 신용공급에 의해 이루어지며 신용보증기금은 이 신용공급에 대해 지급을 보증한다.

CLO는 이처럼 계층화된 자산구조와 상이한 우선순위의 현금흐름에 의해 위험을 재분배하는 기능을 수행한다. 즉, CLO 발행시 후순위채권은 신용사건(credit event)의 발생시 가장 먼저 손실을 입게 되는 반면 선순위채권은 후순위채권보다 높은 신용등급을 받으므로 신용위험이 낮다. 이 같은 특성은 신용 바스켓 스왑과 유사하다. CLO의 발행시에 높은 신용등급을 얻기 위하여 현금흐름의 지급 우선순위체계 이외에도 현금보유계좌(cash reserve account)의 유지와 지급보증 등의 방법을 활용한다. 이러한 방식에 의해 발행된 채권에는 높은 신용평가등급이 매겨지기 때문에, 상대적으로 낮은 위험 프리미엄이 부과된다. 이는 CLO와 CLO의 준거자산인 대출채권간에 초과 스프레드를 발생시킬 수 있는 요인이 된다. 그러나 은행 CLO의 경우 대출자산에서 투자등급 대출채권의 비중이 크기 때문에 신용위험이 낮은 대신 또한 수익성도 상대적으로 낮다. 이로 인해 초과 스프레드의 크기도 작은 편이다.

은행의 경우 자기자본 규제의 관점에서도 CLO는 많은 장점을 갖는다. 은행은

CLO를 활용함으로서 자기자본 규제로 묶여 있던 자본 중 많은 부분을 수익성이 높은 투자안에 추가로 활용할 수 있다. 이로부터 발생하는 높은 수익은 배당의 지불, 주식의 재매입 등 다른 용도에 이용될 수 있다.

[그림 2-2]는 CLO의 거래구조를 설명한 것이다.

[그림 2-2] CLO의 거래구조

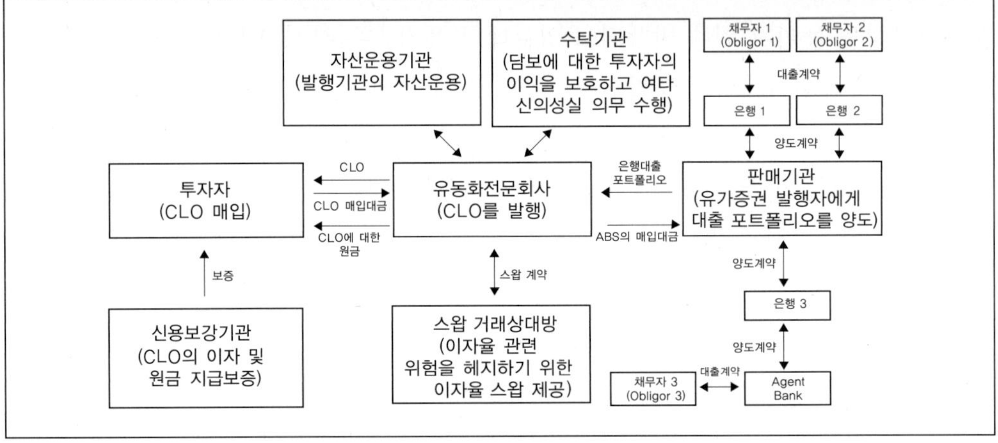

② CLO의 예

평균 신용등급이 BBB인 100억원의 대출채권자산을 보유하고 있는 은행을 가정해 보자. 이 은행이 대출자산을 근거로 95%는 투자등급채권으로, 나머지 5%는 주식으로 자산유동화하여 아래의 표와 같이 발행한 경우를 생각해 보자.

[표 2-2] CLO를 활용한 자기자본 의무보유액 축소 예

자산	부채	신용평가등급	비중(%)
100억원	90억원	AAA/AA	90
–	3억원	A	3
–	2억원	BBB	2
–	5억원	주식	5
100억원	100억원		

자산유동화가 이루어지기 전에 금융기관은 자기자본비율 10% 원칙에 따라 최소 10억원을 자기자본으로 보유하고 있어야 한다. 그러나 자산유동화가 행하여진 후에는 주식발행금액의 100%인 5억원만 자기자본으로 보유하고 있으면 된다. 이로써 나머지 5억원은 수익성 높은 다른 용도로 사용될 수 있다.

2. 신용카드매출채권 유동화증권

1) 개념과 구조

신용카드매출채권 유동화증권(certificates of amortizing revolving debts : CARD)은 현재 발생한 특정계좌의 신용카드 매출채권과 장래 특정시점까지 발생할 신용카드매출채권을 기초로 발행되는 ABS를 의미한다.

신용카드 이용의 비약적인 증가로 인해 신용카드매출채권 유동화증권은 신용카드회사의 중요한 자금조달원으로 자리잡고 있다. [그림 2-3]은 신용카드매출채권 유동화증권의 거래구조를 나타낸 것이다.

[그림 2-3] 신용카드매출채권 유동화증권의 구조[12)]

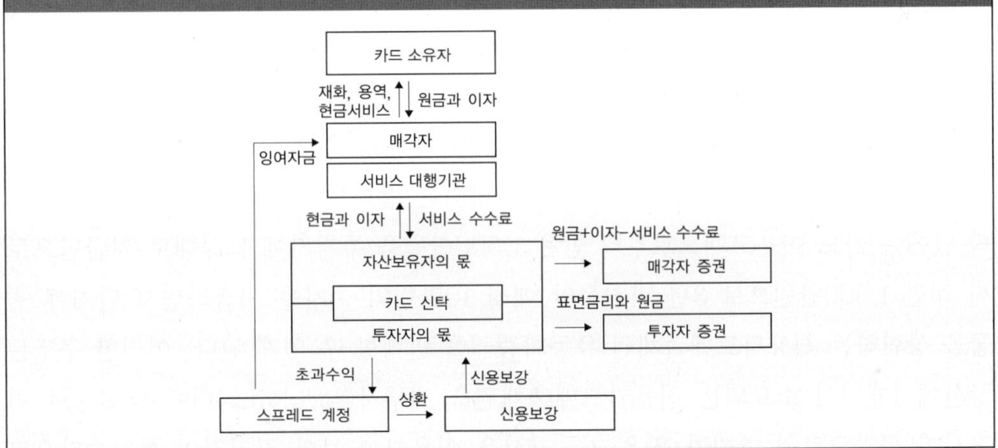

※ 초과수익=포트폴리오 수익률-이자-신탁비용-표면금리-신용장비용-손실

12) 방근석 · 최두열, 『자산유동화』, 한국경제연구원, 2000, p.204.

신용카드매출채권은 일반적으로 1~2개월 후에 결제되므로 만기가 짧은 기초자산을 바탕으로 장기의 ABS를 만들기 위해 신용카드매출채권 유동화증권에는 재투자구조(revolving structure)가 이용된다. 재투자구조는 ABS를 발행할 때 기초자산으로 사용된 신용카드매출채권이 결제되어 회수되는 현금흐름으로 ABS의 이자만을 지급하고, 남은 금액으로는 특정계좌의 새로운 신용카드매출채권을 매입하여 기초자산집합에 추가시키는 자산유동화구조를 말한다.

예를 들어 10명의 신용카드 이용고객으로부터 나오는 현금흐름으로 유동화증권을 발행하는 경우를 생각해보자. 고객들은 모두 신용카드로 물건을 구입하고 현금서비스를 받으며 연체되지 않고 매월150만원씩 이용하여 월말에 구입대금을 이상 없이 결제한다고 가정하자. 이러한 카드 이용고객 10명으로부터 나오는 현금흐름을 가지고 액면 1500만원에 매월 10만원씩 이자를 지급하는 만기 3년의 유동화증권을 발행하는 구조를 살펴보자.

우선 신용카드회사는 SPV에 유동화증권 발행 첫 달 초에 카드이용고객의 구입대금을 수취할 수 있는 신용카드매출채권을 1,485만원에 할인매각한다. 신용카드매출채권을 SPV에 매각함으로써 얻을 수 있는 신용카드회사의 이익은 매출채권을 발행한 즉시 판매함으로써 자금이 묶여 고정화되는 것을 막을 수 있다는 것이다. SPV입장에서 보면 월초 1,485만원에 구입한 신용카드매출채권으로부터 월말에 1,500만원의 현금흐름이 발생하여 이자 10만원을 지급하고 5만원의 수익을 얻게 된다. SPV는 나머지 1,485만원으로 월말에 1,500만원을 지급하는 신용카드매출채권을 다시 다음달 초에 신용카드회사로부터 구입한다. 첫 달의 경우와 마찬가지로 두 번째 달에도 1,500만원의 현금흐름 중 10만원은 이자를 지급하고 5만원의 수익을 얻게 된다.

이처럼 신용카드매출채권을 계속 구입해나가는 방식으로 3년간 지속한 다음 마지막 달에는 카드 이용고객으로부터 받은 1,500만원을 투자자에게 그대로 지급함으로써 액면 1,500만원으로 3년 만기동안 매월 10만원의 이자를 지급하면서 만기에 원금을 상환하는 신용카드매출채권 유동화증권을 발행할 수 있게 된다. 이러한 구조는 상환에 1개월이 소요되는 신용카드매출채권을 재투자(revolving)하는 방법으로 연장시켜 나감으로써 만기가 짧은 기초자산을 이용하여 보다 장기적인 투자수단으로 만들 수 있게 하는 것이다. 신용카드매출채권 유동화증권의 원금은 재투자기간이 끝난 후 일정기간(조정상환기간) 분할하여 상환되거나 일정기간(축적기간) 동안 누적하여 만기에 한꺼번에 상환된다. [그림 2-4]는 CARD의 재투자구조에 대한 예를 나타낸 것이다.

[그림 2-4] CARD의 재투자구조에 대한 예

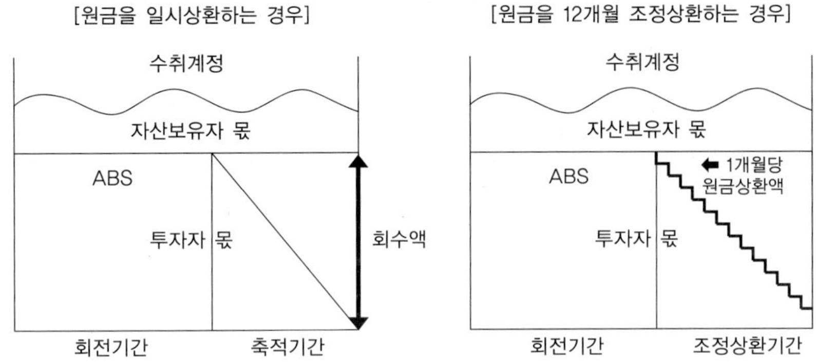

2) 특징과 신용보강

신용카드매출채권을 담보로 하는 ABS는 담보자산을 만기내에 지속적으로 교체하는 방식으로 구조화된다는 점에서 다른 형태의 ABS와 구별된다. 또 CARD는 특정계좌로부터의 현금흐름을 자산보유자의 몫과 투자자의 몫으로 구분하고, 자산보유자의 몫을 내부신용보강장치로 활용하며 투자자의 몫을 기초로 발행된다는 특징이 있다. 자산보유자의 몫은 유입되는 현금흐름의 변동에도 불구하고 투자자의 몫이 고정되도록 하는 완충장치의 역할을 한다. 한편 자산보유자의 몫이 일정수준 이하인 상태가 일정기간 계속되면 조기상환이 이루어진다.

신용카드매출채권의 경우 담보 없이 회전되는 부채라는 특징을 가지므로 신용카드 대출자가 연체를 하거나 부도가 발생하더라도 이를 회수할 수 있는 담보가 없으며 따라서 대출회수에 문제가 발생할 가능성이 높다. 이러한 위험으로부터 투자자들을 보호하기 위해 CARD는 다른 ABS구조에 비해 높은 수준의 신용보강장치가 필요하다. 신용카드매출채권 유동화시의 신용보강의 형태는 다른 자산의 유동화시의 신용보강형태와 대체로 유사하며 신용카드매출채권 유동화증권의 신용보강은 선·후순위구조, 초과담보, 하자담보책임 및 조기상환구조 등으로 이루어진다.

3) CARD의 예

삼성카드는 2002년 7월 미국에서 신용카드 매출채권(일시불, 할부, 현금서비스)을 기초로 3억 달러 규모의 3년 만기 ABS를 발행하였다. 뱅크원 캐피탈 마켓(Banc One Capital Market)이 주간사를 맡았으며, 적용금리는 통화 스왑 후 5.83%의 원화 확정금리가 적용되었다. 이는 국내 AAA 기준 자산유동화증권 금리에 비해 0.4% 포인트 낮은 것으로, 올 들어 발행된 해외 자산유동화증권 중 가장 유리한 조건으로 ABS를 발행한 것이다. 또한 현재의 미국 금융시장 불안에도 불구하고 3자 보증 없이 자체 신용만으로 낮은 금리의 자금을 조달하여 삼성카드의 자산건전성을 높이게 되었고, 낮은 자금조달비용으로 해외에서 자금을 조달하여 현금을 보유하게 됨에 따라 급격한 환율변동에 대비한 헤징(위험 분산)의 효과를 얻게 되었다.

3. 주택저당대출유동화증권

1) 개념과 구조

주택저당대출유동화증권(mortgage-backed securities : MBS)은 주택저당대출을 기초로 발행한 ABS이다. 주택저당대출은 주택의 구입 또는 건축에 소요되는 대출자금에 대한 채권으로서 당해 주택에 설정된 저당권에 의하여 담보된 채권을 지칭한다. 우리나라의 경우 주택저당대출유동화회사법(이하 MBS법)에 의해 주택저당대출을 기초로 주택저당증권(수익증권) 또는 주택저당대출담보부채권(mortgage-backed bond : MBB)을 발행할 수 있다. MBS법에 따르면 주택저당대출유동화회사를 통해서만 주택저당대출을 유동화할 수 있으며 이 법에 따라 (주)한국주택저당채권유동화(KoMoCo)가 설립되었다. KoMoCo는 주택저당대출을 가진 금융기관으로부터 이 채권을 양도받아 자신의 신탁계정에 신탁하고 신용을 보강한 다음 주택저당증권을 발행한다. 신용보강에는 선 · 후순위 구조와 함께 KoMoCo의 고유계정에 의한 지급보증이 이용된다.

주택저당대출유동화증권의 구조에 대해서는 아래의 [그림 2-5]와 같이 우리나라의 KoMoCo의 주택저당대출유동화증권 구조로 나타낼 수 있다.

[그림 2-5] KoMoCo의 주택저당대출유동화증권 구조[13)]

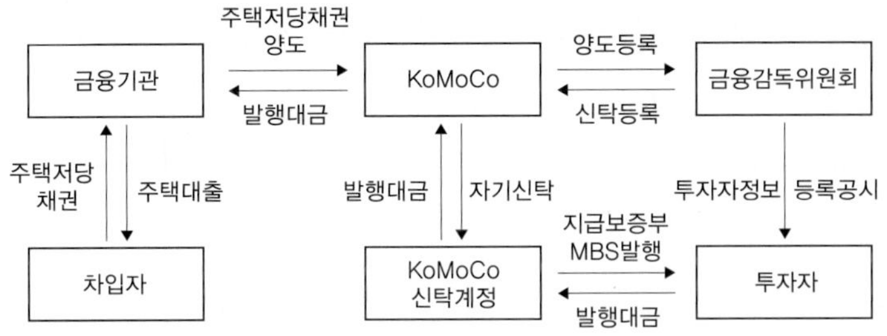

2) 특징

MBS는 주택담보부 주택저당대출을 기초자산으로 발행하기 때문에 위험도가 낮다. 또한 회사채나 ABS보다 만기구조를 다양하게 구성할 수 있어 투자자의 채권선택의 폭을 확대할 수 있다. MBS는 기초자산인 주택저당대출이 비교적 장기물인데다 수시로 조기상환이 일어나기 때문에, 다양한 만기구조로 채권을 발행하더라도 동일한 신용등급을 획득할 수 있을 뿐만 아니라 원리금 상환계획 수립이 가능하다[14)].

3) 중도상환과 측정[15)]

주택저당대출은 다른 채권과는 구별되는 독특한 성질이 있는데 이는 주택저당대출 채무자가 갖는 중도상환 옵션이다. 중도상환(prepayment)이란 당초 주택저당대출 계약시의 대출에 대한 원리금상환액을 초과하는 원리금상환액을 말한다. 예를 들어 월별로 800달러씩 주택저당대출 원리금을 상환하기로 하고 주택저당대출을 받았는데 어느 달에 2,800달러를 상환하였다면 2,000달러는 중도상환액이 된다.

표준적인 주택저당대출 계약하에서 채무자에게는 중도상환에 따른 벌금 등의 제한이 없지만 투자자의 입장에서는 채무자의 신용위험이 없다고 하더라도 채무자가 갖는 중도상환 옵션 때문에 주택저당대출유동화증권의 정확한 만기와 받을 수 있는 총

13) 한국은행, 『우리나라의 금융시장』, 한국은행, 2001, p.193.

14) 한국은행, 『우리나라의 주택저당증권(MBS) 발행현황 및 전망』, 한국은행, 2001, pp.1-3.

15) 방근석 · 최두열, 『자산유동화』, 한국경제연구원, 2000, pp.157-159.

이자 지급액을 알 수 없다는 위험을 부담하게 된다.

이러한 중도상환위험을 계량화하는 것은 주택저당대출유동화증권의 분석에 있어 가장 중요한 일 중의 하나로 이를 측정하는 방법으로는 월간 중도상환율(single monthly mortality : SMM), 연간 중도상환율(conditional prepayment rate : CPR), PSA (public securities association)모델 등 세 가지 방법이 있다. 이러한 중도상환위험에 대한 구체적인 측정은 본서의 범위를 넘어서므로 여기서는 그 공식만을 나타내도록 하겠다[16].

먼저 월간 중도상환율(SMM)은 1개월 동안 중도상환된 금액을 주택저당대출 pool의 예정잔액으로 나누고 100을 곱한 백분율(%)이다. 이를 식으로 나타내면 다음과 같다.

- $\text{SMM} = 100 \times \dfrac{\text{중도상환액}}{\text{예정잔액}}$
- 중도상환액 = 예정잔액 − 실제잔액
- 예정잔액 = 월초잔액 − 당월예정 원금상환액

한편 연간 중도상환율(CPR)은 SMM을 연리로 바꾼 것으로서 CPR과 SMM의 관계는 다음과 같다.

- $\text{SMM} = 100 \times \left[1 - \left(\dfrac{1 - \text{CPR}}{100}\right)^{\frac{1}{12}}\right]$
- $\text{CPR} = 100 \times \left[1 - \left(\dfrac{1 - \text{SMM}}{100}\right)^{12}\right]$

PSA모델은 미국증권협회가 채택한 중도상환 모델로서 CPR의 월별 시리즈로 표시되는데 처음 30개월 동안은 중도상환비율이 일정하게 증가하고 그 이후에는 일정수준을 유지한다는 가정하에 만들어진 모형이다. PSA를 식으로 나타내면 다음과 같다.

- $\text{PSA} = 100 \times \dfrac{\text{CPR}}{\min(\text{경과월}, 30) \times 0.2}$
- 경과월 = 주택저당대출 실행 이후 경과월수

---

16) 보다 자세한 내용은 방근석 · 최두열, 『자산유동화』, 한국경제연구원, 2000. 참조할 것.

4) CMO

다계층증권(collateralized mortgage obligation : CMO)은 1983년 FHLMC에 의해 개발되었다. CMO가 갖는 기본적인 개념은 현금흐름의 불확실성을 제거하기 위해 저당증권의 풀(pool)을 재구성하고 있다는 것이다. 전형적인 CMO의 풀은 4억 달러이며 이는 4개 채권으로 구성되어 있다. 3개 부분은 1억 달러씩으로 구성되는데, 첫째 부분은 단기상환채(fast-pay)로서 A채권이라 불리기도 한다. 이는 최초 1억 달러까지의 조기 상환이 발생할 경우 이 채권의 상환에 우선 할당된다는 것이다. 1억 달러를 초과할 경우 둘째 채권인 중기상환채(medium-pay)인 B채권에 다시 1억 달러까지 할당되고, 그 나머지 1억 달러는 장기상환채(slow-pay)인 C채권에 할당된다. 일반적으로 A채권의 만기는 5 내지 6년이며, 은행 및 금융기관에서 선호하는 상품이다. 한편, 12 내지 15년의 만기를 갖는 B채권은 연금기금, 상업은행, 생명보험회사가 주고객이며, 최장기인 C채권은 15에서 20년의 만기를 가지며 주로 연금기관이 선호한다.

4번째 채권은 Z채권이다. 이는 제로 쿠폰과 원리금자동이체증권으로 구성된다. 이 채권은 앞에서 설명한 3개의 채권이 상환될 때까지는 이자를 지급받지 못하지만, 담보에서 나오는 현금흐름은 Z채권에 귀속되며, 또한 3개 채권이 상환된 뒤에는 이자 지급을 받게 된다. 따라서 시간이 지날수록 Z채권에 대한 총이자 지급은 일정시점까지는 상승하게 될 것이다. 현재는 여러 가지 종류의 CMO가 개발되었는데, 다수의 Z채권을 갖는 CMO가 개발되어지기도 했다. 또한 감채기금상환에 일치시킨 Y채권이 CMO에 포함되기도 하는데 이는 일반 회사채와 비슷한 현금흐름을 나타내 준다. 이러한 구조로 인하여 담보가치의 확실성을 증대시켜 CMO는 AAA 등급을 받고 있다. 대부분의 CMO는 대개 확실한 담보를 갖고 있다.

5) MBS의 예[17)]

지난 2000년에 (주)한국주택저당채권유동화(KoMoCo)는 제2차 국민주택기금 MBS를 발행하였다. 유동화 대상 자산은 금리가 연 9%이고 1순위 저당권이 설정되어 있는 국민주택기금 보유 주택저당채권 중에서 연체가 3~6개월 이하이고 만

17) 김경환, 『MBS제도 도입의 경제적 효과와 발전방향』, (주)한국주택저당채권유동화, 2000,pp.6-8.

기까지의 잔존기간이 19~138개월 이하인 10만3,528건이었다. 발행증권은 수익증권 형태의 주택저당증권으로서 KoMoCo가 발행자이며 수탁자가 된다. 총 발행액은 5,000억원으로 이 중 선순위 MBS 발행액은 4,790억원이고 후순위채권은 210억원 발행되었다. 선순위채권에 대해서는 KoMoCo가 적시 지급을 보증하며 AAA 신용등급을 받았다. 선순위 발행액 중 은행이 73.5%, 생명보험이 22.0%, 그리고 투자신탁이 4.5%를 매입하였다. 한편 후순위 MBS는 국민주택기금이 전액 매입하였다. 따라서 장기 주택저당채권을 매각함으로써 장기대출에 따른 자금의 고정성으로 인한 유동성위험, 금리 및 물가변동 등 주택금융 관련 위험을 경감할 수 있었고, 우리나라의 MBS 유동화 시장을 형성하고 유동화에 필요한 기반 인프라를 구축하게 되었다.

4. 주택지분대출유동화증권[18)]

1) 개념과 특징

주택지분대출유동화증권(home equity loan-backed securities : HELBS)은 주택지분대출을 담보자산으로 하여 ABS를 발행한 것을 말한다. 주택지분대출이란 주택가치에서 제1순위(first line)의 주택저당대출 잔액을 뺀 부분, 다시 말해 집을 소유한 사람의 지분을 의미한다. 예를 들어 집을 사면서 전체 집값의 40%를 은행에서 대출받고 자신이 60%를 지불했다면 집 소유자의 지분은 60%만큼이 되는 셈이다.

주택지분을 담보로 대출을 받게 되면 여러 부채를 한데 묶거나 소비자 신용비용을 줄일 수 있게 된다. 예를 들어 여러 은행에서 높은 이자를 주고 신용대출을 받은 소비자가 주택지분을 담보로 비교적 낮은 이자로 대출받아서 여러 은행의 신용대출을 갚아 버리면 부채를 한데 모으는 효과도 있고 지급해야 하는 총이자비용도 낮아지게 된다.

18) 방근석 · 최두열, 『자산유동화』, 한국경제연구원, 2000, pp.239-248.

2) 중도상환과 측정

일반적으로 주택지분대출도 주택저당대출과 마찬가지로 언제든지 중도상환이 가능하며 중도상환된 금액은 투자자들에게 동일 액수 그대로 상환된다. 따라서 중도상환율이 예상보다 빠를 경우 할인가격으로 주택지분대출유동화증권을 매입한 투자자들이 이익을 보게 되며, 프리미엄 가격으로 매입한 투자자들의 경우는 손해를 보게 된다. 주택지분대출유동화증권의 부도위험을 추정하기 위해서는 결합대출액 대 주택가격비율(combined loan to value : CLTV), 제2순위 저당권 비율 및 채무상환액 대 소득비율(debt to income : DTI)등의 지표가 필요하게 된다. CLTV란 제1순위와 제2순위 저당권을 포함한 전체 저당권 총액을 주택에 대한 평가금액으로 나눈 것을 말한다. 이를 식으로 나타내면 다음과 같다.

- $\text{CLTV} = \dfrac{\text{제1순위 저당권액수} + \text{제2순위 저당권액수}}{\text{주택에 대한 평가금액}}$
- $\text{제2순위 저당권비율} = \dfrac{\text{제2순위 저당권액수}}{\text{제1순위 저당권액수} + \text{제2순위 저당권액수}}$
- $\text{DTI} = \dfrac{\text{월채무상환액(원금 + 이자)}}{\text{월소득}}$

일반적으로 보았을때 DTI와 CLTV가 동일하다면 제2순위 저당권 비율이 낮을수록 부도확률이 높아진다고 할 수 있으며 DTI와 제2순위 저당권비율이 동일하다면 CLTV가 높을수록 또한 다른 조건이 같다면 DTI가 높을수록 부도확률이 높아진다. 또 일반주택보다는 투자용이나 휴가용 주택의 경우가 부도율이 더 높다.

거래액전체를 보증해주는 보증채권의 경우 다른 유동화증권거래에 있어서는 수수료가 비싸서 거의 사용되지 않으나, 주택지분대출유동화증권 거래에서는 부도율이 상대적으로 낮기 때문에 수수료가 상대적으로 싸고 따라서 신용보강의 한 형태로 자주 이용된다. 다른 신용보강 수단으로는 현금담보, 초과수익, 충당금계정, 초과담보, 그리고 후순위채 발행 등이 있다.

5. 자동차대출유동화증권[19]

1) 개념과 구조

자동차대출유동화증권(auto loan-backed securities)은 자동차담보 대출채권을 기초로 ABS를 발행한 것을 말한다. 1985년 미국의 밸리 내셔널 뱅크와 마린 미드랜드에 의해서 처음 발행되었다. 자동차대출유동화증권은 주택저당대출채권처럼 일정 기간에 걸쳐 원리금이 상환되는 자산으로 평균수명이 대체로 단기간인 구조를 가지고 있어 은행, 펀드 매니저, 일반투자자들에게 좋은 단기투자 수단이 된다.

자동차대출유동화증권 발행의 구조를 살펴보면 자동차 매각에 따라 발생하는 자동차 판매상(dealer)의 수취계정을 파이낸스 회사 등의 자동차 판매 금융회사가 구입하여 진정한 매매(true sale)를 통하여 파산위험이 적은 특별목적기구에 이전한다. 특별목적기구에 이전된 자동차 판매수취계정은 다시 신탁회사(trust)에 매각되며, 신탁회사는 이를 담보로 투자자에게 자동차대출유동화증권을 발행하고 소비자가 상환하는 자동차대출 원리금은 증권화의 구조를 통해 투자자에게 지급된다. [그림 2-6]은 자동차대출유동화증권의 발행구조를 나타낸 것이다.

[그림 2-6] 자동차대출유동화증권의 발행구조

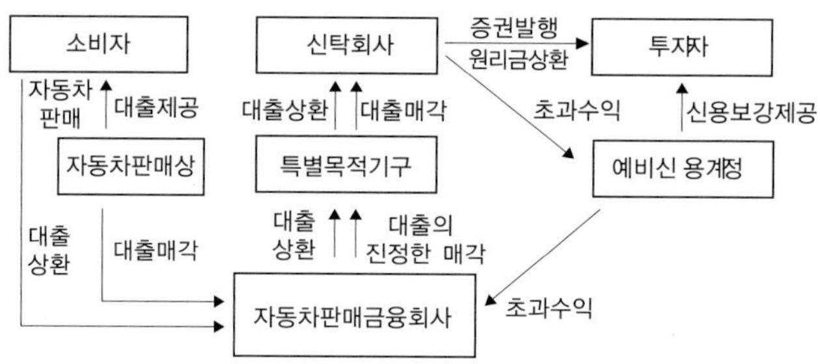

2) 특성

자동차할부채권(auto loan)의 경우 금리 등 대출조건이 어느 정도 표준화되어 있

19) 방근석 · 최두열, 『자산유동화』, 한국경제연구원, 2000, pp.265-284.

고, 양도자산으로부터의 향후 현금흐름 추정이 용이하며, 높은 수익률과 만기구조를 보유하고 있어 유동화하기에 적합한 자산의 특성을 가지고 있어 자동차대출유동화증권의 발행이 활발하다.

자동차대출유동화증권은 중도상환에 따른 투자위험이 거의 없다. 이처럼 자동차대출자산이 시장금리 변화에 대해 중도상환의 변화가 적은 것은 우선 자동차가 감가상각이 큰 자산이기 때문에 기간이 얼마 경과하면 대출액이 자동차 값보다 더 큰 경우가 발생한다. 또한 시장금리 하락이 자동차 대출을 상환하기 위한 월 지급액에는 별로 큰 영향을 미치지 않는다. 이러한 이유들로 인해 자동차 대출은 대체로 시장금리 변화에 대해서 비탄력적인 모습을 보여주고 있다.

3) 중도상환과 측정

자동차 금융거래에 있어서의 중도상환을 측정하기 위한 지표로서는 절대적 중도상환율(absolute prepayment rate : ABR)이라 불리는 새로운 지표를 사용하고 있다. 이는 매달 실제 중도상환액 규모를 자산집합의 원래 미지급 잔액과 비교함으로써 측정하는 지표이다. ABR의 측정방법이 주택저당대출 시장에서의 CPR의 측정방법과 다른 점은 CPR을 계산하기 위한 SMM이 매월의 실제중도상환액을 CPR 측정 당월의 예정미지급잔액과 비교하여 측정하는 데 비하여 ABR은 매월의 실제중도상환액을 자동차금융을 일으키던 당초 원래의 미지급금액과 비교하여 측정한다는 것이다. 따라서 ABR 측정에 있어서의 분모는 일정하게 주어지며 고정된 ABR를 CPR로 환산해 보면 CPR은 연속적으로 증가하는 모습을 보이게 된다. ABR은 아래의 식을 이용하여 CPR로 환산할 수 있다.

- $\text{SMM} = \dfrac{\text{매월 실제중도상환액}}{\text{측정월 예정미지급잔액}}$
- 측정월 예정미지급잔액 = 측정월 전월 미지급잔액 − 측정월 예정상환액
- $\text{SMM} = \dfrac{100 \times \text{ABR}}{100 - \text{ABR} \times (\text{T}-1)}$

  T는 자동차 대출이 실시된 이후 경과한 개월 수
- $\text{CPR} = 1 - (1 - \text{SMM})^{12}$

4) 자동차대출유동화증권의 예[20]

미국의 자동차회사 GM은 1986년에 GMAC의 자동차담보 대출채권을 기초로 ABS를 발행하였다. 당시 GMAC는 GM의 금융 자회사로 GM의 자동차 판매시 판매금융을 제공하고 있었는데 GM의 자동차 판매촉진을 위해 시장이자율보다 매우 낮은 금리로 GM의 승용차와 소형화물차 구입자에게 대출을 해주었다. 시장이자율보다 낮은 이자율로 대출이 지속됨에 따라 GMAC는 신용등급 하락과 자본조달의 어려움에 봉착하였다. 투자은행인 First Boston의 자문으로 GMAC는 자신의 신용(당시 AA+)보다 유리한 조건의 자본조달을 위해 ABS 발행을 결정하였다. GMAC는 자사가 보유한 자동차담보 대출채권 42억 달러를 유동화전문회사 ABSC에 양도하고, GMAC는 양도된 자산을 ABSC로부터 위탁받아 관리하는 역할을 담당하여 자산의 관리와 운용에 대한 수수료를 지급받았다. GM의 ABS 발행조건은 다음 [표 2-3]과 같다.

[표 2-3] GMAC의 ABS 발행조건

항 목	내 용
자산보유자	GMAC
유동화자산	GMAC의 자동차담보 대출채권(총규모 42억 달러) · 23억 달러, 3년 만기, 금리 2.9% · 19억 달러, 4년 만기, 금리 4.5%
유동화전문회사	ABSC(asset backed securities corporation)
유동화증권	ABSC 3종류 증권(총규모 40억 달러) · 21억 달러, 2년 만기, 금리 6.25% · 6억 달러, 2년 6개월 만기, 금리 6.9% · 13억 달러, 4년 만기, 금리 6.95%

GMAC는 자기신용을 바탕으로 한 정상적 자금조달방식보다 ABS의 발행을 통해서 약 1.3%의 금융비용을 절감하였고 기회비용인 자기자본비용을 고려하지 않는다고 하더라도 약 0.02%의 금융비용 절감과 함께 재무구조 개선 효과를 달성하였다.

20) 삼성경제연구소, 『자산유동화의 현황과 영향』, 삼성경제연구소, Issue paper, 1999, pp.19–21.

다음의 [표 2-4]는 GMAC의 ABS 발행 효과를 나타낸 것이다.

[표 2-4] GMAC의 금융비용 절감 효과

	정상적 자금조달	ABS 발행
이자비용	7.01%	6.91%
수수료 등	0.70%	0.78%
자기자본비용	1.28%	-
계	8.99%	7.69%

6. 상업용 부동산저당대출유동화증권[21]

1) 개념과 구조

상업용 부동산저당대출유동화증권(commercial mortgage backed securities : CMBS)은 상업용 부동산저당대출을 담보로 발행되는 유동화증권을 말한다. 상업용 부동산이란 이윤을 목적으로 관리 · 운영되고 소득이 발생하는 부동산을 의미한다.

비교적 안정적인 현금흐름 양상을 보이는 주택저당대출과는 달리 상업용 부동산저당대출은 경기에 민감하며 시장상황에 따라 자산가치가 급등락을 보이기도 하는 등 상당히 위험도가 높은 자산이다. 각 상업용 부동산저당대출에서 나오는 현금흐름은 빌딩 입주자들의 구성비나 시장에서의 위치, 지역경기, 건물에 대한 보수상태 등에 따라 현격하게 달라질 수 있기 때문이다. CMBS의 개략적인 구조를 살펴보면 다음 [그림 2-7]과 같이 나타낼 수 있다.

21) 방근석 · 최두열, 『자산유동화』, 한국경제연구원, 2000, pp.249~264.

[그림 2-7] CMBS의 구조[22)]

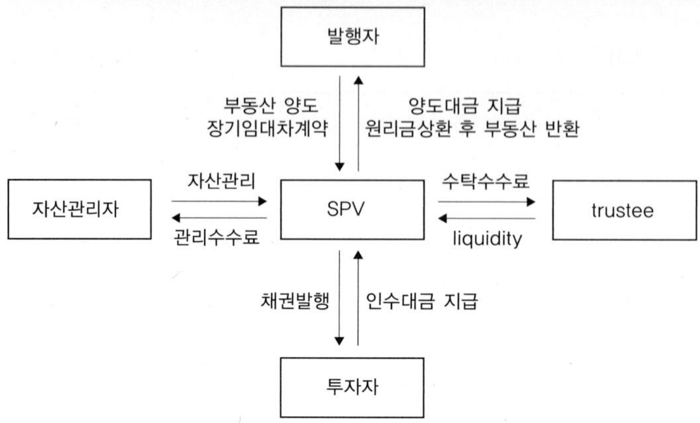

자산보유자는 SPV에 해당 부동산을 양도하고, SPV가 ABS를 성공적으로 발행하면 그 매각대금을 받는다. 건물을 인수한 SPV는 원 자산보유자와 건물에 대한 포괄적인 장기임대차계약을 맺고, 이를 통해 유입되는 현금으로 각종 비용을 충당하고 남는 부분은 적립하여 최종적으로 ABS 원금을 상환한다. 이때 SPV가 소유권을 이전받은 부동산은 ABS 기간동안은 채권자들을 위한 일종의 담보 역할을 하고, ABS가 종결되면 다시 원 자산보유자에게 되돌려지게 된다.

2) MBS와의 비교

상업용 부동산대출에 대한 신용평가는 주택저당대출에 대한 신용평가와는 몇 가지 점에서 다르다. 이러한 차이는 양자가 비록 유사한 부동산을 담보로 발행하는 유동화증권이라 하더라도 현금흐름 발생의 주체와 중도상환의 양태가 양자간에 상이하기 때문이다. 우선 주택저당대출은 현금흐름의 발생원천이 채무자의 소득임에 비하여 상업용 부동산은 부동산 자체에서 발생하는 소득이다. 따라서 주택저당대출의 부도확률을 계산할 때 채무자의 부채상환능력을 측정하는 데 이용되었던 채무상환액 대 소득비율(DTI) 대신에 부동산에서 발생하는 소득 대 채무상환에 들어가는 비용을 측정하는 부채상환충당비율(debt service coverage ratio : DSCR)을 이용한다.

22) 한국신용평가, 『대형 상업용부동산ABS』, 한국신용평가, Special report 2, 2001, pp.15-16.

또한 주택저당대출 채무자와 상업용 부동산저당대출 채무자간에 중도상환 행동양식이 상이하다. 자신이 주거하기 위하여 자금을 차입하는 주택저당대출 채무자들과 상업용 부동산을 통하여 이윤을 극대화하기 위한 목적으로 자금을 차입하는 상업용 부동산저당대출 채무자들과는 행동양식이 다르기 때문에 주택저당대출에서 중도상환을 예측하기 위해 사용되었던 PSA 중도상환 모형을 상업용 부동산저당대출에서는 사용할 수 없으며 새로운 모형을 사용하게 된다.

3) 측정과 평가

상업용 부동산저당대출 자산집합을 분석하는 데 있어서 가장 중요한 금융지표가 부채상환충당비율(DSCR)이다. 이는 해당 부동산의 순운영수익을 부채상환에 필요한 원리금 지급액과 비교하는 것이다.

$$\text{DSCR} = \frac{\text{순운영수익(NOI)}}{\text{부채상환지급액(원금 + 이자)}}$$

DSCR을 계산하기 위해 순운영수익(net operating income : NOI)을 먼저 계산하여야 한다. NOI는 임대료를 포함한 모든 수익에서 운영경비(전기통신 · 수도료, 시설운용비, 부동산 세금 등)와 보수유지 예비비를 뺀 것으로 개인의 순소득에 해당하는 개념으로 파악할 수 있다. 이때 임대료는 다음과 같이 산출할 수 있다.

$$\text{임대료} = (1 - \text{공실률}) \times \text{단위당 임대료} \times \text{총면적}$$

상업용 부동산저당대출 집합을 분석하는 데 있어서 참고가 되는 두번째 중요한 금융비율이 부동산에 대한 대출액 대 자산의 시장가치비율(loan to value : LTV)이다. 이 비율은 다음과 같이 표시되며 어느 형태의 부동산저당대출에서든 중요하게 쓰이는 기술적 지표라고 할 수 있다.

$$\text{대출액 대 자산가치비율(LTV)} = \frac{\text{대출액}}{\text{자산의 시장가치}}$$

대부분의 대출기관들은 해당 상업용 부동산으로부터의 현금흐름이 줄어드는 경우라도 대출자가 대출에 대한 원리금을 꼬박꼬박 갚도록 만들기 위한 인센티브를 만들기 위해 적정한 LTV를 요구한다. 만일 LTV가 1보다 크면 자산가치가 대출액보다도 낮다는 뜻이며, 따라서 돈을 갚으려는 인센티브가 사라지게 된다. 다시 말해서 소유부동산의 시장가치가 갚아야 할 원금보다도 못하면 채무자는 차라리 부도를 내버리게 될 것이다.

4) CMBS의 예[23)]

1998년 이후 유동성문제에 직면해온 홍콩의 Paliburg사는 2000년 말 CMBS를 발행하여 HK$140억의 자금을 성공적으로 조달하였다. Paliburg사의 상업용 부동산 'Kowloon Plaza'와 'Paliburg Plaza'는 SPV인 Commercial Plaza Securitization Ltd.에 양도되었으며, 높은 임대수입에 따라 신용평가기관 Moody's로부터 Aaa의 신용등급을 받았다. HK$140억의 CMBS는 보험회사, 연기금펀드 등의 기관투자자들에게 매각되었고 CMBS 보유자들은 두 상업용부동산에 대한 우선순위 청구권을 보유하고 있어 Paliburg사의 신용악화에도 큰 영향을 받지 않게 되었다.

Paliburg사는 CMBS 발행으로 HK$140억의 자금을 확보하여 두 상업용부동산저당대출에 대한 대출금 상환으로 이용하였고, 남은 잉여금은 회사의 운전자본으로 이용하였다. 따라서 Paliburg사는 부채의 재구성을 통해 자금조달비용을 줄이고 자금조달을 하는데 CMBS를 이용한 것이다.

Paliburg사의 HK$140억 규모의 CMBS에 대한 LTV비율은 Moody's의 평가에 따라 68%로 비교적 높게 측정되었으나, CMBS의 발행을 통해 유동성을 개선하고 낮은 가격결정으로 이익을 얻었을 뿐만 아니라 대출자들의 분산화를 이루는 효과를 얻게 되었다.

23) Jim Yip, "Commercial Mortgage-Backed Securities(CMBS)-An Alternative Debt Financing Instrument for Developers", ASIA FINANCIAL RESEARCH Ltd, 2001, pp. 3~5.

7. 부실채권 · 부실자산 유동화[24)]

1) 부실부동산채권의 유동화

최근들어 부동산을 담보로 대출을 해줬다가 연체가 되거나 부도 난 기업 등으로부터 압류한 부실부동산저당대출을 떠안게 된 정부나 금융기관들이 현재 시장가격보다 더 고평가되어 있는 부실부동산을 처분해서 유동성을 높이고 재무건전성을 강화하기 위해 부실부동산채권 유동화를 적극적으로 추진해 나가고 있다.

유동화 대상 부실채권에는 상업용 부동산 이외에 기업대출, 일반주택, 기타 소비자 금융 등 다른 부실자산들을 포함하고 있지만 여기에서는 부실 상업용 부동산을 담보로 한 기초자산집합에 대해 분석하기로 한다.

2) 부실채권 유동화의 특징과 구조

부동산 담보부 부실채권을 기초자산으로 하는 ABS는 유동화 초기에 기초자산으로부터 회수할 수 있는 금액이 제한적이다. 그러나 채권회수를 위한 비용과 유동화채권 이자는 유동화 초기부터 지출되어야 하므로 채권회수가 본격적으로 이루어지리라고 예상되는 시점까지 필요한 부족자금만큼을 유동화시에 확보하여야 한다.

부동산 담보부 부실채권 ABS의 경우 기본적으로 유동화 대상 기초자산으로부터 창출되는 현금흐름과 유동화채권 원리금 상환일정의 미스매칭(mismatching)으로 인해 신용보강이 매우 높은 수준에서 이루어지고 있다. 따라서 목표 신용등급의 원리금 상환능력을 담보하기 위해서는 credit line을 비롯한 다양한 형태의 유동성 보강장치 또는 신용보강장치가 요구되므로 ABS 발행비용의 증가로 연결되어 ABS 발행의 효과를 반감시키는 영향으로 작용하기도 한다.

또한 부동산 담보부 부실채권의 유동화에 있어서는 역량 있는 자산관리자의 선정과 자산관리자의 역량이 충분히 발휘될 수 있는 구조 수립이 중요하다. 다양한 형태의 채권회수 방법을 충분히 활용하여 채권회수의 극대화라는 목적을 달성하기 위해서는 자산관리자의 역할이 매우 중요하기 때문에 자산관리자의 역량을 극대화하기 위해 다양한 형태의 인센티브를 제공하고 있다.

---

24) 방근석 · 최두열, 『자산유동화』, 한국경제연구원, 2000, pp.331–353.

부실채권자산을 담보로 발행되는 증권의 경우 일반 우량 자산집합에서는 찾아보기 어려운 구조가 사용되는데 이는 증권투자자들에 대한 상환의 안정성을 좀더 강화하기 위해서이다. 부실채권 유동화에 있어서 안전성 강화를 위해 사용하는 구조의 예로는 ① 초과 현금흐름을 부채를 상환하는 데 우선 지급되도록 하는 것, ② 후순위채권 보유자가 이자를 받기 이전에 선순위채권 보유자에게 일정수준 이상의 부채상환이 먼저 이뤄지도록 하는 것, ③ 부실채권을 회수하는 데 특별한 현장경험이 있는 자산관리기관을 고용하도록 하는 것, ④ 특별자산관리기관에 대해 강력한 인센티브를 제공해 주는 것 등을 들 수 있다.

3) 부실부동산 담보대출의 평가방법

부실부동산 담보대출에 대해 평가하는 방법은 일반대출자산 집합을 평가하는 데 쓰이는 기준과 상당히 다르다. 부실부동산담보대출채권의 분석방법에서는 첫째, 부동산에서 나오는 현금흐름에 따라 분석하는 방법과 둘째, 청산을 전제로 부동산 자체를 분석하는 방법이 있다.

먼저 부동산에서 나오는 현금흐름에 따라 분석하는 방법(cash flow approach)은 수익을 발생시키지는 않지만 잠재가치가 있는 자산에 적용되는 방식으로 조정 순운용수익(adjusted net operating income)이나 연간 주택저당대출 원리금 상환액(annual mortgage loan debt service) 중에서 낮은 쪽을 부동산에서 나오는 현금흐름으로 간주한다. 정상적인 부동산 기초자산에 비하여 부동산부실채권의 경우는 이미 부도가 나 있는 상태이므로 부실채권으로부터 발생하는 현금흐름을 측정하기가 쉽지 않으며 정상적인 부동산유동화증권 발행절차를 사용할 수가 없다.

이러한 부동산부실채권을 담보로 유동화증권을 발행하는 문제에 대해 Fitch IBCA는 지지 시나리오 접근법(hold scenario approach)이라고 하여 부실채권에서 나오는 현금흐름이 어느 정도의 채무부담을 지탱해 낼 수 있는가를 산출하여 채권발행등급과 발행액수를 결정하는 방법을 사용한다[25).]

둘째, 청산을 전제로 부동산 자체를 분석하는 방법(liquidation approach)은 자산이 비록 현금수익을 발생시키지는 않지만 해당 자산의 가치에 대한 충분한 과거 자

---

25) 보다 자세한 내용은 Esquivel, Teresa F., and Ron J. Wechsler, "Financing Distressed Commercial Real Estate", Fitch Research Special Report, April 12,1993.을 참조할 것

료가 존재하고 스트레스 테스트 결과 일단 유동화 가치가 있다고 판단되는 경우에 주로 사용된다. 청산방식은 청산과 관련된 과거 자료를 대량으로 입수하는 것이 가능한가 여부에 성패가 달려 있다고 할 수 있는데 과거 자료는 일반적으로 특별자산관리기관에 의해 제공된다. 과거 자료는 부실채권의 원래 장부가격, 상환액수, 매각을 통해 실현된 액수, 매각비용, 청산비용 등을 포함한다. 청산방식에서 특히 중요한 요소는 과거의 청산 경험과 특별자산관리기관의 전문성의 정도이다. 청산방식에서는 자산으로부터 수익이 없기 때문에 증권보유자에게 규칙적으로 지급하는 데 필요한 쿠션용 현금이 전혀 없다고 가정한다. 따라서 청산 과정을 최대한 빨리 타이밍에 맞게 진행해 나갈 수 있는 특별자산관리기관의 경험과 능력이 주요 요소가 되는 것이다.

4) 신용평가시 고려요인

부실채권 대출집합에 대해 신용평가를 할 때 신용평가기관은 두 가지의 위험 요인들을 고려하게 되는데 이는 거래와 관련된 법적, 재무적, 규제적, 운영상의 문제들과 관련된 구조적 위험과 해당 대출을 담보하는 부동산의 질과 관련된 부동산 위험이다. 구조적 위험은 발행자가 대규모 지분을 보유한 경우, 자산집합에 있어 대출과 대출자가 다각화되어 있는 경우 줄어들며 부채에 있어서 인수한 부분이 높은 경우, 대출집합이 대출자별 지역별로 집중된 경우 증가한다. 부동산 위험은 부동산 시장이 좋아지고 있는 경우, 지역적으로 다양화되어 있는 경우 줄어들며 부동산 시장이 약화되는 경우, 매각이 어려운 부동산의 경우 증가한다.

5) 부실부동산 유동화 사례[26)]

미국의 정리신탁공사(RTC)는 지난 1980년대 말 정부의 지원에 의해서 민간부문 부실채권이 신속하게 정리되도록 한시적인 기관으로 설립되었다. RTC는 부실해진 저축대부조합(Savings & Loans)의 자산과 S&L이 안고 있는 부실채권을 재정부담을 줄이면서 신속하면서도 효율적인 부실정리를 위해 다양한 방법을 이용하였다. RTC는 파산한 저축대부조합의 입찰 또는 합병을 통해 인수한 부실채권, 부동산 등의 자산을 입찰이나 공매 등을 통해 처분하였다. 또한 부실채권정리에 있어 미국 전

26) 조윤제, 『부실채권처리의 원칙과 해외사례』, 한국자산관리공사, 1999. pp.19–23.

역은 물론 런던, 도쿄 등 세계 각지의 투자자들을 대상으로 한 road show에 나서는 등 사안별로 다양한 판매기술을 적극 활용하였다. 부실채권 회수는 자체적으로 수행하거나 또는 외부위탁기관을 활용하였으며 저당채권은 단순매각, 또는 자산유동화를 통한 매각을 실시하였다. 부실채권 인수자금은 재무성의 지원, RTC 발행을 통한 차입, 회수자금을 통해 조달하였으며 이러한 적극적인 운용에 힘입어 747개의 저축대부조합이 청산되었다. RTC는 운용기간 중 장부가액 기준 4,560억불의 자산(채권, 부동산)을 취득, 3,950억불을 회수하여 회수율은 87%에 달했다. 이러한 RTC의 활동 중에서 가장 두드러지는 것으로 부실채권의 직접매각이나 만기보유보다는 대출화채권을 기반으로 한 ABS의 발행을 들 수 있다. 1990년 10월 감독위원회는 자산유동화를 자산처분 방법으로 적극 사용하도록 지시하였으며 이에 따라 최초의 자산유동화가 1991년 6월에 이루어졌다. 이후 40건 이상의 증권화를 통해 200억 달러의 대출채권이 매각되었다.

유동화증권의 신용등급은 3개 신용평가회사로부터 AAA 판정을 받았으며 표면금리는 유사한 조건의 정부채보다 1% 정도 높은 것이므로 투자매력이 있었다. 유동화증권을 매각하여 RTC가 얻은 수익은 4억 7,920만 달러였는데 유가증권 인쇄비용, 인수 수수료, 기타 거래비용이 560만 달러가 소요되어 RTC의 순수입은 4억 7,360만 달러였다. 신용보강은 기초 대출채권의 원리금 납입이 지연되거나 부도가 발생하는 경우의 손실로부터 유동화증권 투자자들을 보호하기 위하여 대손충당기금 방식을 사용하였다. 유동화증권의 발행조건에 따라 RTC는 이 중 1억 2,860만 달러(대출 액면가치의 27%)를 대손충당기금에 적립하였다. RTC는 기초 자산집합의 신용위험에 따른 손실을 액면가치의 4%, 즉 1,900만 달러로 평가하였는데 1억 2,860만 달러의 대손충당기금은 기대손실의 7배에 달하여 유동화증권이 상환됨에 따라 필요 대손충당기금 규모가 줄어들면서 RTC는 차액을 인출할 수 있었다.

RTC의 자산유동화는 위험이전에 큰 의미를 가진다. 즉 RTC는 대손충당기금을 통해서 기초 대출자산의 거의 모든 신용위험을 떠안게 되었으며 투자자들은 신용위험을 거의 제거할 수 있었다. 자산유동화 이전에는 정부는 모든 신용위험을 부담하였으나 ABS 발행 후에는 신용위험 부담이 대손충당기금 규모 이내로 제한되었다. 비록 대손충당기금 규모가 크기는 했지만 정부는 그 이상의 신용위험으로부터는 자유로워졌다.

제2절

자산유동화증권 이용의 위험과 관리

1. 자산유동화의 위험요인

자산유동화에 있어서는 특별목적기구의 현금부족 사태로 이어질 수 있는 원채무자의 채무불이행위험(obligor default risk), 법적인 분쟁 등으로 인해 발생하는 구조상의 위험(structuring risk), 특별목적기구의 자산을 제대로 관리하지 못할 경우에 발생하는 운영상의 위험(operational risk), 그리고 그 외에 유동성위험, 조기상환위험, 이자율과 환율변동에 따른 금융위험(financial risk)이 존재하게 된다. 이러한 유동화증권과 관련된 위험을 발생시키는 요인을 살펴보면 다음과 같다.

1) 채무불이행위험

유동화전문회사의 채무불이행위험(obligor default risk)은 기초자산 채무자의 채무불이행으로 인하여 예상되는 현금흐름과 실제 현금흐름이 일치하지 않는 경우에 발생한다. 이러한 채무불이행위험은 기초자산집합의 과거 대손 및 연체 등에 대한 자료 분석에 근거한 추정방법을 통해 측정하고 있다. 이러한 채무불이행위험은 자산유동화증권의 신용보강(credit enhancement) 수준에 가장 큰 영향을 미치는 요소이다.

2) 유동화자산의 가치하락 위험

유동화자산의 가치하락위험(dilution risk) 또는 희석화위험은 유동화의 기초가 되는 자산이 다양한 신용 단서조항 등에 의해 자산의 가치가 하락될 수 있는 위험을 의미한다. 이러한 기초자산 가치하락은 거래관행, 신용에 대한 자산보유자의 태도 등에 따라 다르게 나타나며, 위험의 측정방법으로는 거래관행 등에 대한 분석을 통해 기초자산의 가치를 하락시킬 수 있는 요인을 파악하고 실제 거래 자료를 활용하는 방법이 일반적으로 이용된다.

3) 재투자위험

발행이 완료된 유동화증권의 원리금이 적시에 상환되기 위해서는 각 상환시기에 부합하는 적절한 현금흐름의 관리가 필요하다. 이를 위해서는 일반적으로 유동화전문회사가 가지고 있는 유동화자산에서 발생하는 잉여현금을 유동화증권 만기시까지 일정한 요건으로 재투자하는 것이 일반적이다. 그런데 이와 같은 재투자의 과정에서 투자수익률이 급격히 변화하거나 재투자 금융상품의 채무불이행 및 유동성의 문제가 발생할 위험이 있다. 이를 적절히 통제하기 위해서는 유동화증권 발행시에 재투자에 관한 규정을 명확히 함으로써 재투자위험을 제거하도록 해야 한다.

4) 유동화 관련기관의 신용위험

유동화증권은 자산보유자의 신용위험에 대하여 별도의 신용보강 과정을 거쳐 발행되므로 일반적으로 자산보유자 및 발행자의 신용도보다 높은 신용도를 지니고 있다. 그러나 자산보유자의 부도로 인해 유동화자산 원리금의 회수과정에 문제가 발생할 가능성이 존재하며, 신용보강기관이나 수탁기관의 부실화로 인해 유동화증권의 가치가 하락할 위험이 발생할 가능성도 있다. 이러한 위험을 적절히 관리하기 위해 자산보유자의 신용도와 독립적인 신용도를 지닌 자산구조의 설계와 회수자금의 계좌이체 요건 설정, 대체 자산관리자의 지정 등의 다양한 방법이 마련되어야 한다.

5) 법률적 위험

금융거래와 관련한 규제 또는 고유재산과 유동화자산의 분리관리, 자산보유자의 유동화자산이 유동화전문기관에 실질적으로 매각되었는지의 여부 등은 유동화증권의 원리금 상환에 중요한 영향을 미치는 위험요인이 될 수 있다. 따라서 유동화증권의 평가에 있어 이러한 법률적 위험(legal risk)에 대한 평가와 노출된 위험을 적절히 통제할 수 있는 수단이 마련되어져야 한다.

6) 기타 위험요인

유동화자산의 특성에 따라서는 자산유동화증권의 만기 이전에 유동화자산 조합의 내용이 변화되는 경우도 있다. 특히 신용카드 계정과 같이 유동화자산의 만기가 짧은 자산을 기초로 한 유동화증권 발행의 경우 자산교체(revolving)에 따른 위험도 존재한다. 또한 대출채권을 기초자산으로 발행하였을 경우 이자율의 하락으로 인한 투자자의 조기상환 요구에 따른 유동성위험도 고려하여 여러 가지 장치를 고안해야 한다.

2. 자산유동화의 기타 문제[27)]

1) 회계처리

자산유동화의 회계처리는 자산보유자가 자산을 SPV에 양도하는 것을 자산의 매각으로 볼 것인지 또는 담보부차입의 변종으로 인식할 것인지에 대한 회계처리에 주의를 기울여야 한다.

미국 FASB 회계기준 제125호『금융자산의 양도와 서비스 및 부채의 소멸을 인식하기 위한 회계처리』[28)]에 따르면 자산이 양도되었을 때 다음의 세 가지 조건을 갖추어야 비로소 매도로 인식하게 되어 부외처리가 가능하다.

① 양도대상 금융자산이 양도인으로부터 분리(isolate)되어 양도인이 법정관리 또는 파산 등의 절차에 들어가더라도 당해 금융자산에 양도인 및 그 채권자의 영

---

27) 한국산업은행, 『파생상품의 이해』, 한국산업은행, 2000, pp.103-104.

28) SFAS No.125, "Accounting for Transfers and Servicing of Financial Asset and Extinguishments of Liabilities".

향력이 미치지 않을 것.

② 양수인은 (a)양수된 금융자산을 제한 없이 담보로 제공하거나 양도 및 교환할 수 있는 권리를 가지며, (b)적격특수목적회사(Qualifying Special Purpose Entity : QSPE)에 해당할 것

③ 양도인은 (a)만기 전에 양도한 금융자산을 환매하기로 하는 특약이나 (b)쉽게 구할 수 없는(not readily available) 양도대상 금융자산을 되살 수 있는 권리를 갖는 등의 방법으로 양도된 자산에 대한 지배권을 실질적으로 행사하지 않을 것

또한 ABS 발행에 따른 이익의 인식시점을 즉시, 이연자산, 상각처리방식 등 어느 시점으로 볼 것인지도 살펴보아야 한다. SPV의 연결대상 여부 및 분리취급시 SPV에 대한 정보취득 문제, 이익참여 문제가 발생할 수 있음을 유의하여야 한다.

우리나라의 경우 기업회계기준 제14조에 따르면 자산유동화의 매출채권 등 금융자산의 양도 여부에 대한 판단은 다음의 요건을 모두 충족하는 경우에는 매각거래로, 이외의 경우에는 차입거래로 보고 있다.

① 양도인은 금융자산 양도 후 당해 양도자산에 대한 권리를 행사할 수 없어야 한다. 즉, 양도인이 파산 또는 법정관리에 들어갈 지라도 양도인 및 양도인의 채권자는 양도한 금융자산에 대한 권리를 행사할 수 없어야 한다.

② 양수인은 양수한 금융자산을 처분(양도 및 담보제공 등)할 자유로운 권리를 갖고 있어야 한다.

③ 양도인은 금융자산 양도후에 효율적인 통제권을 행사할 수 없어야 한다.

「자산유동화에관한법률」에 따라 보유자산을 유동화하는 경우는 일반적으로 매각거래에 해당하지만, 금융자산 이외의 자산인 경우에는 이 해석을 적용할 수 없다. 매각거래에 해당하는 경우의 회계처리는 양도하는 자산에 대하여 장부가액과 처분가액과의 차이를 당기손익으로 인식하여야 하며, 차입거래에 해당하는 경우에는 해당 금융자산을 담보제공자산으로 별도 표시하여야 한다.

2) CPR 문제

CPR 계산의 공정성에 대한 문제가 있을 수 있고 공신력 있는 기관 부재시에는 이

러한 문제가 더욱 가중된다. 또한 계산상의 과거 자료 유·무 또한 계산의 공정성을 해칠 수도 있다.

3) 수익률 계산

ABS에 대한 투자수익률을 측정함에 있어서 평균상환기간 산정에 대한 어려움이 있고 CPR 가정에 의거한 현금흐름 할인방식으로 평가가 이루어지므로 CPR의 옵션 성격 및 가격산정에 따른 문제가 야기될 수 있다. 원자산으로부터의 현금흐름 실현일 이후의 원리금 수취에 따른 기간 경과 손실문제와 함께 broker의 가격제시(수익률)는 단지 예상수익률이며 실질수익률을 보장하지 못한다는 문제가 있다. 그러므로 원자산의 특성에 알맞은 자료를 이용하여 현행 금리수준 등을 감안하여 수익률을 계산하여야 한다.

4) 진정한 양도의 문제[29)]

진정한 양도(true sale)는 유동화자산을 자산보유자로부터 SPV 또는 신탁으로 완전하게 이전하는 것을 말한다. 즉 SPV와 신탁이 유동화자산에 대하여 담보목적이 아닌 완전한 소유권을 보유하는 것을 의미한다. 진정한 양도가 필요한 이유는 자산유동화의 대전제가 자산보유자의 신용위험으로부터 분리된 유동화자산의 현금흐름을 기초로 자금을 조달하기 때문이다. 만일 진정한 양도가 확보되지 못한 상태에서 자산보유자가 도산한다면 유동화자산이 파산재단 등에 포함될 수 있기 때문에 ABS 채권투자자는 결국 자산보유자의 신용위험으로부터 자유롭지 않게 된다. 유동화 구조에서 이러한 위험을 회피하고 진정한 양도를 확보하려면 자산보유자가 미래의 경제적인 위험과 소유에 따른 이익을 반드시 SPV 혹은 신탁에 이전하여야 한다. 유동화자산에 대한 위험과 효익이 완전하게 이전되었는가는 자산보유자에 대한 상환청구권의 범위, 후순위의 수준, 유동화자산에 대한 자산보유자의 통제권 정도 등을 검토하여 판단한다.

29) 한국신용평가, 『자산유동화에서의 진정한 양도(true sale)』, 한국신용평가, special report, 2001, pp.11–15.

3. 자산유동화의 신용위험 관리

1) 자산유동화의 신용위험

자산유동화를 이용하는 과정에서 나타나는 여러 위험 중 신용위험에 대해 좀더 살펴보자. 자산유동화의 신용위험은 채무불이행위험과 희석화위험이 대표적이다. 채무불이행위험은 원채무자의 채무불이행으로 발생할 수 있는 위험으로 과거 담보자산의 이행수준에 대한 검토를 통해 분석할 수 있다. 기초자산집합의 이행수준의 신용도를 분석하는 주요 판단지표로는 과거의 연체 관련 자료(연체율, 연체금액, 평균 연체기간 등)와 대손처리 실적 등이 사용되며, 원채권자가 영위하고 있는 산업(업종)과 그 안에서 해당 기업(원채권자)의 시장지위 등을 분석 · 검토해야 한다.

희석화위험(dilution risk)은 직접적으로 채무불이행 또는 상각을 발생시키지 않으나 자산의 가치를 하락시키는 위험으로 희석화의 수준은 산업(업종) 내의 경쟁강도 및 제품의 특징 등에 의해 결정된다. 희석화위험의 예를 들면 제품의 반환, 가격의 할인, 광고선전비, 리베이트, 가격 및 품질에 대한 고객과의 분쟁, 기타 자산 · 부채간에 상계가 발생할 수 있는 조건 등이 있다. 이러한 희석화의 위험은 과거 실적 등의 분석을 통해 평가할 수 있는데, 이는 채무불이행위험과 마찬가지로 원채무자의 경영정책 및 산업상황에 영향을 받는다. 희석화위험의 완화를 위해 다양한 신용보강 방법을 이용할 수 있다.

2) 자산유동화의 신용위험관리

자산유동화의 이용과정에서 나타나는 신용위험은 기본적으로 신용보강을 통해 관리될 수 있다. 자산유동화 과정시 발생 가능한 위험을 경감시키고 높은 신용등급을 받기 위해 다양한 형태의 신용보강이 이루어진다. 신용보강은 자산유동화증권의 만기시까지 기초자산의 가치에 영향을 미칠 수 있는 위험요인들을 파악하여 이러한 위험손실에도 불구하고 원리금의 가치가 보전될 수 있도록 안전망을 구축하는 것을 말한다. 신용보강의 방법에는 앞에서 살펴본 바와 같이 크게 외부적 신용보강 방법과 내부적 신용보강 방법으로 구분할 수 있는데 외부적 신용보강 방법으로는 은행의 신용장이나 신용이 높은 보험회사의 보증 등이 있고 내부적 신용보강 방법으로는 선후순위채권 구조화, 초과담보 등을 들 수 있다. 실제 자산유동화증권 발행시에는 한 가지 방법만 사용되는 것이 아니라 여러 신용보강장치가 중복되어 위험을 보다 확실하게 줄이게 하고 있다. 그러나 이러한 신용보강을 통한 신용위험의 관리는 다음과 같은 한계를 갖고 있다.

먼저, 은행 또는 보험사의 지급보증 또는 은행의 신용공여 등과 같은 외부 신용보강장치는 제3자의 지급능력에 의존하여 해당 자산유동화증권의 신용등급을 제고하므로 지급을 보증한 기관의 신용도가 신용보강장치의 신뢰성에 직접 영향을 미치게 된다. 따라서 외부 신용보강장치는 신용보강에 참여하는 제3자의 신용등급 그 이상으로 발행증권의 신용등급을 올릴 수 없다는 점과 제3자의 신용등급이 하락할 경우 제3자가 신용보강을 한 증권이 함께 신용등급이 하락한다는 단점을 가지고 있어 그 이용 추세가 줄어들고 있다.

그리고 선후순위채권 구조화의 경우 선순위채(저금리)의 신용등급을 높이기 위해 후순위채(고금리) 비율을 높이는 방법을 동원했다면, 결과적으로 자금조달비용면에서 변화가 없다. 또한 후순위채는 주로 자산보유자가 인수하는 경우가 많은데 이 경우 매각한 기초자산의 위험은 사실상 그대로 남아 있는 상태에서 외형상 위험자산의 규모만 축소되기 때문에 자산유동화 이후 남아 있는 자산의 안전성이 오히려 악화될 수도 있다. 또한 현금흐름 차액적립(excess spread) 및 할인매각(overcollateralization) 등의 내부 신용보강장치가 동원되는 경우에는 자산유동화를 통해 자산보유자가 회수하는 금액이 실제 기초자산의 평가가치보다 작아져 이에 따른 비용이 수반된다는 문제가 발생한다.

4. 신용파생상품을 이용한 자산유동화의 신용위험관리

자산유동화증권은 자산보유자의 위험과 분리된 기초자산을 담보로 하여 발행된다. 신용평가회사에서는 이러한 유동화증권의 특성에 따른 위험을 보전하기 위해 높은 신용보강장치를 요구한다. 유동화증권의 신용평가의 기본적인 관점은 유동화자산의 과거 대손발생률과 신용위험 등을 감안하고 시장상황 검토결과 등에 근거하여 유동화자산의 위험을 예측하고 이러한 위험을 고려할 때 최악의 경우에도 유동화증권의 원리금을 지불할 수 있는 신용보강이 적절히 이루어졌는가를 파악하는 것이다.

신용파생상품(credit derivatives)은 채권이나 대출 등과 같이 발행자의 신용도에 따라 가치가 변동하는 기초자산으로부터 신용위험을 분리하여 거래할 수 있도록 설계된 금융계약이다[30].

신용파생상품의 가장 큰 거래목적은 보유자산의 신용위험을 이전 · 제거하는 데 있으므로 자산유동화증권의 신용위험을 제거하는 데 신용연계채권(credit linked note)이나 신용 옵션(credit option)을 이용하여 기존의 보증보험회사의 보증의 효과를 가질 수 있다. 신용파생상품을 이용할 경우 보험이 제공하지 못하는 신속한 거래가 가능하며, 보험과는 달라 투기거래도 가능하고 또한 보험으로는 다루기 어려운 부분에 대한 투자기회도 쉽게 제공할 수 있다.

신용파생상품의 거래는 대개 금융기관 및 투자자의 요구에 맞도록 설계된 다양한 형태의 거래이므로 여기서는 기본적인 형태의 신용 옵션 거래를 기준으로 살펴보고자 한다. 신용 옵션은 두 거래당사자가 준거자산에 내재되어 있는 신용위험을 그 자산을 직접 거래하지 않고 이전할 수 있는 수단을 제공한다. 부도 발생시까지 실질적인 현금흐름이 이루어지지 않으며 부도 발생시 우발채무 지급방법에 있어서 다양성을 나타내고 있는데, 준거자산을 직접 인수 · 인도하는 방법과 액면가액과 부도 후의 가격차이를 결제하는 방법이 가장 널리 쓰이고 있다. 신용 옵션을 이용할 경우 신용파생상품의 수수료를 지급함으로써 유동화증권의 신용위험을 이전할 수 있는 효과를 기대할 수 있다. 다음 [그림 2-8]는 신용 옵션을 이용한 신용위험의 이전을 나타낸 것이다.

30) 신용파생상품에 대한 보다 자세한 내용은 4편에서 다루어지고 있다.

[그림 2-8] 신용 옵션을 이용한 신용위험의 이전

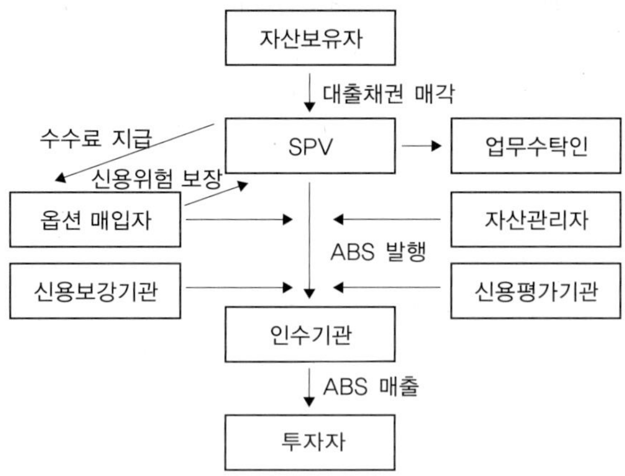

현재 신용보강의 방법으로 많이 사용되는 선 · 후순위채의 경우 대개 자산보유자가 보유하는 경우가 많아 유동화에 따른 자금조달의 효과가 감소하게 되나 신용파생상품을 이용하게 되면 유동화증권의 신용위험을 신용파생상품 거래상대방에게 이전함으로써 자금조달의 효과를 극대화할 수 있다. 투자자의 경우 유동화증권 발행시 요구되는 높은 신용보강에 따른 신용보강 비용을 절감할 수 있는 효과가 있다. 또한 자산유동화증권은 담보가 되는 기초자산이 명확하고 신용평가회사, 회계법인 등의 유동화 관련 기관의 감독을 통해 발행되므로 예상되는 위험의 정도를 측정하기 수월하여 자기자금의 부담 없이 레버리지 효과를 극대화하여 투기거래를 통해 수수료 수입을 늘리는 수단으로도 활용할 수 있다.

연습문제

1. CBO와 CLO의 개념과 특성을 설명하라.

2. 본문의 CLO의 예를 살펴보고 금융기관이 이를 이용하여 자기자본규제에 어떻게 대응할 수 있는지 설명하라.

3. CARD의 특징을 설명하라.

4. MBS의 개념과 특성을 설명하라.

5. CMBS와 MBS를 비교 · 설명하고 CMBS를 이용한 유동성개선사례에 대해 설명하라.

6. 자산유동화의 위험요인에 대해 설명하라.

7. 신용파생상품을 이용한 자산유동화의 신용위험관리에 대해 설명하라.

– 해답 본문 참조 –

제 3 편

신용파생상품을 이용한 신용위험관리

제 1 장 신용위험과 신용파생상품

학습목표

1. 신용파생상품의 개념과 거래구조를 이해한다.
2. 신용파생상품시장의 최근 동향을 이해한다.
3. 신용파생상품이 필요한 이유를 이해한다.
4. 신용파생상품의 기능을 이해한다.
5. 신용사건의 의미와 역할에 대해 알아본다.
6. 신용파생상품을 이용한 신용위험관리방안을 알아본다.

학습개요

신용위험의 관리는 금융기관뿐만 아니라 일반 기업에 있어도 매우 중요한 과제이며, 효율적인 관리기법을 찾기 위한 노력과 관리수단의 개발이 지속적으로 이루어지고 있다. 특히 신용파생상품시장의 성장과 발전은 신용위험관리를 위한 전통적인 관리방법의 한계를 벗어나 보다 효율적인 위험관리와 수익성제고를 꾀할 수 있는 새로운 수단을 제공하고 있다. 이 장에서는 신용파생상품의 의의와 기본적인 거래구조, 기능 등을 살펴보고 신용파생상품을 이용한 신용위험관리가 어떤 유용성을 제공해줄 수 있는지 살펴본다.

제1절

신용파생상품의 의의와 거래구조

1. 신용파생상품이란?

신용파생상품(credit derivatives)은 채권이나 대출 등과 같이 차입자(또는 발행자)의 신용도에 따라 가치가 변동하는 자산으로부터 신용위험(credit risk)을 분리하여 거래할 수 있도록 설계된 금융상품이다. 신용파생상품거래에서 거래대상은 특정한 금융계약상의 의무를 부담하고 있는 준거기업의 신용위험이다. 준거기업(reference entity)은 은행에서 대출을 받은 기업 또는 회사채를 발행한 기업이나 파생상품의 거래에 있어서 우발채무의 지급의무를 부담하고 있는 기업을 말한다. 중요한 것은 신용파생상품의 기초자산이 이러한 준거기업의 가치나 이 기업이 부담하는 의무 그 자체가 아니라 준거기업의 신용위험이라는 점이다. 채권이나 대출 등과 같이 준거기업이 발행한 자산은 준거자산(reference asset)이라 불린다.

신용파생상품의 거래에서 신용위험을 전가하는 거래자는 위험매도자(risk seller) 또는 보장매입자(protection buyer)라고 하고, 신용위험을 부담하는 거래자는 위험매입자(risk buyer) 또는 보장매도자(protection seller) 또는 보장제공자라고 한다. 일반적으로 신용파생상품은 준거자산의 신용상태가 일정한 수준 이하로 악화되는 경우 보장매도자가 계약에 의해 약정된 금액을 보장매입자에게 지불한다. 따라서 보장매입자는 준거자산의 신용상태 하락에 따라 발생하는 손실을 신용파생상품거래의 성과로부터 보전 받을 수 있다. 준거자산은 채무불이행 등의 신용사건(credit event)

발생 여부를 판단하는 데 기준이 되며, 준거자산이 객관적인 가치를 평가하기 곤란한 자산인 경우 준거자산과 밀접한 관계가 있는 회사채 등을 준거자산의 대용치로 이용하기도 한다.

2. 신용파생상품의 거래구조

신용파생상품의 거래구조를 이해하기 위해서는 신용파생상품의 준거자산과 신용위험을 거래상대방에게 이전하고자 하는 보장매입자, 그리고 신용위험을 이전받는 대가로 프리미엄을 획득하는 보장매도자의 상호관계를 이해해야 한다. 이들의 상호관계를 요약하면 〈그림 1-1〉과 같이 나타낼 수 있다.

[그림 1-1] 신용파생상품 거래의 기본구조

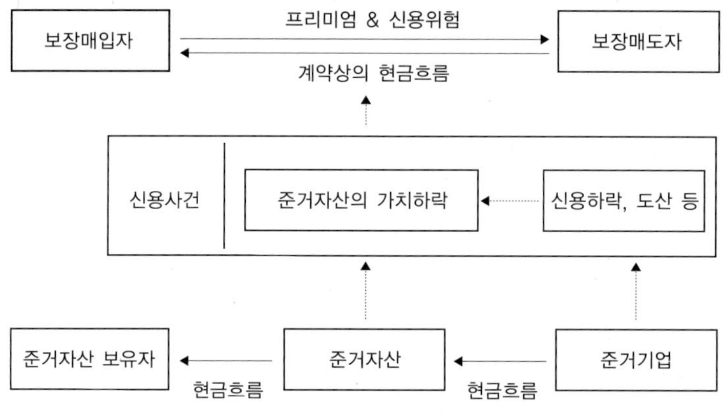

주 : 보장매입자와 준거가산 보유자는 동일인일 수도 아닐 수도 있음.

앞서 설명한 것과 같이 신용파생상품의 거래대상은 준거기업의 신용위험이다. 예를 들어 A라는 준거기업이 발행한 회사채에 대한 신용파생상품의 거래대상은 A기업의 주식이나 A기업이 발행한 회사채가 아닌 A기업의 신용위험이다. 보장매입자는 대개 준거자산(예를 들어 채권이나 대출)을 보유하고 있거나 보유하게 될 금융기관이다. 그러나 순수하게 투기목적으로 신용파생상품을 거래하는 경우라면 보장매입자가 반드시 준거자산을 보유해야 할 필요는 없다. 한편 보장매도자는 보장매입자에게 일정한 프리미엄을 받고 준거자산의 가치하락, 즉 준거기업의 신용상태 악화에 따른 보장매입자의 손실에 대하여 일부 혹은 전부를 보상해주는 자로서 대개의 경우 높은 신용도를 가진 투자은행 혹은 그 자회사인 금융기관이 된다. 여기에서 보장매입자와 보장매도자의 구분은 순수하게 신용파생상품 계약상의 권리관계이며, 실제 계약당사자들의 거래동기가 아니다. 예를 들어 특정 준거기업에 대한 신용위험을 부담함으로써 추가적인 수익을 획득할 수 있다고 생각하는 보장매도자가 먼저 보장매입자를 물색하는 경우도 국제금융시장에서는 매우 흔하다. 또한 거래의 당사자 쌍방이 각기 준거기업이 상이한 보장매입자이자 보장매도자의 입장에 서게 되는 경우도 있다.

옵션과 같은 파생상품은 기초자산의 시장가격이 미리 지정된 행사가격(strike price)보다 높아지거나(콜옵션의 경우) 낮아져야(풋옵션의 경우) 권리행사에 따른 이익을 얻을 수 있다. 그러나 신용파생상품의 경우 기초자산이 시장가격으로 직접 환산되지 않는 준거기업의 신용위험이기 때문에 행사가격을 지정할 수 없다. 따라서 계약 당사자들 간에 미리 계약의 이행을 촉발시키는 역할(옵션에서 행사가격의 역할)을 하는 신용사건(credit event)을 정해 놓게 된다. 신용사건은 신용등급의 하락이나 부도 등과 같이 신용파생상품 거래당사자들 간에 합의된 준거기업의 신용위험 수준의 변화이다.

신용파생상품의 가격(프리미엄)은 금리변동에 따른 위험을 헤지하기 위하여 변동금리로 표시(예를 들어 SOFR[1]+α)되며 준거기업 및 보장매도자의 신용위험, 신용사건 발생시 예상되는 원리금의 회수율(recovery rate), 금융시장의 상황 등을 반영하여 결정된다. 기준이 되는 SOFR는 1일간 미국 국공채를 담보로 한 RP의 실거래 금리를 반영한 무위험 금리이므로 거래대상 신용위험이 존재할 경우에 가산금리 (α)가 양(+)의 값을 갖게 된다. 준거기업의 신용위험이 낮을수록, 보장매도자의 신용위험이 높을수록, 신용사건 발생시 준거자산의 원리금 회수율이 높을수록 프리미엄은 하락한다. 또한 준거기업의 도덕적 해이를 억제하고 경영상황을 감시할 수 있는 장치는 프리미엄을 낮추는 요인으로 작용할 수 있다. 예를 들어, 회사채 등 준거자산에 발행기관의 경영정보 제공의무(information requirements) 또는 재무건전성을 저

1) LIBOR는 폐지되고, SOFR(Secured Overnight Financing Rate) 등으로 대체되고 있다.

하할 수 있는 경영활동 금지의무 등 특약조항이 부과되어 있는 경우에는 프리미엄이 하락한다.[2)]

3. 신용사건

신용사건(credit event)이란 신용파생상품거래에서 계약당사자간에 현금지불과 관련된 계약이행을 촉발시키는 기준이 되는 신용위험의 변화를 가져오는 사건을 말한다. 신용파생상품은 대부분이 미리 정해진 신용사건에 의거하여 거래당사자 간에 오고 갈 현금흐름과 계약이행이 결정되기 때문에 어떤 사건을 신용사건으로 규정하느냐는 신용파생상품 계약에서 핵심적인 문제이다.

신용사건으로 규정되기 위해서는 중요성과 정보의 공공성을 만족시켜야 한다. '중요성(materiality)' 요건은 어떤 사건의 발생에 의하여 준거자산의 가격이 일정 수준 이상으로 변동하는 경우에 계약내용이 촉발되는 것을 말하며, 이는 본의 아닌 실수로 계약내용이 촉발되는 것을 방지하기 위한 조치이다. '정보의 공공성(public information)' 요건은 거래당사자들이 관련사건의 발생을 모두 인지할 수 있어야 한다는 것이다.

신용파생상품 거래에서 신용사건의 종류 및 정의는 일반적으로 국제스왑 · 파생상품협회(ISDA)의 표준안의 내용을 따르고 있으나 일부사항에 대해서는 거래당사자간에 구체적인 약정이 필요하다. 예를 들어 신용사건의 하나인 채무재조정은 신용파생상품을 통하여 신용위험을 전가한 금융기관(보장매입자)이 주 채권자일 경우 문제여신에 대한 해소를 위하여 채무재조정을 손쉽게 추진하는 등 악용할 여지가 있는 만큼 이를 방지하기 위하여 보상의 대상이 되는 채무재조정에 관한 발생요건을 사전에 보다 구체화할 필요가 있다.[3)]

---

2) 한국은행, "신용파생상품시장의 활성화방안", 한국은행, 2002, p.2-3.

3) 1999년 ISDA가 정한 신용사건의 유형 중 가장 논란이 되었던 것은 채무재조정(restructuring)이다. 채무재조정이란 1) 신용등급 변경 2) 지불 통화 변경 3) 이자/원금의 경감 4) 이자/원금의 지불시기의 변경이나 연기를 말한다. 이후 ISDA는 2001년과 2003년에 채무재조정에 대한 정의를 수정하여 양자 간의 채무재조정은 신용사건에 포함되는 채무재조정에서 제외하였고, 채무재조정 채무에 대하여 최소 셋 이상의 채권자가 존재하고 채권자 중 2/3 이상의 동의하에 채무재조정이 이루어진 경우에만 신용사건에 포함하도록 하였다.

ISDA의 표준안에 따른 신용사건의 종류 및 정의는 일반적으로 〈표 1-1〉과 같다.[4)]

[표 1-1] ISDA의 표준안에 따른 신용사건의 종류 및 정의

종 류	정 의
· 도산(bankruptcy)	파산, 청산, 화의, 회사정리 등
· 지급불이행(failure to pay)	만기일에 채무를 상환하지 못하는 경우
· 교차채무불이행(cross default)	다른 기관과의 거래에서 발생하는 채무불이행으로 신용도가 하락하는 경우
· 기한의 이익상실(obligation acceleration)	부도 등으로 만기 이전에 채무를 상환하여야 할 의무가 발생하는 경우
· 모라토리엄(moratorium, repudiation)	국가의 지급정지 선언
· 채무재조정(restructuring)	채권자와 채무자 사이에 채무원금, 이자, 지급시기 등이 재조정되는 경우
· 신용등급하락(downgrade)	특정 수준 아래로 신용등급이 하락하는 경우

4. 표준화와 빅뱅 프로토콜

미국시장의 서브프라임 모기지(subprime mortgage) 사태로 촉발된 2008년의 세계금융위기 이후 장외파생상품의 거래방법과 규제에 큰 변화가 발생하였다. 특히 신용파생상품의 과도한 이용이 AIG와 리만 브라더스 등 주요 금융기관의 파산원인으로 지목되면서 신용파생상품 거래에서 투기적인 거래를 제한하고 거래상대방위험에 대한 체계적인 관리를 통하여 금융위기의 재발을 막을 제도적인 장치를 강구해야 한다는 요구가 크게 대두되었다. 이런 노력의 일환으로 미국은 Dodd-Frank 법을 통해 유럽은 EMIR (European Market Infrastructure Regulation)을 통해 장외파생상품 거래에서 투기거래를 제한하고 거래를 표준화하며 중앙청산소(central counterparty: CCP)를 이용한 청산 및 결제를 통해 거래상대방위험을 체계적으로

4) ISDA Credit Derivatives Definitions(1999, 2001, 2003, 2014, 2019).

관리하도록 규제를 강화하고 있다.

국제스왑 · 파생상품협회(ISDA)는 1992년 이후 표준계약서(Master Agreement) 제정을 통해 신용파생상품 거래의 표준화를 지속적으로 추진하여 왔으며, 2009년 4월에 가장 대표적인 신용파생상품인 신용부도스왑(CDS)에 대한 새로운 거래 프로토콜을 제정하여 CDS 거래에 큰 변화를 가져왔다. 이는 빅뱅 프로토콜(Big Bang Protocol)로 불리는데 그 목적은 CDS 계약의 표준화를 더욱 높임으로써 거래의 투명성과 대체가능성, 유동성을 높여 법적 분쟁의 소지를 줄이고 시장의 효율성을 제고하는 것이다. 주요내용으로는 부도채권의 회수율에 대한 공정하고 신속한 결정을 위해 경매기반결제(auction-based settlement)를 도입하고, 신용사건 발생여부를 판정위원회(Determination Committees)를 설립하여 판단하고, 헤지의 효율성을 높이기 위해 CDS계약으로 보호받는 유효기간에 대한 새로운 조항을 신설하고, CDS계약에 고정 쿠폰을 도입하고 계약의 호가는 선불포인트(points upfront 또는 upfront payments)에 의해 이루어지도록 한 것 등이다(ISDA의 표준 CDS 계약에 대해서는 제2장의 제2절 신용부도스왑에서 살펴본다). 또 북미지역의 기업에 대한 CDS계약에서는 적용가능한 신용사건으로부터 채무재조정(restructuring)를 제외하도록 하였다.[5] 한편, ISDA는 지역에 따른 거래관습과 법률적인 차이를 방영하여 2009년 7월 유럽 지역의 CDS 거래에 적용될 새로운 거래 프로토콜을 제정하여 발표하였다. 이는 스몰뱅 프로토콜(Small Bang Protocol)로 불리며 앞서의 빅뱅 프로토콜과 유사한 내용을 담고 있으나, 고정 스프레드의 종류를 다양화하고 적용가능한 신용사건의 범주에 채무재조정을 포함하는 등의 차이를 갖는다.[6]

2014년 9월의 개정에서는 신용사건의 범주에 금융회사가 발행한 준거자산에 대한 정부 주도의 "bail-in"이 발생한 경우와, 정부의 개입이나 채무재조정이 이루어지는 상황에서의 선, 후순위채의 분할 등을 포함하였다.[7]

5) 자세한 것은 Markit, "The CDS Big Bang," 2009 참조.

6) 자세한 것은 Markit, "CDS Small Bang," 2009 참조.

7) ISDA, ISDA Credit Derivative Definitions, Supplements and Commentaries, 2014.

제2절

신용파생상품시장의 성장과 최근 동향

1. 신용파생상품시장의 거래규모

신용파생상품이 거래되기 시작한 것은 1991년 신흥시장(emerging market)의 채권을 다수 보유하고 있던 미국계 대형 투자은행이 주축이 되어 신용위험의 관리수단으로 도입하면서부터이다. 현재와 같은 거래는 1993년 일본 기업에 대한 신용편중도가 심했던 Bankers Trust Company (BTC)에 의해 최초로 정형화된 거래가 체결되었다. 당시 이 회사는 일본 금융기관과 관련된 채권과 파생상품을 지나치게 많이 보유하고 있었으며, 거래 당사자와의 관계 및 추가적인 비용을 고려할 때 대출을 매각하기가 쉽지 않은 상황이었다. 결국 BTC는 신용위험을 줄이기 위하여 상환가치가 특정대출의 부도여부와 연계되어 결정되는 채권을 판매하기 시작했다. 이 채권은 일반적인 채권에 비하여 월등히 높은 프리미엄을 지급하는 대신, 준거자산인 대출이 회수불가능하게 되는 경우 프리미엄은 물론 원금의 상당부분마저 받을 수 없게 되는 구조를 가진 채권이었다.

BTC의 예와 같이 초기에는 금융기관들이 대출 집중화로 인해 증가된 신용위험을 줄이기 위해 신용파생상품을 이용하였으나, 이후에는 위험의 헤지수단으로서 뿐만 아니라 고수익을 얻는 투자수단으로 신용파생상품을 이용하기 시작하면서 그 이용범위가 크게 확대되었다.

〈그림 1-2〉에 가장 대표적인 신용파생상품인 신용부도스왑(credit default

swap: CDS)의[8] 1995년부터 2020년 6월말까지의 매기 말 기준 거래잔액을 2년 간격으로 나타내었다. 국제스왑 · 파생상품협회(ISDA)와 국제결제은행(BIS)의 자료에 의하면 전세계 신용부도스왑의 거래는 1995년 말에는 거래잔액이 500억 달러수준에 머물렀으나 2007년 말에는 약 58조 달러에 달해 100배 이상 성장하였다. 그러나 2008년 미국시장의 서브프라임 모기지(subprime mortgage) 사태로 촉발된 세계금융위기의 중요원인으로 신용파생상품의 과도한 이용이 지목되면서 거래가 위축되고 중앙청산소(CCP)를 통한 청산과정에서의 거래압축(trade compression)의 결과 2020년 6월말 현재 거래잔액은 약 9조 달러에 머물고 있다.[9]

[그림 1-2] 신용파생상품시장의 성장 (명목원금 기말잔액 기준, 단위: 십억달러)

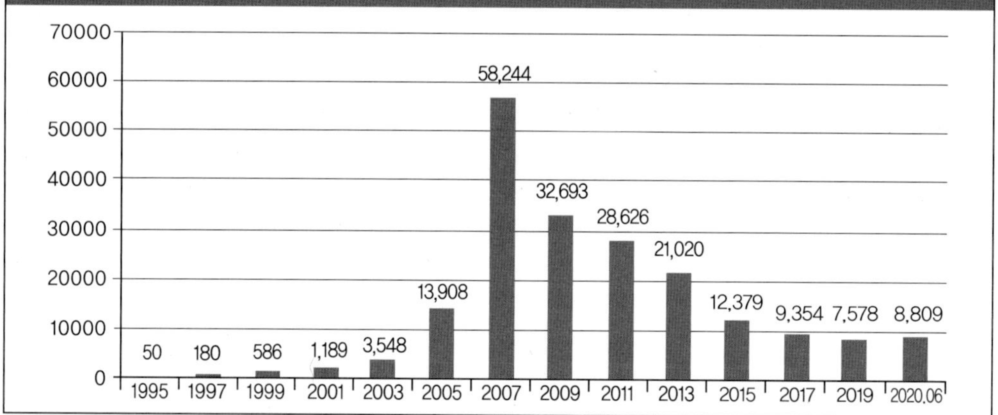

자료: ISDA & BIS. 2020년은 6월말 기준임.

---

8) 이 책에서는 CDS를 신용부도스왑 또는 신용디폴트스왑으로 혼용하여 사용한다.

9) 2008년 세계금융위기 이후 CDS 시장의 거래방식과 명목금액 잔량이 크게 바뀌었다. CDS 거래는 빅뱅 프로토콜로 표준화되고 전산화 되었으며 중앙청산소(CCP)에서 청산하는 비중이 크게 높아졌다. CDS 거래를 종료하는 데에는 보통 두 가지 방법이 사용된다. 하나는 보유포지션과 반대거래를 하여 상쇄시키는 방법이며, 다른 하나는 거래상대방과 협의하여 조기종료(early termination)하는 것이다. 2008년 금융위기 이전에는 포지션 정리를 위해 대체로 반대포지션을 새로 구축하는 방식으로 처리하였기 때문에 CDS의 명목금액 잔량이 늘어나는 결과를 초래했다. 이후 〈그림 1-2〉에서 보는 것처럼 CDS 명목금액 잔량이 크게 줄었지만 이는 거래량의 감소에 기인하기 보다는 거래압축(trade compression)과 CCP를 통한 상계 처리의 결과라 할 수 있다. 거래압축과 CCP를 통한 상계처리는 경개(novation)를 통해 이루어진다. 경개란 원래의 거래를 새로운 거래로 바꾸는 것을 말하며, CCP 경개(CCP novation)는 원 거래의 거래상대방을 새로운 거래상대방 즉 CCP로 바꾸어 새로운 거래를 만드는 것이다. 효율적인 상계처리를 위해서는 개별 CDS 거래의 표준화가 필요한데, ISDA는 2009년 빅뱅 프로토콜을 제정하여 개별 CDS에 대해서도 CDS 지수에 필적할 정도로 표준화 수준을 높였다. 표준화를 통해 비슷한 CDS 거래는 서로 상쇄시키기가 용이해졌으며, 거래를 상쇄시키는 것을 거래압축이라고 한다. 거래압축은 거래상대방위험을 줄이는 효과가 있다.

〈그림 1-2〉에서 보는 것과 같은 신용파생상품 거래의 증가는 금융기관의 신용위험 관리, 투자자들의 고수익 추구와 함께 ISDA의 표준계약서 도입 등으로 신용파생상품 거래가 보다 용이해지고, 엄격한 신용위험의 측정과 이에 따른 규제자본의 적립을 요구하는 바젤협약과 같은 감독규정의 시행 등에서 그 이유를 찾을 수 있다.

2. 신용파생상품 유형별 거래비중과 시장참가자

다음의 〈표 1-2〉에 세계금융위기가 발생한 2008년부터 최근까지의 CDS 거래에서 각 유형별 상품이 전체거래에서 차지하는 규모와 비중을 정리하였다. 표에서 Single-name CDS는 준거자산의 수가 하나인 상품을 말하며, Multi-name CDS는 다수의 준거자산을 기초로 하는 상품을 말한다. CDS Index(신용부도스왑지수)는 Multi-name CDS 중 CDS 포트폴리오에 대해 구성된 지수를 기초로 하는 상품을 말한다.[10] 개별 CDS상품과 달리 CDS Index 상품은 완전히 표준화된 상품으로 유동성이 높고 거래비용이 낮으며, 중앙청산소에 청산되는 비중이 매우 높다는 특징을 갖는다(이에 대해서는 뒤에서 보다 자세히 설명한다).

〈표 1-2〉에서 보는 것처럼 전체 신용부도스왑의 거래에서 개별 준거자산을 기초로 하는 CDS의 비중이 전체의 약 41~67%를 차지하며, 다수의 준거자산을 기초로 하는 CDS의 비중이 33~59%를 차지한다. 최근으로 올수록 개별 CDS의 비중이 점차 낮아지는 추세를 보이며 Multi-name CDS, 특히 CDS Index의 비중이 크게 증가하여 2020년 6월 말 기준 약 55%를 차지한다. 이는 최근 들어 신용파생상품시장에 참여하는 투자자들의 거래행태가 개별 CDS를 통한 신용위험의 헤지(hedge)에서 유동성이 풍부한 CDS Index 거래를 통한 매매(trading) 중심으로 거래의 패턴이 변화하고 있음을 보여주는 것이다.

---

10) CDS 지수는 크게 iTraxx 계열과 CDX 계열로 구분되며 모두 Markit Group Limited에서 관리한다. iTraxx 계열은 아시아와 유럽 지역의 기업에 대한 CDS 지수이며, CDX 계열은 북미 지역의 기업에 대한 CDS 지수이다. ABX는 자산유동화증권에 대한 CDS 지수이다.

[표 1-2] 신용파생상품별 거래규모와 비중 (명목원금 기말잔액기준, 단위: 십억달러)

구분		2008	2010	2012	2014	2016	2018	2019	2020.06
Single-name CDS		25,740	18,145	14,309	9,109	5,635	3,952	3,480	3,617
		(62)	(61)	(57)	(56)	(57)	(49)	(46)	(41)
Multi-name CDS		16,143	11,753	10,760	7,398	4,295	4,188	4,098	5,192
		(39)	(39)	(43)	(44)	(43)	(51)	(54)	(59)
합계		41,883	29,898	25,069	16,507	9,931	8,141	7,578	8,809
		(100)	(100)	(100)	(100)	(100)	(100)	(100)	(100)
CDS Index		–	7,476	9,663	6,747	3,840	3,900	3,803	4,806
			(25)	(39)	(41)	(39)	(48)	(50)	(55)

자료 : BIS OTC derivatives statistics(2008~2020). 괄호안의 수치는 합계에서 차지하는 비중임.

신용파생상품시장의 주요 참여자는 은행과 중앙청산소(CCP), 보험회사, 그리고 헤지펀드 등이다. 은행은 전통적으로 신용파생상품시장에서 가장 비중이 큰 보장매입자이며 동시에 보장매도자로 역할을 하여왔다. 과거에 상업은행(commercial banks)은 보유하고 있는 대출과 채권의 신용위험을 관리하는 수단으로 신용파생상품을 매입하고 투자은행(investment banks)은 위험을 부담하고 그 대가를 얻는 수단으로 신용파생상품을 매도하는 거래를 주로 하여왔다. 한편 2008년 세계금융위기 이후 장외파생상품 거래의 표준화가 빠르게 진행되고, 표준화된 장외파생상품의 청산은 중앙청산소(CCP)를 통해서 이루어져야 한다는 규제강화가 이루어지면서 중앙청산소가 신용파생상품의 매입과 매도에서 차지하는 비중이 크게 증가하여 2020년 6월 말 기준으로 전체거래의 약 80%를 차지하고 있다. 또 사모펀드(private equity)와 헤지펀드(hedge fund)가 자본시장에서 차지하는 비중이 커지면서 이들이 신용파생상품시장에서 차지하는 비중이 최근 들어 크게 증가하고 있으며, 상대적으로 보험회사가 차지하는 비중은 줄고 있다.[11)]

11) 국내시장의 경우 2019년 말 기준 신용파생상품의 거래잔액은 명목원금 기준으로 약 81조원으로 전체 장외파생상품 거래규모 1경435조원의 0.078% 수준으로 매우 작은 규모이다. 신용파생상품 거래 중 CDS 거래규모는 약 68조원으로 80% 이상을 차지한다(자료: 금융감독원).

3. CDS Index와 중앙청산소

최근 발생한 신용파생상품시장의 큰 변화는 신용파생상품지수를 기초로 하는 상품과 구조화상품의 거래가 크게 증가하고 중앙청산소를 통한 거래의 청산과 결제가 표준적인 방법으로 자리매김하고 있다는 점이다. 다음에서는 이들에 대하여 간략히 살펴본다.

1) 신용부도스왑지수(CDS Index)

최근 들어 개별신용부도스왑(single-name CDS)들의 포트폴리오인 신용부도스왑지수(CDS Index)를 준거자산으로 하는 상품의 거래가 크게 늘고 있다. 앞서 〈표 1-2〉에서 살펴본 것처럼 2020년 6월 말 기준으로 CDS Index 상품의 비중은 전체 CDS 거래에서 약 55%를 차지하고 있다. 신용부도스왑지수는 대표적인 신용파생상품 지수로[12] 개별 CDS들로 구성된 신용위험포트폴리오의 평균가격수준 즉, 시장의 평균적인 신용위험수준을 나타낸다.

신용부도스왑지수는 지수를 구성하는 개별 CDS의 준거자산(준거기업)이 속한 지역 또는 신용등급에 따라 지수를 구분할 수 있는데 보통 지역별로는 북미지역, 유럽지역, 신흥시장(emerging market) 지수로, 신용등급에 따라서는 투자등급지수와 하이일드지수로 구분한다. 투자자는 특정지역(또는 특정등급)에 대한 CDS 지수를 기초로 하는 상품을 매입하거나 매도함으로써 해당지역(또는 해당등급)의 신용위험을 관리할 수 있다. 또한 지수 상품은 표준화 과정을 거쳐 구성된 상품이므로 개별 CDS를 거래하는 것에 비해 거래가 용이하고 매매스프레드(bid-ask spread)가 적게 소요된다. 이는 특정 준거자산 포트폴리오의 신용위험을 관리하기 위하여 각 준거자산에 대한 개별 CDS를 거래하는 것에 비해 CDS Index를 거래하는 것이 훨씬 용이하며 비용이 적게 든다는 것을 의미한다. 이런 이점으로 인해 CDS Index는 CDS 시장의 유동성과 투명성을 제고하는데 크게 기여하였으며, 장외거래 중심으로 이루어지던 CDS 시장에 표준화된 거래기반을 제공함으로써 장내거래를 가능하게

---

12) 신용파생상품지수의 초기의 형태로 Morgan Stanley가 2001년 10월에 출시한 북미지역 35개 투자등급 채권 포트폴리오로 구성한 Tracer와, 2002년 4월 발표된 개별CDS들로 구성된 Synthetic Tracer 등을 들 수 있다. 이후 J. P. Morgan은 2001년 11월 미국의 하이일드채권 지수인 Hydi, 2002년 3월에 유럽투자등급채권 지수인 Jeci를 발표하였다. 자세한 내용은 남길남외(2008), p. 81 참조.

하는 계기가 되었다.[13)]

2) CDS Index의 발전과 종류

Morgan Stanley와 J. P. Morgan을 중심으로 한 초기 신용파생상품지수의 도입 이후 양 사의 경쟁과 새로운 지수에 대한 시장참여자들의 요구로 다양한 상품의 개발이 가속화되었다. 가장 인기있는 CDS 지수 계열은 북미 및 신흥 시장을 포함하는 Markit CDX 지수와 유럽, 호주, 일본 및 아시아를 포함하는 IIC(International Index Company)의 iTraxx 지수이다. Markit CDX 지수 상품에는 북미지역 투자등급 CDX 지수 (CDX.NA.IG), 북미 고수익 CDX 지수 (CDX.NA.HY) 및 CDX 신흥시장지수 (CDX.EM) 등이 대표적이다. iTraxx 지수 상품에는 iTraxx Europe 지수와 iTraxx Crossover 지수가 대표적이다.[14)] CDX와 iTraxx는 각 지역을 대표하는 지수로 자리매김하였으며 유동성을 크게 증가시키는 계기가 되었다. iTraxx는 효과적인 지수관리를 위해 IIC라는 지수관리회사를 설립하였으며, CDX는 "CDS IndexCo LLC"를 구성하여 지수관리를 대행하였다. 이후 2007년 11월과 12월에 양대 지수의 가격정보를 제공하는 권한을 갖고 있던 Markit(Markit Group Limited)이 두 회사를 인수함으로써 iTraxx와 CDX는 모두 동일한 회사에 의해 소유되고 관리되게 되었다.[15)] iTraxx와 CDX의 성공은 새로운 신용파생상품지수의 개발을 촉진하여 자산유동화증권을 준거자산으로 하는 CDS 지수인 ABX와 대출포트폴리오의 CDS 지수인 LCDX 등이 발표되어 거래되고 있다. 다음의 〈표 1-3〉는 주요 신용파생상품지수의 특징을 간략히 소개하고 있다.

---

13) 김경무외(2007), p.41 참조.

14) 2018년 기준 Markit CDX 및 Markit iTraxx 지수에 대한 상품의 일일 거래량은 평균 약 380 억 달러에 달하고 있다.

15) 2007년 3월에는 유럽최대의 파생상품거래소인 Eurex가 iTraxx에 대한 선물을 상장하여 세계 최초로 신용파생상품지수에 대한 장내 파생상품을 거래하기 시작하였으며, 이후 2007년 6월부터는 미국의 CME, CBOT, CBOE에서도 북미지역의 투자등급 채권에 대한 신용부도스왑 지수인 CDX에 대한 장내 파생상품을 거래하기 시작하였다. 그러나 이들 CDS 지수에 대한 장내 파생상품은 거래부진으로 대부분 상장 폐지되었으며, CDS 지수 관련 장외상품의 거래가 증가하고 있다. 이는 신용파생상품의 표준화노력과 장외파생상품 중앙청산소(CCP)의 역할이 크게 제고된 데에서 그 이유를 찾을 수 있다.

[표 1-3] 주요 CDS Index의 특성

지수	iTraxx	CDX	ABX
지수구성종목	유럽, 아시아, 호주, 아프리카, 남미 기업에 대한 CDS	북미지역과 신흥시장 기업에 대한 CDS	자산유동화증권에 대한 CDS
지수산출방법	개별 CDS 가격의 산술평균	개별 CDS 가격의 산술평균	개별 CDS 가격의 산술평균
종목업데이트일	3/20, 9/20	3/20, 9/20	1/19, 7/19
주요 하부지수	iTraxx Europe iTraxx Europe HiVol iTraxx Crossover iTraxx Australia iTraxx Asia ex-Japan iTraxx Japan	CDX.NA.IG CDX.NA.XO CDX.NA.HY CDX.EM CDX.EM.Diversified	ABX.HE-AAA ABX.HE-AA ABX.HE-A ABX.HE-BBB

자료: IHS Markit 웹사이트 (https://ihsmarkit.com/products/markit-cdx.html).

한편, KOSPI 200과 같은 주가지수는 구성종목이 주기적으로 변경되어 지수가 영구적으로 유지되는 특성을 갖지만, CDS 지수는 구성종목이 고정되어 있고 또 각 종목이 정해진 만기를 갖는다는 차이가 있다. 따라서 CDS 지수 역시 일정한 만기(보통 3~10년)를 가지며, 또 CDS 지수는 주기적으로(보통 연 2회) 구성종목을 업데이트한 새로운 시리즈가 발표된다. 새로운 시리즈는 CDS 시장의 변화를 적절하게 반영하기 위하여 발표되며 거래가 가능한 CDS 지수의 만기를 다양하게 유지시키고 유동성을 제고시키는 역할을 하게 된다. 새로운 CDS 지수가 출시되더라도 기존의 CDS 지수는 만기까지 계속 거래된다.

3) 개별 CDS, CDS Index, Index Tranche CDS

신용부도스왑지수를 기초로 하는 CDS를 매입한 보장매입자는 지수를 구성하는 개별 CDS 준거자산의 채무불이행에 대해 보험효과를 얻고 그 대가로 보장매도자에게 분기별로 일정한 프리미엄을 지불한다. 개별 CDS에서와 마찬가지로 채무불이행의 경우 보장매도자는 액면가와 경매에서 결정된 회수액의 차이를 매입자에게 지불한다.

지수를 구성하는 개별 CDS들은 지수가 시장에 출시 될 때 결정된다. 지수를 구성하는 개별 CDS들 중 어느 하나라도 신용사건이 발생하지 않는 한 지수구성은 만기동안 변경되지 않고 유지된다. 이 경우 각 개별 CDS는 해당상품의 만기일에 대체되는 것 없이 포트폴리오 구성에서 빠지고 별도로 정산된다. 지수를 구성하는 개별 CDS에 신용사건이 발생한 경우 보장매도자는 해당 CDS의 명목원금과 지수를 구성하는 가중치에 기초하여 보장매입자에게 채무 불이행에 따른 손실을 지불한다. 이후 신용사건이 발생한 CDS가 제거된 새 버전의 지수가 발표되며, CDS Index 상품은 축소된 명목원금으로 만기동안 계속된다.[16)]

한편, CDS 지수에 대한 특정 트랜치(tranche)를 거래함으로써 지수의 손실분포 중 특정부분에 대한 신용위험 노출을 거래하는 것이 가능한다. 트랜치는 손실분포에 대한 최소손실수준(attachment)과 최대손실수준(detachment)을 지정하여 구성한다. 예를 들어 최소손실수준이 0%이고 최대손실수준이 5%인 Equity Tranche는 지수의 손실분포에서 처음 5%의 손실을 흡수한다. 신용사건이 발생하면 줄어든 명목원금을 기반으로 새로운 최대손실수준이 계산되어 트랜치가 재조정된다.

[그림 1-3]은 CDX.NA.HY를 예로 하여 지수를 구성하는 개별 계약과 지수에 대한 트랜치 계약 간의 관계를 설명하고 있다. 예에서 CDX.NA.HY는 높은 등급을 가진 100 개의 북미지역 법인을 포함하고 있으며, 다음과 같은 다섯 가지의 트랜치가 있다.

- 지분(equity): 손실의 처음 10%를 흡수한다.
- 주니어 메자닌: 다음 5%의 손실을 흡수한다.
- 시니어 메자닌: 다음 10%의 손실을 흡수한다.
- 주니어-시니어: 다음 10%의 손실을 흡수한다.
- 슈퍼-시니어: 마지막 65%의 손실을 흡수한다.

16) CDS Index의 내재가치는 개별 CDS의 베이시스포인트가치(BPV)를 듀레이션으로 가중평균한 값으로 평가되며, 이론적으로는 이 가격에 거래되어야 한다. 그러나 현실적으로는 CDS Index의 시장가격은 공급과 수요에 의해 결정되며 종종 내재 가치와 시장가격 사이에 괴리가 발생한다. 이러한 괴리는 해당 CDS에 대한 유동성 위험의 척도로 이용된다.

[그림 1-3] 개별 CDS, CDS Index, Index Tranche CDS의 관계

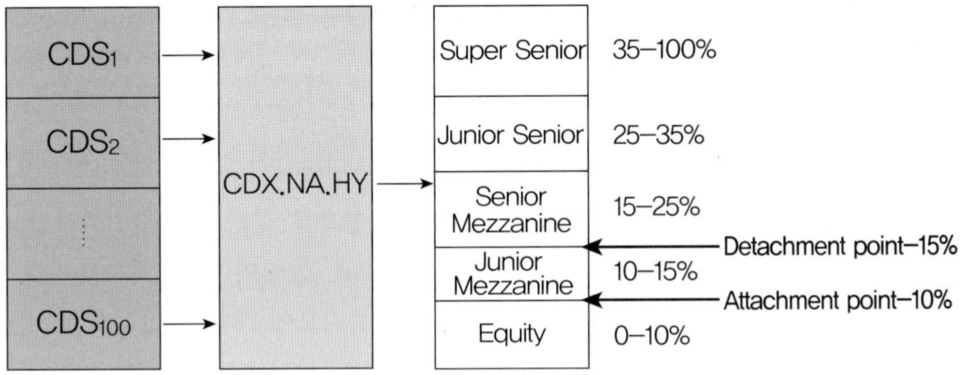

명목원금이 1천만 달러인 Equity Tranche에 대한 보장을 구입하는 투자자를 생각해보자. 지수를 구성하는 한 계약의 준거자산에 부도가 발생하고 부도시손실률(LGD)이 35%인 경우 보장매도자가 지불할 금액은 다음과 같다.

지급액 = (명목원금 × LGD × 가중치) / 트랜치 크기
= ($10,000,000 × 0.35 × 0.01) / 0.1 = $ 350,000.

이후 Equity 트랜치는 35%의 LGD를 반영하여(명목원금의 9.65%는 Equity 트랜치에 남아 있다) 줄어든 명목원금에 대해 조정된다. 즉, 남아있는 지수 구성 계약들을 대상으로 새로운 최대손실수준을 조정해야 한다. 0.99의 계수를 사용하면 새로운 거래에 적용될 Equity Tranche는 0 – 9.9% 트랜치가 된다. 다른 트랜치들의 경우 명목원금은 영향을 받지 않았지만 Equity Tranche의 손실흡수한도가 줄어듦으로써 추가 손실로부터 보호받을 수 있는 쿠션이 더 작아지게 된다.

4) 구조화신용파생상품[17)]

신용부도스왑지수를 이용하여 다양한 구조화상품(structured credit derivatives)을 개발할 수 있다. 대표적으로 “Credit CPPI(constant proportion portfolio insurance)"와 "CPDO(constant proportion devt obligation)"에 대해 간략히 설명한다.

Credit CPPI는 원금은 보장되어 있으나 이자는 위험자산 포트폴리오의 운용성과에 따라 결정되는 구조화 채권이다. 보통 안전자산으로 구성되는 무위험자산 포트폴리오의 현금흐름으로 채권의 원금상환에 대비하고, 동시에 CDS 지수를 준거자산으로 하는 CDS계약으로 구성되는 위험자산 포트폴리오에 대한 레버리지 투자를 통하여 추가수익을 창출하는 구조로 이루어진다. ABN AMRO는 2003년 11월 포트폴리오 보험전략으로 이용되던 CPPI 전략에 신용부도스왑지수를 준거자산으로 하는 CDS계약을 결합한 Credit CPPI 상품인 Dynamic Participation Note를 발행하였으며, 이를 효시로 이후 다양한 종류의 상품이 개발되었다.

CPDO는 Credit CPPI의 변형으로 별도의 원금보장구조를 설계하지 않고 위험자산 포트폴리오의 운용성과에 따라 레버리지를 조정함으로써 동태적으로 프토폴리오를 관리하는 구조를 갖는 상품을 발한다. 2006년 ABN AMRO가 처음 발행한 이후 폭발적인 인기를 끌었던 상품이나 2007년, 2008년의 서브프라임모기지 사태 이후 신용위기가 확산됨에 따라 CPDO는 다른 구조화신용파생상품과 함께 큰 손실을 입게 되고 거래가 크게 위축되는 결과를 가져왔다.

5) 중앙청산소

역사적으로 볼 때 신용파생상품은 대부분 두 거래 당사자 간에 맺어지는 계약으로 장외파생상품의 형태로 거래되어 왔다. 장외거래는 계약의 일방이 계약이행의 의무를 다하지 않을 거래상대방위험(counterparty risk)을 발생시킨다. 2008년 세계금융위기 이후 이러한 위험을 줄이기 위한 노력으로 장외파생상품 거래에 중앙청산소가 전세계적으로 도입되고 있으며, 도드-프랭크 법과 EMIR 등의 규제를 통해 각국의 감독당국은 신용파생상품을 포함한 장외파생상품 거레의 투명성을 높이고 위험을

17) 보다 자세한 내용은 남길남(2008), pp. 90 –98 참조.

줄이기 위해 중앙청산소를 통한 청산과 결제를 유도하고 있다.

중앙청산소(central counterparty: CCP)란 표준화된 장외파생상품의 각 거래자에 대하여 거래상대방의 역할을 수행하면서, 청산과 결제 업무를 수행하는 기관을 말한다. 다음의 〈그림 1-4〉는 장외파생상품 거래에서 중앙청산소의 역할을 보여준다.

[그림 1-4] 장외파생상품 거래에서 중앙청산소(CCP)의 역할

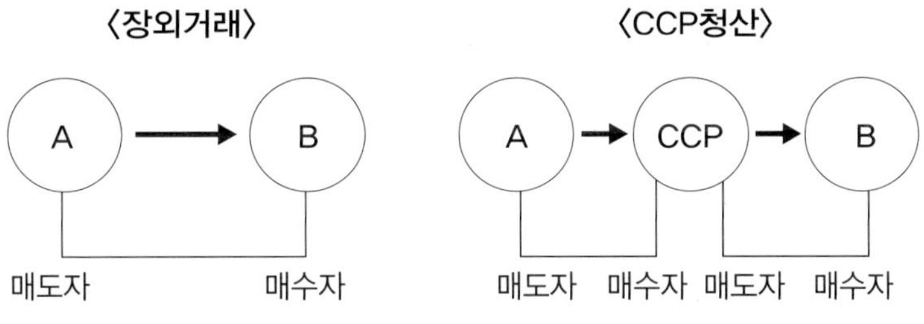

그림에서 보는 것처럼 CCP가 청산과 결제를 담당하게 되는 경우 장외파생상품의 각 거래자가 파산할 경우에도 보증기관인 중앙청산소가 거래상대방이 되어 대신 거래를 이행하게 되므로 거래참가자는 거래상대방의 신용위험에 관계없이 거래에 참가할 수 있다. 청산소의 회원들(members)은 특정 회원이 계약이행을 하지 못하게 되는 경우에 그 비용을 배분하여 부담한다. 또 CCP가 없다면 모든 거래에 대해 건마다 결제를 해야 되나 CCP가 거래상대방이 되는 경우 여러 건의 거래에 대하여 줄 돈과 받을 돈을 차감해 한 번만 결제하면 되므로 거래비용을 줄일 수 있으며, 효율적인 시스템 부재로부터 오는 운영위험을 줄이고 나아가 거래자격, 포지션과 증거금 관리 등의 관리자 역할을 수행하게 됨으로써 시장의 효율성과 안정성을 높일 수 있다.

보장매도자와 보장매입자 사이의 양자 거래(bilateral)인 CDS가 CCP를 통하면 보장매도자와 CCP사이의 거래와 보장매입자와 CCP사이의 거래로 분리된다(그림 참조). 하나의 CDS 거래가 두 개의 CDS 거래로 나누어지므로 겉보기에는 거래금액이 두 배로 늘어난 듯이 보이지만 상계처리를 통해 실제로는 크게 줄어든다. 물론 효율적인 상계처리를 위해 CDS 계약의 표준화는 필수적이다. 상계처리를 통해 거래상대

방 위험은 크게 줄어들지만 모든 CDS 거래의 거래상대방이 CCP이므로 CCP에 모든 거래의 위험이 집중되게 된다. 따라서 CCP는 강력한 위험관리능력을 보유해야 하며, 청산회원이 부도가 날 경우 CCP가 그 손실을 흡수하여 다른 회원에게 전파되지 않도록 해야 한다. 이를 위해 마진 콜 제도, 보증기금, 그리고 자체보유자산을 이용하게 된다. 그리고 거래에 대한 모든 자료가 모이게 되므로 이를 모니터링하여 전체적인 위험관리를 하게 된다.

장외거래의 형태로 거래되던 파생상품이 CCP를 통하여 장내파생상품(exchange traded derivatives)과 유사한 청산과 결제 프로세스를 구축하기 위해서는 해당 상품 및 거래 조건을 표준화하는 과정을 거쳐야 한다.[18] CCP에서 취급되는 대표적인 장외파생상품은 이자율파생상품과 FX와 관련된 파생상품, 그리고 신용파생상품 등이다. 특히 신용파생상품의 경우 신용부도스왑지수 관련 상품들이 여러 CCP(대표적으로 ICE Clear Credit, ICE Clear Europe, CME, LCH.Clearnet 등)를 통해 청산 및 결제가 이루어지고 있다.

---

18) 무분별한 신용파생상품의 이용은 2008년 세계금융위기를 가져온 중요원인으로 지목되었으며, 이에 따라 안전하고 투명한 장외파생상품 거래의 필요성이 제기되었고 2009년 9월 피츠버그에서 개최된 G20 정상회의에서 장외파생상품 거래에 대한 국제적 규제를 강화하기로 합의하였다. 합의안의 주요 내용은 표준화된 모든 장외파생상품 거래는 거래소나 전자거래플랫폼에서 이루어져야 하며, CCP를 통해 청산되어야 한다는 것이다. 또한 표준화되지 않은 파생상품을 포함한 모든 장외파생상품 거래는 거래정보저장소(trade repository: TR)에 보고되어야 하며 CCP에서 청산되지 않은 상품은 높은 수준의 자기자본 규제를 적용받는다는 것이다. 미국의 Dodd-Frank 법과 유럽의 EMIR(European Market Infrastructure Regulation)에서도 장외파생상품에 대한 청산 의무를 규정하였다. 현재 CDS거래의 60% 이상이 CCP를 통해 청산되고 있으며 이 비중은 갈수록 증가하고 있다. 우리나라에서도 2014년 6월 30일 이후 금리스왑(IRS) 거래의 청산이 CCP를 통하여 이루어지고 있으며 향후 CCP청산은 NDF, CDS 거래 등으로 확대될 예정이다. 또 장외파생상품거래의 중앙청산소 청산을 유도하고 시스템 리스크를 완화하기 위해 「비청산 장외파생상품거래 증거금 교환제도 가이드라인」를 2017년 3월부터 시행중이다. 이는 중앙청산소에서 청산되지 않는 장외파생상품 거래에 대해 일정 규모 이상의 금융회사는 증거금을 교환하는 제도이다. 변동증거금 교환은 2017. 3. 1.부터 시행중이며 개시증거금 교환은 2021. 9. 1.부터 시행될 예정이다.

제3절

신용파생상품의 유형과 특징

1. 신용파생상품의 유형

신용파생상품은 전통적으로 장외시장에서 거래당사자간에 사적 계약의 형태로 거래가 이루어져왔다. 그러나 2007년 3월 신용부도스왑지수인 iTraxx를 기초자산으로 하는 선물계약이 Eurex에 상장되어 거래되었던 것을 시작으로 다수의 거래소에서 신용부도스왑지수나 개별신용부도스왑에 기초한 선물과 옵션을 개발하여 거래하기 위한 노력을 기울이고 있어 이후 이러한 장내신용파생상품의 개발과 거래가 증가할 것으로 예상된다. 또 구조화(structuring) 기법의 발전에 따라 신용파생상품이 결합된 구조화 신용파생상품(structured credit derivatives)의 거래가 크게 증가하는 등 다양한 복합상품의 개발이 이루어지고 있다.

이러한 변화에도 불구하고 기본적으로 신용파생상품은 거래당사자간의 사적 계약에 의해 이루어지는 장외거래의 형태로 이루어지고 있는 것이 현실이다. 따라서 다양한 신용파생상품을 몇 가지 유형으로 명확하게 구분하는 것은 불가능하나, 개괄적으로 준거자산의 수와 상품의 형태를 기준으로 하여 다음의 〈표 1-3〉과 같이 분류해볼 수 있다.

[표 1-3] 신용파생상품의 대표적인 유형

분류기준	구분	상품유형
준거자산의 수	개별(single-name)	신용부도스왑, 총수익스왑 신용연계채권, 신용부도(스프레드)옵션, 신용선도 등
	다수(multi-name)	Basket CDS, CDS Index, Index Tranche CDS, Basket CLN, 합성 CDO 등
상품의 형태	사적 계약	신용부도스왑, 총수익스왑, CDS Index, 신용부도(스프레드)옵션, 신용선도 등
	증권	신용연계채권, 합성 CDO, CDS Index, 신용파생상품에 대한 선물 등

[표 1-3]에서 보는 것과 같이 신용파생상품은 준거자산의 수에 따라 개별 준거자산의 신용위험을 기초로 하는 신용부도스왑, 총수익스왑, 신용연계채권, 신용부도(스프레드)옵션 등과, 다수의 준거자산으로 구성된 포트폴리오의 신용위험에 기초하는 CDS Index, Basket CLN, 합성 CDO 등으로 구분할 수 있다. 또 상품의 형태를 기준으로 하면 거래당사사간의 사적 계약의 형태인 신용부도스왑, 총수익스왑, 신용부도(스프레드)옵션, CDS Index 등과, 증권의 형태로 거래되는 신용연계증권, 합성 CDO, 그리고 신용파생상품에 대한 선물이나 옵션 등으로 구분할 수 있다.

따라서 상품의 특성을 기준으로 분류하면 신용파생상품의 일반적인 유형은 크게 신용스왑, 신용옵션과 신용선도, 그리고 구조화상품인 신용연계채권과 합성 CDO 등으로 구분해 볼 수 있다. 신용스왑(credit swap)은 신용위험을 헤지하려는 보장매입자가 보장매도자에게 매기(또는 일시에) 일정액의 수수료를 지불하고 사전에 정의한 신용사건의 발생시에(총수익스왑의 경우에는 신용사건의 발생여부에 상관없이) 그 손실을 보상받는 형태이다. 대표적인 상품으로 신용부도스왑과 총수익스왑이 있다. 신용옵션(credit option)은 옵션의 매입자에게 특정한 준거자산을 일정한 행사가격에 일정시점 또는 일정 기간 내에 사거나 팔 수 있는 권한을 부여하는 옵션을 말하며 신용스프레드옵션이 대표적이다. 신용선도(forward credit spread) 또는 신용선도계약은 준거자산의 신용스프레드를 미리 약정한 스프레드에 사거나 팔기로 하는 계약을 말한다. 신용연계채권(credit linked note: CLN)은 신용등급 등과 같이 발행기업의 신용을 나타내는 지표의 변동에 연계하여 이자지불액이나 상환액이 변동되는 채권을 말하며, 합성 CDO는 CDO(collateralized debt obligation)와 신용파생상품의 결합된 복합상품을 말한다.

2. 신용파생상품의 특징

1) 보장매입자의 관점

보장매입자의 관점에서 보면 신용파생상품은 신용위험의 헤지수단, 신용한도 관리 방안, 준거자산의 유동성 부여 수단 등으로 이용된다. 우선 신용파생상품의 가장 큰 특징은 신용위험만을 분리하여 별도로 거래한다는 것이다. 즉 준거자산의 소유권을 유지하면서 준거기업의 파산이나 신용도 하락에 따른 자산가치의 하락 등 신용위험만을 분리하여 효율적으로 관리할 수 있는 수단이 된다. 이와 같은 측면에서 볼 때 신용파생상품은 자산유동화 또는 증권화(securitization)와 반대되는 성격을 갖는 것으로 볼 수 있다. 예를 들어 은행이 증권화를 이용하는 경우 자산이 대차대조표에서 제거되지만 은행은 잔여신용위험을 부담하게 된다. 이에 반해 신용파생상품의 경우에는 자산은 보유하지만 신용위험은 제거된다. 신용파생상품거래에서 매각되는 것은 자산이 아니라 신용위험이다.

신용파생상품은 준거자산에 대한 원채무자와는 관계없이 거래당사자간에 거래가 이루어지기 때문에 거래의 비밀유지가 가능하고, 또한 금융기관이 자발적 혹은 강제적으로 설정한 신용한도가 초과될 경우 신용파생상품을 이용하여 신용한도초과분을 거래상대방에 전가할 수 있어 금융기관의 수익성 제고는 물론 기존고객과의 양호한 관계를 유지하는 유용한 수단으로 이용된다. 예를 들어 A은행이 B기업의 주채권 은행인데 B기업이 일시적인 유동성 위기를 겪고 있다고 가정하자. B기업이 채무상환자금이 일시적으로 부족한 경우 A은행이 지원해주려고 해도 여신한도규정에 묶여 추가대출이 불가능할 수 있다. 이런 경우, A은행은 다른 은행과 B기업에 대한 대출을 준거자산으로 하는 신용파생상품 거래를 통하여 여신노출을 줄일 수 있으며 이를 통해 B기업에 추가대출을 해줄 수 있다.

또한 금융기관이 특정기업의 신용위험에 너무 많이 노출되어 있는 경우 비슷한 신용위험을 갖는 준거자산을 보유한 다른 금융기관과의 스왑거래를 통해 분산투자의 효과를 기대할 수 있으며, 대출채권 등과 같이 유동성이 낮은 준거자산의 경우 신용파생상품을 통해 유동성을 확보할 수 있다.

2) 보장매도자의 관점

보장매도자 또는 보장제공자의 입장에서 보면 대개 신용파생상품 거래에서 발생하는 초기 현금흐름이 정(+)의 값을 가지므로 계약 기간 중에 차익거래의 기회를 가질 수 있으며, 레버리지가 높은 고위험-고수익의 새로운 투자대상이 된다. 또한 대내외적인 제약조건으로 직접대출이 불가능한 기관의 경우 신용파생상품 거래를 통해 실질적으로 대출과 동일한 경제적인 효과를 나타낼 수 있다.

신용파생상품은 신용연계채권이나 합성 CDO 등 일부를 제외하고는 대부분이 부외거래상품(off-balance sheet instrument)이다. 부외거래상품이라는 점은 이를 거래하는 기관이 재무상태표(대차대조표)상에 공시되는 거래를 회피하고 싶어 하는 경우 큰 장점이 될 수 있다. 예를 들어 전통적으로 은행의 대출은 헤지펀드(hedge fund)나 여타 비은행금융기관들이 투자할 만한 자산그룹으로 분류되지 않았었다. 이는 은행 대출을 매입할 경우 이를 관리하는 데 소요되는 노력과 기법을 갖추는 것이 채산성이 없으며, 또 은행대출의 경우 환매시장(Repo market)이 존재하지 않았기 때문이다. 대개의 비은행금융기관들은 환매계약을 통한 보장된 자금조달이 가능하지 않은 상태에서 은행대출을 매입하는 경우에는 그 투자수익률이 별로 매력적이지 못하다고 판단하는 실정이다. 하지만 총수익스왑과 같은 신용파생상품을 이용하여 은행의 대출에 대한 신용위험을 부담하게 되면 스왑에서의 현금흐름을 이용하여 자금조달의 비용을 충당하는 한편 신용위험이 있는 자산의 직접적인 소유권을 스왑 상대방이 보유하기 때문에 신용자산 포트폴리오를 관리하는 부담도 덜 수 있으므로 이렇게 합성된 포지션의 투자수익률은 헤지펀드들에게 매력적인 투자대상이 될 수 있다. 따라서 신용파생상품은 은행대출을 비롯한 다양한 상품들을 자본시장에 노출시킴으로써 신용위험을 분배하는 새로운 통로를 연다고 볼 수 있다.[19)]

---

19) Moorad Choudhry, " Credit Derivatives: An Introduction for Portfolio Managers," Dec. 2000.

3. 일반적인 파생금융상품과의 비교

일반적인 파생금융상품은 환위험과 관련되는 통화선물, 통화옵션, 통화스왑, 선물환 등의 통화관련거래, 이자율위험과 관련되는 이자율선물, 이자율옵션, 이자율스왑, 선도금리계약(forward rate agreement) 등의 이자율관련 거래, 주가위험과 관련되는 주식옵션, 주가지수선물, 주가지수옵션 등의 주식관련거래로 구분할 수 있다. 이러한 환위험, 이자율위험, 주가위험과 같은 위험들은 특정당사자에게 내재된 위험이라기보다는 시장전체에 공통으로 영향을 미치는 시장위험(market risk)이다. 이에 반하여 신용파생상품 거래는 특정 경제주체의 신용위험을 거래대상으로 한다는 점에서 시장위험과 관련된 일반적인 파생금융상품과는 구분된다. 그러나 특정주체가 발행한 채권의 이자율을 기초로 한다든지 또는 특정국가의 환율을 겨냥한 상품들은 이자율이나 환율 등의 시장위험뿐만 아니라 당해 주체의 신용위험 또는 당해 국가의 신용위험과 관련되는 것이어서, 특정 파생상품이 시장위험을 다루기 위한 것이지 아니면 신용위험을 다루기 위한 것인지는 애매한 경우도 많다. 다음에서는 일반적인 파생금융상품과 신용파생상품이 어떤 차이점이 있는지 간단히 살펴본다.

1) 장내거래와 장외거래

앞서 언급한 일반적인 파생상품들은 장내 및 장외에서 각각 거래가 이루어져 왔다. 따라서 환위험, 이자율위험, 주가위험과 관련되는 거래를 하고자 하는 경우 장내파생상품(exchange-traded derivatives)을 이용하여 거래를 할 수도 있고, 장외파생상품(OTC derivatives)을 이용하여 동일한 목적을 달성할 수도 있다. 그러나 대부분의 신용파생상품은 시장전체의 움직임을 대상으로 하기보다는 특정주체의 신용위험에 기초한 상품이므로 이를 장내거래화하기가 쉽지 않다. 따라서 신용부도스왑, 총수익스왑, 신용스프레드옵션 등의 거래는 항상 장외거래로 이루어져 왔다. 다만 신용연계채권이나 신용부도스왑지수에 대한 선물(또는 옵션) 등은 장내에서 거래될 수 있는 장내상품이다.

2) 표준계약서

장외에서 환율, 이자율, 주식 등과 관련된 파생상품을 거래하고자 하는 경우, 일반적으로 Foreign Exchange Committee에서 제공하는 IFEMA(international foreign exchange master agreement)나 ISDA에서 제공하는 표준계약서를 사용한다. 신용파생상품거래 역시 거래의 조건 내지 계약내용을 좀 더 잘 표현하고 거래당사자들의 의사를 좀 더 분명히 하기 위해서 표준계약서를 개발하기 위한 노력이 계속되어 왔다. 계약의 표준화가 이루어지는 경우 이해당사자들이 신용파생상품 거래를 보다 부담 없이 체결할 수 있으므로 거래의 활성화에도 기여한다는 장점이 있다. 이러한 점 때문에 관련 금융기관들이 계약의 표준화에 지속적으로 노력하여 왔고, 1999년 이후 ISDA에서 신용파생상품거래를 위한 표준계약서를 지속적으로 발표하여 오고 있다. 이러한 표준계약서의 사용은 여러 면에서 긍정적인 효과를 가져온다.

첫째, 거래비용을 절감할 수 있다. 표준계약서를 사용하지 않을 경우 신용파생상품 거래시 사용되는 각 용어의 정의나 조건들에 대한 거래당사자간의 별도 합의가 필요하며 이를 위한 논의는 매우 어려울 뿐만 아니라 상당한 시간을 필요로 한다. 특히 신용파생상품거래에 익숙하지 않은 자와 거래하는 경우에는 더욱 그러하다. 표준계약서를 사용함으로써 거래당사자는 거래에 소요되는 시간을 줄일 수 있으며 이로 인하여 변호사보수를 포함한 법률비용을 상당히 절약할 수 있다.

둘째, 거래의 투명성을 높여 준다. 다른 파생상품과 비교하여 볼 때, 신용파생상품거래는 거래실무에서 사용된 지가 얼마 되지 않았고 거래당사자가 아닌 제3자의 신용사건과 밀접한 관련이 있는데다가 거래당사자간의 정보의 비대칭성으로 인해 다른 어떤 거래보다도 소송에 휘말릴 가능성이 높다. 표준계약서를 사용한다고 하여 이러한 가능성을 완전히 없애지는 못하나, 표준계약서를 사용하지 않는 경우에 비하여는 훨씬 더 거래의 투명성을 확보할 수 있다.

셋째, 유동성을 높여준다. 모든 시장참가자가 단일의 표준계약서를 사용할 경우 신용파생상품거래의 양도 내지 이전이 훨씬 쉬워지게 되는 효과를 얻을 수 있다.

3) 헤징, 투기 및 차익거래

파생상품시장에 참가하는 투자자들은 헤저(hedger), 투기자(speculator), 차익거래자(arbitrageur)로 구분할 수 있다. 헤저는 자신이 부담하고 있는 각종 위험(환위험, 이자율위험, 신용위험 등)에 따른 손실가능성을 예방하기 위하여 파생상품을 거래하는 자를 말하며 기본적으로 준거자산을 보유하고 있거나 보유할 예정인 자가 파생금융거래에 참여하는 경우를 말한다. 한편 투기자는 준거자산의 보유여부와 관계없이 선물의 가격변동을 이용하여 적극적으로 이익을 얻을 목적으로 거래에 참여하는 자를 말하며, 차익거래자는 현물시장과 파생상품시장 간의 가격불균형 내지 가격차이를 이용하여 추가적인 투자자금이나 위험부담 없이 이익을 얻으려는 시장참가자를 말한다. 신용파생상품의 경우에도 마찬가지로 시장참가자들을 이러한 세 분류로 분류할 수 있다.

4) 가격결정

신용파생상품의 경우 대부분 시장위험을 대상으로 하는 것이 아니라 개별 경제주체의 신용위험을 대상으로 한다. 가격결정은 시장위험의 경우 다수의 경제주체의 참여에 의하여 결정되는 것이므로 개별 경제주체의 상황보다는 시장전체의 환경변화에 의존하게 되고, 따라서 이자율이나 환율, 주가 변동 등과 관련된 기존의 파생금융상품들의 가치평가는 시장위험요인들에 대한 예측 · 평가이론을 토대로 많은 이론과 모형들이 개발되어 왔다.

그러나 개별 경제주체의 신용위험은 시장상황과 같은 외생변수에 의해서도 좌우되지만 당해 경제주체의 미래 재무상태에 의해서도 큰 영향을 받는다. 게다가 수많은 경제주체가 각자 안고 있는 재무상황을 일관성 있는 이론으로 논리정연하게 설명하기가 쉽지 않다. 그러다 보니 신용파생상품의 가격이 거래별로 달라지는 특성을 띠고 있어서 일반화된 가격결정이론의 정립 내지 체계화가 한층 더 어려운 실정이다. 따라서 신용파생상품의 가격결정에 대한 많은 논의들은 관련 경제주체의 신용도 저하를 판단하기 위한 경험적 자료들을 토대로 이루어지고 있는 실정이다.

제4절

신용파생상품의 기능

신용파생상품의 주요 경제적 기능을 정리하면 다음과 같다.

1. 신용패러독스의 해결과 신용위험의 헤지

이론적인 관점에서 볼 때 은행의 존립근거는 다양한 차원에서 논의될 수 있지만, 가장 설득력 있는 이론 중의 하나는 은행이 기업에 대해 효율적인 감시기능(monitoring)을 수행한다는 것이다. 즉, 은행은 자금의 수요자와 공급자사이에서 기업에 대한 분석과 평가를 바탕으로 기업 감시활동에 특화한 금융기관이라는 것이다. 기업에 대한 효율적인 감시활동을 수행하기 위해서는 하나 또는 소수의 기업에만 특화하여 대출을 하고 대출기업들에 대해 지속적으로 감시활동을 수행하는 것이 바람직하다. 그러나 은행이 하나 또는 소수의 기업에 특화하여 대출을 할 경우에는 분산투자에 따른 위험의 감소효과를 얻을 수 없게 된다. 즉, 특정한 기업 또는 산업에 대한 위험노출이 심하여 이들이 채무불이행에 처할 경우 큰 위험을 부담하게 된다. 결론적으로 효율적인 감시(efficient monitoring)와 효율적인 위험배분(efficient risk sharing) 간에는 상충(trade-off)관계가 성립한다. 이를 신용패러독스(credit paradox)라고 한다.

이러한 상황에서 신용파생상품은 신용패러독스 문제를 해결할 수 있는 효과적인 수단이다. 특정한 기업에 특화하여 집중적인 대출이 이루어진 경우에도 그 기업의 파산이나 채무불이행과 관련된 위험 즉 신용위험을 분리하여 시장에 전가시킬 수 있게 해 주기 때문이다. 따라서 신용파생상품시장이 존재하는 경우 은행은 신용위험을 적절히 분산시킴과 동시에 고객과의 지속적인 관계를 유지하면서 효율적인 기업 감시활동을 수행할 수 있게 된다.

2. 새로운 금융상품을 통한 고수익 추구

상업은행과는 달리 적정한 위험부담과 이를 통한 고수익을 추구하는 투자은행의 입장에서 볼 때 신용파생상품은 새로운 투자기회인 동시에 사업기회가 된다. 투자은행은 스스로 신용파생상품 거래의 당사자가 되어 위험을 전가하거나 위험을 부담할 수 있다. 신용파생상품과 관련하여 투자은행의 보다 중요한 기능은 신용파생상품 거래당사자 사이에서 상품을 설계하고 딜링(dealing)하는 기능이다. 전문적인 신용파생상품 설계를 통해 보다 다양한 성격의 위험전가자와 위험부담자를 연결할 수 있고 그 과정에서 높은 수수료를 획득할 수 있다. 신용파생상품의 발달에 따라 상업은행의 핵심 업무인 대출채권도 자본시장의 틀 속에서 거래가 가능하게 되었으며, 대출채권 거래가 활성화되고 유동성이 증대됨에 따라 선진 투자은행들은 대출채권을 근거로 한 증권설계(loan-based security design)를 통해 다양한 상품을 개발하고 있다.

3. 신흥시장의 국가위험 관리

신흥시장(emerging market)에 투자할 경우 투자자는 높은 국가위험(country risk), 시장위험 그리고 신용위험에 직면하게 된다. 따라서 높은 국가위험을 갖는 국가의 기업에 투자하기를 원하는 투자자 입장에서는 높은 국가위험과 신용위험이 방해요인이 될 수 있다. 그러나 신용파생상품이 존재하는 경우에는 신용위험만을 분리하여 거래할 수 있으므로 투자자가 원하는 신용위험포지션을 취하는 것이 가능하다. 또한 범세계적 포트폴리오를 구성하는 과정에서 특정한 국가나 기업의 증권이 높은 신용위험을 갖고 있다고 판단될 경우에는 신용파생상품을 통해 이를 헤지할 수 있다.

4. 대출채권의 금융상품화

신용파생상품시장의 활성화로 인해 은행의 고유상품 중의 하나인 대출채권이 장외 또는 장내 시장에서 거래가 가능하게 되었다. 이로 인해 전통적으로 거래가 불가능했던 상품의 거래가 가능해지고 유동성이 없거나 떨어지던 자산이 유동성을 갖는 자산으로 변모하게 되었다. 이는 이론적인 관점에서 볼 때 현실의 자본시장이 완성시장(complete market)에 보다 접근해감을 의미한다. 또한 CDX나 iTraxx와 같은 신용부도스왑지수의 개발과 이에 기초한 파생상품의 개발은 거래당사자간의 사적 계약형태의 신용파생상품이 불특정 다수의 투자자를 대상으로 하는 증권의 형태로 변해감을 의미한다. 신용파생상품은 은행과 자본시장 간에 발생하는 금융혁신의 연쇄적 변동(financial innovation spiral)의 대표적인 예라 할 수 있다.

5. 시장의 효율성 증대

1) 준거자산의 유동성 증대

신용파생상품시장의 활성화는 준거자산의 거래를 활성화하여 그 유동성을 증대시킨다. 헤지거래, 차익거래, 투기거래 등을 통하여 새로운 거래수요를 발생시키고 새로운 시장참여자를 유인할 수 있기 때문이다. 주가지수선물시장의 성장이 개별주식의 유동성을 증대시키는 것과 동일한 논리이다. 또한, 신용파생상품시장의 활성화는 신용파생상품의 가격을 합리적으로 결정할 수 있게 해줌으로써 이와 일정한 관계에 있는 준거자산 가격결정의 효율성을 증대시킨다.

2) 만기의 합성과 수익률곡선의 유도

신용파생상품은 전통적으로 거래가 힘들고 유동성이 떨어지던 대출채권을 준거자산으로 한 다양한 증권설계를 가능하게 한다. 특히 신용파생상품을 통해 원하는 만기를 설계해 낼 수 있다. 예를 들어 삼성전자가 발행한 회사채를 준거자산으로 한 신용파생상품을 생각해 보자. 삼성전자 회사채의 경우 만기의 종류가 제한되어 있으므로 삼성전자의 회사채만으로는 완전한 수익률곡선(yield curve)을 유도해 낼 수 없다. 그러나 삼성전자 회사채를 준거자산으로 하는 신용파생상품시장이 활성화되면 회사채거래가 이루어지지 않는 만기들에 대해서도 수익률을 생성해낼 수 있으며 보다 완전한 형태의 수익률곡선을 얻게 된다.

3) 투자기회집합의 확대

신용파생상품을 활용하면 더 이상 신용노출을 원하지 않는 산업이나 기업에 대해서는 보장매입(위험헤지)을 하고 신용노출을 원하는 산업이나 기업에 대해서는 보장매도(위험부담)를 통해 투자가 가능하다. 이를 통해 금융기관이나 기업은 이전에는 달성이 불가능했던 자신이 원하는 위험-수익구조를 보다 용이하게 달성할 수 있다. 따라서 신용파생상품은 계약당사자들의 투자기회집합(investment opportunity set)을 확장하는 역할을 수행할 수 있다.

4) 시장을 통한 지급보증

신용파생상품 특히 신용부도스왑은 전통적으로 금융기관에 의해 수행되던 지급보증이나 보험의 기능을 수행한다. 즉, 자본시장이 발전함에 따라 금융기관이 수행하던 기능이 자본시장으로 이전되는 것이다. 특히 담보와 지급보증에 의한 대출이 줄고 신용대출의 비중이 크게 증가하는 상황에서 신용파생상품은 전통적인 지급보증이나 보험을 보완 또는 대체하는 수단으로서 유용한 역할을 할 수 있다.

제5절

신용파생상품과 신용위험관리

신용위험은 금융업 전반에 걸친 본질적인 위험이라고 할 수 있다. 그러나 신용위험의 중요성에 비해 이에 대한 관리방법은 최근까지도 낮은 수준에 머물러 온 것이 사실이다. 담보와 보증을 받는 기초적인 관리방법이나 대출기준을 강화하고 분산화와 대출매각 등의 방법을 통해 위험을 줄이거나 헤지하는 것이 전통적으로 사용되어온 관리방법이다. 그러나 신용위험을 없애기 위해 대출채권을 조기회수하거나 대출채권을 매각하는 경우, 이는 신용위험을 없앰과 동시에 그에 따른 수익창출의 기회마저 포기하게 된다. 전통적인 신용위험관리방법에 더해 1990년대를 거쳐 오면서 신용파생상품이 개발되고 이를 이용한 신용위험의 분리거래가 가능해짐으로 인해 보다 효율적인 신용위험의 관리가 이루어지고 있다. 다음에서는 이에 대해 간략히 살펴본다.

1. 전통적인 신용위험관리방법의 한계

앞에서 언급한 두 가지 전통적 신용위험관리방법의 문제점에 대하여 살펴보자.

먼저 대출기준의 강화와 분산화 방법이다. 이 방법은 대출이 이루어지는 시점에서 채무자의 신용도 및 대출자산의 산업별, 지역별, 기관별 집중도 등을 고려하여 대출한도를 조절하며 신용위험을 반영한 대출금리를 정하고, 하나의 거래상대방에게 거액을 대출하는 대신 여러 거래처로 대출을 분산시킴으로써 다각화를 통한 신용위험의 분산을 꾀하는 방법이다. 그러나 현실에서 대부분의 금융기관은 규모의 제약 혹은 영업지역의 제약 등으로 인해 필요한 만큼 충분히 분산된 대출포트폴리오를 구성하기 어려운 경우가 많으며, 금융기관 사이에 이루어지는 대출경쟁의 심화 등 여러 영업상의 이유로 대출대상과 한도를 정하는 것에 제약을 받는 경우가 일반적이다. 또한 일단 대출 시점에서 충분한 검토를 거쳐 대출이 이루어졌다고 하더라도 대출이 실행된 후에 발생하는 예상치 못한 신용위험의 변동에 대해서는 대출금리를 재조정하는 것 외에는 대처할 수 있는 방법이 없다. 대출한도를 줄이는 것은 신규대출을 줄이는 것일 뿐 과거에 이미 제공된 대출에 대한 대처방법은 될 수 없는 것이다.

두 번째는 대출매각과 증권화 방법이다. 이는 대출을 제3자에게 매각함으로써 해당 대출에 대한 신용위험의 부담을 이전시키고자 하는 방법이다. 이 방법은 대출기준의 강화와 분산화와는 달리 대출이 이루어진 이후에 발생하는 신용위험의 변화에 대처가 가능하다는 이점이 있다. 다만 문제는 자산의 매각을 통해서 신용위험을 관리하여야 하는데 있다. 이것은 기존의 신용위험관리방법이 지닌 가장 큰 문제점으로 위험의 관리와 그 위험이 내재되어 있는 자산을 분리할 수 없는데서 출발한다. 신용위험을 관리하기 위해 자산 전체를 매각한다는 것은 매우 비효율적인 방법일 수 있다. 금융기관이 자산을 관리하면서 고려해야하는 요소는 신용위험 이외에도 많은 것이 있다. 금리나 환율위험 뿐만 아니라 자산의 수익률도 고려해야한다. 금융기관의 자산관리는 다양한 차원에서 관리되어져야하고 신용위험도 여러 관리대상 중의 하나인데 신용위험측면에서 목표했던 균형수준에 어긋났다고 해서 자산을 통째로 매각했을 경우 신용위험은 회복될 수 있을지 몰라도 다른 측면에서의 균형은 무너질 수도 있다. 또한 대출 자산을 매각하였을 경우 은행은 이에 관련된 모든 서류와 정보를 양수인에게 인도하여야 한다. 이 또한 은행의 무형자산이라 할 수 있는 것으로 외부유출은 나름의 손실이라 할 수 있으며 고객과의 마찰을 초래할 수 있다.

증권화의 경우에 있어서는 미국의 주택저당증권 또는 자동차 대출과 같이 표준화된 지급조건을 가지고 동질적인 신용위험을 가진 대출채권에 한해 증권화가 용이하게 이루어질 수 있다. 그러나 일반적으로 은행들이 보유하고 있는 상업대출은 지급조건이나 신용위험의 특성을 표준화하는 것이 거의 불가능할 정도로 다양하여 이러한 대출을 대상으로 증권화를 수행하는 것은 쉬운 일이 아니다.

위에서 제시한 전통적인 신용위험관리의 방법들은 기본적으로 거래상대방에 대해 신용을 제공하는 범위에 일정한 제한을 가하여 고객관계를 해치게 되거나, 신용이 제공된 기존의 거래상대방과의 채권 · 채무관계를 제3자에게 이전하기 위하여 복잡한 절차를 거쳐야 하는 불편함을 초래하게 된다. 이러한 부작용을 회피할 수 있는 신용위험관리의 새로운 수단이 신용파생상품이다. 신용파생상품을 통하여 신용위험을 이전하고자 하는 경우에는 신용위험을 발생시키는 주체가 신용파생상품 거래의 한 상대방이 되어야 할 필요가 없으며, 많은 경우에 자신에 대한 신용위험이 신용파생상품의 거래를 통하여 이전 된다는 사실을 알아야 할 이유도 없다. 이러한 비밀성(confidentiality)으로 인하여 금융기관은 중요한 고객관계에 전혀 영향을 주지 않고 신용위험을 적절히 관리해 나갈 수 있다.

2. 신용파생상품을 이용한 신용위험관리

앞서 설명한 전통적인 신용위험관리방법은 신용위험을 축소하기 위해 거래상대방으로부터 직접 신용을 회수하거나 증권화를 통하여 신용자산을 매각한다. 이러한 경우에 금융기관은 신용위험의 부담을 줄이는 대가로 신용자산으로부터 얻을 수 있는 수익을 포기하여야 한다. 그러나 신용파생상품을 이용하는 경우 자산으로부터의 수익창출 기회를 유지하면서 신용위험을 관리할 수 있기 때문에 보다 효율적으로 위험–수익의 관계를 최적화할 수 있다. 특히 금융기관의 경우에는 차입자의 사전 동의를 필요로 하거나 많은 거래비용이 소요되는 대출자산의 매각 없이도 신용위험을 제거할 수 있어 고객과의 기존 거래관계를 유지하면서 신용위험을 관리할 수 있는 이점이 있다. 그 외에도 자산을 그대로 보유함으로서 발생할 수 있는 비용절감 효과와 대외적인 비밀유지의 효과도 있을 수 있다. 또한 영업상의 이유로 대출한도를 조정할 수 없다거나 대출한도 규제를 회피하고자 할 때, 기존 대출의 신용위험을 전가시킴으로써 보다 적극적인 대출 관리에 활용할 수 있다.

일반적으로 금융기관의 도산은 동일 차입자, 특정 산업 또는 지역 등에 신용노출이 집중되어 있는 경우 발생하는 경향이 있는데 신용파생상품은 금융기관의 이러한 고객군에 대한 신용위험의 집중을 완화하거나 분산시킬 수 있는 효율적인 수단을 제공한다. 또한 기업대출 등의 신용위험에 대한 유용한 정보를 제공하여 금융시장의 효율성을 높이고 대출실행 또는 채권인수를 통해 부담하게 되는 신용위험을 유동화할 수 있는 수단을 제공함으로써 전반적인 금융 중개기능의 활성화를 위한 하부구조 확충에 기여한다. 수익성이 높은 대출시장에 접근하기 어려운 투자자에게는 대출시장에 간접적으로 참여할 수 있는 기회를 제공할 뿐만 아니라 자기자금 없이 신용위험만을 부담하는 레버리지효과를 통해 고수익을 겨냥할 수 있는 투자수단을 제공하기도 한다.

그러나 신용파생상품 거래는 위에서 제시한 순기능뿐만 아니라 역기능 또한 존재한다. 신용파생상품을 통하여 신용위험을 전가한 금융기관(보장매입자)은 이전에 비하여 차입자에 대한 사후 감시유인이 저하될 수 있다. 또 복잡하고 다양한 신용파생상품 거래는 일반대중의 금융기관(보장매입자 및 보장매도자)의 재무상태에 대한 평가 등을 어렵게 함으로써 시장의 자율규제기능 및 금융기관에 대한 감독기능을 약화시키는 등 금융시장의 안정을 저해할 수도 있다. 특히 신용파생상품 거래에 대한 내부통제 시스템이 미흡하거나 이해가 부족할 경우에는 과도한 레버리지 부담으로 인해 금융기관의 도산을 가져오고 금융시스템 전체의 안정성을 위협할 수도 있다. 예를 들어 2008년 글로벌 금융위기 당시 오랜 역사를 가진 베어스턴즈(Bear Stearns)와 리만브라더스(Lehman Brothers) 같은 대형 투자은행들이 파산하고 시티그룹(Citi)과 AIG와 같은 대형 금융기관들이 파산의 위험에 처하여 구제금융을 받는 수모를 겪었다. 또 이들과 거래하였던 많은 투자자와 은행, 그리고 기업들이 큰 손실을 입었다. 이러한 사태의 주요 원인으로 신용위험관리의 실패가 거론된다. 즉, 많은 금융기관들이 높은 수익을 기대하고 모기지대출을 기초로 한 합성 CDO 등의 유동화증권에 막대한 투자를 하였는데, 미국의 서브프라임모기지(subprime mortgage) 사태 이후 모기지채권이 부실화되면서 금융기관간에 얽힌 대규모의 신용파생상품거래에서 발생된 손실이 금융시스템 전체의 위기를 불러왔다는 것이다.

연습문제

1. 신용위험과 시장위험의 차이에 대해 설명하라.

2. 신용사건의 의미와 그 종류에 대하여 설명하라.

3. 신용파생상품의 구조와 특징에 관해 설명하라.

4. 신용부도스왑지수에 대해 설명하고 이를 준거자산으로 하는 대표적인 CDS 상품의 종류에 대해 설명하라.

5. 중앙청산소(CCP)의 역할에 대해 설명하라.

6. 신용파생상품의 기능에 대해 설명하라.

7. 전통적인 신용위험관리방법과 전통적인 신용위험관리방법이 가지고 있는 한계에 대해 설명하라.

8. 신용파생상품을 이용한 신용위험관리 방법이 갖는 유용성에 대해 설명하라.

해답

1~8. 본문내용 참조.

참고문헌

[국내문헌]

- 금융감독원, “금융회사 장외파생상품 거래현황,” 2018~2019.
- 금융투자협회, 장외파생상품 시장동향 보고서, 2010~2013.
- 김경무 · 양정용 · 정연수, “신용파생상품의 구조와 리스크분석,” 새로운 제안, 2007.
- 김형태, 이준희, “신용파생상품에 관한 연구”, 한국증권연구원, 2000.
- 남길남 · 이석형 · 주윤신, “세계 신용파생상품시장의 혁신과 시사점,” 한국증권연구원, 2008.
- 한국은행, “신용파생상품시장의 활성화방안”, 2002

[국외문헌]

- Anthony Saunders and Marcia Milon Cornett, Financial Institutions Management: A Risk Management Approach 9th ed., McGraw-Hill Education, 2018.
- BIS, OTC Derivatives Statistics, 2007~2020.
- George Chaplin, Credit Derivatives, John Wiley & Sons, 2005.
- George Chako, Anders Sjoman, Hiderto Motohashe, and Vincent Dessain, Credit Derivatives, Wharton Scool Publishing, 2006.
- Geoff Chaplin, Credit Derivatives: Trading, Investing, and Risk Management, Wiley Finance, 2010.
- ISDA, ISDA Credit Derivative Definitions, Supplements and Commentaries, 1999~2019.
- Markit, “The CDS Big Bang,” 2009.
- Markit, “CDS Small Bang,” 2009.
- Moorad Choudhry, "Credit Derivatives: An Introduction for Portfolio Managers," MCAssociates, Dec. 2000.

- Nina Boyarchenjo, Anna M. Costella, and Or Shacher, "The Long and Short of It: The Post-Crisis Corporate CDS Market," Economic Policy Review 26(3), June 2020.
- Satyajit Das, Credit Derivatives and Credit Linked Notes, Wiley Frontiers in Finance, 2000.
- Satyajit Das, Credit Derivatives: CDOs and Structured Credit Products, Wiley Finance, 2005.

웹사이트 : 금융감독원(www.fss.or.kr)
금융투자협회(www.freesis.or.kr)
영국은행연합회(www.bba.org.uk)
국제결제은행(www.bis.org)
국제스왑 · 파생상품협회(www.isda.org)
IHS Markit CDS Pricing Data
(https://ihsmarkit.com/products/pricing-data-cds.html)

제 2 장 신용파생상품의 종류와 활용(I): 신용스왑

학습목표

1. 신용스왑 상품의 유형별로 그 개념을 이해한다.
2. 각 신용스왑 상품의 거래구조를 이해한다.
3. 각 신용스왑 상품의 기능을 매입자와 매도자의 관점에서 이해한다.
4. 신용스왑 상품을 이용한 위험관리방법에 대해 알아본다.

학습개요

이 장에서는 국제금융시장에서 활발하게 거래되고 있는 대표적인 신용파생상품 중 먼저 신용스왑과 신용스왑을 이용한 신용위험관리에 대해 알아본다. 논의되는 상품들은 신용스왑의 범주로 분류될 수 있는 대출포트폴리오스왑, 신용부도스왑, 총수익스왑, 그리고 신용바스켓스왑이다. 이 장의 학습을 통해 독자들은 각 신용스왑 상품의 기본적인 거래구조와 상품이용에 따른 경제적 효과에 대해 살펴볼 수 있을 것이며, 이러한 신용스왑 상품들이 신용위험관리에 어떻게 이용되고 있는지를 실례와 함께 공부할 수 있을 것이다.

제1절

신용스왑의 의의와 종류

1990년대 초 신용파생상품이 처음 거래되기 시작한 이후 신종 상품이 지속적으로 등장하고 있으며 시장규모도 크게 성장하였다. 신용부도스왑 등 표준 신용파생상품거래가 시작된 이래 금융공학의 발달과 함께 복합(hybrid), 이색(exotic) 상품 등 새로운 신용파생상품이 개발되는 상품혁명이 진전되고 있으며, 신용파생상품을 이용하여 고객의 위험-수익 선호도에 따라 전통적 금융상품을 재디자인하는 합성 CDO 등 맞춤형 상품의 개발과 거래가 활발히 이루어지고 있다. 이와 같이 신용파생상품 시장은 매우 빠른 속도로 성장 · 변화하고 있으며, 그 거래도 장외시장 위주로 거래되고 있어 신용파생상품의 종류와 그 내용을 일목요연하게 정의하기는 상당히 어려우나 이 장에서는 먼저 대표적인 신용스왑상품을 중심으로 그 특성과 거래구조 등을 살펴보기로 한다. [그림 2-1]은 신용파생상품의 발전과정을 요약한 것이다.

[그림 2-1] 신용파생상품의 발전과정

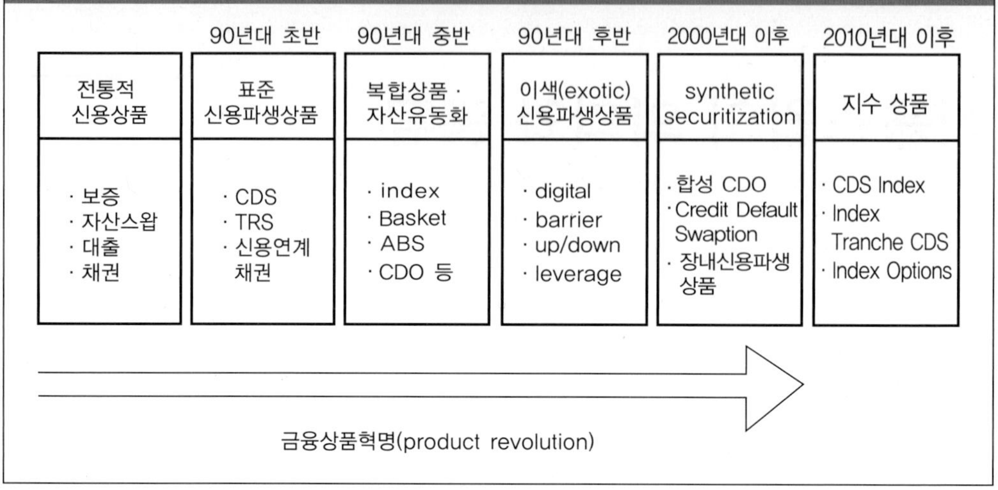

자료 : 한국은행, "신용파생상품시장의 활성화방안", 2002, p.4에서 수정인용.

1. 신용스왑의 의의와 거래구조

국제금융시장에서 거래되고 있는 신용파생상품 중 가장 일반적인 것이 신용스왑이다. 신용스왑(credit swap)은 준거자산으로부터 발생하는 현금흐름을 거래당사자 간에 서로 교환하는 계약으로, 주로 금융기관이 보유하고 있는 신용포지션을 유동화하는 효과를 가져온다. [그림 2-2]는 신용스왑 거래의 기본구조를 나타낸 것이다.

[그림 2-2] 신용스왑 거래의 기본구조

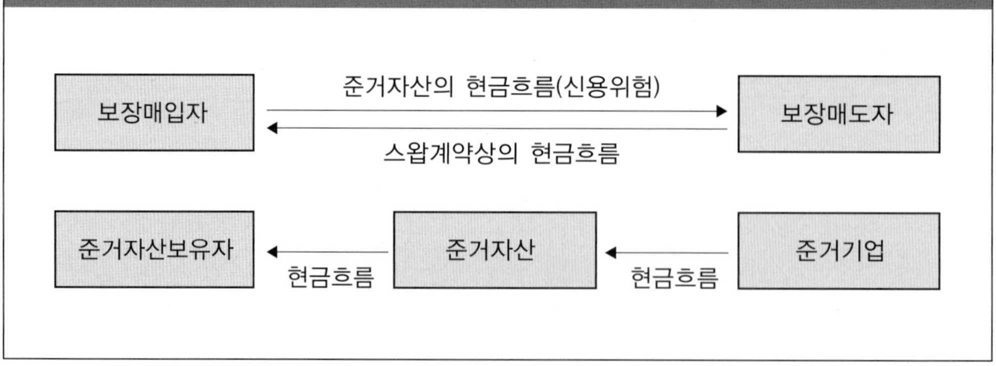

[그림 2-2]에서 보는 것과 같이 보장매입자는 보유한 준거자산의 신용위험을 보장매도자에게 이전시키고 스왑계약에 따른 현금흐름을 받게 되며, 보장매도자는 신용위험을 부담하며 보장매입자가 소유한 준거자산으로부터의 현금흐름(또는 보장매입자가 지급하는 프리미엄)을 받게 된다. 신용스왑의 대표적인 예로 대출포트폴리오스왑, 신용부도스왑, 총수익스왑 등이 있으며, 신용부도왑의 특수한 변형으로 신용바스켓스왑 등이 거래되고 있다. 이에 대해서 구체적으로 살펴본다.

2. 신용스왑의 경제적 효과

신용스왑은 단순히 현물시장(spot market)만이 존재하는 경우에 비해 여러 가지 유용한 경제적 효과를 갖는다. 그 주요내용을 간단히 보면 다음과 같다.

1) 고객관계관리와 위험관리의 분리

금융기관이 보유하는 신용포지션의 비유동성은 대개의 경우 금융기관의 내·외부적 요인에 의해 불가피하다. 우선 은행대출이나 파생상품거래의 경우 거래상대방과의 고객관계라는 측면에서 유동화에 여러 제약을 받게 된다. 대개의 기업들은 자신들의 사업비밀이 상대방에게 노출되는 것을 꺼리기 때문에 소수의 금융기관을 통해서만 대출을 받고자 하며, 많은 경우에 이들 금융기관이 자신에게 제공한 대출을 다른 금융기관에 매각하는 것을 싫어한다. 파생상품을 거래한 경우에도 마찬가지로 거래상대방이 자신의 동의 없이 반대매매나 권리의 이전을 시도하는 것을 제한하는 경우가 자주 발생한다.

대출의 매각이나 반대매매를 통한 거래포지션의 상쇄는 거래상대방에게 사전에 이를 고지하고 동의를 얻어야 하기 때문에 고객관계와 위험관리 간에 상당한 갈등을 초래할 수 있다. 그러나 신용스왑 거래는 대출기업이나 파생상품의 원래 거래상대방에게 이를 고지해야 할 의무가 없기 때문에 대차대조표상에서 원래의 거래포지션을 변경시키지 않고도 해당포지션의 신용위험을 이전시킬 수 있다. 따라서 신용위험이 있는 자산을 대차대조표상에 남겨둔 채로 이들을 유동화시킨 것과 같은 결과를 얻을 수 있으므로, 고객관계관리와 위험관리를 분리하는 것이 가능하다.

2) 세법 등 규제의 회피

유동성이 있는 신용위험자산이라고 하더라도 세법이나 회계처리 방식 등에 대한 문제 때문에 이들을 유동화시키는 것이 바람직하지 않은 경우가 있다. 예를 들어 미국의 경우 보험회사들이 상장기업의 회사채를 만기까지 보유하는 것을 전제로 낮은 세율을 적용받는 경우가 있다. 이런 경우에 신용위험의 제거를 위해 회사채를 중도에 매각하게 되면 세율이 상승하여 상당한 손해를 감수해야 하나, 신용스왑을 이용하는 경우 회사채의 중도매각 없이 신용위험을 분리하여 제거할 수 있다. 즉, 금융기관들은 신용스왑을 이용하여 자산유동화의 효과를 얻고 세법상의 불이익을 피할 수 있다.

3) 유통시장의 역할

신용위험을 갖는 자산의 비유동성은 많은 경우에 개별경제주체의 고유한 사정뿐만 아니라 외부의 요인에 영향을 받는다. 기본적으로 은행대출이나 사모사채의 유통시장은 거래의 기회가 많지 않은 것이 보통이고, 특정한 종류의 매출채권이나 보험계약과 같은 경우는 유통시장 자체가 존재하지 않는다. 또한 기업들의 입장에서 특정 고객에게 과도하게 집중함으로써 나타나는 편중위험(concentration risk)이 있는 경우 단순히 매출채권에 대한 신용위험뿐만 아니라 이 고객이 도산할 경우 다른 거래선을 찾아야 하는 등의 추가적인 비용이 발생할 수 있다. 그러나 이러한 위험에 대해서는 유통시장이 존재하지 않는다. 이처럼 신용위험자산에 대한 유통시장 자체가 존재하지 않는 경우에도 신용스왑은 준거자산을 유동화하지 않고도 신용위험을 이전시킬 수 있는 수단이 됨으로써 마치 해당 자산에 대한 유통시장이 형성되어 있는 것과 같은 역할을 수행한다.

4) 분산화를 통한 위험감소와 위험부담을 통한 고수익 추구 수단

신용스왑은 대출포트폴리오가 특정산업이나 지역적으로 한정된 곳에 집중된 민간은행에 특히 매력적이다. 활동하고 있는 지역 외의 다른 지역에 대출하거나 몇몇 대출을 매각하고 다른 대출을 매입하는 것 등에 의해 신용위험을 분산화하는 대신, 은

행은 신용스왑을 통해 일부 대출에 대한 지불금을 다른 기관의 지불금과 교환할 수 있다.[1)]

신용위험이 있는 자산을 보유하는 투자자가 그에 대한 보상으로 얻는 이익은 해당 자산의 수익률에서 이 자산을 취득하기 위한 자금조달비용을 차감한 순 스프레드이다. 따라서 신용등급이 A인 은행이 신용등급이 AAA인 기업에 대출하는 것은 신용위험을 부담하면서 오히려 순손실을 보게 되는 상황이 된다. 따라서 자금조달을 과다하게 한 금융기관은 적절한 수익률을 확보하기 위하여 위험도가 높은 자산에 투자할 수밖에 없게 된다. 그러나 대부분의 신용스왑 거래에서 보장매도자는 신용위험의 부담을 위해 현금을 미리 지급할 필요가 없기 때문에 자금조달이 없이도 신용위험을 부외자산으로 보유할 수 있다. 이런 이유로 해서 신용스왑은 높은 자금조달비용 때문에 위험도가 높은 자산에 투자할 수밖에 없는 투자은행, 보험사 및 기타 기관투자자들에게 중요한 투자 및 포트폴리오 분산화의 기회를 제공한다.

한편 자금조달비용이 낮은 금융기관들 또한 이러한 기회를 활용할 수가 있다. 즉 이들은 낮은 자금조달비용을 바탕으로 신용위험자산을 취득하고 자금조달비용이 높은 금융기관들로부터 이들 자산에 대한 신용위험의 보장을 획득함으로써 안전한 투자를 계속 할 수 있어 신용위험이 있는 자산의 규모확대에도 불구하고 자금조달비용을 계속 낮게 유지할 수 있다. 대개의 경우 신용스왑을 통하여 이러한 보장을 획득하기 위한 비용은 신용도가 높은 금융기관이 취득한 신용위험자산의 수익률에서 자금조달비용을 차감한 스프레드보다 낮기 때문에 비교적 낮은 위험부담으로도 순이익을 발생시킬 수 있는 것이다. 물론 이 경우 신용스왑의 거래상대방이 도산할 가능성을 완전히 불식시킬 수는 없지만 신용스왑의 경우 준거자산의 발행자와 스왑거래의 상대방(보장매도자)이 동시에 도산하지 않는 한 문제될 것이 없으며, 양자가 동시에 도산하더라도 이들 양자를 상대로 구상권을 행사할 수 있어 회수율이 비교적 높기 때문에 위험부담은 낮다고 볼 수 있다.

1) Robert S. Neal, "Credit Derivatives : New Financial Instruments for Controlling Credit Risk", Economic Review, Second Quarter 1996.

3. 대출포트폴리오스왑

신용부도스왑과 총수익스왑을 공부하기에 앞서 신용스왑의 가장 단순한 형태로 대출포트폴리오스왑에 대해 살펴보자.

1) 대출포트폴리오스왑의 의의와 구조

대출포트폴리오스왑(loan portfolio swap)은 주로 은행 간에 성립하는 스왑으로서 두 개의 은행이 각자 자신이 보유하고 있는 특정한 대출포트폴리오로부터 발생하는 현금흐름을 상대방과 교환하기로 하는 계약을 맺는 것이다. 대출포트폴리오스왑은 서로 상이한 특성을 가진 대출포트폴리오를 보유하고 있는 두 은행이 각각 대출포트폴리오의 다각화를 시도하여 분산효과를 얻고 서로 상대방의 시장에 신규로 진입하는 것과 같은 효과를 얻을 수 있게 해준다.

[그림 2-3]은 대출포트폴리오스왑의 전형적인 거래구조를 보여준다. 이 그림에서 알 수 있는 것과 같이 대출포트폴리오스왑은 스왑계약의 쌍방이 모두 보장매입자이자 보장매도자의 입장이 된다. 보장매입자로서의 은행 A는 신용위험을 은행 B에 이전시키는 한편 보장매도자로서의 은행 A는 은행 B가 보유하고 있는 대출포트폴리오 B로부터 현금흐름을 지급 받게 된다.

[그림 2-3] 대출포트폴리오스왑의 거래구조

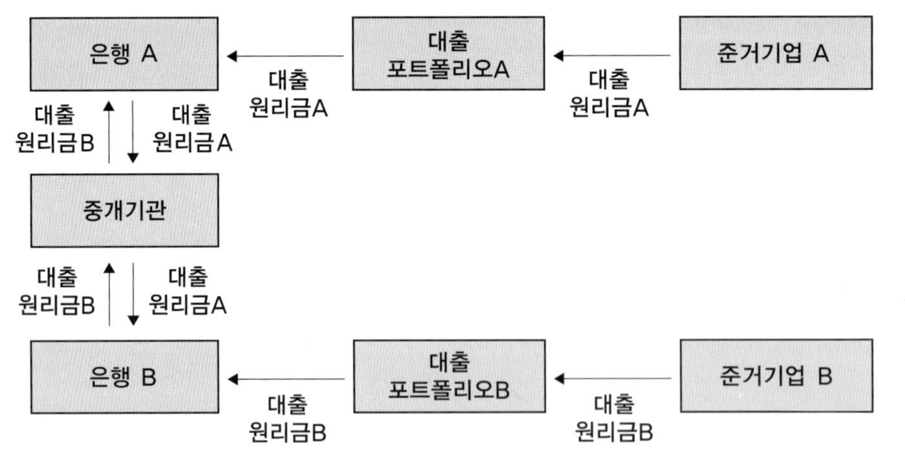

반대로 은행 B는 보장매입자로서 은행 A에 신용위험을 이전시키고 보장매도자로서 은행 A가 보유하고 있는 대출포트폴리오 A로부터 현금흐름을 지급 받는다. 결국 이 스왑거래에서 두 은행은 각각 자신이 부담하고 있는 신용위험을 상대방에게 이전시키는 대가로 상대방이 부담하고 있던 신용위험을 대신 부담하게 되는 것이다. 이처럼 신용위험을 서로 교환하는 거래는 두 은행이 각기 영업지역이 제한되어 있거나 특정 업종에 대출이 집중되어 있어 포트폴리오의 분산화가 필요한 경우에 유용한 수단이 된다. 즉 위의 거래에서 은행 A와 B는 사실상 자신이 보유한 대출포트폴리오를 맞바꾸는 효과를 얻게 되지만, 실제로 대출을 이전하기 위한 복잡한 서류작업 및 대고객 관계의 변화가 없이도 서로 상대방이 특화하고 있는 영업구역 혹은 업종에 진출하여 대출을 시행한 것과 같은 효과를 거두게 된다.

[그림 2-3]을 보면 스왑거래에 중개기관(Swap dealer)이 개입하고 있다. 이는 대개의 경우 개별 은행들이 적절한 스왑대상을 찾기 위한 탐색비용을 줄이기 위해서 이러한 스왑계약을 전문적으로 중계하는 중개기관을 이용하고 있기 때문이다. 또한 스왑계약의 이행에 있어서도 거래상대방의 도덕적 해이나 역선택으로 인한 손해의 가능성을 줄이기 위하여 계약에 대한 선의의 관리자로서 전문중개기관이 개입하여 스왑 상대방의 대출포트폴리오에 대한 관리상태를 감시해 줄 것을 요구하기 때문이다.[2)]

2) 대출포트폴리오스왑의 예

다음 그림에 대출포트폴리오스왑의 간단한 예를 나타내었다.

[그림 2-4] 대출포트폴리오스왑의 예

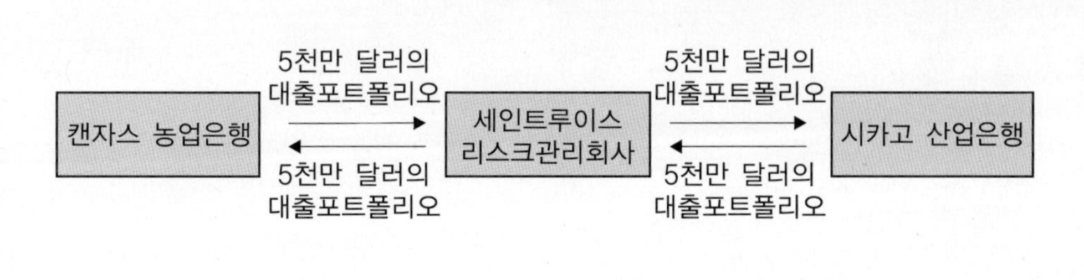

2) 이건호, "신용파생상품의 이해와 위험관리에의 활용", 한국금융연구원, 1999. pp.20-22.

두 개의 가상은행을 고려해보자. 캔자스 농업은행은 주로 농부들에게 대출하고, 시카고 산업은행은 주로 제조업자들에게 대출한다. 두 은행 간의 스왑거래는 세인트루이스 리스크관리회사를 중개기관으로 하여 이루어진다. 스왑거래를 위해 캔자스 농업은행과 시카고 산업은행은 보유 중인 5천만 달러의 농업대출을 각기 세인트루이스 리스크관리회사에 준다. 그리고 나서 세인트루이스 리스크관리회사는 두 은행의 대출포트폴리오를 맞바꾼다. 농부와 제조업자 간에 갖는 채무불이행위험(default risk)의 상관관계는 낮을 것이므로 두 은행은 이러한 교환을 통해 서로 이익을 볼 수 있다. 즉 대출포트폴리오스왑을 통하여 각 은행은 자신의 신용위험을 분산시키고, 세인트루이스사는 거래를 성사시킨 대가로 수수료를 받게 된다.

제2절

신용부도스왑

1. 신용부도스왑의 의의와 거래구조

신용부도스왑 또는 신용디폴트스왑(credit default swap: CDS)이란 신용위험을 헤지하려는 보장매입자가 보장매도자에게 매기 일정한 수수료(프리미엄)를 지불하고, 그 대가로 준거자산과 관련된 채무불이행, 신용등급의 하락 등 신용사건이 발생할 경우에 입는 손실을 보상받는 금융계약이다.[3] 신용부도스왑은 신용스왑 중 가장 많이 이용되는 형태로 특정 대출채권이 회수 불가능하게 되는 경우를 대비하기 위한 보험형태의 상품이라고 볼 수 있다. 국제결제은행의 자료에 의하면, 2008년 세계금융위기 이후 신용부도스왑은 신용파생상품시장 거래의 대부분을 차지하는 대표적인 신용파생상품이다.

[그림 2-5]는 신용부도스왑의 거래구조를 나타낸다. [그림 2-5]에서 보듯이 보장매입자는 보장매도자에게 위험전가에 따른 프리미엄을 지급하고, 신용사건이 발생하는 경우 보장매도자로부터 계약에 따른 손실을 보전받는다. 그러나 신용사건이 발생하지 않는 경우 보장매도자로부터의 현금흐름은 발생하지 않는다. 이런 측면에서 신용부도스왑은 준거자산에 대한 지급보증과 유사하다.

3) 이런 이유에서 CDS는 Default Put이라고도 불리운다.

[그림 2-5] 신용부도스왑의 거래구조

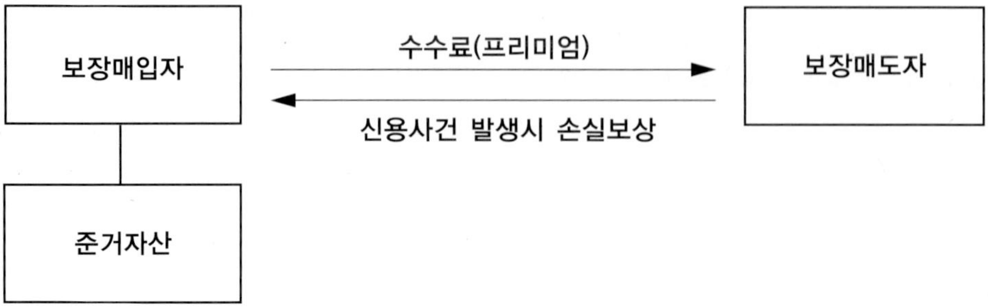

신용부도스왑거래에서 보장매입자는 신용위험을 전가하는 위험전가자(risk seller)이고 보장매도자는 신용위험을 부담하는 위험부담자(risk buyer)가 된다. 보장매입자는 고객과의 관계를 저해할 우려가 있는 자산의 매각 없이 신용위험을 헤지하는 수단으로, 보장매도자는 자기자금 부담 없이 위험을 부담하는 대가로 프리미엄 수입을 획득하는 투자수단으로 활용할 수 있다.

예를 들어 A은행이 연 기준 300bp의 스왑스프레드(프리미엄)로 B투자은행으로부터 액면 $1,000만의 대출에 대한 CDS를 매입했다 하자. 스왑프리미엄의 지급이 분기별로 이루어진다면 A은행은 신용사건 발생 전까지 매 분기에 약 $1,000만×0.03×0.25=$75,000에 해당하는 금액을 지불한다. 프리미엄의 지급이 이루어진 한달 후에 준거자산인 대출에 부도가 발생하였다 하자. 부도가 발생한 대출의 회수가치가 액면의 45%라 하면, B투자은행은 A은행에게 $1,000만×(100%－45%)=$550만을 지급한다. A은행은 CDS 계약의 성과로 대출의 부도에 따른 손실을 보전할 수 있다. 한편, 부도가 마지막 프리미엄 지급 후 한달 뒤에 발생하였으므로 A은행은 B투자은행에게 한달 간의 프리미엄 발생액을 지급하여야 한다. 즉, A은행은 한달 간의 발생 프리미엄 $1,000만×0.03×1/12=$18,750을 B투자은행에게 지불하고 CDS계약을 종료하게 된다.

신용부도스왑은 보장매입자가 일정한 프리미엄을 지불하고 미래에 신용사건이라는 상태의 발생에 의존하는 현금흐름(state contingent claim)을 받는다는 점에서 스왑보다는 옵션에 가깝다고 볼 수 있다. 예를 들어, 신용등급이 AA인 회사채를 준거자산으로 하는 신용부도스왑 계약을 생각해 보자. BB등급 이하로의 신용등급하락을 신용사건으로 규정했다면 BBB까지의 신용등급하락은 보장매입자에게 현금유입을 가져다주지 않는다. 그러나 BB 이하로 신용등급이 하락하는 경우 계약에 따른 현금유입을 얻게 된다. 역으로, 보장매도자는 매기 일정한 프리미엄을 받는 대가로 신용사건의 발생여부에 따라 달라지는 상태의존적 현금흐름을 지불할 의무를 지게 된다.

2. 신용사건과 결제

신용부도스왑거래에 있어서 가장 중요한 요소는 거래당사자 간에 합의할 수 있는 신용사건(credit event)을 정의하는 일이다. 신용사건은 원금이나 이자의 지급불능, 대출기업의 파산, 워크아웃이나 구조조정과 관련된 제 사건, 일정수준 이하로의 신용등급의 하락, 일정수준 이상으로의 신용스프레드의 확대 등 거래목적에 따라 다양하게 정의될 수 있다.[4)]

제1장에서 설명한 것과 같이 신용사건이 되기 위해서는 일반적으로 다음의 두 가지 요건을 충족해야 한다.

첫째, 중요성(materiality) 요건으로서 일정수준 이상의 준거자산의 가격변화를 유발하는 사건이어야 한다.

둘째, 공공성 요건으로서 어떤 사건이 신용사건이 되기 위해서는 투자자가 확인할 수 있는 공적인 정보(public information)이어야 한다. 보다 구체적으로는 둘 이상의 국제적으로 명성이 있는 뉴스제공기관에 의해 확인될 수 있어야 한다.

ISDA는 중요성과 공공성의 요건에 기초하여 신용사건에 포함되는 사건들을 [표 1-1]에서 살펴본 것과 같이 구체적으로 정의함으로써 해석에 관한 불확실성을 줄이

---

4) 1999년 ISDA가 정한 신용사건의 유형 중 가장 논란이 되었던 것은 채무재조정(restructuring)이다. 채무재조정이란 1) 신용등급 변경, 2) 지불통화 변경, 3) 이자/원금의 경감, 4) 이자/원금의 지불시기의 변경이나 연기를 말한다. 이후 ISDA는 2001년과 2003년에 채무재조정에 대한 정의를 수정하여 양자 간의 채무재조정은 신용사건에 포함되는 채무재조정에서 제외하였고, 채무재조정채무에 대하여 최소 셋 이상의 채권자가 존재하고 채권자 중 2/3이상의 동의하에 채무재조정이 이루어진 경우에만 신용사건에 포함하도록 하였다.

고 있으며 또 신용사건 여부를 판정하는 판정위원회(Determination Committees)를 두도록 함으로써 법률적인 분쟁의 소지를 줄이고 있다.

신용사건이 발생하는 경우 신용부도스왑의 결제는 다음과 같은 세 가지 방법으로 이루어진다. 첫째는, 실물결제 또는 실물인도(physical delivery)로 신용사건이 발생하는 경우 보장매입자는 보장매도자에게 신용부도스왑의 준거자산(예를 들어 부도발생 채권)을 넘기고 준거자산의 액면가를 수취한다. 둘째는, 현금결제(cash settlement)로 보장매입자는 보장매도자로부터 준거자산의 액면가와 시장가의 차이를 수취한다. 이때 회수율 산정의 공정성을 기하기 위해서 경매방식으로 부도채권의 시장가를 결정한다. 셋째, 신용사건 발생 시 준거자산의 회수율을 사전에 계약에 명시한 경우, 준거자산의 액면가와 계약상의 회수금액의 차이를 일시금으로 지급한다.

3. 신용부도스왑의 가격(프리미엄) 결정요인

신용위험을 부담하는 대가로 보장매도자가 받는 프리미엄은 다음과 같은 여러 요인에 의해 영향을 받는다.[5)]

첫째, 신용부도스왑 거래의 만기(maturity)가 길어질수록 프리미엄이 커진다. 만기가 길수록 보장매도자는 더 큰 위험을 부담해야 하고 위험을 측정하기도 어려워지기 때문이다.

둘째, 준거기업의 채무불이행 가능성이 높을수록 프리미엄이 커진다. 채무불이행 가능성을 나타내는 대표적인 지표는 Moody's나 S&P 등의 신용평가기관이 제공하는 신용평가등급이다.

셋째, 보장매도자의 신용등급이 높을수록 프리미엄은 높은 값을 갖는다. 예를 들어, 신용등급이 AA인 준거자산의 신용위험을 전가하려는 보장매입자의 입장에서는

---

5) 김형태, 이준희, "신용파생상품에 관한 연구", 한국증권연구원, 2000. pp.29-33. 각 요인들이 신용부도스왑의 가격과 갖는 관계에 대한 실증연구는 Frank S. Skinner, and Timothy G. Townend, "An Empirical Analysis of Credit Default Swaps," International Review of Financial Analysis 11(3), 2002; Jan Ericsson, Kris Jacobs, Rodolfo A. Oviedo," The Determinants of Credit Default Swap Premia," Journal of Financial and Quantitative Analysis 44(1), 2009를 참조할 수 있다.

신용등급이 BB인 거래상대방과 계약을 맺는 것은 큰 의미가 없다. 왜냐하면 보장매도자인 거래상대방이 먼저 채무불이행 상태에 빠지면 계약이행을 할 수 없기 때문이다. 따라서 계약의 상대방인 보장매도자의 신용등급이 높을수록 보다 높은 프리미엄을 지불해야 한다.

넷째, 준거자산의 신용위험과 보장매도자의 신용위험 간의 상관관계(correlation)가 낮을수록 프리미엄이 커진다. 양자 간에 상관관계가 높다는 것은 준거자산이 채무불이행에 처했을 때 보장매도자도 채무불이행에 처할 가능성이 높다는 것을 의미한다. 보장매도자가 채무불이행에 처하면 보장매입자의 입장에서는 신용부도스왑을 통해 신용위험을 헤지하려는 소기의 목적을 달성할 수 없게 된다. 따라서 준거자산과 보장매도자의 상관관계가 낮을수록 보다 확실하게 보호를 받을 수 있고 이에 따라 보장매입자가 지불하는 프리미엄이 커진다.

다섯째, 프리미엄의 크기는 준거자산의 회수율(recovery rate)에 영향을 받는다. 채무불이행과 같은 신용사건 발생 시에 보장매도자가 보장매입자에게 지불해야하는 금액은 보장매입자에게 발생한 손실액에 의해 결정된다. 손실액은 준거자산의 액면금액에서 회수가치를 뺀 값으로 계산된다. 따라서 준거자산의 회수율이 높아 회수가치가 높을수록 프리미엄이 작아진다. 그런데 현실적으로 준거자산의 회수율은 보장매도자의 부실채권 또는 부실자산관리 능력에 의해 현저히 달라질 수 있다. 따라서 부실채권관리능력이 뛰어난 보장매도자는 그렇지 못한 보장매도자에 비해 회수율을 높일 수 있고 이를 통해 보다 저렴한 프리미엄 하에서도 신용부도스왑을 체결할 유인이 존재하게 된다. 기업구조조정 능력이 뛰어난 투자은행들이 신용부도스왑을 보다 적극적으로 활용하는 이유가 여기에 있다.

4. 신용부도스왑 계약서의 구성과 빅뱅 프로토콜

4-1. 신용부도스왑 계약서의 주요 구성내용

신용부도스왑계약은 통상 ISDA가 제정한 ISDA Master Agreement(2002)를 이용하고, 그 계약서는 다음과 같이 구성된다.[6)]

1) ISDA계약서

ISDA계약서는 기본계약서(Master Agreement), 부속계약서(Schedule to the Master Agreement), 거래확인서(Confirmation)로 구성된다. 아울러 ISDA는 개별거래들을 위한 별도의 용어 정의집(Definitions)과 거래당사자의 신용보강을 위한 담보특약(Credit Support Documents) 등을 제정하였다.

2) 신용파생상품거래 확인서

ISDA Master Agreement에 따른 구체적인 파생상품거래의 계약조건은 거래확인서(Confirmation)에 기재된다. 신용파생상품거래의 경우에도 마찬가지로 각 거래마다 확인서가 체결되며, ISDA의 2003년 Credit Derivatives Definitions의 부록 A(Exhibit A)로 붙어 있는 양식이 가장 기본적인 형태의 확인서 양식이다. ISDA의 Credit Derivatives Definitions는 신용파생상품거래에서 사용하는 용어 및 계약 조건의 표준화를 꾀하기 위하여 작성된 것으로 1999년에 발표된 후 몇 차례 보완을 거쳐 2003년 전면적으로 수정되어 발표되었다.

3) 신용부도스왑계약의 주요 내용

신용부도스왑계약의 구체적인 계약조건은 거래확인서에 기재된다. ISDA의 신용부도스왑계약의 확인서 양식은 다음의 5개 조항으로 구성되어 있다.

① 일반조항(general terms) : 신용부도스왑의 거래일자, 효력발생일자, 예정

---

6) 자세한 사항은 ISDA Master Agreement(2002), ISDA Credit Derivatives Definitions(2003) 참조.

된 종료일자, 거래당사자, 영업일 조항, 준거채무자, 현금결제의 준거채무(reference obligations), 보증 여부, 준거가격(reference price)을 기재한다. 확인서상에 보장매입자는 고정금액지급자(fixed rate payer), 보장매도자는 변동금액지급자(floating rate payer)로 표시된다.

② 고정지급(fixed payments) 조항 : 보장매입자가 지급할 금액(즉 프리미엄) 또는 그 금액의 산정기준이 되는 고정쿠폰(fixed rate, 통상 명목원금에 대한 일정 연율로 표시하며 매 3개월마다 지급함), 지급기일, 기간 등을 기재한다.

③ 변동지급(floating payments) 조항 : 보장매도자의 지급을 촉발시키는 요건인 신용사건과, 통지 등의 절차적 요건 및 신용사건 관련 지정채무의 범위를 정한다.

④ 결제조건(settlement terms) : 현금결제를 할 것인지 실물결제를 할 것인지에 따라 현금결제 시에는 결제통화, 결제일자, 금액 산정방법 등을, 실물결제 시에는 결제기간과 인도할 채권(deliverable obligations)의 범위 등을 기재한다.[7)]

⑤ 기타 조항 : 통지를 위한 정보와 지급을 위한 구좌번호 등을 기재한다.

4-2. 2009년 빅뱅 프로토콜의 주요 내용

2009년 ISDA는 CDS 거래의 표준화를 크게 높이는 빅뱅 프로토콜을 제정하여 CDS 거래에 큰 변화를 가져왔다. 그 주요 내용을 간략하게 살펴보면 다음과 같다.

7) 대개의 경우 CDS 계약에서는 부도발생 시 실물결제를 위해 인도가능한 채권들을 정해 놓는다. 그러나 우선순위가 같은 인도가능채권들이라도 여러 이유로 부도발생 시 평가되는 시장가격은 다를 수 있고, 이 경우 보장매입자는 시장가격이 가장 싼 채권을 매입하여 보장매도자에게 인도할 수 있다. 이를 최소비용인도옵션(Cheapest-to-Deliver Bond Option)이라고 부른다. ISDA는 경매를 통해 인도비용이 가장 싼 채권을 결정하게 되고 이는 부도발생시 보장 매입자와 매도자가 정산하게 되는 금액결정의 불확실성을 줄여준다(4-2. 2009년 빅뱅 프로토콜의 주요 내용 참조).

1) 실물결제와 경매를 통한 정산

ISDA는 기존의 실물결제 및 현금결제가 갖고 있던 문제점을 보완하기 위하여,[8)] 2005년 신용사건이 발생한 개별기업별 경매규약(auction protocol), 2009년 빅뱅 프로토콜(Big Bang protocol), 2009년 빅뱅 프로토콜에 채무재조정에 대한 경매 방식이 추가된 스몰뱅 프로토콜(Small Bang protocol) 등을 연이어 발표하여 경매를 통한 신용부도스왑의 정산방식을 표준화하였다. 이는 공통된 준거기업을 대상으로 하는 신용파생상품에 대하여 신용사건 발생 시에 표준화된 양식의 단일 경매를 개최하여 대상채무의 가격을 산정하고, 이 가격을 각각의 신용파생상품 거래에 대하여 공통적으로 적용시키는 방식이다. 개별기업별 경매규약에 가입하는 방식에서 빅뱅 프로토콜의 시행으로 계약 체결 시에 사전적으로 표준화된 경매규약을 따를 것을 명기하는 방식으로, 그리고 스몰뱅 프로토콜의 시행으로 채무재조정 사건의 경우까지로 경매에 의한 정산방식이 확대되었다. 이러한 경매정산방식의 이점은 가격산정의 투명성과 일관성을 확보하고 표준화를 통한 거래 간 대체가능성(fungibility) 및 유동성을 증대시켜 중앙청산소(CCP)를 통한 청산과 결제 시스템을 구축할 수 있는 기반을 확보할 수 있다는 것이다. 경매를 통한 가격산정 절차는 크게 2단계로 구성된다. 제1단계에서는 참여기관별로 호가를 제출받아 시장 중간가격을 산출하고 매수·매도 포지션별로 거래물량을 제출받아 미청산물량(open interest)을 산출한다. 제2단계에서는 1단계에서 산출된 미청산물량에 대한 지정가주문(limit order)을 추가로 받아 이를 해소하는 최종가격을 산출한다.

2) 신용파생상품 판정위원회

ISDA는 신용사건 여부의 판정을 위하여 신용파생상품 판정위원회(Determination Committees)를 두도록 하고 이의 구성과 운영, 역할 등에 대한 기준을 마련하였다. 판정위원회는 미주, 일본, 아시아(일본 제외), 호주(뉴질랜드 포함), EMEA(유럽, 중

---

8) CDS 거래에서 개별 CDS는 대부분 실물결제로 정산되며, CDS 지수의 경우는 현금결제가 기본이다. 그러나 CDS 거래규모가 크게 증가하여 준거자산의 거래규모를 넘어서게 되면서 기존 정산방식은 한계에 봉착하게 되었다. 예를 들어 잔존 회사채 및 대출채권의 규모보다 관련 CDS 규모가 훨씬 더 커짐에 따라 신용사건 발생 시 CDS 정산 수요로 인해 준거자산의 가격이 왜곡되는 현상이 발생하게 되며, 현금정산을 위한 대상채권의 가치산정을 개별거래별로 하는 과정에서 가격산정의 투명성과 일관성을 확보하기 어렵다는 문제가 발생한다.

동, 아프리카)의 5개의 지역별 위원회로 구성되며 각 지역별 위원회는 신용사건의 발생 여부, 유형, 발생일 등의 사항과 경매의 개최 여부, 개별 경매의 세부사항, 그리고 승계사건의 발생 여부 등을 결정하게 된다. 각 지역별 심사위원회는 ISDA를 의장으로 하여 Sell-Side와 Buy-Side를 대표하는 18개 기관으로 구성된다.

3) 만기일과 유효일

ISDA는 2003년부터 CDS의 만기일을 IMM일(IMM : International Money Market dates)로 고정시켰다. 원래 IMM일은 해당 월의 세 번째 수요일이지만, CDS 거래에서 IMM 일은 3월 20일, 6월 20일, 9월 20일, 12월 20일이다. 만기일이 통일됨으로 인해 매수와 매도 포지션의 청산이 용이해지고 상품의 유동성이 높아지는 효과가 있다.

기존의 CDS 거래에서 보장매입자는 거래시작일부터 만기일 사이에 발생한 신용사건에 대해 보장을 받는다. 따라서 CDS의 보장 매수 시기와 보장 매도 시기가 불일치할 경우 어긋난 일수에 대해서는 두 거래의 상계처리가 안 되는 난점이 있었다. 이를 보정하기 위해 ISDA는 준거기업의 신용사건 및 승계사건(인수, 분할, 합병 등)에 대한 유효일(look-back effective date)의 적용과 관련하여 표준화된 기간을 설정하였다. 신용사건의 경우에는 사유 발생일로부터 60일 내에, 승계사건의 경우에는 90일 이내에 판정위원회에 통보하는 경우에 한하여 심사가 이루어지게 된다.

4) 고정쿠폰과 선불포인트

빅뱅 프로토콜에서는 CDS 거래 시 고정쿠폰과 선불포인트(points upfront)를 사용하도록 하고 있다. 이는 특정 준거자산에 대한 CDS의 프리미엄을 100bp 또는 500bp 등으로 고정시키고 실제 CDS 프리미엄과의 차이를 선불금으로 평가하여 계약 시점에서 주고 받는 방식이다. 이를 선불포인트 방식이라고 하며 기존 CDS 프리미엄 지급 방식은 running 프리미엄이라고 한다. 선불포인트 방식의 CDS는 빅뱅 프로토콜 이전에는 쿠폰이 높은, 즉 신용등급이 낮은 기업을 준거기업으로 하는 CDS 계약에 사용되는 방식이었는데 2008년 세계금융위기 이후 신용도가 낮은 기업이 늘어나게 되어 결국 모든 CDS 계약에 적용되기에 이르렀다.

보장매도자 입장에서는 부도위험이 높은 준거자산에 대해 CDS 프리미엄을 주기적으로 받는 대신 거래 시작 시점에서 선불금으로 받아 미래 현금흐름에 대한 불확실성을 줄이고 부도 시의 위험에 대비하게 된다. 선불포인트 방식의 CDS 거래에서 보장매입자는 거래 시작 시점에서 선불금을 지급하고(반대로 실제스프레드보다 고정쿠폰이 높은 경우 선불금을 지급받는다) 이후 매기 고정쿠폰을 지급하며, 신용사건 발생시 계약에 보장된 금액을 지급받는다.

다음에서는 고정쿠폰, 신용스프레드, 선불포인트의 관계를 살펴보고 선불포인트가 어떻게 평가될 수 있는지를 살펴본다.

고정쿠폰, 신용스프레드, 선불포인트의 관계

CDS 매도자는 신용사건이 발생하면 준거자산 액면가×(100%-회수율)을 지불하고(이를 protection leg, 보장레그라 한다), 매입자는 신용사건 발생시까지(또는 만기까지) 약정된 고정쿠폰(프리미엄)을 지불한다(이를 premium leg, 프리미엄레그라 부른다). 따라서 CDS 매입자가 프리미엄을 지불하는 대가로 얻는 계약의 가치를 MTM(mark-to-market value)이라 하면 이는 다음과 같다.

$$\text{MTM} = \text{보장레그의 현가} - \text{프리미엄레그의 현가} \tag{2.1}$$

예를 들어 A은행이 만기 5년의 CDS를 고정쿠폰 100bp에 매입하였다 하자. 이 은행이 평가하는 CDS 계약의 MTM은 다음과 같다.

$$\text{A은행 CDS 계약의 MTM} = \text{보장레그의 현가} - 100\text{bp} \times \text{RPV01}(t)$$

여기서 t는 신용사건 발생시점 또는 만기일이이며, RPV01(t)는 t시점까지 매기 1bp씩 발생하는 현금흐름의 현재가치의 기댓값이다. RPV01(t)는 신용사건 발생여부에 따라 달라지는 현금흐름을 가지므로 위험을 반영하여 현가를 계산하여야 한다. RPV01(t)의 계산을 위해서는 미래의 매 프리미엄 지급시점까지 준거자산에 신용사건이 발생하지 않고 생존할 확률을 평가하는 것이 필수적이다. 생존확률은 보통 시장에서 평가되는 신용부도스왑스프레드의 기간구조에 내재된 생존확률(arbitrage-free survival probabilities)를 구해 이용한다.[9)]

한편, CDS 시장이 효율적이라면 계약 시점에서 특정 CDS의 시장가치는 0이 되도록 평가될 것이다. 즉, 보장매도자는 자신이 제공하는 보장레그의 현가와 그 대가로 받는 프리미엄레그의 현가를 같게 만드는 프리미엄을 수취하는 계약을 맺을 수 있다. 이처럼 동일 조건의 CDS계약의 가치를 0으로 만드는 스프레드를 균형 CDS 스프레드(CDS par spread, S)라 한다. 특정시점에서의 균형스프레드는 조건부부도확률을 나타내는 해저드레이트(hazard rate, λ)와 회수율(R) 간의 관계에서 다음과 같이 평가된다.

$$\text{균형 CDS 스프레드}(S) = \lambda(1-R) \qquad (2.2)$$

예를 들어 부도시 회수율이 40%이며, 현재 시장에서 평가되는 조건부부도확률이 2.2%라면 균형스프레드 S는 132bp(=2.2%×0.6)로 평가된다. 이 경우 A은행이 CDS 계약을 통해 얻는 보장의 효익은 스왑기간 동안 132bp의 스프레드를 얻는 것과 같으므로, 스왑계약의 가치 MTM은 다음과 같이 (+)의 값으로 평가된다.

A은행 CDS 계약의 MTM = 보장레그의 현가 − 프리미엄레그의 현가
= (132−100)bp x RPV01(t) = 32bp x RPV01(t)

반대로 보장매도자는 132bp를 받아야 할 위험을 감수하는 대가로 100bp를 받고 있기 때문에 매도자 입장에서 이 계약은 (−)의 가치를 갖는다. 따라서 보장매입자는 이 계약을 맺기 위해서는 보장매도자에게 이 (−)의 가치를 보전해줘야 하고, 따라서 다음과 같은 선불금액을 지불해야 한다.

선불금액 = 32bp x RPV01(t)

9) 이에 대해서는 Dominic O"Kane and Stuart Turnbull, "Valuation of Credit Default Swaps," Fixed Income Quantitative Credit Research, April 2003. 참조. CDS의 가치평가에 대해서는 제4장 제2절에서 다룬다.

RPV01(t)는 CDS 스프레드의 기간구조에서 생존확률(또는 해저드레이트)을 추출하는 모델을 사용하여 계산될 수 있다. 실무적으로는 Markit이 제공하는 Calculator Guide를 쉽게 이용할 수 있다.[10]

만기가 짧은 계약의 경우 RPV01(t)는 잔여만기와 비슷한 값을 갖는다. 따라서 C를 고정쿠폰, S를 균형 CDS 스프레드, T를 연기준 잔여만기라 하면 보장매입자 입장에서의 계약의 가치 MTM은 다음과 같이 간단하게 평가될 수 있다.

$$MTM = (S-C) \times RPV01(t) \quad (2.3)$$
$$RPV01(t) = (1-\exp(-gT)) / g$$
$$g = r + S / (1-R)$$

위 식에서 r은 무위험이자율 (SOFR)이고 R은 예상회수율이며 일반적으로 40%로 설정된다.

[예제 2-1] CDS 계약의 가치(선불포인트)의 평가

명목원금 $1억, 고정쿠폰 100bp, 시장에서 평가되는 균형스프레드 132bp, 무위험이자율 r = 0.02, T=5년인 CDS 계약의 가치(또는 보장매입자가 지불하여야 할 선불금액)을 평가하라.

(풀이) 식 2.3을 이용하여 g와 RPV01(t)를 구하고 CDS 계약의 가치 MTM을 평가해보자.

$$g = r + S / (1-R) = 0.02 + 132bp/(1-0.4) = 0.042$$
$$RPV01(t) = (1-\exp(-0.042\times5)) / 0.042 = 4.51$$
$$MTM = (S-C) \times RPV01(t) = 32bp \times 4.51 = 1.4432\%$$

즉, 선불포인트는 명목원금의 1.4432%이다. 따라서 보장매입자가 계약시점에서 보장매도자에게 지불해야 할 선불금액은 다음과 같이 $1,443,200이다.

선불금액 = $1억 × 1.4432% = $1,443,200.

10) Markit, "Markit Credit Default Swap Calculator User Guide," November 2010 참조(https://products.markit.com/warehouse/news/Markit%20Credit%20Default%20Swap%20Calculator%20User%20Guide.pdf).

고정쿠폰은 북미지역 기업의 경우 투자등급(investment grade) 기업은 100bp, 투기등급(speculative grade) 기업은 500bp로 정하고 있으며, 유럽과 아시아 지역 기업과 국가에 대해서는 25bp, 100bp, 500bp, 1,000bp로 세분화되어 있다. 고정 쿠폰을 사용하면 보장매입자 입장에서는 스왑 기간 동안에 높은 수준의 CDS 프리미엄을 계속 지급하는 대신 미리 선불금을 지급하여 CDS 프리미엄을 낮추는 효과가 있고, 상계처리가 쉽다는 장점이 있다. 빅뱅 프로토콜에서는 거래 시작 후 첫 번째 쿠폰은 풀쿠폰(full coupon) 방식으로 지급하고 있다. 풀쿠폰 방식은 채권의 현금가격(cash price 또는 dirty price)과 같은 개념으로 쿠폰 지급일 사이에 거래가 되었을 경우 거래 시작 후 첫 번째 쿠폰은 신용위험 보장기간에 관계없이 일할 계산하지 않고 분기이자 전액을 지급하는 것을 말한다. 풀쿠폰 방식을 적용할 경우, 보장매입자는 첫 쿠폰일에 실제 신용위험 보장기간보다 증가한 쿠폰을 지급하게 되므로, 형평성을 맞추기 위해 거래초기에 초과 지급분을 보장매도자로부터 수취하게 된다.

4-3. ISDA 표준 CDS 계약

ISDA가 북미지역 기업의 CDS에 대해 적용하고 있는 표준계약에 기초하여 그 내용을 살펴보자.[11]

1) 만기일

표준 CDS의 만기일은 IMM일로 3, 6, 9, 12월의 20일로 정해져 있다.

2) 고정쿠폰

투자적격등급 기업의 CDS에 대해서는 연 100bp, 투기등급 기업에 대해서는 연 500bp의 고정 쿠폰이 적용된다. 쿠폰은 CDS 만기일에 지급된다. 만기일이 영업일이 아닌 경우 다음 영업일로 순연된다.

예를 들어 2015년 2월 9일에 만기 1년의 CDS를 매입하였다 하자. 보장매입자는 2016년 3월 20일까지의 신용사건에 대해 보호를 받을 수 있으며, CDS 쿠폰은 2015년 3월 20일, 6월 22일(6월 20일이 토요일임), 9월 21일(9월 20일이 일요일임), 12

11) ISDA Standard North American Corporate CDS Contract Specification(March 4, 2009) 참조.

월 21일(12월 20일이 일요일임)에 지급된다.

3) 일할계산

일할 계산 시 일년 360일을 기준으로 한다.

4) 쿠폰 지급과 계산

쿠폰은 분기마다 지급하며, 전 지급일에서 현 지급일 사이의 일수에 따라 금액이 계산된다. 거래 시작 후 첫 번째 쿠폰지급은 전 지급일에서 첫 번째 쿠폰 지급일까지의 기간에 해당하는 금액을 전액 지급한다(full coupon 방식). 예를 들어 2015년 2월 9일에 CDS를 매입한 경우 첫 번째 쿠폰은 2015년 3월 20일에 지급되며, 이때 지급되는 쿠폰은 2014년 12월 22일(2014년 12월 20일이 토요일이므로 22일이 전 지급일이다)부터 2015년 3월 19일까지의 88일간의 기간에 해당하는 금액이다.

위에서 살펴본 내용을 명목원금이 1억 달러, 만기 1년, 고정쿠폰이 연 100bp인 CDS를 가정하고 만기일까지 신용사건이 발생하지 않는 경우를 가정하여 고정쿠폰의 계산과 지급이 이루어지는 과정을 정리해보면 다음의 [표 2-1]과 같다.

[표 2-1] 표준 CDS 계약의 고정쿠폰의 계산과 지급 일정

쿠폰지급차수	쿠폰 계산 시작일	쿠폰 계산 종료일	쿠폰 해당일수	쿠폰 지급액	쿠폰 지급일
1	20141222(월)	20150319(목)	88	$244,444	20150320(금)
2	20150320(금)	20150621(일)	94	$261,111	20150622(월)
3	20150622(월)	20150920(일)	91	$252,778	20150921(월)
4	20150921(월)	20151220(일)	91	$252,778	20151221(월)
5	20151221(월)	20160320(일)	90주)	$250,000	20160321(월)

주) 2016년 3월 20일은 1년 만기 CDS 계약의 만기일이므로 쿠폰 발생액의 계산에서 제외된다.

표준 CDS 계약에서는 CDS의 고정쿠폰과 지급일, 그리고 쿠폰 발생일과 종료일 등을 표준화함으로써 CDS 계약의 대체가능성이 높아지고 유동성을 제고시키는 효과를 얻게 된다. 예를 들어 2015년 2월 9일 현재 시장에 존재하는 명목원금 1억 달러, 고정쿠폰 100bp 조건의 모든 CDS는 거래 시작일에 상관없이 2015년 3월 22일에 모두 $244,444의 쿠폰을 동일하게 지급한다(단 2015년 3월 20일에 만기가 되는 CDS 계약의 경우 쿠폰 정산액은 $241,666이다). 더불어 CDS 투자자들은 보장매입 포지션과 보장매도 포지션의 상쇄효과를 손쉽게 얻을 수 있다. 예를 들어 명목원금 $1억, 고정쿠폰 100bp, 5년 만기(만기일 2020년 3월 20일) CDS 계약을 매입한 투자자가 부담하여야 하는 쿠폰지급에 따른 현금흐름의 불확실성은 동일 조건의 6년 만기(만기일 2021년 3월 20일) CDS 계약을 매도함으로써 2020년 1분기까지는 정확히 헤지된다.

5) 신용사건 발생 시의 고정쿠폰

신용사건이 CDS의 표준만기일 중간에 발생하는 경우 전 지급일에서 신용사건 발생일까지의 일수를 계산하여 지급할 고정쿠폰 금액을 계산한다.

6) 최초 쿠폰 지급일

최초 쿠폰 지급일은 CDS 계약일(거래 시작일, T)에 따라 달라진다. 최초 쿠폰의 발생은 T+1일째부터 시작한다. 예를 들어 2015년 2월 9일에 CDS를 매입한 경우 최초쿠폰 지급일은 [표 2-1]에서와 같이 2015년 3월 20일이며 88일간의 기간에 대한 쿠폰을 지급하여야 한다. 2015년 3월 18일에 CDS를 매입한 경우에도 동일하게 2015년 3월 20일이 최초 쿠폰지급일이며 88일간의 기간에 대한 쿠폰을 지급한다. 그러나 2015년 3월 19일에 CDS를 매입한 경우 최초쿠폰 지급일은 2015년 6월 21일이며 이때 94일간의 기간에 대한 쿠폰을 지급한다.

7) 선불포인트 호가와 전환

고정쿠폰은 ISDA가 제공하는 전환프로그램을 이용하여 전통적인 CDS 프리미엄으로 손쉽게 전환될 수 있다.[12] ISDA의 전환프로그램은 스왑 기간 동안의 부도확률(hazard rate)이 일정하다고 가정하고 고정쿠폰과 준거자산의 실제 스프레드의 차이를 반영하여 선불포인트로 전환하며, CDS 거래일 말부터 신용위험이 발생하는 것으로 가정한다. 따라서 계약에 따른 쿠폰은 쿠폰 발생 시작일부터 거래일까지의 부분과 거래일 익일(T+1)부터 만기일까지의 부분의 두 가지로 구분될 수 있다. 첫 부

12) Markit, ISDA CDS Standard Model 참조(http://www.cdsmodel.com/cdsmodel/).

분은 신용위험에 영향을 받지 않는 부분이고, 둘째 부분은 신용위험에 영향을 받는 부분이다. 선불포인트는 바로 둘째 부분의 가치를 반영하여 결정된다.

어떤 투자자가 [표 2-1]의 CDS 계약을 2015년 2월 20일에 매입했다 하자. 이 계약에서 쿠폰이 발생하는 총일수는 2014년 12월 22일부터 2016년 3월 20일까지의 454일이다. 쿠폰 발생일수는 2014년 12월 22일부터 2015년 2월 20일까지의 61일과 2015년 2월 21일부터 2016년 3월 20일까지의 393일로 나눌 수 있다. 첫 기간인 61일에 해당하는 쿠폰은 신용위험과는 무관하다. 그러나 이후 기간인 393일에 해당하는 쿠폰은 신용위험의 발생에 영향을 받는 현금흐름이며, 선불포인트 호가는 이 부분만을 반영하여 결정된다. 한편, 보장매도자는 첫 쿠폰 수령일에 신용위험과는 관련이 없는 첫 기간에 해당하는 쿠폰 발생액을 포함하여 받게 되므로 이를 보장매입자에게 돌려주어야 한다. 예를 들어 [표 2-1]의 CDS 계약이 선불포인트 2%로 호가된다 하자. 이는 보장매입자가 계약 시점에 지급하여야 하는 프리미엄이 명목원금의 2%, 즉 1억 달러×0.02 = 200만 달러임을 의미한다. 보장매입자는 이후 매년 100bp에 해당하는 고정쿠폰을 분기별로 지급한다. 한편, 보장매도자는 첫 쿠폰 수령일에 61일간의 발생 쿠폰 16만 9444달러(=1억 달러×100bp×61/360)를 수령하였으므로 이를 보장매입자에게 되돌려주어야 한다.

5. 신용부도스왑의 이용 예

1) 신용부도스왑을 이용한 신용위험의 헤지

만기가 5년인 A회사 회사채의 신용스프레드(credit spread)가 현재 국채수익률 대비 120bp이며, 10년 만기의 경우 195bp라 하자. A회사가 발행한 10년 만기 채권을 액면기준 100억 원 어치 소유하고 있는 B은행의 포트폴리오 관리자는 향후 5년 내에 A사의 신용등급이 하락할 것으로 예상하고 있으며 이에 따른 채권의 가격하락 위험을 걱정하고 있다. 이 경우 B은행의 포트폴리오 관리자는 다른 은행과 A회사가 발행한 채권을 준거자산으로 하는 신용부도스왑을 거래함으로써 이러한 위험을 헤지할 수 있다. 예를 들어 B은행이 C은행과 A사의 5년 만기 채권을 준거자산으로 하여 향후 5년 이내에 A사의 신용위험에 특정수준 이상의 변화가 발생하는 경우 액면금액에서 채권의 회수가치를 뺀 금액을 지급받으며 신용위험수준에 변화가 없는 경우 매년 2%의 프리미엄을 지급하기로 하는 계약을 체결했다 하자. 5년 이내의 특정시점에 A사의 신용위험의 증가를 가져오는 신용사건이 발생하여 액면 100억 원 기준 A사의 5년 만기 채권의 시장가치가 70억 원이 되었다 하자. 이 경우 B은행은 C은행으로부터 100억 원에서 70억 원을 차감한 30억 원을 보전받게 되어 A사의 신용위험 발생에 따른 손실을 보호받을 수 있게 된다. 반면 계약기간인 5년 이내에 신용사건이 발생하지 않는 경우 B은행은 C은행에 매년 액면금액의 2%에 해당하는 2억 원을 프리미엄으로 지급하여야 한다.

2) 신용부도스왑을 이용한 신용위험의 헤지와 신용한도의 관리

주거래 은행인 A은행으로부터 이미 100억 원의 대출을 받고 있는 C사는 A은행으로부터 50억 원의 추가대출을 받기를 원한다 하자. A은행의 대출담당자는 C사와의 지속적인 관계를 유지하기 위해 50억 원을 추가로 대출해 주자고 주장하고 있다. 그러나 위험관리부서에서는 신용위험의 집중을 피하기 위해 C사에 대한 대출한도 120억 원이 지켜져야 한다고 주장한다. 즉 20억 원까지만 추가대출이 가능하다는 것이다. 이 경우 고객관계유지라는 목표와 신용위험관리라는 목표 간에 갈등이 발생한다.

이러한 문제는 신용부도스왑을 이용하여 해결할 수 있다. 즉, A은행은 C사에게 50억 원을 추가로 대출해 주고 신용한도 120억 원을 초과하는 30억 원에 대해서는 B은행과 신용부도스왑 계약을 체결함으로써 문제를 해결할 수 있다. 예를 들어 C사에 대한 대출금리는 SOFR+50bp이며, 신용사건 발생 전까지 A은행은 위험이전의 대가로 B은행에게 매기 100bp를 지불하고 신용사건이 발생하면 30억 원에서 회수액(P)을 차감한 손실금액을 보전 받는 계약을 체결했다 하자. 이 같은 내용은 [그림 2-6]에 나타나 있다.

[그림 2-6]에서 보는 것처럼 A은행은 신용부도스왑 거래를 통해 C사와 지속적인 관계를 유지할 수 있으며, 동시에 지나친 신용집중으로 인한 신용위험을 헤지할 수 있다.

[그림 2-6] 신용부도스왑을 이용한 신용위험의 헤지와 신용한도의 관리

3) 신용부도스왑과 자기자본이익률의 관리

W은행의 마케팅부서에서는 소매업을 영위하는 우량고객을 새롭게 발굴하여 100억 원의 대출을 제공하고자 하나 위험관리부서에서는 이미 소매기업들에 대한 대출의 집중도가 너무 높아 새로운 대출이 어렵다고 하는 상황을 가정하자. 새롭게 발굴된 유망소매기업에 대한 대출은 소매기업에의 신용위험 집중도를 더욱 높이게 될 것이므로 업종별 대출한도의 재조정과 같은 신용위험관리 정책의 근본적인 변화가 없는 한 위험관리부서와 마케팅부서 간의 갈등을 해소하기가 어려울 것이다.

이러한 상황에서 W은행의 어려움은 소매기업에 대한 과도한 신용위험의 부담을 제3자에게 전가시키는 신용부도스왑 거래를 이용함으로써 해결할 수 있다. 또 신용위험의 부담이 줄어드는 것은 사실상 W은행의 위험조정수익률을 높이는 효과를 가져온다. 이 내용을 살펴보자.

[표 2-2]는 신용부도스왑을 이용한 헤지가 W은행의 자기자본이익률(위험조정수익률)을 얼마나 변화시킬 수 있는지 가상자료를 이용하여 보여주고 있다. W은행의 평균조달금리는 SOFR+15bp, 대출에 적용될 금리가 SOFR+60bp이며, 높은 신용도를 갖춘 투자은행과 이 대출에 대한 신용사건 발생 시 손실을 보전받는 신용부도스왑계약을 연간 30bp의 비용으로 체결가능하다고 가정하자.

[표 2-2] 신용부도스왑을 이용한 헤지 전후의 자기자본이익률 비교

〈 가정 〉 · 액면금액 100억 원 · 대출금리 SOFR+60bp
· 조달금리 SOFR+15bp · SOFR=5.5%
· 신용부도스왑의 비용=30bp · 규제자기자본비율=8%
· 위험가중치 : 상업대출=100%, 우량투자은행대출=20%

	신용부도스왑 전	신용부도스왑 후
대출수익	610,000,000원	610,000,000원
자금조달비용	565,000,000원	565,000,000원
신용부도스왑비용	–	30,000,000원
순이익	45,000,000원	15,000,000원
자기자본배분	800,000,000원	160,000,000원
자기자본이익률	5.625%	9.375%

W은행은 헤지 이전에 대출로부터 610,000,000원의 수익을 얻을 수 있으며, 자금조달비용은 565,000,000원이므로 헤지 이전의 순이익은 45,000,000원이다. 신용부도스왑을 이용하여 헤지를 하는 경우 스왑계약을 위해 30,000,000원의 추가적인 비용이 발생하므로 순이익이 15,000,000원으로 감소한다. 그러나 헤지를 하지 않은 경우에 대출에 적용되는 위험가중치가 100%인 반면 우량 투자은행에 대한 신용위험의 노출에 적용되는 위험가중치는 20%에 불과하다. 따라서 대출에 필요한 위험자본액은 헤지 전의 8억 원에서 헤지 후에 1.6억 원으로 크게 줄어든다. 이처럼 헤지 후의 포지션에 대한 자기자본배분이 적어지는 것은 상업대출의 신용위험을 신용부도스왑의 거래상대방인 은행의 신용위험으로 대체하였기 때문이며, 그 결과 위험조정수익률 즉, 자기자본이익률은 헤지 전에 5.625%에서 헤지 후에 9.375%로 크게 높아진다.

4) 신용부도스왑을 통한 국가위험의 헤지

특정국가의 기업에 투자하는 경우 투자자는 해당국가의 정치, 경제, 사회, 문화적인 환경과 조세제도 등의 특수성에 따른 국가위험(country risk)을 부담하게 된다. 이러한 국가위험을 회피하고자 하는 투자자는 유용한 방법으로 신용부도스왑을 이용할 수 있다. [그림 2-7]과 같이 X은행이 Z국의 기업에 대출해준 상황을 가정하자. X은행은 Z국 기업에 대해 일정한 이자를 받는 대출채권을 보유하고 있다. 이제 X은행은 Z국에 대한 위험노출을 없애기 위하여 Y은행과 신용부도스왑 계약을 체결하였다고 하자. 이 경우 X은행은 Z국 기업에 신용상의 문제가 발생했을 때 Y은행으로부터 받는 손실보전금의 대가로 일정한 프리미엄을 Y은행에 지불한다.

[그림 2-7] 신용부도스왑을 이용한 국가위험의 헤지

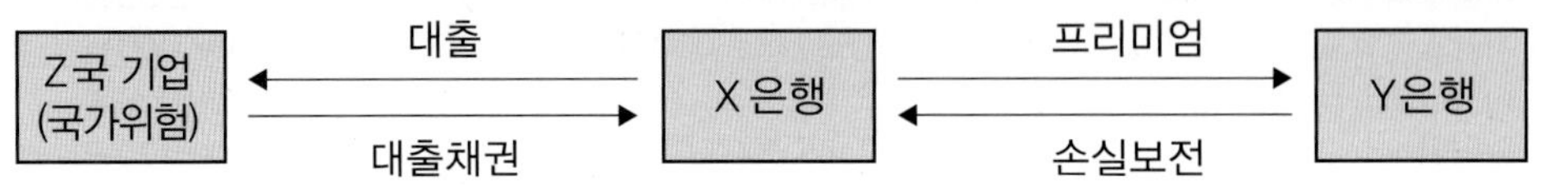

부도 발생 시 손실보전금은 다음과 같은 방법에 의해 결정된다. 첫째 실물인도의 경우 X은행은 부도가 발생한 Z국 기업의 채권을 Y은행에게 인도하고 채권의 액면가를 손실보전금으로 받는다. 반면 Y은행의 입장에서는 Z국 기업의 채권의 소유자로서 워크아웃(workout) 기간동안 적절한 구조조정을 통해 수익을 최대화할 기회를 갖게 된다. 그러나 채권의 형태가 아닌 대출의 형태였다면 양도상의 문제가 발생할 수 있다. 둘째, 경매를 통하여 부도가 발생한 준거자산의 시장가격을 결정할 수 있다. 이 방법은 신용사건이 발생한 후 일정기간 동안 신용파생상품 거래에 참여하는 참가자들이 경매를 통해 준거자산의 가격을 정하는 방법이다. 이 경우 Y은행은 X은행에게 해당채권의 시장가격과 액면가의 차이만큼을 지불하면 된다. 이 방법은 손실보전금 결정방법 중 가장 많이 활용되는 방법이며 실물인도에 따른 이전상의 문제를 파할 수 있는 장점이 있다. 그러나 특정 국가에서 부도가 발생할 경우 시장자체에서 가격산정이 거의 불가능할 수 있으며 파산 직후에는 매우 낮은 가격으로 평가될 수 있다는 단점이 있다. 세 번째 방법은 액면의 몇 % 등과 같이 손실보전액을 신용파생상품 계약체결 당시에 미리 정해놓는 방법이다.[13)]

5) 신용부도스왑을 이용한 자금조달비용의 절약

신용부도스왑을 이용하여 자금조달비용을 줄이고 수익률을 높일 수 있다. 이를 살펴보기 위해 다음과 같은 시장상황을 가정하자. 신용등급이 AAA인 H은행의 자

13) 김형태, 이준희, "신용파생상품에 관한 연구", 한국증권연구원, 2000, pp.64.

금조달비용은 SOFR−25bp이며, 이 은행의 자산은 신용등급이 BBB인 기업에 대한 대출채권으로 SOFR+30bp의 수익률을 얻고 있다. 한편, 신용등급이 A인 I은행의 자금조달비용은 SOFR+20bp이며, 이 은행 역시 신용등급이 BBB인 기업에 SOFR+30bp에 대출이 가능하다. 이러한 상황에서 H은행은 I은행과의 신용부도스왑 계약으로 BBB 기업에 대한 대출의 신용위험을 헤지할 수 있으며, I은행은 BBB 기업에 대출을 해주는 것과 동일한 위험을 부담하면서 더욱 높은 수익률을 얻을 수 있다(자금조달비용을 절약할 수 있다). 두 은행 간에 H은행이 I은행에게 연 20bp의 수수료를 지급하는 대가로 BBB 기업대출에 부도가 발생하는 경우 그 손실을 보전받는 신용부도스왑계약을 체결하였다고 하자. 편의상 I은행과 BBB 기업대출 간의 부도상관관계는 0이라고 하자. CDS 계약 체결후의 H은행의 거래 상황은 [그림 2-8]과 같다.

[그림 2-8] 신용부도스왑거래 후의 H은행의 상황

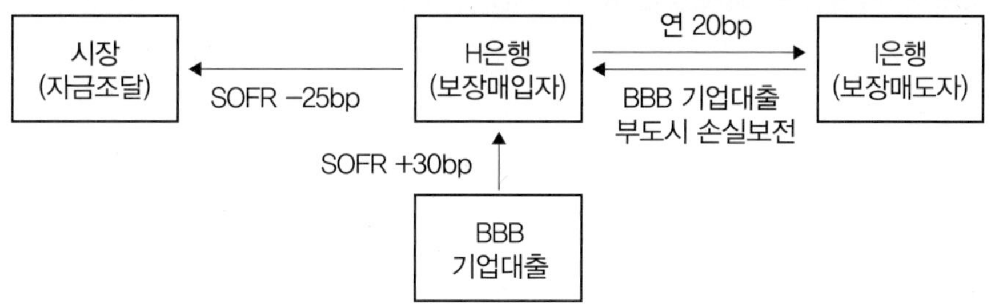

한편, 부도상관관계가 0인 A등급 자산과 BBB등급 자산이 결합된 포트폴리오의 경우 분산효과로 인해 그 위험이 감소하게 된다. 현재 시장에서는 결합 포트폴리오의 신용등급이 AA로 평가되며, AA등급 은행의 자금조달 이자율은 SOFR+10bp라 할 때 이 경우 신용부도스왑으로 인해 H은행과 I은행의 상황이 어떻게 변화하는지를 분석해보자. 우선 H은행은 BBB 기업대출과 신용등급이 A인 I은행과의 신용부도스왑계약(보장매입)의 결합으로 인해 신용등급이 AA인 자산을 보유하는 것과 같은 효과를 얻는다. 즉 헤지 전에 부담하던 BBB 기업대출의 신용위험은 헤지 후에 AA등급 수준으로 감소하였으며, 이에 따른 수익률 SOFR+10bp를 확보한다. I은행은 BBB 기업에 직접대출을 해주는 경우 10bp의 마진[=(SOFR+30bp) − (SOFR+20bp)]을 얻을 수 있었으나, H은행과의 신용부도스왑계약(보장매도)으로 직접 대출시와 동일한 위험을 부담하면서 20bp의 마진을 얻어 수익률을 제고할 수 있게 된다.[14)]

6. 신용부도스왑지수

최근 들어 신용부도스왑지수를 기초로 다양한 CDS 상품이 개발되어 거래되고 있다. 신용부도스왑지수(CDS index)는 CDS 포트폴리오지수라고도 불리며, 많은 수의 개별 CDS에 동일한 가중치를 부여하여 구성한 지수이다. 많은 수의 개별 CDS로 구성된 포트폴리오이므로 준거기업 포트폴리오의 평균적인 신용위험을 나타낸다고 볼 수 있다. 제1장에서 살펴본 것과 같이 신용부도스왑지수는 크게 iTraxx 계열과 CDX 계열로 나뉘며 모두 Markit이라는 금융정보회사에서 관리한다. iTraxx는 유럽과 아시아 지역의 기업들을 대상으로 하며, CDX는 북미지역의 기업을 대상으로 다양한 지수를 구성하여 발표하고 있다. CDS 지수의 만기는 1년에서 10년 사이로 다양하며, 대부분 6개월마다 새로운 시리즈가 발표되며 고정쿠폰이 분기마다 지급된다. 새로운 시리즈가 발표되면 다음 시리즈가 발표되기 전까지의 6개월 동안 이 시리즈가 지표종목(on-the-run)이 된다.

6-1. 신용부도스왑지수의 거래구조

보장매입자는 신용부도스왑지수를 매도함으로써 시장(준거기업 포트폴리오)의 평균적인 신용위험을 보장매도자에게 전가할 수 있으며, 보장매도자는 신용부도스왑지수를 매입함으로써 평균적인 신용위험을 부담하는 대가로 프리미엄을 얻을 수 있다. 따라서 CDS 지수를 매입하면 해당 지수에 대한 프리미엄을 받게 되며, CDS 지수를 매도하면 해당 지수에 대한 프리미엄을 지급하게 된다.

14) 이는 일종의 신용차익거래(credit arbitrage)이며, 이러한 차익거래가 가능하기 위해서는 보장매도자의 자금조달비용이 보장매입자에 비해 높아야 한다.

CDS 지수의 거래일과 만기일은 IMM일을 준수하며, 시리즈 시작일은 3월 20일과 9월 20일이고 만기일은 6월 20일과 12월 20일이다. 예를 들어 2021년 3월 20일에 나온 만기 5년의 CDX의 만기일은 2026년 3월 20일이 아니라 2026년 6월 20일이 된다. 따라서 만기가 5년(60개월)이 아니라 63개월이 된다.[15)]

[그림 2-9] CDS 지수 발행일과 만기일

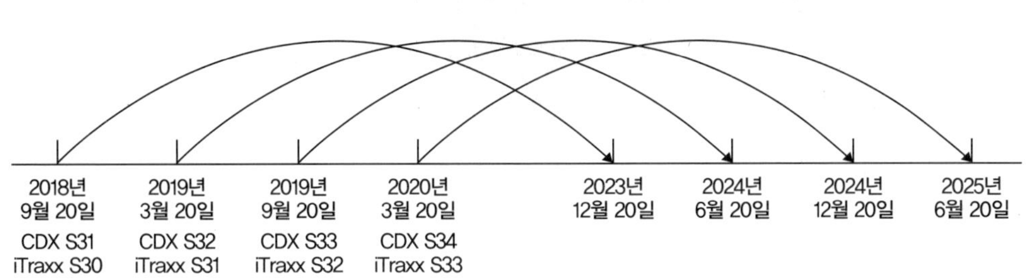

대부분 실물결제로 정산되는 개별 CDS와는 달리 CDS 지수는 모두 현금결제로 정산된다. 결제는 보통 거래 3일 후에 이루어지며, 결제일에 CDS 지수 매입자(보장매도자)는 지수 매도자(보장매입자)로부터 CDS 지수 계약의 시장가격에 해당하는 금액을 선불(upfront)로 지급받는다(또는 지급한다). CDS 지수 매입자(보장매도자)는 이후 분기별로 프리미엄을 지급받게 된다.

신용부도스왑지수의 거래는 개별 CDS의 거래와 약간 다른 점을 갖는다. 개별 CDS 계약에서 신용사건이 발생하는 경우 보장매입자는 보장매도자에게 분기별로 지급하던 프리미엄을 더 이상 지급하지 않는다. 반면, CDS 지수의 거래에서는 지수를 구성하는 특정 준거기업에 신용사건이 발생하더라도 지급하는 금액이 줄어들 뿐 계속하여 프리미엄을 지급한다. 즉, 부도가 발생한 준거기업에 해당하는 만큼의 계약의 명목원금이 줄게 되고 이에 따라 매기의 프리미엄이 줄어들게 될 뿐 포트폴리오를 구성하는 다른 준거기업들에 대한 CDS 계약은 여전히 유효하기 때문이다.

15) 개별 CDS 거래에서는 신용위험을 전가하는 투자자를 보장매입자, 신용위험을 부담하는 투자자를 보장매도자라고 불렀는데, CDS 지수 거래에서는 보통 보장매도자를 신용위험을 매입한다는 의미에서 CDS 지수 매입자라고 부르며, 보장매입자를 신용위험을 매도한다는 의미에서 지수 매도자라고 부른다.

예를 들어 한 포트폴리오 매니저가 북미지역의 125개 투자적격등급의 준거기업으로 구성되는 CDX.NA.IG(North America Investment Grade)에 대해 명목원금 2억 달러의 보장매도 포지션(지수매입)을 갖고 있다 하자. 신용사건이 발생하기 전에 이 매니저가 받게 되는 분기별 CDS 프리미엄은 다음과 같이 계산된다.

$$2\text{억 달러} \times \text{스왑스프레드} \times \frac{\text{해당분기의 실제일수}}{360}$$

이제 준거기업 중의 한 기업에 부도가 발생하면 계약의 명목원금은 2억 달러에서 1.9984억 달러로 0.8%(=1/125) 줄게 된다. 따라서 다음 분기에 받게 되는 프리미엄은 다음과 같이 변화된다.

$$1.9984\text{억 달러} \times \text{스왑스프레드} \times \frac{\text{해당분기의 실제일수}}{360}$$

한편, 부도가 발생한 경우 CDS 지수 매입자(보장매도자)는 CDS 지수 계약 액면의 1/125을 CDS 지수 매도자(보장매입자)에게 지급하고 해당 준거기업에 대한 실물채권을 인수받는다. 또는 실물결제 대신에 ISDA의 경매 프로토콜에 따른 경매를 통해 회수율이 결정되면 회수가치를 차감한 금액을 지급한다. 또 CDS 지수 매도자(보장매입자)는 직전 프리미엄 지급일부터 부도가 발생한 날까지의 일수를 계산하여 발생한 프리미엄을 보장제공자에게 지급한다.

6-2. 신용부도스왑지수의 거래 예

5년 만기 CDX.NA.IG에 대한 딜러의 매수호가(bid price)가 165bp, 매도호가(offered price)가 166bp라고 하자. 한 포트폴리오 매니저가 지수를 구성하는 125개 기업 각각에 대해 명목원금 100만 달러의 보장을 원한다 하자. 이 경우 이 포트폴리오 매니저는 보장매입을 위해 얼마의 프리미엄을 지급해야 하며, 준거기업이 부도가 나는 경우 지급해야 하는 프리미엄은 어떻게 변화하는지를 계산해보자.

딜러의 매도호가가 166bp이므로 이 포트폴리오 매니저는 보장매입을 위해 명목원금의 166bp를 지불하여야 한다. 지수를 구성하는 준거기업의 수가 125개이며, 각 기업마다 100만 달러의 보장을 원하므로 매년 지불해야 할 프리미엄은 다음과 같다.

$$매년의\ 프리미엄 = 125 \times 100만\ 달러 \times 0.0166 = 207.5만\ 달러$$

또 지수를 구성하는 각 준거기업에 부도가 발생하는 경우 매년 지급해야 하는 프리미엄은 16,600(=207.5만/125)달러씩 감소한다.

제3절

총수익스왑

1. 총수익스왑의 의의와 거래구조

총수익스왑(total return swap: TRS)은 신용부도스왑과는 달리 준거자산에서 발생하는 모든 경제적 성과(total return)를 계약에 의해 정해진 현금흐름과 교환하는 신용파생상품이다. 총수익스왑은 신용파생상품 시장의 초기단계에서는 신용부도스왑 다음으로 많이 이용되는 상품이었으나 최근 들어 그 거래비중이 많이 줄어들었다. [그림 2-10]은 총수익스왑의 거래구조를 나타낸 것이다.

[그림 2-10]에서 보는 것과 같이 총수익스왑 거래에서 보장매입자는 준거자산에서 발생하는 이자와 자본이득(손실) 등 총수익을 지급하며 보장매도자는 일정한 약정이자(통상 SOFR+스프레드)를 지급한다. 준거자산으로부터 발생하는 모든 현금흐름을 거래상대방에게 이전하기 때문에 해당자산을 매각하는 것과 현금흐름면에서는 동일한 효과를 가진다.

[그림 2-10] 총수익스왑의 거래구조

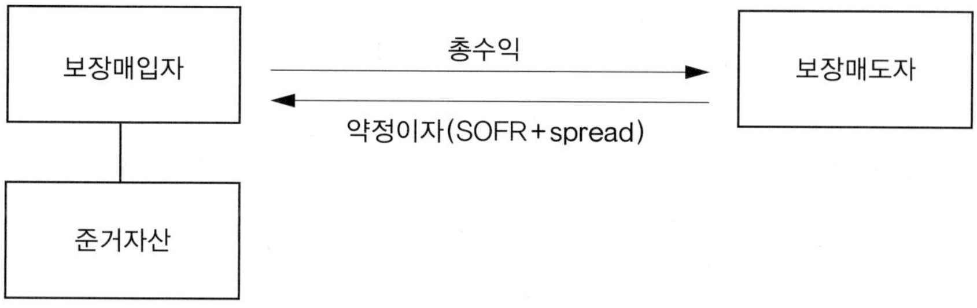

예를 들어 앞서의 대출포트폴리오스왑에서 살펴본 캔사스 농업은행의 예를 살펴보자. 캔사스 농업은행이 보유중인 5천만 달러의 농업대출에 대해 세인트루이스 리스크관리회사를 통해 시카고 산업은행과 총수익스왑계약을 체결했다 하자. 즉, 캔사스 농업은행은 대출에서 얻어지는 모든 수익을 시카고 산업은행에 넘기는 대가로 5천만 달러에 대해 'T-bill 수익률 + 2%'의 변동금리를 받기로 했다 하자. 이러한 거래를 통해 캔사스 농업은행은 5천만 달러의 대출에 대한 신용위험의 부담을 회피하고 무위험수익률(T-bill 수익률)을 초과하는 2%의 보장된 수익을 얻을 수 있다.

총수익스왑은 1997년 동남아 금융위기시에 국내 금융기관과 J.P. Morgan사 간에 거래체결 당시의 위험고지의무의 준수여부를 놓고 국제소송에까지 이르게 됨으로써 국내시장의 관심을 끌게 된 신용파생상품이다. 보장매도자 입장에서는 자기자금 부담 없이 신용위험을 부담하는데 따른 고수익 획득이 가능할 뿐만 아니라 스왑계약이 부외자산으로 처리됨에 따라 감독당국의 규제를 회피할 수 있는 수단으로 이용할 수 있다는 이점이 있다. 보장매입자는 실제 투자자산의 매각 없이 투자자산을 매각하는 것과 동일한 효과를 얻을 수 있으므로 신용부도스왑과는 달리 준거자산의 신용위험뿐만 아니라 이자율위험 등 시장위험까지 전가할 수 있다는 이점이 있다.

2. 총수익스왑, 신용부도스왑, 그리고 Repo

총수익스왑과 신용부도스왑의 가장 큰 차이는 신용부도스왑에서는 신용사건이 발생한 경우에만 손실보전을 위한 지불이 이루어지지만 총수익스왑에서는 신용사건 발생과 관계없이 정상시에도 준거자산의 시장가치를 반영하여 지불이 이루어진다는 점이다. 대출이나 회사채 등 준거자산의 시장가치는 준거기업의 신용위험뿐만 아니라 이자율과 같은 거시경제요인에도 영향을 받으므로 총수익스왑은 신용위험과 함께 시장위험도 전가시키는 효과가 있다.

총수익스왑의 또 다른 특징은 환매조건부채권(Repo)[16]과 유사한 점이 많다는 점이다. 환매조건부채권이란 미래 특정 시점에 동일증권을 매입(매각)하는 것을 전제로 특정증권을 매각(매입)하는 계약을 의미한다. Repo이자율이란 환매가 이루어지는 시점에서 지불되는 가격을 의미한다. 다음의 [그림 2-11]은 Repo계약 체결시점과 종결시점에서의 자금과 채권의 흐름을 나타낸다. 여기서 [SOFR + X bp]는 Repo이자율을 의미한다.

[그림 2-11] Repo의 거래구조

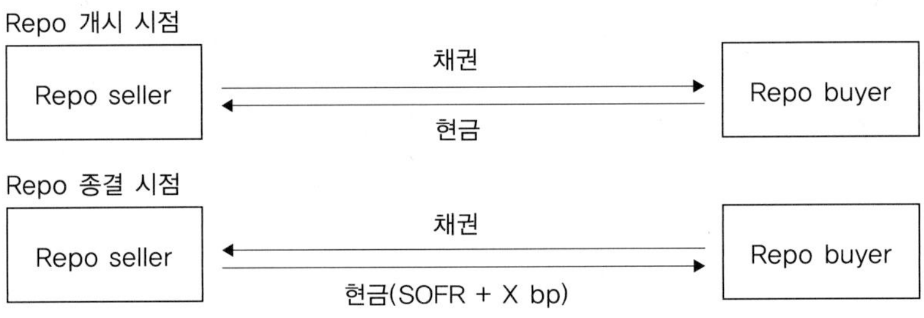

총수익스왑의 거래구조와 Repo의 거래구조를 비교하면 총수익스왑과 채권매각의 결합을 통해 Repo를 복제해 낼 수 있음을 알 수 있다. 즉, 보장매도자가 보장매입자

16) 환매조건부채권은 Repo 또는 RP(repurchase agreement)로 불리는데 이 책에서는 Repo로 표기한다.

에게 채권을 매각하고 총수익스왑 계약을 체결한 경우 그 현금흐름은 Repo seller의 현금흐름과 동일하다. [채권매각+총수익스왑(보장매도자)] 포지션은 합성 Repo라고 불린다. 실제로 Repo거래자들은 이 같은 관계에 근거하여 총수익스왑을 많이 이용하고 있다. Repo거래자들이 총수익스왑을 많이 이용하는 이유는 자금조달비용을 낮출 수 있고 스왑기간 동안 채권을 대차대조표에서 제거할 수 있기 때문이다. Repo를 통해 채권을 매각한 경우에는 채권을 환매하겠다는 약속이 전제되어 있으므로 Repo seller는 채권을 대차대조표에서 제거할 수 없다.

3. 총수익스왑의 경제적 효과

총수익스왑거래를 통해 얻을 수 있는 주요 경제적 효과를 정리하면 다음과 같다.[17]

첫째, 총수익스왑을 통해 신용패러독스(credit paradox)를 해결할 수 있다. 총수익스왑계약을 체결하게 되면 보장매입자(총수익스왑지급자)는 준거자산을 매각하지 않고도 해당자산에 대한 위험노출을 제거할 수 있다. 따라서 총수익스왑은 고객관계의 지속적인 유지를 위해 준거자산을 매각하기 곤란한 은행에게 적합한 상품이다. 총수익스왑계약이 체결되면 일반적으로 현금흐름과 이에 따른 위험은 보장매도자(총수익스왑수취자)에게 이전되지만 투표권 등의 경영권은 이전되지 않는다.

둘째, 보장매도자(총수익스왑수취자) 입장에서는 자산매입을 위한 현금지출 없이 자산을 매입하는 것과 동일한 현금흐름을 얻을 수 있다. 계약이행을 위해 담보(보증금)를 제공하는 경우에도 계약금액의 일부만을 지불하게 되므로 높은 레버리지 효과를 얻을 수 있다.

셋째, 여러 가지 제약으로 인해 대출채권에 직접 투자하기 힘든 투자자들에게 총수익스왑은 대출채권에 투자할 수 있는 기회를 제공한다. 보험회사나 헤지펀드 등은 대출채권시장에 투자하기 위해 총수익스왑을 많이 이용하고 있다.

넷째, 총수익스왑은 자금조달비용이 높은 금융기관으로 하여금 부외거래를 통해

---

17) Citibank, "Credit Derivatives," Credit Derivatives Sourcebook, Jan. 1997, pp.4-5, 김형태, 이준희, "신용파생상품에 관한 연구", 한국증권연구원, 2000. pp.36-37.

다양한 투자대상에의 투자와 분산투자를 가능하게 한다. 자금조달비용이 낮은 우량한 금융기관의 입장에서는 신용위험을 제거함과 동시에 안정된 수익을 확보할 수 있다. 물론 이 경우 거래상대방위험을 고려하여야 한다. 그러나 준거자산과 거래상대방이 동시에 채무불이행 상태에 빠지는 경우에만 보장매입자에게 손실이 발생하므로 준거자산과 거래상대방의 부도상관관계가 매우 높지 않은 이상 큰 문제가 되지 않는다.

4. 총수익스왑의 이용 예

1) 총수익스왑과 투자성과

총수익스왑거래의 투자성과를 자세히 살펴보기 위해 [표 2-3]의 상황을 가정해 보자. A은행이 보유하고 있는 대출의 현재 시장가치(P_0)가 100이며, 대출 이자율은 8%의 고정금리라고 하자. A은행이 다른 은행과 대출의 현금흐름을 지급하고, SOFR 금리를 수취하며 차입자의 신용하락과 시장상황 변화에 따른 대출가치의 하락을 보전받기로 하는(반대로 대출의 시장가치가 상승하는 경우에는 보장매도자가 가치상승분을 향유하게 된다) 총수익스왑 계약을 체결했다 하자. 스왑의 계약기간은 1년이며 SOFR 금리는 6%이다. 만약 스왑 기간 동안에 대출가치가 감소한다면 은행은 총수익스왑계약에서 약정한 금액에서 대출에서 발생한 자본손실을 제한 금액을 지불하게 된다. 예를 들어 스왑기간 초기에 대출의 시장가치는 P_0 = 100이었지만 차입자의 신용위험 증대로 스왑기간 말에 대출의 시장가치가 P_T = 94로 떨어졌다고 하자. A은행이 스왑상대방은행에 지불해야 하는 고정금리는 8%이지만, 대출에 대한 자본손실이 6% 발생하여 이 부분을 보전받게 되므로 A은행은 8%−6% = 2%만을 지불하면 되고, 약정한 변동금리 6%를 받게 된다. 따라서 이 은행이 총수익스왑을 통하여 얻는 수익률은 6%−2% = 4%가 된다.

이 경우 차입자의 신용위험 증대로 보장매도자는 손실을 보게 되었고, 보장매입자인 A은행은 총수익스왑계약을 통하여 대출의 시장가치손실을 헤지할 수 있다. 반면에 차입자의 신용위험이 감소하여 대출의 시장가치가 올라갈 경우에는 보장매도자가 이득을 보게 된다. 이와 같이 은행은 대출에 적용되는 약정된 이자와 수수료 및 대출의 시장가치 변동 분까지 포함된 모든 수익을 총수익스왑에 참여하는 상대방(보장매도자)에게 지불한다. 반면에, 은행은 대출을 위한 자금조달비용을 반영하는 SOFR와 연계된 금리를 받게 된다.

[표 2-3] A은행의 총수익스왑의 투자성과

	연간 현금흐름	대출가치 변동에 따른 현금흐름	총수익률
현금유입	변동금리 SOFR 6%	−	연 SOFR 6%
현금유출	고정금리(f) 8%	$\frac{P_T - P_o}{P_o}$	$f + \left[\frac{P_T - P_o}{P_o}\right]$ =8%−6%=2%
순수익률=6%−2%=4%			

2) 총수익스왑을 이용한 신용대출한도의 확대

은행은 대출이 특정고객이나 지역에 집중되어 추가적인 대출에 제약을 받을 수 있다. 이러한 문제는 총수익스왑을 이용하여 기존대출(또는 추가대출)의 신용위험을 헤지함으로써 해결될 수 있다. 예를 들어 살펴보자. A은행은 기업 B와 지속적인 거래관계를 유지해 오고 있는데, 현재시점에서 B는 사업확장을 위해 추가로 50억 원의 자금이 필요하다. A은행이 기업 B에 추가로 대출을 해줄 경우 5년 만기의 조건으로 기업 B의 신용등급 BBB를 반영하여 대출금리를 SOFR+100bp로 할 수 있다고 한다. 그러나 A은행은 신용대출한도에 관한 내규로 인해 기업 B에게 더 이상의 신용대출은 할 수 없는 실정이다. 이 경우 A은행은 대출시장에 직접 투자하는 것이 불가능한 헤지펀드나 연기금 등의 투자자와 총수익스왑계약을 체결함으로써 문제를 해결할 수 있다. 예를 들어 A은행이 W헤지펀드로부터 SOFR+50bp를 받고 추가대출에 따른 모든 현금흐름을 지급하기기로 하는 총수익스왑계약을 맺었다 하자. 총수익스왑계약에서 보장매입자인 은행은 신용위험의 제공자가 되고 거래상대방인 W헤지펀드는 보장매도자 즉, 신용위험의 매입자가 된다. 은행은 신용위험을 W헤지펀드에게 전가시키고 안정적인 SOFR+50bp의 수입을 얻을 수 있으며 기업 B에 대해 추가대출을 제공할 수 있다. W헤지펀드는 위험을 부담한 투자자로서 SOFR+100bp의 높은 수익을 기대할 수 있다. 이 같은 내용이 [그림 2-12]에 정리되어 있다.

[그림 2-12] 총수익스왑을 이용한 신용대출한도의 확대

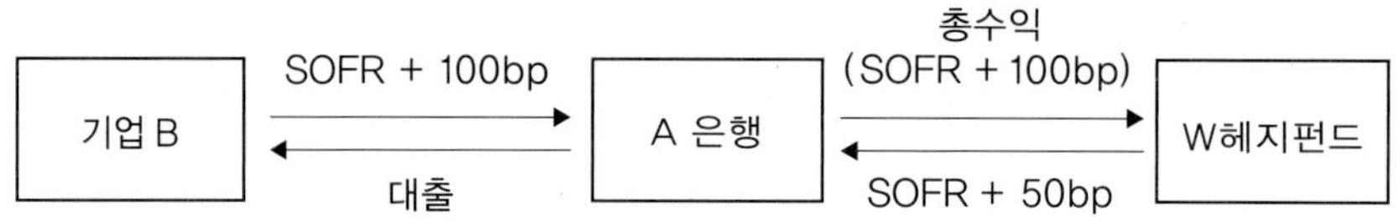

3) 총수익스왑을 이용한 레버리지효과

보장매도자는 총수익스왑을 이용하여 높은 레버리지 효과를 얻을 수 있다. 이를 살펴보자. Q은행은 표면이자율이 SOFR+250bp이며 액면가에 거래되는 BB 등급의 회사채를 보유하고 있다. 현재 SOFR 금리는 5.80%이다. 헤지펀드 A와 B는 SOFR+100bp에 자금을 조달할 수 있으며, C 뮤추얼펀드는 SOFR에 자금을 조달가능하다. 세 펀드는 모두 BB 등급 회사채에 대한 투자를 고려하고 있다. 이때 세 펀드는 Q은행과의 총수익스왑계약(보장매도)을 이용함으로써 회사채에 직접 투자하는 경우에 비해 훨씬 적은 자금을 부담하며 동일한 수익을 얻을 수 있다. 예를 들어 헤지펀드 A는 Q은행으로부터 높은 신용평가를 받고 있어 Q은행과 총수익스왑계약을 맺을 때 5%의 담보를 제공하면 되며, 헤지펀드 B는 10%의 담보를, 그리고 뮤추얼펀드 C는 100%의 담보를 제공하여야 한다고 하자. Q은행은 담보제공분에 대해 SOFR 금리를 지급한다. 이 경우 세 펀드가 총수익스왑계약을 이용하여 얻는 레버리지효과와 투자수익률을 다음의 [표 2-4]에 정리하였다.

[표 2-4] 총수익스왑을 이용한 세 펀드의 레버리지효과

	헤지펀드 A	헤지펀드 B	뮤추얼펀드 C
BB등급 회사채 수익률	8.30%	8.30%	8.30%
SOFR	5.80%	5.80%	5.80%
회사채 스프레드	2.50%	2.50%	2.50%
자금조달비용 스프레드	1.00%	1.00%	0.00%
총수익스왑 스프레드	1.50%	1.50%	2.50%
담보비율(투자금액)	5%	10%	100%
레버리지 배수	20 to 1	10 to 1	1 to 1
총수익스왑의 투자수익률	30%	15%	2.50%
담보에 대한 이자	5.80%	5.80%	5.80%
총투자수익률	35.80%	20.80%	8.30%

4) Chase은행의 러시아 채권 총수익스왑 예와 레버리지효과

레버리지효과를 Chase은행의 총수익스왑 예를 이용하여 구체적으로 살펴보자. 러시아 채권에 투자하고 있는 Chase은행은 보유중인 $100M의 러시아 채권의 신용위험을 제3자에게 전가하고자 한다. 러시아 채권의 수익률은 SOFR+250bp이다. Chase은행이 신용위험을 헤지하는 손쉬운 방법은 러시아채권을 제3자에게 팔든지 아니면 러시아 채권을 준거자산으로 하는 자산유동화증권(ABS)을 발행하는 것이다. 이러한 방법들이 가능하지 않은 경우 총수익스왑을 이용하면 러시아와의 고객관계를 해치지 않고도 신용위험을 관리할 수 있다. 즉, Chase은행이 스왑상대은행에게 러시아 채권에서 발생하는 총수익[=SOFR+250bp의 이자와 채권가치의 상승/하락액]을 지급하고 상대은행으로부터 SOFR+100bp의 이자를 받기로 하는 총수익스왑계약을 체결했다 하자. 이러한 거래가 이루어지는 경우 Chase은행은 결국 Loan Warehouse의 역할 또는 대차대조표를 임대하는 역할을 하는 셈이 된다. 상대은행은 러시아 채권의 신용위험에 투자를 하는 것으로 합성고수익채권거래(synthetic high yield debt trading)를 하는 셈이 된다. 이때 레버리지 비율이 7배라면 상대은행은 $100M의 명목원금에 대하여 담보로 $14.3M을 Chase은행에게 제공하게 된다. Chase은행은 이를 T-bill과 같은 안전자산에 투자하고 러시아 채권의 채무불이행이 발생하면 $14.3M 이내에서 이를 차지한다. 물론 채무불이행이 발생하지 않으면 T-bill에 대한 투자원금과 이자는 거래상대방에게 상환된다. 이러한 거래의 내용이 [그림 2-13]에 정리되어 있다.

[그림 2-13] Chase은행의 러시아 채권 총수익스왑 사례

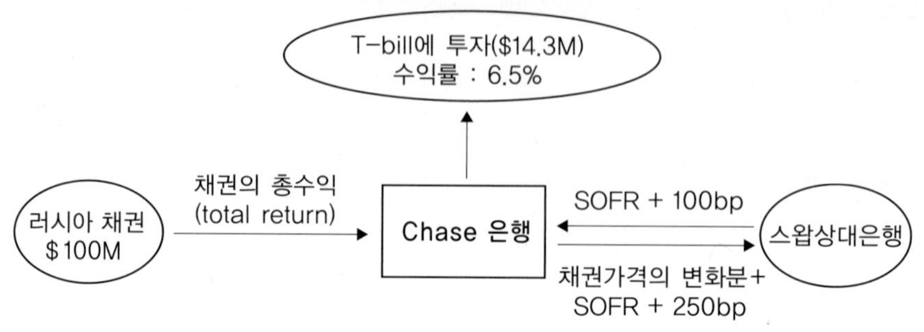

T-bill의 수익률이 6.5%라고 가정하면 상대은행이 얻을 수 있는 가능한 최대수익률은 17%(=1.5%×7+6.5%)가 된다. 이러한 거래의 실질적인 내용은 상대은행이 러시아 채무자에 대하여 Chase은행에게 지급보증을 해주는 것이다. 1990년대 중후반 우리나라의 많은 금융기관들이 이러한 총수익스왑 거래를 한 것으로 알려져 있는데 실제의 내용이 지급보증인데도 불구하고 신용파생상품이라고 하여 당국의 규제를 벗어날 수 있었던 것으로 알려져 있다.[18]

5) 총수익스왑을 이용한 신용위험의 헤지와 수익률 제고

다음과 같은 상황을 가정하자.

- AA등급 은행의 자금조달비용: SOFR−15bp
- A등급 은행의 자금조달비용: SOFR+30bp
- 두 은행 모두 SOFR+65bp의 수익률을 얻는 BBB등급 채권에 투자가능

위 상황에서 AA등급 은행은 BBB등급 채권에 투자함으로써 80bp의 순이익을 얻을 수 있으며, A등급 은행은 35bp의 순이익을 얻을 수 있다. 두 은행이 총수익스왑 거래를 통하여 어떤 효과를 얻을 수 있는지를 살펴보자.

18) 김규형, "신용위험의 측정과 관리", 한국금융컨설팅, 2000, pp.233-234.

AA등급 은행이 BBB등급 채권에 투자한 후 A등급 은행과 다음과 같은 총수익스왑 계약을 체결했다 하자.

-AA등급 은행은 A등급 은행에 BBB 채권의 총수익 지급

-A등급 은행은 AA등급 은행에 SOFR+15bp 지급

총수익스왑의 결과 BBB등급 채권과 A등급 은행의 부도위험이 서로 완전히 상관되어 있지 않으므로 AA등급 은행은 총수익스왑 거래 후에 BBB등급 채권에 대한 신용위험의 부담을 낮출 수 있다. 즉, [A등급 은행과 BBB등급 기업이 결합된 포트폴리오]는 신용등급이 A등급보다 좋게 평가된다. 따라서 필요 자기자본을 줄일 수 있으며 자기자본이익률의 개선효과를 얻을 수 있다. 총수익스왑 후에 AA등급 은행은 신용위험부담을 낮추면서 30bp[=SOFR+15bp-(SOFR-15bp)]의 순이익을 얻는다. A등급 은행은 위험부담에 차이가 없으나 순이익은 50bp[=SOFR+65bp-(SOFR+15bp)]로 증가한다.

[그림 2-14] 총수익스왑 거래의 결과

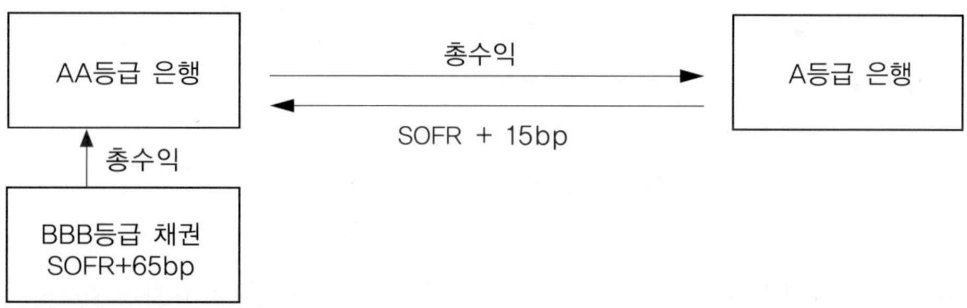

제4절

신용바스켓스왑

1. 신용바스켓스왑의 의의와 거래구조

신용바스켓스왑(credit basket swap: CBS) 또는 바스켓신용부도스왑(basket CDS)은 신용부도스왑의 특수한 형태로 다수 자산의 집합을 준거자산으로 손실보전의 우선순위가 상이한 다수 계층의 보장매도자(또는 바스켓 투자자)로 구성된 신용부도스왑의 일종이다. 준거자산과 보장매도자가 다수이고, 다수의 보장매도자는 손실보전의 우선순위가 서로 다르다는 점에서 앞서 설명한 신용부도스왑과 차이를 갖는다. 신용바스켓스왑은 신용부도스왑에 증권화의 원리를 적용하여 설계된다. 즉, 신용바스켓스왑에서 보장매도자(위험부담자)는 신용사건이 발생하여 손실이 발생하였을 때 손실을 보전하는 우선순위가 상이한 다수의 바스켓으로 구성된다. [그림 2-15]는 보장매도자가 두 유형인 경우의 신용바스켓스왑의 거래구조를 나타낸다.

[그림 2-15] 신용바스켓스왑의 거래구조

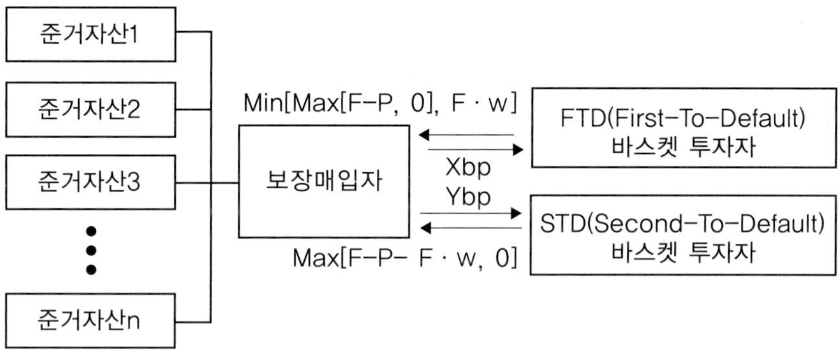

주) P: 채무불이행 발생시의 채권가격, w: 선순위 위험보전 바스켓의 손실보전율
주) X: FTD 투자자에게 지불되는 표면이자, Y: STD 투자자에 지불되는 표면이자
주) F: 채권 액면금액

[그림 2-15]에서 신용사건 발생시 먼저 손실을 보전하는 바스켓을 선순위 신용위험 보전바스켓(first-to-default basket: FTD basket)이라 한다. 손실의 규모가 작을 경우에는 FTD바스켓 투자자만 손실을 보상하고 여타의 바스켓 투자자는 손실을 보상하지 않는다. FTD의 손실보전율이 모두 소진되면 비로소 후순위 신용위험 보전바스켓(second-to-default basket: STD basket)의 손실보전이 이루어진다. 이와 같이 선순위 신용위험 보전바스켓은 다른 바스켓에 비해 우선적으로 손실보전 의무가 부과되므로 평상시에 그만큼 높은 프리미엄을 받게 된다. 신용바스켓스왑 계약 체결 당시에 FTD의 손실보전율(예: 40%)을 정하게 되는데 이에 따라 지급되는 프리미엄도 결정된다. 신용바스켓스왑거래에서 대표적인 바스켓 투자자는 투자은행과 상업은행이다. 일반적으로 투자은행과 같이 높은 수익을 얻기를 원하는 투자자는 손실보전의 순서가 빠른 바스켓에 투자한다. 상업은행과 같이 우량 신용등급의 안정적 자산에 투자하기를 원하는 투자자는 손실의 보전순서가 후순위인 바스켓에 투자한다.

신용바스켓스왑의 한 변형으로 특정 투자부분 전체에 대한 지표(index)를 기준으로 신용디폴트스왑계약을 체결함으로써 그 부문에서의 전체 위험을 헤지하는 인덱스스왑(index swap)이 있으며, 신용바스켓스왑보다 준거기업의 수가 더욱 많은 포트폴

리오디폴트스왑(portfolio default swap)이 있다.[19)]

2. 신용바스켓스왑의 이용 예[20)]

투자은행은 신용위험에 적절히 노출됨으로서 고수익을 획득할 수 있는 투자수단으로 신용파생상품을 활용하고 있다. 신용파생상품에 대한 투자와 현물시장에 대한 투자를 연계함으로서 특정 발행자의 신용위험을 거래할 수 있고 이를 통해 차익거래 기회를 얻을 수 있다. 투자은행이 대출자산에 투자할 경우 사전적으로 최소한의 기준 스프레드를 정하는 것이 일반적이기 때문에 이를 충족시키는 투자대상이 제한된다. 신용파생상품 투자는 스프레드가 낮은 자산에 대해 투자은행이 레버리지 포지션을 취하는 것을 가능하게 함으로써 투자은행이 원하는 스프레드의 조건을 충족시켜줄 수 있다.

예를 들어 특정한 대출자산에 투자하는 경우 지급받는 이자가 SOFR+100bp이고 이 자산의 신용등급은 BB+이라 하자. A투자은행 입장에서는 신용등급 BB+ 자산에 투자하는데 아무런 문제가 없으나 투자에서 얻는 신용스프레드 100bp가 너무 낮다고 평가하고 있다. B상업은행 입장에서는 100bp의 스프레드가 충분한 수익이라고 평가하고 있지만 신용등급 BB+ 자산에 투자하는 것을 꺼릴 수 있다. 예를 들어 투자은행 A가 설정한 최소 기대수익률은 SOFR+200bp라 가정하자. 투자자산의 신용등급관리에 민감한 상업은행 B의 경우는 투자 가능한 자산의 신용등급이 BBB 이상이라고 가정하자. 이 경우 위에서 설명한 대출자산은 A투자은행과 B상업은행 모두에게 부적절한 투자안이 된다. 그러나 A투자은행과 B상업은행이 위험과 수익을 재분리하고 해당 준거자산의 현금흐름을 적절히 배분함으로써 A, B 모두에게 만족스러운 투자안을 창출해 낼 수 있다.

구체적으로 [표 2-5]에서 가정된 자료와 같은 신용파생상품계약을 통해 위험을 재분배 해보자. 우선 위험수용도가 상대적으로 높은 A투자은행은 신용상의 문제가 발

19) 대개의 경우 바스켓스왑은 발행기관이 10개 이내이며, 포트폴리오디폴트스왑의 경우 40 ~ 100개에 이른다.
20) 김형태, 이준희, "신용파생상품에 관한 연구", 한국증권연구원, 2000. pp.61–63. 참조.

생할 경우 대출원금 100,000달러의 40%(40,000달러)에 해당하는 손실에 대해 우선적으로 책임을 진다. 이를 先손실(first loss)포지션이라 한다. 이에 반해 상대적으로 위험수용도가 낮은 B상업은행은 손실발생시 전체손실 중 A투자은행이 보전하지 못한 나머지 부분, 즉, 100,000달러의 60%(60,000달러)에 대해서 책임을 진다. 이를 後손실(second loss)포지션이라 한다. 위험재분배 후 B은행의 포지션은 신용등급 BBB로 평가되는 것으로 가정하자. 이와 같은 위험의 재분배에 따라 A투자은행은 높은 위험부담의 대가로 225bp의 스프레드를 얻게 되어 최소투자수익률을 상회하는 수익을 얻는다. 위험수용도가 낮은 B상업은행은 대출원금의 40%에 해당하는 손실부담위험을 A에게 먼저 전가시킴으로서 실질적으로 BBB 등급의 신용자산에 투자를 하는 효과를 얻는다. 거래의 결과가 [표 2-5]에 정리되어 있다.

[표 2-5] 신용바스켓스왑을 이용한 위험의 재배분과 투자성과

가정〉
- SOFR 금리 초과이표 : 100bp
- 대출기간 : 2년
- FTD의 이표승수 : 2.0
- 수입수수료 : 연간기준 25bp
- FTD의 포지션 : 40%

〈거래의 결과〉

(단위 : 달러)

	총계	선손실 포지션	후손실 포지션
대출원금	100,000	40,000①	60,000
총이표	1,000②	800⑧	200⑩
수입수수료(연간)	250③	100⑨	150
연간 총수익	1,250④	900	162.5
총스프레드 수익률	1.25%⑤	2.25%	0.58%
이표수익률	1.00%⑥	2.00%⑦	0.33%⑪

※ ① 100,000×0.4　② 100,000×100bp　③ 100,000×25bp
④ ②+③　⑤ 1,250÷100,000　⑥ 1,000÷100,000
⑦ 100bp×이표승수(2)　⑧ 40,000×⑦　⑨ 250×0.4
⑩ ②−⑧　⑪ 200÷60,000

연습문제

1. 신용부도스왑의 의의와 거래구조에 대해 설명하라.

2. 총수익스왑 의의와 거래구조에 대하여 설명하라.

3. 신용바스켓스왑에 대해 설명하라.

4. 신용부도스왑과 총수익스왑의 차이점에 대해 설명하라.

5. 총수익스왑과 채권매각을 결합한 합성 Repo의 구성과정과 이용상의 이점을 설명하라.

6. 신용부도스왑의 프리미엄 결정요인에 대해 설명하라.

7. ISDA가 북미지역 기업의 CDS에 대해 적용하고 있는 표준계약의 주요 내용에 대해 설명하라.

8. 신용부도스왑지수의 거래구조에 대해 설명하라.

연습문제

9. 국내의 A은행은 현재 연 6%의 수익을 얻을 수 있는 1억 달러의 채권을 보유하고 있다. 이 은행의 자금조달금리는 연 5%이다. A은행의 포트폴리오 관리자는 채권포지션의 신용위험 증가에 따른 손실을 우려하고 있다. 그가 알아본 바에 의하면 미국의 B투자회사는 A은행이 보유한 채권을 준거자산으로 하는 총수익스왑계약을 거래할 의향이 있다고 한다. B투자회사는 5.25%로 자금을 조달하고 있다. 다음 물음에 답하라.

(1) A은행이 B투자회사와 총수익스왑거래를 한다고 할 때 두 거래당사자가 모두 이득을 볼 수 있는 스왑거래의 약정이자율의 범위를 구하라.

(2) A은행이 B투자회사에 보유중인 1억 달러의 채권에서 발생하는 총수익을 주고 5.15%의 수익률을 받기로 하는 계약을 체결했다 하자. 이때 A은행이 얻을 수 있는 순성과는 어떠한지 분석하라.

(3) B투자회사의 순성과는 어떠한가?

(4) A은행과 B투자회사가 스왑거래 후에 부담하는 위험에 대해 설명하라.

10. A은행의 마케팅 부서에서는 IT산업의 신규고객을 발굴하여 만기 1년 100억 원의 대출을 제공할 계획을 가지고 있다. 그러나 A은행의 위험관리부서에서는 IT산업에 대한 기존대출이 이미 해당산업에 대한 대출한도에 육박하고 있어 신규대출이 어렵다고 한다. 위험관리부서의 책임자인 김 이사는 외국계 B은행과의 신용부도스왑계약을 통해 이러한 문제를 해결하려 하고 있다. 스왑의 약정내용은 향후 1년간 A은행이 B은행에게 일정수수료를 지불하는 대가로 IT산업에 대한 신규대출 100억 원에 부도가 발생할 경우 액면금액과 회수가치와의 차액을 보전받는 것이다. 다음과 같은

연습문제

자료를 가정하여 물음에 답하라.

자 료

스왑의 액면금액 : 100억 원
A은행의 자금조달금리 : SOFR+50bp, SOFR = 5%
신규 IT기업의 신용등급 : BB
위험가중치 : BB등급 상업대출 100%, AAA등급 은행대출 20%
자기자본비율 : 8%
IT산업에 대한 대출금리 : SOFR+150bp
외국계스왑상대은행의 신용등급 : AAA
신용부도스왑의 비용 : 70bp

위의 자료에 근거하여 A은행이 IT산업에 대한 대출한도규제를 어떻게 회피할 수 있는지를 설명하고, 스왑거래 전 후의 A은행의 필요자기자본과 자기자본이익률(ROE)이 어떻게 변화하는지를 보여라.

11. 국내의 A은행은 현재 연간 SOFR+200bp의 수익을 얻을 수 있는 만기 1년의 대출 1,000억 원을 보유하고 있다. A은행의 자금조달금리는 연 SOFR+50bp이다. A은행의 위험관리자인 박이사는 대출포지션의 신용위험증가에 따른 손실을 걱정하고 있다. 박이사는 대출포지션의 신용위험을 미국의 B투자은행과 총수익스왑계약(TRS)을 체결함으로써 헤지하려고 한다. 박이사가 알아본 바에 의하면 미국의 B투자은행은 A은행의 대출을 근거로 하는 총수익스왑계약을 체결할 의향이 있다고 한다. B투자은행의 자금조달금리는 SOFR+100bp이다. A은행이 B투자은행과 SOFR+75bp를 받기로 하는 TRS계약을 맺었다 하자. 스왑거래의 성과를 A은행과 B투자은행 입장에서 분석하고 스왑거래 후에 두 당사자가 부담하는 위험에 대해 설명하라.

연습문제

12. 신용등급이 AAA인 P은행의 자금조달비용은 SOFR–20bp이며, 이 은행은 신용등급이 BBB인 기업에 대한 대출로 SOFR+50bp의 수익률을 얻고 있다. 한편, 신용등급이 A인 Q은행의 자금조달비용은 SOFR+20bp이며, 이 은행 역시 신용등급이 BBB인 기업에 대출이 가능하다. 이러한 상황에서 P은행은 BBB 기업에 대한 대출을 준거자산으로 하여 Q은행과 다음과 같은 신용부도스왑 계약을 체결하였다.

- P은행은 Q은행에 연 50bp의 프리미엄을 지급한다.
- Q은행은 BBB 등급의 기업대출에 부도가 발생하는 경우 그 손실을 P은행에 보전해준다.

Q은행과 BBB기업대출 간의 부도상관계수는 0이며, 부도상관관계가 0인 A등급 자산과 BBB등급 자산이 결합된 포트폴리오의 경우 분산효과로 인해 그 위험이 감소하게 된다. 현재 시장에서는 결합 포트폴리오의 신용등급이 AA로 평가되며, AA등급 자산의 수익률은 SOFR이다. 위와 같은 상황에서 신용부도스왑 체결 후에 P은행과 Q은행에 어떤 변화가 나타나는지를 분석하라.

13. 2021년 6월 20일에 5년 만기의 CDS 계약이 거래되었다 하자. CDS 매입자는 연기준 1,000bp의 고정쿠폰을 지급하며 명목원금은 1억 달러이다. 준거자산의 부도는 4년 6개월 째에 발생할 것으로 예측되며, 경매과정을 거쳐 평가되는 부도시손실률(LGD)은 액면의 65%이다. 다음 물음에 답하라.

(1) CDS 발행자의 입장에서 현금흐름이 어떻게 되는지 설명하라.

(2) CDS 발행자 입장에서 이 계약의 가치를 평가하라. 단, 현재 시장에서 균형 CDS 스프레드는 700bp로 평가되고 있으며 무위험이자율은 3%이다.

연습문제

14. 북미지역의 125개 투자적격등급의 준거기업에 대한 CDS 지수인 CDX.NA.IG(North America Investment Grade)에 대한 5년 만기 상품의 매수호가(bid price)가 150bp, 매도호가(offered price)가 170bp이다. 포트폴리오 매니저 김씨는 CDX.NA.IG를 이용하여 지수를 구성하는 125개 기업 각각에 대해 명목원금 200만 달러의 보장을 달성하기를 원하고 있다. 다음물음에 답하라.

(1) 매니저 김씨는 보장매입을 위해 CDX.NA.IG를 어떻게 거래하여야 하며 매년 얼마의 프리미엄을 지급해야 하는지 계산하라.

(2) 지수 매도 후 첫해 말에 지수를 구성하는 두 개의 기업에 부도가 발생하였다. 이 경우 2차년도에 지불해야 할 프리미엄은 어떻게 변화하는가?

해답

1~8. 본문내용 참조

9. (1) A은행은 5%의 자금조달 금리를 가지고 있으며 B투자회사는 5.25%의 자금조달 금리를 가지고 있다. 따라서 두 기관이 총수익스왑거래를 하는 경우, 두 당사자가 모두 이익을 얻을 수 있는 스왑의 약정 이자율의 범위는 5.0 ~ 5.25%이다.

(2) A은행과 B투자회사의 스왑거래의 구조를 나타내면 다음과 같다.

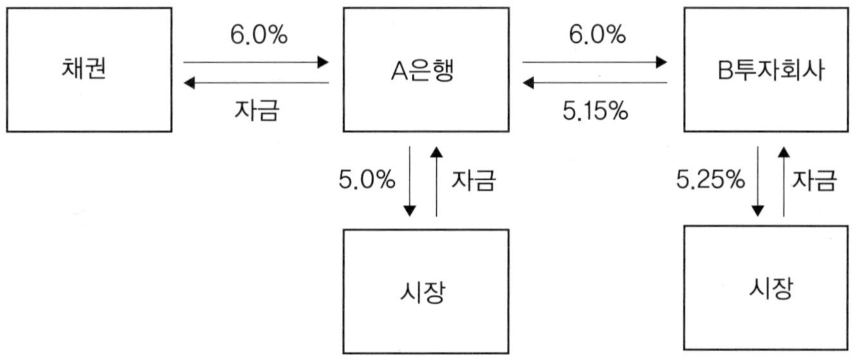

따라서 A은행이 총수익스왑거래 후에 얻게 되는 순성과는 다음과 같다.

수입이자 :	대 출	6.00%
	스왑계약	5.15%
지급이자 :	스왑계약	6.00%
	차 입	5.00%
	순성과	0.15%

(3) B투자회사의 스왑거래의 순성과는 다음과 같다.

스왑거래 없이 직접 채권투자 시 순성과 :	수 익 률	6.00%
	차입금리	5.25%
		0.75%

해답

스왑거래 시의 순성과 : 수 익 률 6.00%

지급이자 5.15%

0.85%

따라서 스왑거래를 통해 B투자회사는 스왑거래 전에 비해 0.1%의 순이익을 더 얻게 된다.

(4) A은행은 B투자회사와의 총수익스왑거래를 통해 보유 채권에 대한 신용위험을 헤지할 수 있다. 그러나 B투자회사에 대한 거래상대방위험을 부담한다. B투자회사 역시 A은행에 대한 거래상대방위험을 부담하며 또한 채권에 대한 신용위험과 시장위험을 부담하게 된다.

10. A은행의 어려움은 IT산업에 대한 과도한 신용위험의 부담을 제3자에게 전가시키는 신용부도 스왑거래를 이용함으로써 해결할 수 있다. 즉 대출한도를 초과하는 100억 원에 대한 신용위험을 B은행에게 이전시키는 스왑계약을 통하여 A은행은 IT산업에 대한 신용노출을 줄일 수 있으며 결과적으로 수익성 있는 신규대출이 가능하다. 또 이러한 신용부도스왑을 이용하여 신용위험을 헤지하는 경우 대출 상대방과 신용부도스왑 계약의 상대방이 동시에 파산하는 극단적인 사태가 발생하지 않는 한 신용손실은 실현되지 않는다.

신용위험을 낮추는 것은 거래의 위험조정수익률을 높이는 효과를 가져온다. 이 내용은 다음과 같다. 아래의 표는 A은행의 거래에 있어서 신용부도스왑을 이용한 헤지가 A은행의 위험조정수익률을 얼마나 크게 변화시킬 수 있는지를 보여주고 있다.

	신용부도왑 전	신용부도스왑 후
대출수익	650,000,000원	650,000,000원
자금조달 비용	550,000,000원	550,000,000원
신용부도왑비용	–	70,000,000원
순이익	100,000,000원	30,000,000원
자기자본배분	800,000,000원	160,000,000원
자기자본이익률	12.5%	18.75%

A 은행은 헤지 이전에 대출로부터 100,000,000원의 순이익을 얻을 수 있으며, 신용부도스왑을 통한 헤지를 함으로써 70,000,000원의 추가적인 비용이 발생하므로 순이익이 30,000,000원으로

해답

감소한다. 그러나 헤지를 하지 않은 경우에 대출에 적용되는 위험가중치가 100%인 반면 우량은행에 대한 신용위험의 노출에 적용되는 위험가중치는 20%에 불과하기 때문에 헤지를 통하여 위험자본의 필요액을 크게 줄일 수 있다. 이처럼 헤지 후의 포지션에 대한 자기자본배분이 적어지는 것은 상업대출의 신용위험을 신용부도스왑의 거래상대방인 은행의 신용위험으로 대체하였기 때문이며, 그 결과 위험조정수익률은 헤지 전에 12.5%에서 헤지 후에 18.75%로 높아진다.

11. A은행은 SOFR+50bp의 자금조달금리를 가지고 있으며 B은행은 SOFR+100bp의 자금조달금리를 가지고 있다. 따라서 두 기관이 총수익스왑거래를 하는 경우, 두 당사자가 모두 이익을 얻을 수 있는 스왑의 약정이자율의 범위는 SOFR+50bp ~ SOFR+100bp이다. SOFR+ 75bp에 총수익스왑을 체결한 경우를 가정하여 A은행과 B은행의 스왑거래의 구조를 나타내면 다음과 같다.

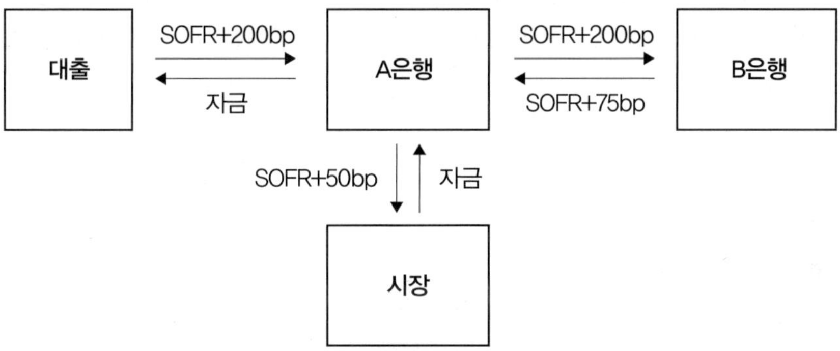

따라서 A은행이 총수익스왑거래 후에 얻게 되는 순성과는 다음과 같다.

수입이자 : 대출		SOFR+200bp(대출의 위험 부담)
스왑계약		SOFR+75bp(B은행의 신용위험)
지급이자 : 스왑계약		SOFR+200bp(대출의 위험 부담)
	차입 금리	SOFR+50bp
	순성과	25bp

해답

따라서 A은행은 스왑거래 후에 B은행 수준의 위험부담을 대가로 25bp의 순이익을 얻는다.

B은행의 스왑거래의 순성과는 다음과 같다.

스왑거래 없이 직접 대출 시 순성과 : 수익률 SOFR+200bp(대출의 위험 부담)
차입금리 SOFR+100bp
100bp

스왑거래 시의 순성과 : 수익률 SOFR+200bp(대출의 위험 부담)
지급이자 SOFR+75bp
125bp

따라서 스왑거래를 통해 B은행은 25bp의 순이익을 얻게 된다.

A은행은 B은행과의 총수익스왑 거래를 통해 보유대출에 대한 신용위험을 헤지할 수 있다. 그러나 B은행에 대한 거래상대방위험을 부담한다. B은행 역시 A은행에 대한 거래상대방위험을 부담하며 또한 대출에 대한 신용위험과 시장위험을 부담하게 된다.

12. CDS 계약 체결 후의 P은행의 거래 상황은 다음 그림과 같다.

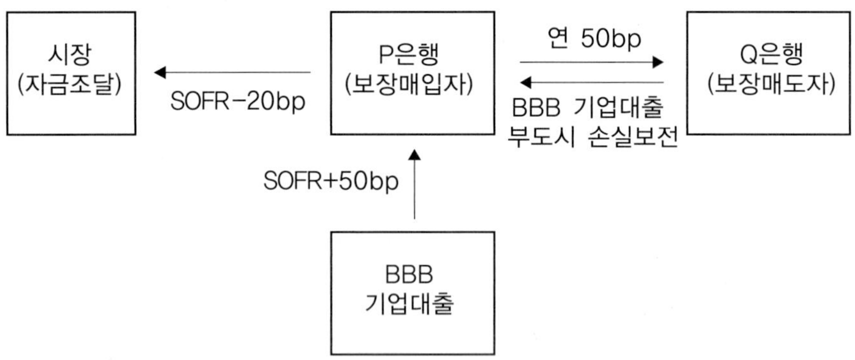

P은행은 BBB 기업대출과 신용등급이 A인 Q은행과의 신용부도스왑계약(보장매입)의 결합으로 인해 신용등급이 AA인 자산을 보유하는 것과 같은 효과를 얻는다. 즉 헤지 전에 부담하던 BBB 기업대출의 신용위험은 헤지 후에 AA등급 수준으로 감소하였으며, 이에 따른 수익률 SOFR를 확보한

해답

다. Q은행은 BBB기업에 직접대출을 해주는 경우 30bp의 마진[=(SOFR+50bp)-(SOFR+20bp)]을 얻을 수 있었으나, P은행과의 신용부도스왑계약(보장매도)으로 직접 대출시와 동일한 위험을 부담하면서 50bp의 마진을 얻어 수익률을 제고할 수 있게 된다.

13. (1) 발행자에게 발생하는 현금흐름은 2022년 6월 20일부터 2025년 6월 20일까지 매년 1,000만 달러의 현금흐름(고정쿠폰)을 받는다. 또 이 대가로 계약 이후 4년 6개월 째(2025년 12월20일)에 CDS 계약의 준거자산에 부도가 발생하는 경우 회수가치(액면의 40%)를 제외한 6천만 달러를 보장매입자에게 지불하여야 한다.

(2) 발행자 입장에서의 CDS계약의 가치 MTM은 식 2.3을 이용하여 다음과 같이 평가될 수 있다.

$$MTM = (S-C) \times RPV(t)$$
$$RPV(t) = (1-\exp(-gT)) / g$$
$$g = r + S / (1-R)$$

위 식에서 C는 고정쿠폰, S는 계약의 가치를 0으로 만드는 균형 CDS 스프레드, r은 무위험이자율(SOFR), R은 예상회수율(=35%)이다.
문제에서 고정쿠폰 C = 1,000bp, 균형 스프레드 S = 700bp, 무위험이자율 r = 0.03, T = 4.5년이므로 계약의 가치 MTM을 평가하면 다음과 같다.

$$g = r + S / (1-R) = 0.03 + 700bp / (1-0.35) = 0.1376$$
$$RPV(t) = (1-\exp(-0.1376 \times 4.5)) / 0.1376 = 3.35$$
$$MTM = (S-C) \times RPV(t) = (700bp - 1,000bp) \times 3.35 = -10.05\%$$

따라서 CDS 발행자(보장매도자)는 선불로 명목금액의 10.05%인 1,005만 달러를 보장매입자에게 지불하여야 한다.

해답

14. (1) 매니저 김씨는 보장매입을 위해 CDX.NA.IG를 매도하여야 한다. 매도호가가 170bp이므로 지불하는 매년의 프리미엄은 명목원금의 170bp이다. 지수를 구성하는 준거기업의 수가 125개이며, 각 기업마다 200만 달러의 보장을 원하므로 매년 지불해야 할 프리미엄은 다음과 같다.

매년의 프리미엄 = 125×200만 달러×0.017=510만 달러

(2) 지수를 구성하는 두 개의 기업에 부도가 발생한 경우 계약의 명목원금은 1.6%(=2/125) 만큼 줄게 된다. 따라서 명목원금은 3억 달러에서 2.952억 달러로 감소하며 2차년도에 지불해야 할 프리미엄은 501.84(=510 ×(1−0.016))만 달러로 줄게 된다.

참고문헌

[국내문헌]

- 김경무 · 양정용 · 정연수, "신용파생상품의 구조와 리스크분석," 새로운 제안, 2007.
- 김규형, "신용위험의 측정과 관리", 한국금융컨설팅, 2000.
- 김형태, 이준희, "신용파생상품에 관한 연구", 한국증권연구원, 2000.
- 남길남 · 이석형 · 준윤신, "세계 신용파생상품시장의 혁신과 시사점," 한국증권연구원, 2008.
- 이건호, "신용파생상품의 이해와 위험관리에의 활용", 한국금융연구원, 1999
- 한국은행, "신용파생상품시장의 활성화방안", 한국은행, 2002

[국외문헌]

- Anthony Saunders and Linda Allen, Credit Risk Measurement, Wiley Finance, 2002.
- Antulio N. Bomfin, Understanding Credit Derivatives and Related Instruments, Elsevier, 2005.
- BBA, Credit Derivatives Report, 2006.
- Citibank, "Credit Derivatives," Credit Derivatives Sourcebook, Jan. 1997
- Frank S. Skinner, and Timothy G. Townsend, "An empirical analysis of credit default swaps," International Review of Financial Analysis 112, 2002, pp.1–13.
- George Chako, Anders Sjoman, Hiderto Motohashe, and Vincent Dessain, Credit Derivatives, Wharton School Publishing, 2006.
- George Chaplin, Credit Derivatives, John Wiley & Sons, 2005.
- ISDA, ISDA Credit Derivative Definitions, Supplements and Commentaries, 1999~2019.

참고문헌

- ISDA, Small Bang Protocol : Credit Operations Best Practices, 2009.
- Janet M. Tavakoli, Credit Derivatives & Synthetic Structures, Wiley Finance, 2001.
- Nina Boyarchenko, Anna M.Costello, and or Shachar, "The Long and Short of It: The post-Crisis corporate CDS Market,: Economic policy Review 26(3), 2020.
- Markit, ISDA CDS Standard Model, 2009.
- Markit, The CDS Big Bang, 2009.
- Markit, CDS Small Bang, 2009.
- Moorad Choudhry, Strucutured Credit Producuts, Wiley Finance, 2004.
- John C. Hull, "Risk Management and Financial Institutions," 5th ed., Wiley, 2018.
- Noel Vaillant, "A Beginner's Guide to Credit Derivatives," Nomura International, Nov. 2001
- Satyajit Das, Credit Derivatives and Credit Linked Notes, John Wiley & Sons, 2000.

제 3 장 신용파생상품의 종류와 활용(II)

제1절 신용디폴트옵션

제2절 신용선도계약

제3절 신용연계채권

제4절 합성 CDO

학습목표

1. 신용디폴트옵션의 구조와 수익형태에 대해 명할 수 있다.
2. 신용스프레드옵션의 기능과 이를 이용한 위험관리에 대해 설명할 수 있다..
3. 신용선도계약의 개념과 거래구조를 설명할 수 있다.
4. 신용연계채권의 거래구조를 설명할 수 있다.
5. 합성CDO의 특성과 거래구조에 대해 설명할 수 있다.

학습개요

앞 장에서는 대표적인 신용파생상품으로 신용디폴트스왑과 총수익스왑을 포함한 신용스왑에 대해 살펴보았다. 이 장에서는 신용디폴트옵션, 신용스프레드옵션, 신용선도계약, 신용연계채권, 그리고 합성 CDO에 대해 살펴본다. 이 장의 학습을 통해 독자들은 각 신용파생상품의 기본적인 거래구조와 경제적인 효과, 그리고 각 상품을 이용한 신용위험관리방법에 대해 알아보게 될 것이다.

제1절

신용디폴트옵션

1. 신용디폴트옵션의 의의

1) 신용옵션과 신용디폴트옵션

신용옵션(credit option)은 변동금리 채권이나 대출, 자산스왑(asset swap), 신용부도스왑(CDS) 등 신용위험에 노출되어 있는 상품을 기초자산으로 하는 옵션을 말한다. 옵션의 매입자는 일정한 프리미엄을 옵션매도자에게 지급하는 대신에 약정된 가격으로 기초자산을 매입 또는 매도할 수 있는 권리를 얻는다. 이중 제2장에서 살펴본 신용디폴트스왑을 기초자산으로 하는 옵션을 신용디폴트옵션(credit default option) 또는 디폴트옵션(default option) 또는 신용디폴트스왑션(credit default swaption)이라고 부른다. 신용디폴트옵션은 특정 준거자산에 대한 CDS를 미래의 특정 시점에 특정한 행사가격(행사스프레드)으로 매입하거나(payer option, 지불자옵션) 매도할(receiver option, 수신자옵션) 수 있는 권리이다. 신용디폴트옵션은 일반적으로 유럽식 옵션이며, 행사가격은 CDS에 대한 쿠폰(스프레드)으로 표시된다.

예를 들어 특정 대출에 대한 CDS를 기초자산으로 하는 디폴트옵션의 만기가 1년 후이며 행사스프레드가 200bp라 하자. 1년 후에 대출의 실제 스프레드가 300bp로 상승하였다 하자. 이 경우 옵션 매입자는 이 대출에 대한 CDS를 행사가격 200bp에 매입함으로써 신용스프레드 상승에 따른 준거자산의 손실을 보전받을 수 있다. 즉 1년 후 시장에서 이 대출의 신용위험을 보전해줄 수 있는 CDS의 시장가격은 300bp이나 옵션매입자는 이를 200bp에 매입할 수 있는 권리를 갖기 때문이다.[1)]

개별 CDS에 대한 디폴트옵션은 신용사건 발생시 현금흐름없이 소멸된다(옵션매입자가 계약시 지불한 프리미엄은 예외이다). 따라서 디폴트옵션은 준거자산의 실제 채무불이행에 대한 헤지수단이 아니라 신용스프레드의 변동에 대한 헤지수단으로 이용된다. 옵션의 매입자는 일정한 프리미엄을 옵션매도자에게 지급하는 대신에 약정된 가격으로 준거자산에 대한 CDS를 매입 또는 매도할 수 있는 권리를 얻는다. 옵션매입자는 발행자의 신용도 변화에 따른 준거자산의 가격변화위험을 헤지하는 수단으로, 옵션매도자는 자기자금 부담 없이 신용위험의 부담대가로 프리미엄을 획득하는 수단으로 활용할 수 있다.

채권이나 대출에 대한 신용옵션과 마찬가지로 신용디폴트옵션은 금리변동에 따른 가격변화가 존재하지 않고, 따라서 가격변화가 전적으로 준거자산의 신용위험에 좌우되는 CDS를 기초자산으로 한다. 결국 신용디폴트옵션은 신용위험자산 발행자의 신용상태가 변화함에 따라 시장에서 결정되는 신용스프레드가 변동함에 따라 발생하는 손실을 보전 받는 옵션이라고 할 수 있다. 따라서 신용디폴트옵션은 옵션이 행사되는 경우에 단순히 스프레드 변화에 해당하는 금액만을 현금결제하는 조건으로 거래되는 것이 일반적이다.

2) 지수옵션

iTraxx나 CDX 같은 신용부도스왑지수에 대한 CDS를 기초자산으로 하는 옵션 거래가 최근 크게 증가하고 있다. 개별 CDS에 대한 옵션과 마찬가지로 CDS 지수에 대한 옵션도 지불자옵션(payer option)은 매입자에게 미래의 특정 시점에 정해진 행사스프레드에 CDS를 매입할 수 있는(즉 행사가격 스프레드를 지급하고 미래 손실을 보전받을 수 있는) 권리이며, 수신자옵션(receiver option)은 보유자에게 행사가격

1) 이런 측면에서 볼 때 신용디폴트옵션에서 payer option은 유럽식 풋옵션이라 할 수 있다. 즉, 가격으로 표시하면 300bp의 스프레드에 평가되는 대출의 시장가격은 옵션의 행사스프레드인 200bp에 평가되는 가격보다 낮으나, 옵션매입자는 스프레드 변동에 관계없이 200bp의 행사스프레드에 평가되는 가격에 대출을 매각할 수 있는 효과를 얻기 때문이다. 같은 논리로 receiver option은 유럽식 콜옵션이라 할 수 있다.

스프레드 수준에서 CDS를 매도할 수 있는(즉 보장을 제공하는 대가로 행사가격 스프레드를 수령할 수 있는) 권리이다.

옵션 만기일 전에 지수 구성 종목들 중에 채무불이행이 발생하면, 지불자옵션 매입자는 옵션을 행사하여 신용사건을 촉발시킬 수 있다. 지불자옵션의 매입자는 채무불이행으로 인한 손실을 입기 때문에 지수의 스프레드가 옵션의 행사가격 이하이더라도 옵션을 행사할 수 있다. 따라서 CDS 지수 옵션의 총 수익에는 (1)만기시 스프레드 수준과 옵션의 행사스프레드의 차이로 인한 수익과, (2) 지수 구성 종목의 부도 손실로 인한 수익의 두 가지 요소로 구성된다. 현재 신용디폴트옵션 시장의 대부분은 신용부도스왑지수를 기초로 하는 지수옵션이 차지하고 있으며, 그 중 CDX.NA.IG 및 CDX.NA.HY 지수에 대한 지불자옵션(즉 풋옵션)이 60% 이상을 차지하고 있다.[2)]

2. 신용스프레드옵션

신용디폴트옵션의 기본적인 형태로 자주 활용되는 것으로 신용스프레드옵션을 들 수 있다. 신용스프레드옵션(credit spread option)은 옵션의 만기일 이전에 미리 약정된 행사스프레드(strike spread)하의 가격에 준거자산을 사거나 팔 수 있는 권리를 부여한 계약이다.[3)] 신용스프레드옵션은 보통 약정된 행사스프레드와 옵션 행사시점의 준거자산의 신용스프레드의 차이에 의해 결제된다. 따라서 투자자는 신용스프레드옵션을 이용하여 신용스프레드의 변동위험을 헤지할 수 있다. 〈그림 3-1〉은 신용스프레드옵션의 거래구조를 나타낸다.

2) Nina Boyarchenjo, Anna M. Costella, and Or Shacher, "The Long and Short of It: The Post-Crisis Corporate CDS Market," Economic Policy Review 26(3), June 2020.

3) 여기에서 설명하는 신용스프레드옵션은 주식이나 채권 등에 대해 동일한 만기를 가지나 행사가격이 서로 다른 동일유형의 옵션을 동시에 사고 파는 전략(흔히 credit spread 전략이라 부른다)이 아니라, 신용위험자산(또는 신용스프레드)를 기초자산으로 하는 풋 또는 콜 옵션을 말한다.

[그림 3-1] 신용스프레드옵션의 거래구조

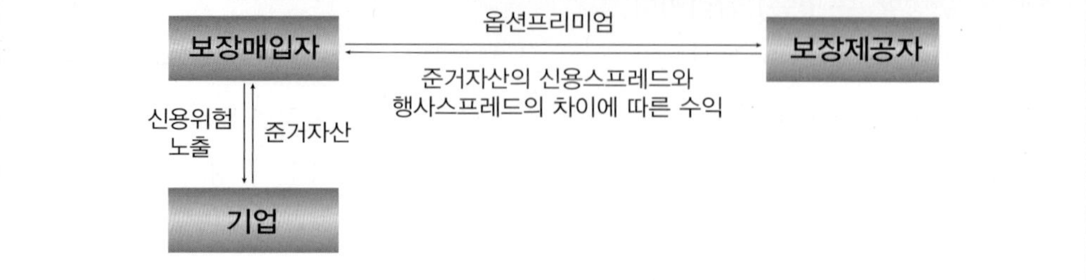

신용스프레드콜옵션은 약정된 행사스프레드하에서 평가된 가격에 준거자산을 살 수 있는 권리이며, 신용스프레드풋옵션은 해당가격에 준거자산을 팔 수 있는 권리이다. [그림 3-1]에서 보듯이 보장매입자(옵션매입자)는 보장매도자(옵션매도자)에게 일정한 옵션프리미엄을 지불하고 만기일에 준거자산의 신용스프레드와 행사스프레드의 차이에 따른 수익을 얻게 된다.[4] 신용스프레드풋옵션 매입자는 [만기일의 준거자산의 신용스프레드 − 행사스프레드]를 수익으로 얻으며, 신용스프레드콜옵션 매입자는 [행사스프레드 − 만기일의 준거자산의 신용스프레드]를 수익으로 얻게 된다. 따라서 준거기업의 신용위험이 증가하여 신용스프레드가 커질수록 신용스프레드풋옵션 매입자가 얻는 이익이 커지며, 반대로 준거자산의 신용스프레드가 작아질수록 신용스프레드콜옵션 매입자가 얻는 이익이 커지게 된다.

은행처럼 차입자의 신용스프레드의 증가에 따른 손실을 헤지하기를 원하는 투자자는 신용스프레드풋옵션을 매입함으로써 위험을 헤지할 수 있다. [그림 3-2]에서 보듯이 차입자의 신용도가 하락함에 따라 차입자가 발행한 채권의 신용스프레드가 증가하면 풋옵션으로부터의 수익이 커지게 되기 때문이다. 즉 대출가치의 하락은 풋옵션 가치의 상승으로 상쇄된다.

4) 신용스프레드옵션의 만기일의 수익은 계약내용에 따라 식 (3.1)과 같이 결제하는 방법을 따르거나, 만기일의 준거자산의 가격과 행사스프레드하에서 평가된 준거자산의 가치와의 차이를 결제하는 방법이 사용된다. 또 신용스프레드 풋옵션과 콜옵션의 만기일의 수익형태는 계약내용에 따라 반대의 형태로 정해질 수도 있다.

[그림 3-2] 신용스프레드풋옵션의 수익과 손익

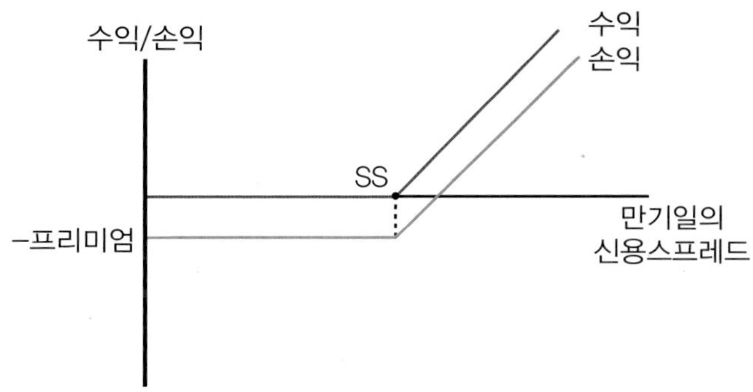

듀레이션(duration)을 이용하면 옵션매입자가 만기일에 얻는 신용스프레드 풋옵션의 수익은 다음과 같이 나타낼 수 있다.

$$풋옵션의\ 수익 = D^m \times 명목원금 \times [만기일의\ 신용스프레드 - SS] \quad (3.1)$$

D^m = 준거자산의 수정듀레이션

SS = 행사스프레드(strike spread)

3. 디지털디폴트옵션

디지털디폴트옵션(digital default option)은 대출이 부도가 났을 때 약정된 금액을 받을 수 있는 권리이다. 〈그림 3-3〉은 부도가 발생한 경우 채권의 액면가를 받을 수 있는 디지털디폴트옵션을 매입한 경우에 얻을 수 있는 수익과 손익을 보여준다. 만약 채권이 부도가 나면 옵션을 발행한 보장매도자는 부도난 채권의 액면가를 매입자에게 지불하게 된다. 그러나 차입자가 약정한 대로 채권의 원리금을 상환한다면 옵션은 행사되지 않을 것이다. 따라서 디지털디폴트옵션을 매입한 경우 매입자가 입을 수 있는 최대손실은 옵션 구입시에 지불한 프리미엄으로 제한된다.

[그림 3-3] 디지털디폴트옵션의 수익과 손익

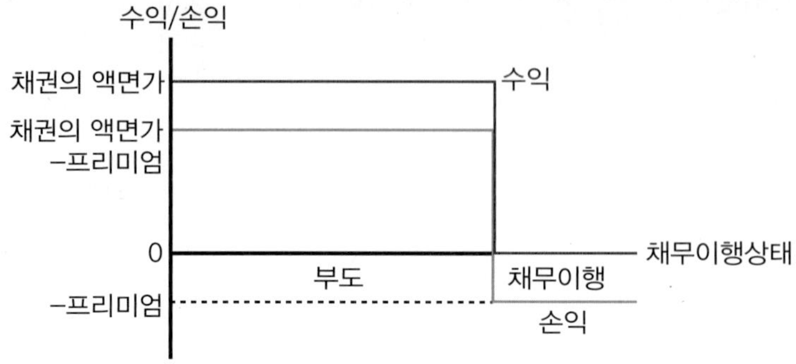

4. 신용옵션의 이용 예

1) 신용풋옵션의 이용 예

1천만 달러 상당의 회사채를 소유한 투자자를 가정해보자. 회사채 발행기업의 신용위험의 헤지를 위해 투자자는 행사가격이 9백만 달러인 채권에 대한 풋옵션을 4만 달러에 매입하였다 하자. 이 옵션은 투자자로 하여금 내년 중 언제라도 9백만 달러에 그가 보유한 채권을 팔 수 있는 권리이다. 채권발행기업의 신용위험이 증가하여 채권의 시장가치가 1년 이내에 7백만 달러로 하락하였다면 투자자는 풋옵션 행사에 따라 2백만 달러의 수익을 얻게 될 것이다. 그러나 채권발행기업의 성과가 크게 좋아져 신용위험이 감소함에 따라 채권의 가치가 11백만 달러로 상승하였다면 풋옵션의 가치는 0이 된다. 따라서 풋옵션은 신용위험의 상승에 따른 채권가치의 하락으로부터 투자자를 보호해주는 역할을 한다.

2) 신용스프레드옵션을 이용한 신용위험의 헤지(I)

다음과 같은 사례를 가정하자. A은행은 B기업이 발행한 만기 20년, 액면 $10million의 채권을 보유하고 있다. B기업에 대한 향후 1년 동안의 신용위험노출을 헤지하기 위해 A은행은 C투자은행과 다음과 같은 신용스프레드풋옵션 계약을 맺었다 하자.

<u>신용스프레드풋옵션 계약:</u>
준거자산: B기업 발행 채권
풋옵션 매입자: A은행
풋옵션매도자: C투자은행
계약의 명목원금: $10million
옵션만기: 1년
옵션프리미엄: 명목원금의 0.25%
준거채권의 현재 스프레드: 1.95%
행사가격스프레드: 2.05%
신용스프레드계산의 기준채권: 만기 20년의 미재무성채권
미재무성채권의 현재 수익률: 6.25%
수정듀레이션: 8년
풋옵션행사시 매입자의 수익:
명목원금×Max[(만기일의 신용스프레드−2.05%), 0]×수정듀레이션

1년 후 B기업 채권의 수익률이 8.75%로 평가되며, 기준채권인 미 재무성채권의 수익률은 6.30%로 평가된다 하자. 이 경우 A은행이 풋옵션행사에서 얻게 되는 성과를 구해보면 다음과 같다.

- 옵션만기일의 B기업 채권의 신용스프레드는 2.45%(=8.75%−6.30%)이다. 따라서 A은행은 풋옵션 행사를 통해 다음과 같은 이익을 얻을 수 있다.
  풋옵션행사의 이득 = $10million×Max[(2.45%−2.05%), 0]×8 = $40,000

- 따라서 A은행은 B기업의 신용위험 증가로 인한 채권가치의 하락손실을 풋옵션 성과로 보전받을 수 있다. 물론 풋옵션 구입을 위해 $25,000를 지불하였으므로 구입비용을 뺀 옵션거래이익은 $15,000이다.

3) 신용스프레드옵션을 이용한 신용위험의 헤지(II)

신용평가회사로부터 A등급을 받은 M기업이 500억원 상당의 채권을 발행하려고 한다. S투자은행은 이 채권을 전액 인수하기로 했다. 발행금리는 SOFR + 35bp로 정하였고 400억원은 발행 즉시 소화될 수 있으나 나머지 100억원에 대해서는 판매까지 어느 정도 시간이 걸릴 것으로 전망하고 있다. 낮은 확률이지만 S투자은행은 채권의 판매전에 M기업의 신용등급이 하락하여 스프레드가 확대될 것을 우려하고 있다. S투자은행은 60bp를 최대 허용가능 스프레드로 생각하고 있다.

이 경우 S투자은행은 신용스프레드풋옵션을 매입함으로써 M기업의 신용하락에 따라 미래에 발생할 수 있는 손실을 헤지할 수 있다. 즉, M기업의 건전성을 믿고 있는 투자자에게 일정한 옵션 프리미엄을 지불하고 60bp를 행사스프레드로 하는 신용스프레드풋옵션을 매입하면, 미래에 M기업의 신용수준이 하락하여 스프레드가 60bp 이상으로 증가하였을 경우 옵션 행사를 통해 실제스프레드와 행사스프레드와 차이에 해당하는 금액만큼을 수익으로 얻어 스프레드 상승에 따른 채권가치의 하락을 보전할 수 있다.

4) 신용디폴트옵션을 이용한 신용위험관리의 예

X기업이 발행한 액면 $1,000짜리 채권 5,000단위를 액면금액으로 매입한 Z채권펀드의 매니저는 향후 단기간 동안 이 기업의 신용위험 증가로 인해 채권의 가치가 하락할 것을 염려하고 있다. 펀드매니저는 채권을 매각하는 대신 X기업 채권을 준거자산으로 하는 신용부도스왑(CDS)을 기초자산으로 하는 신용디폴트옵션을 매입함으로써 위험을 헤지하려 한다. 신용디폴트옵션의 내용은 다음과 같다.

<u>신용디폴트옵션의 내용:</u>
기초자산: X기업 발행 액면 $1,000 회사채 1단위에 대한 CDS
옵션만기: 6개월
옵션행사가격(행사프레드): 200bp
옵션행사조건:
옵션프리미엄: 개당 $20(총 $100,000)

옵션만기일에 X기업의 신용등급이 투자적격등급 이래로 추락하여 채권가격이 단위당 $870가 되었으며, X기업 채권에 대한 CDS 스프레드가 500bp가 되었다 하자. 이 경우 Z채권펀드의 옵션거래이익은 얼마인가? 만일 옵션만기일에 X기업의 신용등급이 투자적격등급을 계속유지하고 있으며 채권가격은 $1,030라면 옵션거래의 성과는 어떠한가?

- 채권의 신용등급이 하락하여 채권에 대한 CDS의 시장가격이 500bp로 상승한 경우 Z채권펀드는 옵션행사를 통하여 CDS를 200bp에 매입할 수 있다. 따라서 이 경우 옵션만기일에 얻는 옵션의 단위당 성과는 $30(=$1,000×(500-200)bp) 달러이고, 옵션거래의 총성과는 $150,000(=$30×5,000)이다. 옵션구입비용을 뺀 이익은 $50,000이다. Z채권펀드는 옵션매입을 통해 행사시점에서 $150,000의 수익을 얻으며, 옵션행사를 통해 확보한 CDS를 통해 이후 채권만기동안 발생할 수 있는 채권의 채무불이행위험을 헤지할 수 있다.

- 반면, 신용등급하락 없이 채권가격이 $1,030로 상승한 경우에는 옵션 행사를 포기한다. 따라서 이 경우 Z채권펀드는 옵션구입비용 $100,000의 손실을 부담한다.

제2절

신용선도계약

1. 신용선도계약의 의의와 거래구조

채권이나 대출과 같은 신용자산을 보유하고 있는 금융회사는 자산보유에 따른 미래의 불확실성을 헤지하기 위해서 보유자산을 특정한 만기일에 미리 정한 가격에 매도하기로 하는 선도(forward) 계약을 이용할 수 있다. 그러나 이와 같은 선도계약은 신용자산의 가격변동이 신용위험뿐만 아니라 이자율위험과 같은 시장위험에도 영향을 받으므로 신용위험만을 따로 분리하지 못한다. 신용위험에 의한 가치변동은 신용선도계약을 이용하여 손쉽게 관리될 수 있다.

신용선도계약(credit spread forward or forward credit spread)은 앞서 살펴본 신용스왑이나 신용옵션에 비해서 단순한 구조를 갖는 신용파생상품이나, 금리선도계약이 금리스왑이나 금리옵션에 비해 늦게 개발된 것처럼 상대적으로 뒤늦게 신용위험의 관리에 이용되기 시작한 상품이다. 신용선도계약은 신용스프레드를 기초자산으로 하는 선도계약으로 금리선도계약과 유사한 거래구조를 갖는다. 신용선도계약의 매입자는 계약의 만기일에 준거자산의 신용스프레드를 미리 정해진 신용스프레드(선도스프레드)에 매입하기로 계약을 하는 것이며, 매도자는 선도스프레드에 매각하기로 계약을 하는 것이다. 준거자산의 신용스프레드는 특정한 기준금리(예를 들어 국채의 수익률이나 Euribor 등)와 준거자산의 수익률 차이로 계산된다.

제1절에서 살펴본 신용스프레드옵션이 계약내용대로 거래할 수 있는 권리(right)

인데 반해 신용선도계약은 계약내용대로 거래해야 하는 의무(obligation)이다. 신용선도계약은 보통 대출을 제공한 은행이 대출에 따른 신용위험을 헤지하는 수단으로 이용한다. 이때 대출의 신용스프레드는 해당대출과 유사한 준거채권에 대한 신용스프레드를 기준으로 평가한다. 예를 들면, 만약에 은행에서 제공한 대출과 유사한 특성을 갖는 준거채권의 신용등급이 BBB등급이면, 이 채권의 수익률과 같은 만기의 국채의 수익률과의 차이를 해당대출의 채무불이행위험에 따른 신용스프레드로 평가할 수 있다.

금리선도계약이 만기일의 금리수준에 따라 거래자의 수익이 결정되는 것처럼, 신용선도계약은 만기일의 신용스프레드 수준에 따라 매입자와 매도자의 수익이 결정된다. 신용선도계약의 매입자는 계약 만기일에 그 시점의 준거자산의 신용스프레드(S_T)와 계약 체결시점에서 정한 선도스프레드(S_F)와의 차이에 계약의 명목원금(NP)과 준거자산의 수정듀레이션(D^m)을 곱한 금액을 수령하거나 지급하여야 한다. 즉 매입자에게 발생하는 수익은 만기일의 신용스프레드가 선도스프레드보다 높을 경우 양(+)이 되고, 그 반대의 경우 음(−)이 된다. 매도자에게 발생하는 수익은 매입자에게 발생하는 수익과 반대부호를 가지게 된다. 매입자의 입장에서 보면 만기일에 준거기업의 신용위험이 높아져 신용스프레드가 커질수록 유리하며, 반대로 매도자의 입장에서는 만기일에 준거기업의 신용위험이 낮아져 신용스프레드가 작아질수록 유리한 상품이다.[5)]

[표 3-1]은 신용선도계약에서 매입자와 매도자가 만기일에 얻는 현금흐름을 보여준다. 여기서 S_F는 신용선도계약에서 약정한 선도스프레드를, S_T는 만기일의 준거채권의 신용스프레드를, D^m은 선도계약 만기일에 평가되는 준거채권인 BBB 등급채권의 수정듀레이션을, NP는 선도계약의 명목원금을 나타낸다. 대출을 제공한 은행은 신용선도계약을 매입함으로써 차입자의 신용위험이 증대됨에 따른 위험을 헤지할 수 있다. 차입자의 신용위험이 확대될 때 보유 대출의 가치가 하락함으로써 손실이 발

---

5) 신용선도계약에서 기초자산을 신용스프레드가 아닌 준거자산으로 하는 경우 매입자와 매도자의 만기일의 수익형태는 [표 3-1]에서 정한 것과는 반대가 된다. 즉, 신용선도계약이 미리 약정한 선도스프레드하에서 평가된 가격에 준거자산을 거래하기로 하는 계약으로 정의되는 경우 매입자는 만기일에 준거기업의 신용위험이 낮아져 신용스프레드가 작아질수록 유리하며, 반대로 매도자의 입장에서는 만기일에 준거기업의 신용위험이 높아져 신용스프레드가 커질수록 유리하게 된다.

생하지만, 신용선도계약의 매입포지션에서 수익을 얻게 되어 대출의 손실을 보전할 수 있기 때문이다.

[표 3-1] 신용선도계약의 만기일의 현금흐름

신용선도계약 만기일의 신용스프레드	매입자(은행)	매도자
$S_T > S_F$	$(S_T - S_F) \times D^m \times NP$ 수취	$(S_T - S_F) \times D^m \times NP$ 지불
$S_F > S_T$	$(S_F - S_T) \times D^m \times NP$ 지불	$(S_F - S_T) \times D^m \times NP$ 수취

신용선도계약의 매도자는 차입자의 신용수준이 상승하여 만기일의 신용스프레드가 선도스프레드보다 작아지는 경우 이익을 얻게 된다. 그러나 차입자의 신용위험이 증가하여 만기일의 신용스프레드가 선도스프레드가 커지는 경우 매도자는 이에 따라 발생하는 손실을 보전해야 하는 위험을 부담한다. 예를 들어 차입자의 신용위험이 증대되어 신용선도계약의 만기일에 준거채권의 신용스프레드(S_T)가 원래 약정했던 선도스프레드(S_F)보다 더 커졌다고 하자. 이 경우 신용선도계약의 매도자는 신용선도계약의 매입자에게 $(S_T - S_F) \times D^m \times NP$ 만큼의 금액을 지불하여야 한다. 차입자의 신용위험이 증가되면 대출의 가치는 하락하게 된다. 은행은 신용선도계약을 매입하여 $(S_T - S_F) \times D^m \times NP$ 만큼의 금액을 신용선도계약에서 수취함으로써 신용위험 변동에 따른 대출의 가치손실을 방어할 수 있다.

2. 신용선도계약의 이용 예

X기업에 5년 만기, $10,000,000의 대출을 제공하고 있는 A은행은 대출이 이루어진 이후 1년 동안에 X기업의 신용위험이 증가할 것을 우려하고 있다 하자. X기업의 신용등급은 BBB로 평가되고 있으며 현재 대출의 신용스프레드는 2%이다. A은행은 X기업 대출에 대한 신용위험을 헤지하기 위해 B투자은행과 만기 1년, 명목원금

$10,000,000, 선도스프레드 2%의 신용선도매입계약을 체결하였다. 선도계약 만기일 시점에 평가되는 대출의 수정듀레이션은 4년이며, 신용선도계약 체결 이후에 X기업의 신용위험이 증가하여 선도계약 만기일에 평가되는 신용스프레드는 3%로 확대되었다 하자.

이러한 경우 신용선도계약의 매입자인 A은행은 신용선도계약의 만기일에 B투자은행과의 신용선도계약으로부터 $400,000(=(3%- 2%)×4×$10,000,000)를 받게 된다. 이 금액은 X기업의 신용위험 증대로 인해 대출가치가 하락하는데서 오는 손실을 보전한다. 그러나 선도계약기간 중 X기업의 신용위험이 감소하여 선도계약 만기일의 신용스프레드가 1.5%로 줄었다면 신용선도계약의 매입자인 A은행은 B투자은행에게 $200,000(=(2% − 1.5%)×4×10,000,000)를 지불하게 된다.

한편 신용위험이 감소하는 경우 A은행이 신용선도계약 매도자인 B투자은행에게 지불하는 금액은 약정된 선도스프레드인 S_F 수준으로 제한되는 특성을 가진다. 즉 BBB 채권의 신용스프레드가 0이 될 때(S_T = 0) A은행이 지불하는 최대 금액은 $800,000 (=(2% − 0)×4×10,000,000) 수준으로 한정되어진다.

제3절

신용연계채권

1. 신용연계채권의 의의와 거래구조

신용연계채권(credit linked note: CLN)이란 발행기업의 신용을 나타내는 지표(예를 들어 신용등급, 신용부도스왑지수 등)의 변동에 연계하여 이자지불액이나 상환액이 변동되는 채권이다. 신용연계채권은 신용파생상품이 내재되어(embedded) 있는 증권으로 이해할 수 있다. [그림 3-4]에서 보듯이 보장매입자(신용연계채권발행자)는 채권 등 보유 중인 준거자산을 근거로 신용연계채권을 발행하여 보장매도자에게 매각하고 매각대금을 수취하며, 신용사건이 발생하지 않는 경우 채권의 액면과 약정이자를 지급한다. 그러나 신용사건이 발생하는 경우에 보장매입자는 채권의 액면과 약정이자에서 사건발생에 따른 손실을 뺀 금액을 보장매도자에게 지급한다.

[그림 3-4] 신용연계채권의 거래구조

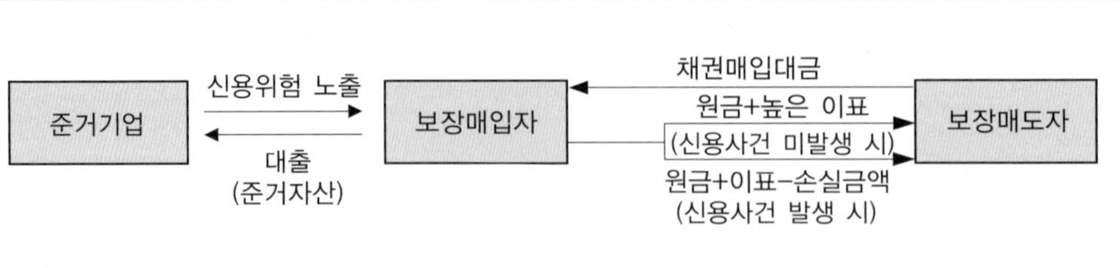

2. 신용연계채권의 경제적 효과

1) 발행자의 입장

신용연계채권은 기본적으로 일반적인 채권에 신용부도스왑 등의 신용파생상품이 부가된 상품으로 신용사건 발생 시에 내재된 신용파생상품에 의해 손실을 보전받게 되므로 신용위험을 헤지하는 수단으로 이용된다. 또 특수목적기구(SPV)를 이용할 경우 거래상대방에 따른 위험을 제거할 수 있다.

[그림 3-5] SPV를 이용한 신용연계채권의 발행

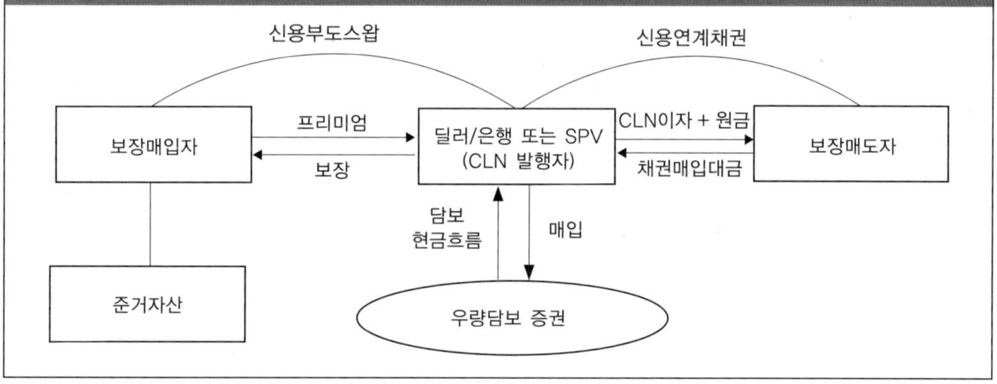

[그림 3-5]는 SPV를 이용하여 신용부도스왑이 내재된 신용연계채권을 발행하는 구조를 보여준다. 준거자산에 대한 신용위험에 노출되어 있는 보장매입자는 SPV와 신용부도스왑계약을 체결함으로써 준거자산에 대한 신용위험을 헤지한다. SPV는 높은 수익을 얻기 위해 신용위험을 부담할 용의가 있는 투자자(보장매도자)에게 신용연계채권을 발행하고 그 대금으로 우량채권을 구입한 후 이를 담보로 보유한다. 준거자산에 신용사건이 발생하는 경우 SPV는 담보자산을 처분하여 보장매입자에게 신용사건 발생에 따른 손실을 보전해주며 나머지 금액을 신용연계채권 투자자에게 지급한다. 따라서 신용사건 발생 시 준거자산에서 발생하는 손실은 보장매입자로부터 신용연계채권 투자자에게로 이전된다. 반면, 신용사건이 발생하지 않는 경우 SPV는 신용부도스왑의 프리미엄과 담보산으로부터 발생하는 수익을 신용연계채권 투자자

에게 지급한다. 따라서 신용사건이 발생하지 않는 경우 신용연계채권 투자자는 일반채권에 비해 높은 수익을 얻을 수 있다.

2) 투자자의 입장

신용연계채권에 투자하는 투자자는 일반채권에 비해 높은 수익을 기대할 수 있다는 장점이 있다. 즉 투자자는 신용사건이 발생하지 않는 경우 계약에 따른 높은 이자수익을 기대할 수 있다. 신용연계채권은 일종의 채권이기 때문에 직접적으로 신용파생상품을 거래하기 힘든 기관투자자와 개인도 상대적으로 용이하게 거래할 수 있다는 장점이 있다.

이러한 신용연계채권의 가장 단순한 형태로 1980년대에 국제금융시장에서 유행하였던 매수청구권부 변동금리채권(putable floating rate note: putable-FRN)을 들 수 있다. putable-FRN은 채권가격이 미리 정해진 수준 이하로 하락할 경우 채권의 보유자가 발행자에게 정해진 가격으로 채권을 매입할 것을 요구할 수 있는 권리가 첨부되어 있다. 변동금리채권은 시장상황에 따라 금리가 변동하므로 채권가격이 일정수준 이하로 하락하는 것은 대개 발행자의 신용도변화에 기인한다. 따라서 이 채권의 매입자는 매수청구권을 행사함으로써 발행자의 신용도 하락이라는 특정한 신용사건의 발생에 따른 가치손실을 보전받을 수 있다.

3. 신용연계채권의 특징

신용연계채권은 다음과 같은 주요한 특징을 갖는다.

첫째, 신용연계채권은 거래의 목적에 따라 신용민감채권(credit sensitive note),[6] 지수연계채권(index-linked note)[7] 등 복합적인 구조를 만들 수 있는 구조설계채권(structured note)의 일종으로 고객이나 투자자의 요구를 보다 정확히 만족시킬 수

6) 채권발행자의 신용등급에 변화가 발생할 경우 채권의 금리를 재조정하도록 하는 상품을 말한다.

7) 보장매입자가 보장매도자에게 지급해야 할 금액을 채무불이행지수 또는 파산지수나 신용파생상품지수 등에 연계시킨 상품을 말한다.

있다. 둘째, 채권의 형태를 가지므로 대출채권에 투자가 불가능하거나 신용파생상품 투자에 제약을 받는 투자자들의 투자가 가능하며, 거래소에서 거래될 수 있다. 셋째, 규제나 거래비용으로 인해 투자가 불가능한 시장에의 투자가 가능하다. 넷째, 신용위험을 기초로 한 새로운 자산유형(asset class)을 창출해낼 수 있고 분산투자를 위한 포트폴리오 구성에 활용할 수 있다. 마지막으로 여타의 신용파생상품과는 달리 보장매도자가 채권매입자금을 부담한다.

4. 신용부도채권과 총수익스왑 신용연계채권

신용연계채권의 대표적인 유형으로 신용부도스왑이 내재된 신용부도채권(credit default note)과 총수익스왑이 내재된 총수익스왑 신용연계채권(TRS credit-linked note)이 있다.

신용부도채권은 고정금리채권과 신용부도스왑이 결합된 형태의 구조설계채권이다. 신용부도채권 발행자는 보장매입자 또는 특수목적기구(SPV)이고 투자자는 보장매도자가 된다. 보장매입자는 준거자산의 채무불이행위험을 헤지하고 자금조달비용을 확정하기 위해 SPV 또는 파생상품딜러와 신용부도스왑계약을 체결한다. [그림 3-5]에서 SPV를 이용한 신용연계채권의 발행구조를 살펴보았다. 그림에서 보듯이 SPV가 신용부도스왑에서 받는 수수료는 신용부도채권 투자자에게 높은 이자를 지불하는데 사용한다. 따라서 투자자는 채무불이행 발생 시에 채무불이행손실만큼 원금상환액이 줄어들지만 채무불이행이 발생하지 않은 경우에는 높은 이자를 받는다. 채무불이행 발생 시 투자자에 대한 원금상환액은 채무불이행손실액(default loss)만큼 감소한다. 이 금액은 원금의 일정비율(예: 30%)로 결정될 수도 있고 실제 회수율을 반영하여 결정될 수도 있다.

5. 신용연계채권의 이용 예[8)]

1) 신용연계채권을 이용한 신용카드회사의 신용위험 헤지

신용카드회사의 예를 통해 신용연계채권을 이용한 신용위험감소의 메커니즘을 살펴보자. 신용카드회사 C는 신용연계채권의 발행을 통해 신용카드 대출 자금을 조달하고자 한다. 발행액은 10억 원이고 이자율과 상환액은 신용사건 발생여부에 따라 달라진다. 예를 들어, 채무불이행지수나 파산지수가 개발되어 있는 시장이라면 이를 신용사건으로 활용할 수 있다. 즉 채무불이행지수가 특정 값(예로 10%) 이하이면 발행기업은 원금과 정상적인 이자를 지급하고 채무불이행지수가 특정 값을 초과하면 원금과 낮은 이자를 지급한다. 결국 발행기업 입장에서는 시장의 전반적인 신용상황이 악화될 경우에 지불액을 감소시킬 수 있는 옵션을 보유하고 있는 것이다. 신용카드 소유자의 채무불이행률이 낮으면 신용카드회사의 수익이 커지고 따라서 신용연계채권 원리금을 정상적으로 상환할 수 있다. 반대로 신용카드 소유자의 채무불이행률이 높으면 신용카드회사의 수익이 작아지지만 이 경우 신용연계채권 상환액이 줄어들기 때문에 신용위험으로 인한 수익의 변동성이 감소한다. [그림 3-6]은 예로 든 신용카드회사의 현금흐름을 나타낸다. 그림에서 정상이자는 채무불이행지수가 10% 이하일 때의 이자를, 낮은 이자는 지수가 10%를 초과할 때(즉 신용사건 발생시)의 이자를 나타낸다.

[그림 3-6] 신용카드사의 신용연계채권 거래구조

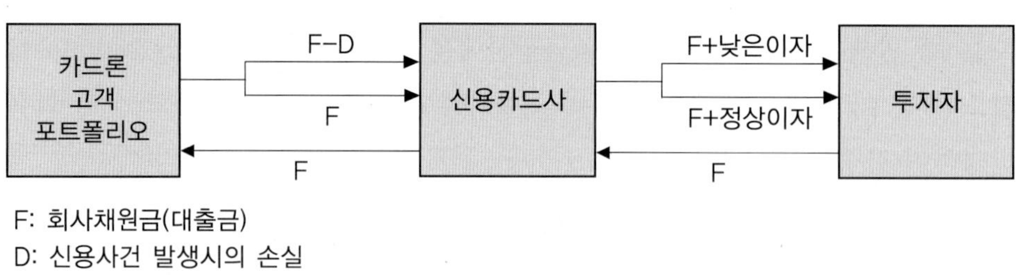

8) 김형태 · 이준희, "신용파생상품에 관한 연구," 증권연구원, 2000, pp.30-69.에서 인용.

2) 고수익투자수단으로서의 신용연계채권

1996년에 J.P. Morgan은 당시 신용등급이 AA였던 Walmart을 대상으로 5억 9천 4백만 달러의 신용연계채권을 발행하였다. 그 당시 월가의 은행들이 Walmart에 대한 지나친 신용위험노출을 감소시키기 위해 노력하고 있는 상황이었기 때문에 J.P. Morgan은 이 같은 욕구를 충족시켜줄 수 있는 상품으로 신용부도채권을 설계하였다. 당시 Walmart 신용연계채권의 이자율은 미국 국공채에 비해 약 20bp 정도의 프리미엄이 가산되었다. 이는 신용부도스왑에서의 신용사건이 발생하지 않을 경우 보장매입자가 보장매도자에게 지불하는 프리미엄으로 생각할 수 있다. 계약조건에 의하면 프리미엄이 150bp 이상되면 신용사건이 발생한 것으로 간주하였다.

3) 신용연계채권을 이용한 레버리지 신용파생상품

신용파생상품은 레버리지 신용연계채권(leveraged CLN)의 형태로 발행되기도 한다. 이를 살펴보자. A은행은 5천만 달러의 대출포트폴리오를 보유하고 있다. 대출의 이자율은 SOFR+100bp이다. 이 은행은 보유 중인 대출자산의 신용위험을 헤지하기 위해 M투자은행과 총수익스왑계약을 체결하였다. 계약내용은 A은행은 M투자은행에 5천만 달러의 대출포트폴리오에 대해 대출의 이자수익과 가치변동분을 지급하고, M투자은행으로부터 SOFR를 받는 것이다. M투자은행은 스왑계약과 동시에 대출자산을 근거로 1천만 달러의 신용연계채권을 판매하고 그 자금으로 미국 정부가 발행한 재무성증권을 구입하였다. 미재무성증권의 수익률은 5%이다. 이러한 거래를 그림으로 나타내면 [그림 3-7]과 같다.

[그림 3-7] 레버리지 신용연계채권의 거래구조

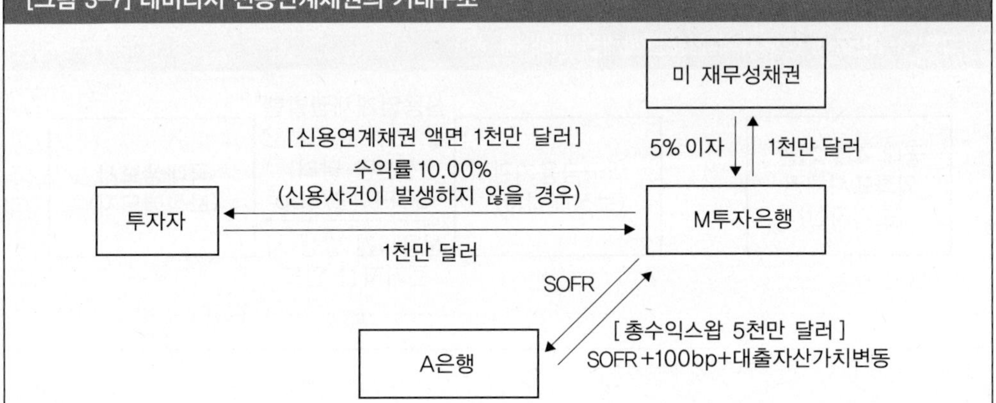

신용연계채권에 투자한 투자자가 얻는 수익은 미재무성채권의 이자에 A은행과의 총수익스왑 거래로부터 M투자은행이 받는 순현금흐름의 합으로 구성된다. [그림 3-7]에서 보듯이 신용연계채권의 총가치는 1천만 달러이지만 준거 대출포트폴리오는 5천만 달러이기 때문에 투자자는 은행의 대출포트폴리오에 신용상 문제가 없을 경우 5배의 레버리지 효과를 얻게 된다. 따라서 대출자산의 가치가 변동하지 않는 한 10%(5% + 100bp×5)의 고수익을 얻게 된다. 그러나 은행의 대출포트폴리오에 신용상의 문제가 발생할 경우 발생손실을 부담해야 한다.

이와 같은 거래가 가능한 이유는 다음과 같다. 첫째, 고수익을 추구하는 금융기관은 이같은 구조의 신용연계채권에 투자할 유인이 있다. 둘째, 재무성증권을 담보로 하는 신용연계채권은 투자적격등급을 받을 수 있으므로 많은 투자자를 확보할 수 있다. 셋째, 레버리지의 정도는 투자자의 위험성향에 따라 조절될 수 있다. 넷째, 은행입장에서는 신용위험을 줄일 수 있는 장점이 있다. 이러한 레버리지 신용파생상품은 거래에 참가하는 금융기관 및 투자자 모두에게 이익을 줄 수 있지만 구조설계의 전문성이 전제되지 않을 경우 매우 큰 위험을 유발할 수도 있다.

4) 국내 생보사의 신용연계채권 이용 예

2001년 초에 국내 생보사는 공기업 등 국내 4개 기관의 외화표시채권을 기초로 외국금융기관이 발행하는 신용연계채권에 3천만 달러를 투자하였다. 이 계약은 3년만기(2001년 3월~2004년 3월)로 금리는 SOFR+275bp로 체결되었다. 신용사건이 발생하는 경우 국내 생보사는 신용연계채권을 반납하고 준거자산인 국내기관 발행 외화표시채권의 실물을 수령한다. [그림 3-8]은 이를 요약한 것이다.

[그림 3-8] 국내 생보사의 신용연계채권 거래 예

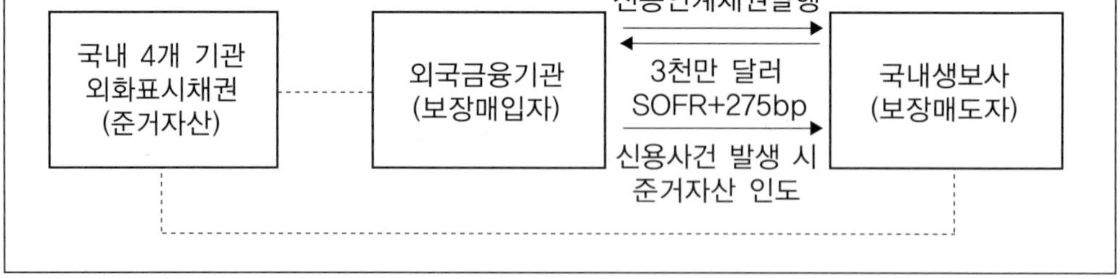

제4절

합성 CDO

1. 합성 CDO의 의의와 거래구조

CDO(collateralized debt obligation)는 제2편에서 살펴보았듯이 은행 등 금융기관이 보유하는 대출채권, 회사채 혹은 다른 자산유동화증권 등을 특수목적기구(SPV)에 이전하고 SPV가 이를 담보로 발행하는 자산유동화증권이다. CDO의 경우 준거자산의 법적 소유권이 SPV로 이전되며 SPV가 발행하는 증권의 상환 재원은 준거자산의 원리금이다. 합성 CDO(synthetic CDO)는 준거자산의 소유권이 원자산보유자(originator)의 장부에 남아있고, 이 자산과 관련된 신용위험을 신용파생상품을 통해 제3자에게 이전시키는 형태로 발행된 CDO이다. 신용파생상품으로서는 신용부도스왑, 총수익스왑, 신용연계증권 등 다양한 상품이 이용된다. 전통적 CDO와는 달리 합성 CDO 하에서는 자산보유자가 자산을 매각하지 않고 자산과 관련된 신용위험만을 이전시켜 규제자본을 경감시키는 이점이 있다. 전통적 CDO를 합성 CDO와 대비하여 현금흐름 CDO(cash flow CDO)라고도 한다. 합성 CDO는 1997년 Swiss Bank Corporation(SBC)에 의해 처음으로 발행된 이후 미국과 유럽에서 다양한 형태로 발행되어 2006년 말에는 전체신용파생상품 시장에서 차지하는 비중이 약 17%에 이를 정도로 높아졌었으나, 이후 2008년 세계경제위기를 가져온 주요원인으로 지목받으면서 현재는 그 비중이 현저히 낮아졌다.

다음의 [그림 3-9]는 신용부도스왑을 이용하여 신용위험을 헤지하는 합성 CDO의 거래구조를 나타낸다. 그림에서 보장매입자는 SPV와의 신용부도스왑계약을 통하여 신용위험을 헤지하며, SPV는 CDO 발행대금으로 우량채권에 투자하고 이를 담보로 보유한다. 합성CDO의 원리금상환은 신용파생상품의 수수료와 CDO발행대금으로 매입한 담보자산의 현금흐름으로 충당된다.

[그림 3-9] 합성 CDO의 거래구조

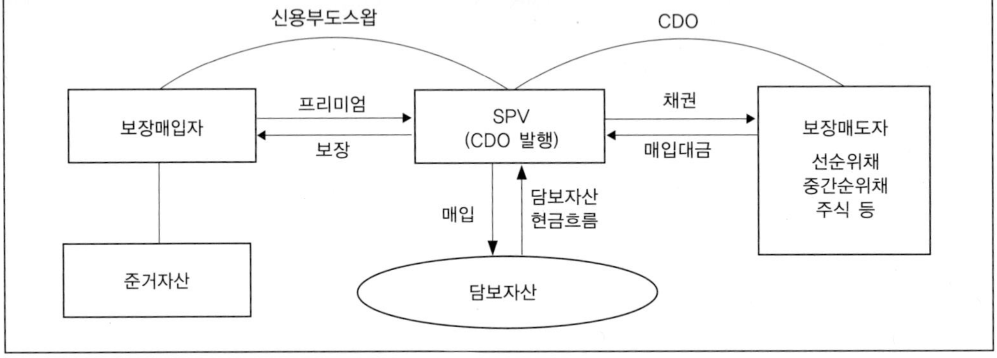

2. CDO, 신용바스켓스왑, 신용연계채권의 비교

제2편에서 살펴본 CDO를 신용바스켓스왑과 비교해보자. 첫째, 신용바스켓스왑이나 CDO는 모두 다수의 자산을 대상으로 그 신용위험을 헤지하고자 한다는 공통점이 있다. 그러나 CDO는 유동화 증권의 형태로 헤지가 이루어지는 반면 신용바스켓스왑은 스왑의 형태로 헤지가 이루어진다. 둘째, CDO의 경우에는 자산의 소유권이 유동화전문회사에 이전되나 신용바스켓스왑의 경우에는 소유권 이전이 없다. 셋째, CDO에서 손실부담정도는 우선순위가 상이한 각각의 증권성격에 따라 결정되지만 신용바스켓스왑의 경우에는 손실보전율이 사전에 계약을 통해 정해져 있는 것이 일반적이다. 마지막으로 CDO는 다수의 투자자를 대상으로 발행되는데 비해, 신용바스켓스왑은 상업은행과 투자은행 등 두세 개의 위험선호도가 상이한 기관투자자를 대상으로 발행된다.

CDO를 신용연계채권과 비교하면 다음과 같다. 첫째, CDO는 다수의 자산을 준거자산으로 하지만 신용연계채권은 보통 한 개의 자산을 준거자산으로 한다. 둘째, CDO의 경우에는 자산의 소유권이 유동화전문회사에 이전되는 반면 신용연계채권은 이러한 소유권 이전이 없다. 셋째, 발행자의 신용과 관련하여 CDO는 유동화전문회사의 높은 신용을 바탕으로 발행될 수 있다. 신용연계채권의 경우는 발행자 자신의 신용만을 바탕으로 발행되므로 CDO에 비해 발행자의 신용위험이 상대적으로 높다.

3. 합성 CDO의 이용 예

1) 신용연계채권을 이용한 합성 CDO

다음에서는 Swiss Bank Corporation(SBC)이 발행한 합성 CDO의 예를 통해 그 특성을 살펴보자. 1997년 SBC는 자사보유의 기업대출을 준거자산으로 한 신용연계채권(130건의 개별 CLN)을 SPV인 SBC Glacier에 매각한 다음, SBC Glacier는 이를 담보로 변동금리 CDO를 발행하였다. 이 CDO는 특성이 다른 다섯 가지 종류의 증권으로 구성되었다(Class A: 공모, Class B, C, D: 사모, Class E: SBC 인수). 증권발행대금은 SBC에 신용연계채권 매입대금으로 지급한다. SBC는 신용연계채권 발행으로 준거자산에 신용사건이 발생하는 경우 입을 수 있는 손실을 보전할 수 있다. SPV는 신용연계채권의 이자수입으로 CDO의 이자를 상환하며, 신용연계채권의 만기시 신용연계채권 원금으로 CDO의 원금을 상환한다. [그림 3-10]에 SBC가 발행한 합성 CDO의 거래구조를 나타내었다.

[그림 3-10] SBC가 발행한 합성 CDO의 거래구조

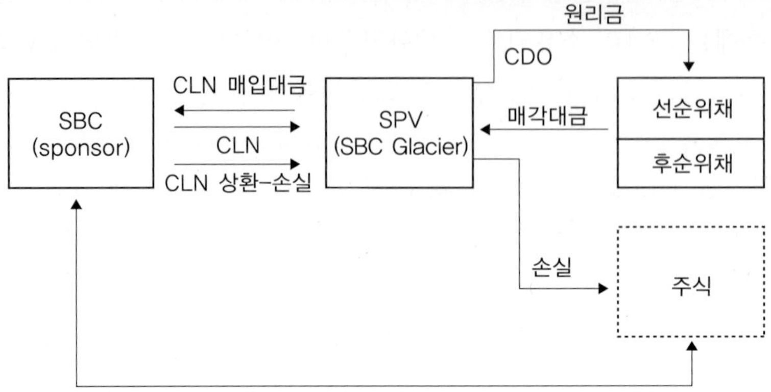

여기서 전통적 CDO와 대비되는 가장 중요한 점은 유동화증권의 만기 전까지는 이자 및 비용 지급을 제외한 현금흐름이 전혀 발생하지 않는다는 점이다. 만기가 되어 SBC가 신용연계채권의 원금을 상환할 때, 신용사건에 따른 손실분을 상각한 후 잔여 원금을 SPV에 지급하고, SPV는 이를 재원으로 변제순위에 따라 유동화증권 채권자에 원리금을 지급한다. 결국 준거자산의 법적 소유권 양도만 신용파생상품계약으로 대체하고 현금흐름의 방향이 바뀌었을 뿐 전통적 CDO와 기본 성격이 같음을 알 수 있다.

2) 신용부도스왑을 이용한 합성 CDO: BISTRO

여기에서는 신용부도스왑을 이용한 합성 CDO의 발행을 J.P. Morgan의 사례를 통해 살펴본다. 앞서의 신용연계채권을 이용한 합성 CDO의 문제점은 유동화증권의 원금상환이 자산보유자의 신용에 의존하기 때문에 CDO의 신용등급이 자산보유자의 신용등급을 초과할 수 없다는 점이다. 또한 자산보유자가 자금을 조달할 동기가 없는 경우에도 신용연계채권 매각대금이 유입되어 자금조달비용이 증가하는 불이익이 발생할 수 있다.이러한 단점을 극복하기 위하여 고안된 것이 신용부도스왑을 이용한 합성 CDO이다.

1997년 말 약 97억 달러의 일반기업에 대한 대출포트폴리오를 보유하고 있던 J.P. Morgan은 자산 · 부채 구성의 변화나 추가적인 자금조달 없이 대출포트폴리오의 신

용위험을 헤지하기 위해 BISTRO(Broad Index Secured Trust Offering)라고 불리는 합성 CDO를 구성하였다. 이를 위해 J.P. Morgan은 BISTRO SPV와 보유대출자산을 준거자산으로 하는 만기 5년의 신용부도스왑계약을 체결하였으며, SPV는 7억 달러에 해당하는 유동화증권(AAA 선순위채와 Ba2 후순위채)을 발행하였다. 채권발행대금은 미국정부가 발행한 국채에 투자되어 CDS 계약을 위한 담보자산으로 제공되었으며, J.P. Morgan은 유동화증권의 신용보강을 위해 대출포트폴리오의 예상손실금액인 3,200만 달러를 SPV에 제공하고 SPV는 이를 기업 내에 유보하였다. 이는 결국 BISTRO의 주주지분에 해당한다. 이 구조하에서 J.P. Morgan은 SPV를 통해 신용위험으로부터 보호되고 자금유입없이 신용위험만을 SPV에 이전시키는 효과를 얻는다. SPV는 준거자산 포트폴리오의 신용위험과 연계된 CDO 채권을 발행하여 CDO 투자자(보장매도자)에게 매각한다. SPV는 CDS 프리미엄과 국채 투자에서 발생하는 이자를 CDO 투자자에 지급한다. 채권의 만기일까지 준거자산 포트폴리오에 신용사건이 발생하지 않는 경우 SPV는 국채를 매각하여 CDO 원금을 상환한다. 신용사건이 발생하는 경우 CDS 계약에 따라 담보자산인 국채를 보장매입자에게 인도하고, 준거자산 포트폴리오로부터의 회수금액을 CDO 발행조건에 규정된 순위에 따라 투자자에게 배분한다. 다음의 [그림 3-11]은 BISTRO의 거래구조를 나타낸다.

[그림 3-11] 신용부도스왑을 이용한 합성 CDO의 거래구조 : BISTRO

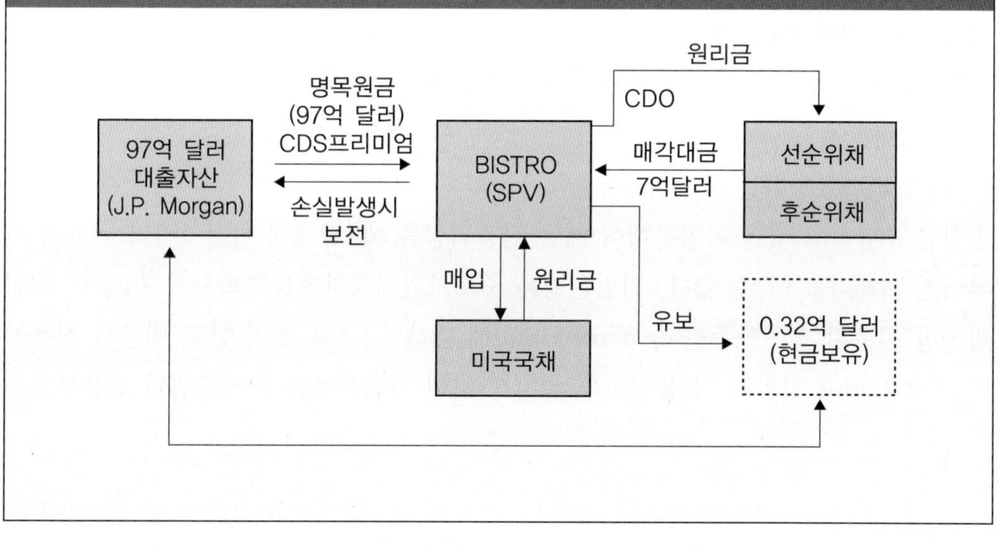

이 구조하에서 J.P. Morgan이 애초에 부담하고 있던 97억 달러의 대출자산에 대한 위험은 다음의 [표 3-2]에서 보는 것과 같이 ① 0.32억 달러의 현금유보액, ② 7억 달러의 유동화증권, 그리고 ③ 90억 달러의 대출로 배분되었다. 이 중 7억 달러의 유동화증권에 해당하는 신용위험은 외부투자자에게로 이전된 것이며, 선순위채의 신용등급이 AAA임을 감안할 때 90억 달러의 대출에 배분된 잔여위험이 현실화될 가능성은 매우 낮다고 할 수 있다. 즉, J.P. Morgan은 합성 CDO의 구성을 통해 대출자산의 신용위험을 기업의 자산·부채 구성의 변화나 추가적인 자금조달 없이 성공적으로 헤지한 것이다. [표 3-2]는 이를 정리한 것이다.

[표 3-2] BISTRO 구성 전/후의 신용위험의 부담

구성 전		구성 후		
		포트폴리오	위험 부담자와 순위	
97억 달러의 대출자산: 위험부담자 J.P. Morgan	→	현금: 0.32억 달러	J.P. Morgan	1
		유동화증권: 7억 달러	외부투자자	2
		대출자산: 90억 달러	J.P. Morgan	3

3) 국내의 합성 CDO 발행사례 : 에프앤파인유동화[9)]

2005년 5월 국내 최초로 에프앤파인유동화회사가 합성 CDO 구조를 도입한 자산유동화증권을 발행하였다. 이 유동화증권은 전형적인 형태의 합성 CDO 구조가 아닌 자산유동화법에 따른 자산유동화증권의 형태로 발행되었지만 자산보유자의 신용위험을 이전하였다는 측면에서 합성 CDO의 본질적인 특성을 지니고 있는 것으로 평가할 수 있다.

에프엔파인유동화는 중소기업제육차유동화회사(Primary CBO SPV)에 대한 신용위험을 부담하고 있던 기업은행이 해당 신용위험을 제3자에게 이전시키기 위하여 이루어진 거래라고 할 수 있다. 기업은행은 중소기업제육차유동화회사가 2004년 12월 발행한 선순위 유동화증권(primary CBO)에 대해 83.4억 엔의 한도 내에서 신용공여 약정을 맺고 있었다. 신용위험의 헤지를 위해 기업은행은 삼성증권과 신용부도스

9) 이 예는 김필규, 국내 신용파생상품시장 활성화방안, 증권예탁원, 2006의 pp.19~20의 내용을 일부 요약정리한 것임.

왑계약을 체결하였다. 삼성증권은 다시 이 신용부도스왑계약을 에프앤파인유동화회사에 이전하였으며, 동시에 보유자산인 중소기업금융채권을 에프엔파인유동화회사에 양도하였다. 에프앤파인유동화회사는 양수한 중소기업금융채권의 원리금 회수액과 삼성증권으로부터 이전받은 신용부도스왑계약을 기초로 다섯 가지 종류의 유동화채권을 발행하였다. 따라서 에프앤파인유동화회사가 발행한 채권의 상환여부는 삼성증권과 기업은행이 맺은 신용부도스왑계약상의 신용사건 발생여부에 의존하게 되어, 기업은행이 부담하고 있던 신용위험은 궁극적으로 유동화채권 투자자들에게 이전되는 구조를 갖게 된다.

신용부도스왑계약상의 신용사건은 기업은행이 신용공여 인출통지를 받은 경우에 발생하게 된다. 신용사건이 발생하는 경우 기업은행은 약정한 신용공여한도 내에서 대출을 실행하고, 대출실행액이 보장매입자의 최초손실부담액을 초과하는 경우 해당 초과분의 대출채권 인수를 에프앤파인유동화회사에 요청하도록 되어 있다.

에프앤파인유동화의 구조를 그림으로 나타내면 [그림 3-12]와 같다.

[그림 3-12] 에프앤파인유동화의 구조

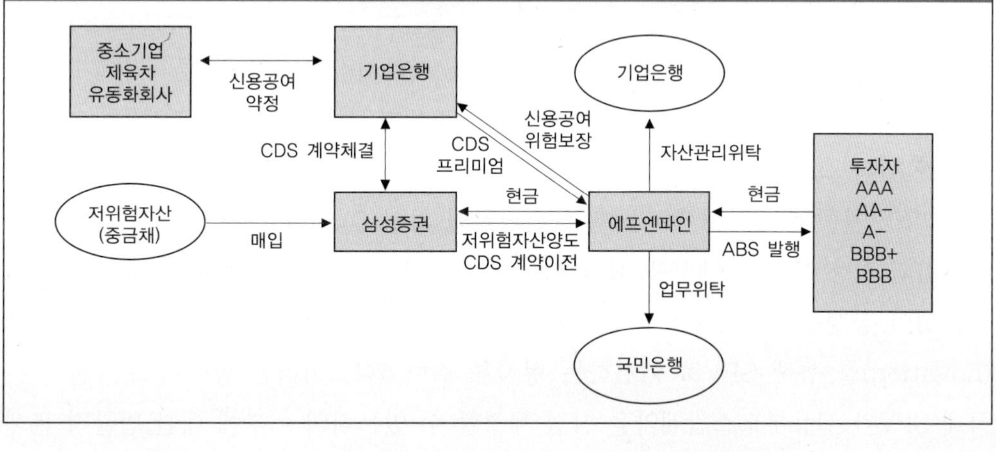

[표 3-3]은 에프앤파인유동화에 사용된 신용부도스왑의 계약내용을 나타낸다.

[표 3-3] 에프앤파인유동화 신용부도스왑계약의 내용

구 분	내 용
보장매입자	기업은행
보장매도자	에프엔파인유동화전문유한회사
보장금액 Fixed Amount Floating Amount	• 80,000백만 원: • 유동화증권 발행일: 626만 원, CDS종료일까지 매 3개월 단위(3, 6, 9, 12월)로 215백만 원씩 선지급 • (신용공여 약정에 따라 인출된 신용공여 잔액 − Buyer First Loss) × 기준일 환율 + (1−8%)
준거기업	중소기업제육차유동화전문유한회사
산용사건	파산, 지급불이행, 지급채무 기한이익상실, 지급거절, 채무재조정
결제방식	현물결제
결제금액	(신용공여 약정에 따라 인출된 신용공여 잔액−Buyer First Loss) ×기준일 환율 + (1−8%)

주: 1) 기준일 환율: 950.85원/ 100엔

주: 2) Buyer First Loss(보장매입자 최초 손실부담액): 6억 엔. 기업은행의 신용공여한도 83.4억 엔 중 CDS 계약을 통해 위험을 이전하지 않고 기업은행이 신용위험을 보유하는 신용공여 부분

※ 자료 : 한국기업평가

에프앤파인유동화는 기업은행의 신용위험을 자본시장의 다양한 투자자에게 전가하는 구조로 국내시장에서 자산유동화구조를 도입한 최초의 신용파생상품이라는 데 의의가 있다. 그러나 에프앤파인유동화회사의 합성 CDO는 전형적인 합성 CDO 구조와 다소 차이를 지니고 있다. 우선 전형적인 합성 CDO의 경우 SPV가 직접 보장매입자와 신용부도스왑계약을 체결하는 것이 일반적이지만, 에프앤파인유동화는 기업은행이 삼성증권과 신용부도스왑계약을 체결한 후 삼성증권이 이를 계약의 경개(novation)를 통해 SPV로 이전하는 형식을 취하였다. 이러한 방식이 도입된 것은 국내 SPV가 신용부도스왑계약을 직접 체결할 수 있는지의 여부에 대한 법률적 문제가 존재하였기 때문이다.

또한 SPV가 신용부도스왑계약상 결제금액 지급의무 이행을 보장하기 이하여 담보자산을 취득하는 과정에서도 전통적인 합성 CDO와는 차이가 있다. 전형적인 합성 CDO의 경우 SPV가 신용부도스왑계약을 기초로 신용연계채권을 발행하고 신용연계채권발행대금으로 저위험 담보자산을 취득하는 것이 일반적인 절차이다. 그러나 에

프앤파인유동화의 경우 자산양수도계약을 통하여 담보자산인 중소기업금융채권을 삼성증권으로부터 양수하고, 취득한 담보자산을 유동화자산으로 하여 합성 CDO를 발행하는 형태를 취하였다. 이는 자산유동화에 관한 법률에서 정한 유동화절차를 따르는 경우 자산유동화증권 발행 이전에 자산의 양도가 이루어져야 하기 때문이다.

신용사건의 경우 전형적인 합성 CDO는 신용부도스왑계약 기간 중에 수회에 걸쳐 신용사건이 발생가능하도록 되어 있으나, 에프앤파인유동화의 경우 신용공여 인출사유가 발생하는 경우로 제한되어 단 한번만 신용사건이 발생하도록 되어 있다.

4. 합성 CDO의 특징과 장점

합성 CDO는 전통적인 CDO에 비해 다음과 같은 특징과 장점을 가진다. 먼저 준거자산의 소유권이 제3자(SPV)로 이전되지 않기 때문에 채무자와의 관계에 변화가 없고, 구조화의 절차가 간단하기 때문에 발행이 용이하고, 발행업무와 관련된 비용이 적다. 신용위험 외에 대출과 관련된 금리위험, 통화위험 등 다른 위험에 대해서도 유동화 구조 내에서 효과적으로 헤지가 가능하다. 예를 들면 손실산정시 환율을 정해 놓음으로써 환위험을 제거할 수 있다. 매각을 전제로 하지 않기 때문에 특정채권과 관련된 위험의 일정부분만을 이전할 수 있고 자산보유자인 금융기관으로서는 특정채권의 위험 중 시장에 이전하고자 하는 위험과 금융기관 스스로가 부담하고자 하는 위험을 구분하여 집행할 수 있다. 장부상 위험의 이전을 위한 다양한 수요에 맞게(customization) 구조화할 수 있다. 일반적으로 준거자산의 규모에 비해 유동화증권의 규모가 작기 때문에 작은 비용으로 위험이전이 가능하다. 앞에서 언급한 J.P. Morgan의 경우에서 준거자산의 규모가 97억 달러인데 반해 BISTRO가 발행한 유동화증권은 7억 달러에 불과했다. 상대적으로 희소하고 따라서 현금흐름 CDO에 부적합한 채권에 대해서도 유동화가 가능하다. 중소기업대출채권의 경우 자산매각없이 신용위험만을 이전시키는 것이 유리할 수 있고 유럽에서는 중소기업대출을 Synthetic구조를 통해 증권화한 실적이 크게 증가하고 있다. 특히 독일의 KfW(Kreditanstalt fuer Wiederaufbau)나 스페인의 ICO(Instituto de Credito

Oficial) 등 중소기업대출비중이 높은 국책은행의 경우 중소기업대출을 유동화하여 관련 위험의 상당부분을 자본시장으로 이전시키고 있다.

연습문제

1. 신용디폴트옵션에 대하여 설명하라.

2. 신용스프레드옵션의 거래구조에 대하여 설명하라.

3. 신용선도계약의 매입자와 매도자가 만기일에 얻는 수익구조를 비교하여 설명하라.

4. 신용연계채권의 특징과 경제적 효과를 설명하라.

5. CDO를 설명하고 신용바스켓스왑과 신용연계채권과 비교하라.

6. 합성 CDO의 특징과 장점에 대하여 설명하라.

7. 한라주식회사는 국제금융시장에서 액면금액 1억 달러의 채권을 발행할 계획이다. 이 채권의 만기는 1년이며 채권발행은 2개월 후에 이루어질 예정이다. 한라주식회사의 신용등급은 BBB이며, 현재 예상되는 조달금리는 SOFR + 1.5%이다. 한라주식회사의 재무관리자(CFO)는 향후 2개월 이내에 국제금융시장에서 BBB등급의 채권들에 대한 평균적인 신용스프레드가 상승할 것을 걱정하고 있다. 현재 시장에는 신용스프레드에 대한 옵션이 거래되고 있다. 다음 물음에 답하라.

연습문제

(1) 한라주식회사의 CFO가 신용스프레드의 상승에 따른 위험을 헤지하기 위해서 옵션을 어떻게 거래해야 하는가? 설명하라.

(2) 한라주식회사가 A리스크관리회사와 액면 1억 달러를 기준으로 1.5%의 신용스프레드를 행사스프레드로 하는 신용스프레드풋옵션을 50만 달러에 매입했다 하자. 이 풋옵션의 만기일의 성과형태를 그림으로 나타내보라.

(3) 2개월 뒤의 BBB등급 채권의 수익률이 SOFR + 2.5%로 형성되었다고 하자. 한라주식회사의 옵션거래의 성과를 분석하라.

8. 국내의 A신용카드사는 채권발행을 통해 1억 달러의 카드론 자금을 조달하려 한다. A사는 카드론의 신용위험 부담을 줄이기 위해 1년 만기 신용연계채권(CLN)의 발행을 검토하고 있다. B리스크관리회사와 협의한 결과에 따르면 신용연계채권의 정상적인 표면이자율은 시장의 평균금리보다 150bp가 높은 7.5%에 가능하다고 한다. A신용카드사는 B 리스크관리회사를 통해 정상적인 경우 액면금액과 7.5%의 표면이자를 주고, 카드론 금액의 10%이상이 채무불이행되는 경우 액면금액의 85%만 지급하기로 하는 조건의 신용연계채권을 발행하였다. 카드론 액면금액이 1억 5천만 달러이며 카드론 대금의 15%가 회수불능으로 판명된 경우로 가정하여 A신용카드사의 거래성과를 분석하라.

9. A은행은 현재 벤처기업들에 만기 2년의 1억 달러의 대출을 제공하고 있다. 이 벤처기업들의 신용등급은 BBB수준이며, 현재 시장에서 거래되고 있는 BB등급 회사채의 수익률은 국채수익률 + 300bp이다. A은행은 대출에 대한 채무불이행 위험이 증가할 경우를 우려하고 있으며, 이를 헤지하기 위해 B헤지펀드와 신용선도계약을 맺으려

연습문제

한다. 신용선도계약의 만기는 1년, 행사가격인 신용스프레드는 400bp로 정해져 있으며 대출의 수정듀레이션은 1.5년이라 할 때 다음의 물음에 답하라.

(1) A은행은 대출의 채무불이행위험을 헤지하기 위해서 어떤 거래를 하여야 하는가?

(2) 1년 말의 BBB등급 회사채의 수익률이 국채수익률 + 500bp라 하자. 이 경우 A은행의 거래성과를 분석하라.

(3) 1년 말의 BBB등급 회사채 수익률의 스프레드가 200bp로 축소되었다면 A은행의 성과는 어떠한가?

10. 국내의 A은행은 현재 연간 SOFR + 200bp의 수익을 얻을 수 있는 만기 1년의 대출 100억원을 보유하고 있다. A은행의 자금조달금리는 연 SOFR + 50bp이다. A은행의 위험관리자인 박이사는 대출포지션의 신용위험증가에 따른 손실을 걱정하고 있다.

박이사는 신용위험의 증가에 다른 손실을 헤지하기 위해 신용선도계약을 이용할 수 있다고 생각한다. 외국계 C헤지펀드와 만기 1년 선도스프레드 200bp인 신용선도계약을 맺을 수 있다고 할 때 A은행이 신용위험을 헤지하기 위해서 어떤 거래를 해야 할지를 설명하고 대출의 만기일에 신용스프레드가 400bp로 상승했다고 가정하고 신용선도계약 이용에 따른 성과를 분석하라. 또 만일 만기일의 신용스프레드가 100bp로 줄어들었다면 그 성과는 어떠한가? 단 대출의 수정듀레이션은 1년을 가정한다.

연습문제

11. 앞서의 [문제 10]에서 A은행의 대출에 대해 지금 시장에서 만기 1년 행사스프레드 300bp인 신용스프레드옵션을 거래할 수 있다고 하자. 신용스프레드옵션의 내용은 옵션보유자에게 만기일에 다음과 같은 성과를 가져다주는 것이다.

Put = Max[0, 실제스프레드−행사스프레드]×수정듀레이션×명목원금
Call = Max[0, 행사스프레드−실제스프레드]×수정듀레이션×명목원금

박이사는 대출의 신용위험을 헤지하기 위해 어떤 거래를 해야 할 것인가? 만기일의 신용스프레드가 400bp로 상승했다고 가정하고 그 결과를 분석하라. 스프레드옵션을 이용한 거래와 신용선도계약을 이용한 거래는 어떤 차이를 갖는가?

해답

1~6. 본문내용 참조

7. (1) 신용위험의 상승에 따라 신용스프레드가 상승하면 한라주식회사는 채권발행시 지급해야 할 이자가 늘어나는 부담을 갖는다. 이 위험을 헤지하기 위해서는 스프레드 상승시 이익을 얻을 수 있는 신용스프레드풋옵션을 매입하여야 한다.

(2) 신용스프레드가 1.5% 포인트 이상으로 상승하는 경우 한라주식회사는 실제스프레드와 행사스프레드인 1.5%와의 차이에 해당하는 금액만큼을 옵션행사에 따른 수익으로 얻게 된다.

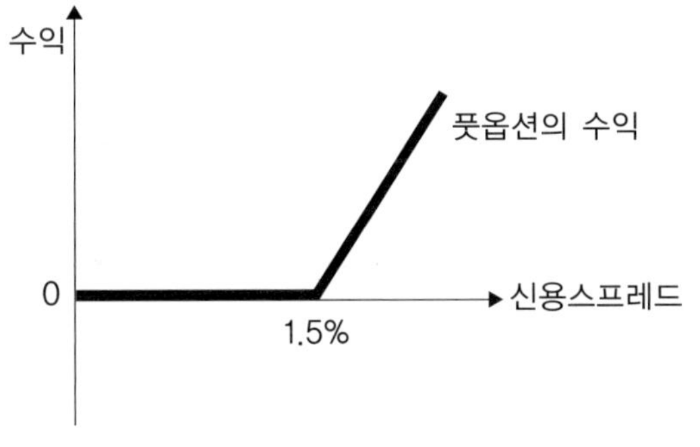

만일 만기일의 신용스프레드가 2.0%이라면 한라주식회사는 (2.0%−1.5%)×1억 달러 = 50만 달러의 이득을 얻는다. 물론 옵션 구입대금 50만 달러는 이러한 성과를 얻기 위한 비용이다.

(3) BBB등급 채권 수익률이 SOFR + 2.5%가 되었으므로 한라주식회사가 채권발행시에 부담해야 하는 이자는 최초시점에 비해 1백만 달러가 증가한 셈이다. 그러나 한라주식회사는 풋옵션행사를 통해 (2.5%−1.5%)×1억 달러 = 1백만 달러의 수익을 얻게 되어 신용스프레드 상승에 따른 이자부담의 증가를 상쇄할 수 있다.

8. 카드론의 부도율이 10%를 초과함으로 신용연계채권은 액면금액의 85%만 지급되게 된다. 따라서 카드론 부도에 따른 손실을 신용연계채권발행에서 얻은 이익으로 보전할 수 있게 된다.

• 카드론 손실 : 1억 5천만 달러 × 0.15 = 2천 2백 5십만 달러

해답

- 신용연계채권발행 자금 : 1억 달러
- 신용연계채권상환 : 8천 5백만 달러
- 거래의 순손실 : 750만 달러

9. (1) A은행은 현재 대출을 보유하고 있으며 채무불이행 위험을 헤지하려 함으로 신용선도계약을 매입해야 한다.

(2) 신용스프레드가 400bp에서 500bp로 증가하였으므로 A은행은 신용선도계약 매입에 따른 포지션에서 이득을 보게 되며 그 크기는 다음과 같다.

- 이득 = (500bp − 400bp) × 1.5 × 1억 달러 = 150만 달러

따라서 A 은행은 신용스프레드 상승에 따른 대출 포지션의 가치 하락을 보전 받을 수 있다.

(3) 신용스프레드가 줄어든 경우 A은행은 신용선도계약 매입에 따른 포지션에서 손실을 보게 된다.

- 손실= (400bp − 200bp) × 1.5 × 1억 달러 = 300만 달러

그러나 A은행은 신용스프레드 축소에 따라 대출포지션의 가치 상승에 따른 이득을 얻을 수 있으며, 결국 대출 포지션의 이익과 신용선도계약의 손실이 서로 상쇄되는 효과를 얻는다.

10. A은행은 현재 대출을 보유하고 있으며 채무불이행위험을 헤지하려 함으로 신용선도계약을 매입해야 한다.
신용스프레드가 행사가격스프레드인 200bp보다 더 큰 400bp로 상승하였으므로 A은행은 신용선도계약 매입포지션에서 이득을 보게 되며 그 크기는 다음과 같다.

- 신용선도계약 매입포지션의 이득 = (400bp − 200bp) × 1 × 100억원 = 2억원

따라서 A 은행은 신용스프레드 상승에 따른 대출 포지션의 가치 하락을 신용선도계약 매입에 따른 성과로 보전받을 수 있다. 만일, 만기일의 신용스프레드가 100bp로 줄었다면 대출포지션의 가치는 상승한다. 그러나 신용선도계약 매입에 따라 다음과 같은 손실이 발생한다. 즉, 신용선도계약은 만기일에 계약을 이행해야할 의무이므로 불리한 경우에도 거래를 이행해야 한다.

- 신용선도계약 매입포지션의 손실 = (100bp − 200bp) × 1 × 100억원 = −1억원

해답

11. 신용위험의 상승에 따라 신용스프레드가 상승하면 A은행은 대출가치하락에 따른 손실을 입는다. 이 위험을 헤지하기 위해서는 스프레드 상승시 이익을 얻을 수 있는 신용스프레드풋옵션을 매입하여야 한다.

만기일의 신용스프레드가 400bp이므로 A은행은 (400bp−300bp) × 1 × 100억원 = 1억원의 이득을 얻는다. 물론 풋옵션 구입대금은 이러한 성과를 얻기 위한 비용이다.

그러나 스프레드가 하락한 경우에는 신용선도계약 매입과는 달리 풋옵션 보유자는 거래를 이행할 필요가 없다. 즉, 옵션은 권리이므로 손해가 예상되는 경우 옵션을 포기하고 거래를 이행하지 않아도 된다. 따라서 스프레드가 100bp 로 하락한 경우 A은행은 대출포지션의 가치상승에 따른 이익을 향유하고 풋옵션을 포기한다.

참고문헌

[국내문헌]

- 김경무, 양정용, 정연수, "신용파생상품의 구조와 리스크분석," 새로운 제안, 2007.
- 김규형, "신용위험의 측정과 관리," 한국금융공학컨설팅, 2000
- 김필규, "국내 신용파생상품시장의 활성화 방안," 증권예탁원, 2006
- 김형태, 이준희, "신용파생상품에 관한 연구", 한국증권연구원, 2000
- 남길남, 이석형, 주윤신, "세계 신용파생상품시장의 혁신과 시사점," 한국증권연구원, 2008.
- 한국은행, "2001년중 국내 신용파생상품 거래현황과 시사점", 한국은행, 2002
- 한국은행, "신용위험의 측정기법과 활용," 한국은행, 2001.

[국외문헌]

- Anthony Saunders and Linda Allen, Credit Risk Measurement, Wiley Finance, 2002.
- Anthony Saunders and Marcia Milon Cornett, Financial Institutions Management: A Risk Management Approach 9th ed., McGraw-Hill Education, 2018.
- Antulio N. Bomfin, Understanding Credit Derivatives and Related Instruments, Elsevier, 2005.
- Arnaud De Servignu and Oliver Renault, Measuring and Managing Credit Risk, McGraw-Hill, 2004.
- Frank S. Skinner, and Timothy G. Townend, "An Empirical Analysis of Credit Default Swaps," International Review of Financial Analysis 112, 2002.
- George Chako, Anders Sjoman, Hiderto Motohashe, and Vincent Dessain, Credit Derivatives, Wharton School Publishing, 2006.

참고문헌

• Geoff Chaplin, Credit Derivatives: Trading, Investing, and Risk Management, Wiley Finance, 2010.

• ISDA, The ISDA Credit Derivative Definitions, Supplements and Commentaries, 1999~2019.

• Israel Nelken, Implementing Credit Derivatives, McGraw–Hill, 1999.

• Jack Clark Francis, Joyce A. Frost, and J. Gregg Whittaker, "Handbook of Credit Derivatives," McGraw–Hill, 1999.

• Janet M. Tavakoli, Credit Derivatives & Synthetic Structures, Wiley Finance, 2001.

• Moorad Choudhry, " Credit Derivatives: An Introduction for Portfolio Managers," MCAssociates, Dec. 2000.

• Moorad Choudhry, Strucutured Credit Producuts, Wiley Finance, 2004.

• Nina Boyarchenjo, Anna M. Costella, and Or Shacher, The Long and Short of It: The Post–Crisis Corporate CDS Market, Economic Policy Review 26(3), June 2020.

• Satyajit Das, Credit Derivatives and Credit Linked Notes, Wiley Frontiers in Finance, 2000.

• Satyajit Das, Credit Derivatives: CDOs and Structured Credit Products, Wiley–Finance, 2005.

웹사이트 : 금융감독원(www.fss.or.kr)
영국은행연합회(www.bba.org.uk)
국제스왑 · 파생상품협회(www.isda.org)
국제결제은행(www.bis.org)
IHS Markit CDS Pricing Data
(https://ihsmarkit.com/products/pricing–data–cds.html)

제 4 장 신용파생상품의 가격결정과 평가

제1절 신용위험과 신용파생상품의 평가

제2절 신용파생상품의 종류별 가격결정

제3절 신용파생상품 가격결정의 문제점과 위험

학습목표

1. 신용위험을 평가하는 단계를 이해한다.
2. 신용파생상품의 가치평가를 위한 모형의 종류와 개념을 이해한다.
3. 신용파생상품의 가격결정에 사용될 수 있는 실무적인 방법을 이해한다.
4. 신용파생상품별로 가격결정이 이루어지는 방법을 이해한다.
5. 신용파생상품의 가격결정과정에서 발생하는 문제점을 이해한다.

학습개요

시장이 완전하고 차익거래기회가 없는 상황에서는 신용파생상품의 가격은 일반적인 파생상품의 가격과 마찬가지로 복제포트폴리오의 구성을 통해 평가할 수 있다. 그러나 현실적으로는 신용위험의 계량화가 어렵고 신용파생상품의 구조가 매우 복잡해 가격결정에 큰 어려움이 있다. 신용파생상품의 가치평가과정에서 가장 중요한 주제는 신용위험의 평가 즉 신용스프레드의 기간구조를 파악하는 것이며, 신용스프레드의 평가를 위한 가정에 따라 여러 다양한 평가방법들이 이용된다. 이 장에서는 신용부도스왑, 총수익스왑, 신용연계채권 등 대표적인 신용파생상품의 가치를 어떻게 평가할 수 있는지를 기초적인 모형을 통해 간단히 살펴보고 가치평가과정에 나타나는 문제점과 주의해야 할 위험 등에 대해 살펴본다.

제1절

신용위험과 신용파생상품의 평가

대출이나 채권 등과 같이 발행자의 신용수준에 따라 가치가 변동하는 신용자산을 준거자산으로 하여 거래되는 신용파생상품의 가치는 신용위험의 변동에 따라 그 성과가 달라진다. 따라서 신용파생상품의 가치평가를 위해서는 무엇보다 먼저 신용위험에 대한 정확한 측정과 평가가 선행되어야 한다.

신용위험을 어떻게 측정하고 평가할 것인가를 구체적으로 다루는 것은 별도의 전문적인 교재에서 다루고 있으므로 다음에서는 신용위험의 측정과 평가과정에 대한 이해를 도울 수 있는 실무적인 방법론에 대해 간단히 살펴본 뒤 신용파생상품의 가치평가에 관해 살펴본다.

1. 신용위험의 평가를 위한 4단계 구조

신용위험은 시장위험과 달리 개별 경제주체의 특성에 밀접히 관련되어 있어 위험의 측정과 평가 과정을 이론적으로 체계화시키기가 용이하지 않다. 또 객관적이고 공개된 기초 자료가 충분하지 않아 정확한 측정과 평가에 많은 어려움이 있다.

많은 은행들은 규모가 소액이며 거래가 자주 발생하는 소비자 금융과 소기업에 대한 대출 및 신용카드거래 등은 유사한 특성을 갖는 고객별로 구분하여 신용위험을 측정 · 관리한다. 고객을 거래의 성격 또는 자금욕구별로 구분하여 그룹을 구성하고 각 그룹의 대출을 하나의 대출로 간주하며, 과거자료에 기초하여 손실금액을 측정하고 이를 기준으로 장래의 손실발생가능성을 측정한다. 반면에 규모가 큰 기업금융 및 거액고객에의 대출과 관련한 신용위험은 개별 고객 및 신용제공 상품별로 계량화하여 개별적으로 판단한다.

어느 경우이든 신용위험의 평가를 위해서는 먼저 거래상대방의 채무불이행 가능성에 따라 내부적인 신용등급을 설정하고 채무불이행확률(default risk)을 측정하는 것이 필요하다. 신용위험에 따른 손실은 예상손실과 예상외손실로 구분하여 측정하며 과거기간에 발생한 평균적인 손실규모로 측정되는 예상손실은 대출이자와 대손충당금에 의해 관리하고 과거의 평균적인 손실규모를 벗어나는 예상외손실은 자기자본에 의하여 충당할 수 있도록 관리한다. 그러나 상당수의 금융기관들은 채무불이행시의 손실률, 시간경과에 따른 신용등급의 변화 및 신용위험의 확산 등에 영향을 미치는 위험요인 간의 상관관계를 밝히는 데 필요한 충분한 자료를 갖추고 있지 못하며 신용등급평가와 위험관리를 위한 내부모형의 구성을 전제가 되는 여러 가정과 주관적인 판단에 상당부분 의존하고 있는 형편이다.

다음에서는 신용위험평가 과정을 이해하기 위해 실무적으로 자주 이용되는 채무불이행위험의 평가를 위한 단계적 과정을 살펴보기로 한다. 이 과정은 관념적 신용위험을 바탕으로 신용스프레드를 막연히 추정하는 데에 그치지 않고, 신용위험의 가격을 실제 계산하는 현실적 방법을 제시한다는 점에서 그 의의가 있다. 채무불이행위험 평가를 위한 4단계 구조를 요약하면 [그림 4-1]과 같다.

[그림 4-1] 채무불이행위험 평가를 위한 4단계 구조

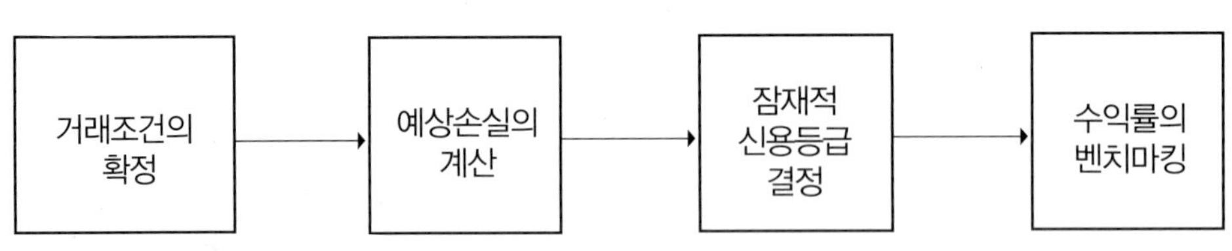

1) 거래조건의 확정(structure terms and conditions)

신용위험의 평가를 위한 제1단계에서는 우선 대상 상품에 관한 각종 거래조건들을 결정한다. 신용사건의 범위 및 내용을 결정하고 계약상 주요 용어의 정의를 확정하며, 거래의 만기 및 결제방법에 대하여 합의하는 것이 첫 단계의 주요 내용이다. 거래조건의 확정은 신용파생상품 거래를 하기 위한 첫 걸음이라고 할 수 있다.

2) 예상손실의 계산(calculate expected loss)

두 번째 단계는 확정된 거래조건을 바탕으로 향후 예상되는 손실금액을 추정하는 단계이다. 이러한 예상손실의 계산은 채무불이행 발생 시의 손실과 채무불이행 발생 확률에 대한 공개적으로 이용 가능한 자료를 토대로 이루어져야 한다. 이를 위해서는 분석대상이 되는 신용파생상품거래의 구조가 일반적인 경우와 다르다면 어떤 차이가 있는지, 이 차이에 따라 예상되는 효과는 무엇인지에 대한 고려가 반드시 수반되어야 한다. 신용위험구조의 차이를 간과하고 일반적인 통계만을 바탕으로 계산된 예상손실금액은 신용위험의 정확한 평가와 신용스프레드의 공정한 결정을 어렵게 한다.

3) 잠재적 신용등급의 결정(determine implied rating)

이 단계에서는 앞 단계에서 계산된 예상손실을 근거로 해당 신용위험을 갖는 금융상품의 신용등급을 결정한다. 이 신용등급은 위에서 계산된 예상손실과 동일한 정도의 손실이 향후 예상되는 무보증채권의 신용등급과 동일하다고 할 수 있다. 예를 들어 현재 신용등급이 A인 10년 만기의 무보증채권의 예상손실이 11bp로 평가된다면, 10년 만기에 대해 매년 11bp의 손실이 예상되는 신용위험을 갖는 상품은 잠재적 신용등급 A등급으로 평가될 수 있다. 예상손실을 계산 · 비교하는 방식에 의한 신용등급결정은 여러 신용평가회사에서 흔히 사용되는 기법중의 하나이다. 즉 동일한 만기를 가지면서 또 실제 시장에서 거래되고 있는 어떤 채권의 예상손실과 해당 신용위험의 예상손실을 일치시키는 조건을 가정적으로 맞추어 봄으로써 당해 신용위험을 바탕으로 한 상품의 신용등급을 추정하여 보는 것이다.

4) 수익률의 벤치마킹(yield benchmarking)

마지막 단계는, 계산된 잠재적 신용등급을 바탕으로 평가대상 상품 가격의 상하한 범위를 정하여 보는 단계이다. 앞 단계에서 신용위험이 과대 또는 과소 평가되는 경우에는 적정가격의 산정에 어려움을 갖게 된다. 이를 점검하기 위하여 시장에서 비슷한 평가를 받고 있는 채권 내지 채권발행자에게 적용되는 스프레드와 당해 신용위험을 반영한 스프레드의 크기를 비교하는 방법이 종종 사용된다. 이러한 비교 · 분석은 신용위험에 기초한 상품거래의 당사자들로 하여금 신용위험에 따른 신용스프레드의 합의에 좀 더 쉽게 도달할 수 있도록 할 것이다.

5) 채무불이행위험 평가를 위한 4단계 구조의 예

앞서 살펴본 과정을 이해하기 위해 예를 들어 설명하여 보자. 액면금액 1천만 달러, 만기 5년의 어떤 채권에 대한 원리금지급 순위가 선순위(senior tranche)와 하위순위(subordinated tranche) 두 종류로 구분되어질 수 있다 하자. 각 순위 채권자들은 500만 달러의 액면금액에 대한 원리금 청구권을 가지나 신용사건에 따른 손실이 발생하는 경우 하위순위 트랜치는 발생손실에 대해 우선적으로 50%까지를 먼저 부담한다고 하자. 즉, 채무불이행이 발생하면 하위순위 트랜치의 매입자는 초기 50%까지의 손실을 감수할 것이다. 선순위 트랜치는 하위순위 트랜치가 먼저 손실을 부담한 후의 잔여 손실에 노출된다. 이 채권은 현재 5년 만기에 BB등급의 평가를 받는 채권이라면 각 트랜치의 가치는 어떻게 평가되어야 할 것인가?

앞서 살펴본 4단계 구조를 통해 각각의 트랜치에 대한 채무불이행위험을 평가해보자.

① 거래조건의 확정 : 채권의 선순위와 하위순위 트랜치의 구분 – 각 50%
채권의 하위순위 트랜치의 손실부담율 – 초기 50%
채권의 만기 – 5년
채권의 등급 – BB등급

② 예상손실의 계산 :
과거자료에 기초하여 각각의 트랜치에 대한 예상손실을 계산한 결과가 [표 4-1]과 같다 하자. 계산과정을 살펴보자.

[표 4-1] 각 트랜치에 대한 예상손실

트랜치	채무불이행확률	채무불이행시 손실률	예상손실
하위순위 선순위	11.1% 11.1%	78% 22%	8.7%(1년기준 1.8%) 2.4%(1년기준 0.48%)
전체	11.1%	100%	5.6%(1년기준 1.15%)

[표 4-1]에서 채무불이행확률은 신용평가기관인 Moody's에서 발표한 5년 평균의 채무불이행확률 자료를 이용하였다 하자. 각 트랜치의 채무불이행확률은 채무불이행위험이 어떻게 나누어졌는지와는 무관하다. 하위순위 트랜치는 50%까지의 손실을 우선 부담하고 선순위 트랜치는 50%에서 100%까지의 손실을 부담하므로 채무불이행이 발생하는 경우 각 트랜치가 입게 될 손실은 여러 가지로 나타난다. 각 트랜치가 입게 될 채무불이행시 손실은 아래 [표 4-2]에서 보는 바와 같이 무보증채권의 예상손실분포에 기초하여 계산되어질 수 있다.

[표 4-2] 트랜치별 채무불이행시 손실

발생상황(확률)	채권의 손실률	하위순위	선순위
8.5%	95%	100%	90%
4.2%	85%	100%	70%
10.6%	75%	100%	50%
17.4%	65%	100%	30%
12.1%	55%	100%	10%
11.4%	45%	90%	0%
10.4%	35%	70%	0%
6.6%	25%	50%	0%
12.3%	15%	30%	0%
6.1%	5%	10%	0%
0.4%	0%	0%	0%
평균	50%	78%	22%
액면금액(백만)	$10.0	$5.0	$5.0
예상손실평균(백만)	$5.0	$3.9	$1.1

[표 4-2]에서 첫 번째 행은 8.5%의 발생확률을 가지며 이 경우 채권가치의 95%에 해당하는 손실이 발생함을 보여준다. 채권가치가 50% 아래로 떨어지면 하위순위 트랜치는 100% 손실을 보게 된다. 선순위 트랜치의 경우 채권가치의 95%가 손실이 발생하는 경우 90%의 손실을 보게 된다[=(채권의 손실 95%-하위순위 트랜치 부담손실 50%)/ 50%=90%] 준거채권의 채무불이행시 손실률이 25%인 경우, 하위순위 트랜치는 50%, 선순위 트랜치는 0%의 손실을 얻는다. 평균적으로 볼 때 채무불이행시 채권의 손실율은 50%이며, 하위순위 트랜치의 손실율은 78%, 선순위 트랜치의 손실율은 22%이다.

이제 [표 4-1]에서 채무불이행확률과 채무불이행시 손실율을 곱하면 각 트랜치의 예상손실율을 구할 수 있다. 하위순위 트랜치의 경우 예상손실율은 8.7%(=0.111×0.78)로 평가되며, 선순위 트랜치는 2.4%(=0.111×0.22)로 평가된다. 이를 1년기준으로 평가할 경우 각각 1.8%와 0.48%이다.

③ 잠재적 신용등급의 결정

현재 시장에서 확인되는 신용등급이 BB등급인 채권의 1년기준 예상손실이 1.50%라면 이를 기준으로 하여 하위순위 트랜치의 등급은 BB등급보다 한단계 낮은 BB-, 선순위 트랜치의 등급은 이보다 높은 BBB-등급으로 잠재적 신용등급을 결정할 수 있다.

④ 수익률 벤치마킹

잠재적 신용등급에 따라, 동일한 기간의 동일한 등급에 대한 신용스프레드를 이용하면 각 트랜치의 가격을 보다 합리적으로 평가할 수 있다.[1)]

1) Citibank, "Credit Derivatives," Credit Derivatives Sourcebook, Jan. 1997. pp.9–11.

2. 신용파생상품 가격결정모형 : 구조형 모형과 축약형 모형

신용파생상품의 가격결정(또는 가치평가)은 일반적으로 채무불이행위험(또는 신용위험)이 있는 채권의 가격을 결정하는 방법과 이러한 채권을 준거자산으로 하는 옵션의 가격결정 모형 등에 바탕을 두고 있는데 최근 이 분야에 관한 많은 연구가 이루어지고 있으며 다양한 평가방법이 제시되고 있다. 앞서 언급한 것처럼 신용파생상품의 가치평가를 위해서는 신용위험의 측정과 이에 기초한 신용스프레드(신용위험프리미엄)의 평가가 선행되어야 한다. 신용위험을 갖는 자산의 가치평가를 위해서는 이자율의 기간구조의 파악이 필수적이므로, 결국 신용파생상품의 가치평가를 위해서는 이자율의 기간구조와 신용스프레드 구조의 파악이 핵심적인 과제라 할 수 있다. 이러한 내용에 대한 깊이 있는 논의는 본 서의 범위를 벗어나므로 다음에서는 그간 이루어진 신용파생상품의 가치평가에 대한 논의를 간략히 개괄하고 다음 절에서 상품종류별 가격결정과정을 예를 통해 살펴보기로 한다.[2)]

신용파생상품의 가치평가에 관한 그간의 연구는 크게 두 부류로 나누어 볼 수 있다. 하나는 Merton(1974), Black and Cox(1976), Longstaff and Schwartz(1995) 등에 의해 제시된 구조형 모형(structural approach)이며, 다른 하나는 Jarrow and Turnbull(1995), Jarrow et al.(1997), Das and Tufano(1996), Madan and Unal(1998), Duffie and Singleton(1997, 1999) 등에 의해 발전된 축약형 모형(reduced-form approach or hazard rate model)이다.

구조형 모형에서는 신용파생상품을 신용위험이 있는 준거자산을 발행한 기업의 가치에 대한 조건부청구권(compound options)으로 파악하여 Black-Scholes(1973)의 옵션가격결정모형에 근거하여 가치평가를 하는 방법이다. 이러한 연구에서는 기업가치가 일정한 확률과정(stochastic process)을 따른다고 가정하고 신용위험이 있는 채권이나 대출은 기업가치에 대한 조건부청구권으로 파악하여 신용위험을 기업가

---

2) 관련내용에 대해서는 언급된 논문들 외에 Sanjiv Ranjan Das, and Rangarajan K. Sundaram, "A Direct Approach to Arbitrage-Free Pricing of Credit Derivatives," NBER Working Paper Series #6635, July 1998, Saikat Nandi, "Valuation Models for Default-Risky Securities: An Overview," Federal Reserve Bank of Atlanta Economic Review, Fourth Quarter 1998, Yiannos A. Pierides, "The Pricing of Credit Risk Derivatives," Journal of Economic Dynamics and Control 21, 1979, pp.1579-1611, Dilip B. Madan, "Pricing the Risks of Default", Review of Derivatives Research 2, 1998.을 참조할 수 있다.

치의 변동으로부터 추정해낸다. 이 모형하에서 부도(default)는 기업가치가 부채가치에 미달할 때 발생하며 기업의 시장가치가 부도확률을 결정하는 핵심요인이 된다. 따라서 신용파생상품의 가치는 신용위험이 있는 준거자산의 가치, 기업가치, 기업가치의 변동성, 이자율의 기간구조 등의 함수로 평가된다. 시장이 완전하고(complete) 차익거래의 기회가 없는 상황에서는 모든 신용파생상품은 시장에 존재하는 다른 증권들을 이용하여 복제할 수 있고 위험중립평가(risk-neutral pricing)를 이용하여 손쉽게 그 가치를 구할 수 있다.

구조형 모형은 논리적 정합성과 모형의 단순성 등에서 많은 장점을 가지나 불완전한 현실시장에서 실제로 관찰하기가 어려운 기업의 시장가치와 변동성에 대한 자료가 필요하다는 단점이 있어 이론의 실제적용과 필요한 모수의 추정에 많은 어려움을 갖는다. 또 우선순위가 다른 여러 부채를 발행한 기업의 경우 특정 부채를 준거자산으로 하는 신용파생상품의 가치평가를 위해서는 모든 선순위채권들의 가치가 먼저(혹은 동시에) 평가되어야 하나 이러한 평가는 매우 큰 계산상의 어려움을 가지며 채권의 가격변동에 직접적인 영향을 미치는 신용등급의 변화 등의 요인이 모형 내에서 직접 고려되지 못한다는 문제점을 갖는다. 결과적으로 구조형 모형을 통해 계산된 신용스프레드는 시장에서 실제 관찰되는 신용스프레드와 괴리를 보이게 되어 신용파생상품의 가치평가를 위한 실제적이고 효과적인 방법이 되지 못하고 있다.

축약형 모형은 부도확률과 회수율, 그리고 신용등급 전이행렬 등 실제 시장에서 확인가능한 자료를 이용하여 신용파생상품의 가치를 평가한다. 이 모형의 기본 전제는 차익거래기회가 없는 시장에서는 부도확률 등 시장자료를 이용하여 평가되는 신용위험자산의 가격은 시장에서 관찰되는 신용스프레드를 이용하여 평가되는 가격과 동일하다는 것이다. 이 모형에서는 신용위험이 있는 준거자산에 대한 신용파생상품을 마치 신용위험이 없는 자산에 대한 신용파생상품처럼 평가한다. 즉, 신용파생상품에 내재된 옵션의 신용위험을 무시하고 마치 'default-free interest rate options'처럼 평가한다.[3)]

3) Robert A. Jarrow and Stuart M. Turnbull, "Pricing Derivatives on Financial Securities subject to Credit Risk," Journal of Finance vol. 50(1), 1995, pp. 53~85.

또 채무불이행의 발생을 기업가치와는 직접적인 관련이 없는 단순히 예측불가능한 사건으로 파악하여, 신용위험의 변동에 관한 정보와 신용사건 발생 시의 신용손실 등이 외생적으로 주어지는 것으로 가정한다. 따라서 축약형 모형에서는 구조형 모형에서와는 달리 기업가치 변동에 관한 자료가 모형에 포함되지 않는다. 결국 축약형 모형을 이용하여 신용파생상품의 가치를 평가하는 경우 채무불이행확률과 신용사건 발생시의 손실률(또는 회수율), 그리고 비교대상이 되는 무위험국채의 가격 등이 주어지면 손쉽게 가치평가를 할 수 있다. 축약형 모형의 경우 비록 이론적 정합성은 부족하나 모형의 현실설명력이 보다 우수한 것으로 평가되고 있다. 반면, 시장자료를 이용하므로 투입되는 자료의 질이 어떠하냐에 따라 모형의 결과가 크게 좌우되며, 유동성이 떨어지는 준거자산의 경우 평가치에 큰 오류가 나타날 수 있다는 점, 신용스프레드의 결정요인을 분석할 수 없다는 점 등의 문제를 갖는다.

3. 신용파생상품의 가격결정을 위한 몇 가지 간단한 방법

앞서 살펴본 것처럼 이론적인 측면에서 신용파생상품의 가격결정은 여러 가지 어려운 문제를 갖는다. 일반적인 파생상품과 달리 가치평가에 필요한 변수들을 시장에서 구체적으로 관찰하기가 어렵고, 신용위험이라는 추상적인 개념을 바탕으로 하기 때문이다. 예를 들어 시장에서 관찰되는 이자율이나 환율, 주가 등에 대하여는 가격결정에 관하여 많은 이론이 존재하지만, 신용위험의 평가에는 시장상황 이외에 개별 경제주체의 재무상황 내지 향후의 수익성 등 미래가치까지 감안되어야 하기 때문이다. 이렇다 보니 신용위험평가에 대하여 어떠한 방식으로 이론을 설정하여야 하는지에 대해서도 논란의 여지가 많고 보편적으로 이용가능한 잘 정립된 정설이 없다. 따라서 많은 경우에 이론적인 모형에 근거한 가격결정방식을 사용하기 보다는 앞서 축약형 모형에서 설명되었듯이 시장에서 관찰 가능한 자료를 중심으로 여러 가지 대체모형을 이용하여 신용위험을 평가하고 선진금융기관들의 거래관행을 조사하여 얻은 경험적인 자료에 근거하여 신용파생상품의 가치를 평가하게 된다. 다음에서는 신용부도스왑에 대한 간단한 예를 들어 실무에서 손쉽게 적용할 수 있는 동일비용법, 신

용스프레드기준법, 복제비용법, 신용등급기준법 등을 이용한 가치평가에 대해 간략히 살펴본다.[4)]

3-1. 신용부도스왑의 가치평가를 위한 예

2년 만기의 신용부도스왑을 가정하자. 스왑의 액면금액은 1천만 달러이고, 그 내용은 B가 A에게 매년 일정한 수수료를 지급하는 대가로 A는 XYZ사가 도산할 경우 이 회사가 발행한 회사채에 대해 액면가와 시가의 차이를 보전해주는 것이다. 이때 신용부도스왑의 가격결정은 곧 B가 A에게 지급해야 하는 수수료의 적정 금액을 결정하는 문제가 된다. 가격결정을 위한 다음과 같은 정보가 있다고 하자. XYZ사의 신용등급은 A이며, 현재 시장에서 신용등급이 A인 회사채의 수익률은 6.30%이지만, 신용등급이 AAA인 금융기관의 지급보증이 첨부된 회사채의 수익률은 6.15%이다. 한편 신용위험이 없는 2년 만기 국채의 수익률은 6.00%, 2년 만기 금리스왑의 스왑금리(swap rate)는 6.15%이다.

3-2. 여러 방법을 이용한 신용부도스왑의 가격결정

1) 동일비용법

동일비용법(same cost as reference method)은 특정 신용파생상품과 동일한 경제적인 효과를 갖는 기존자산의 가격을 근거로 신용파생상품의 가격을 결정하는 방법이다. 앞의 예에서 신용부도스왑의 기능은 XYZ사의 도산으로 인한 회사채의 가격하락을 보전하는 것이므로 XYZ사의 회사채에 대한 지급보증과 동일한 효력으로 볼 수 있다. 그런데 시장에서 유수한 금융기관의 지급보증이 첨부된 회사채는 보증이 없는 경우에 비하여 15bp의 스프레드를 유지하고 있으므로 이 스프레드가 곧 신용부도스왑의 가치라고 보는 것이다. 즉 신용부도스왑의 가치는 다음과 같다.

4) Sunil K. Aggrawal, "Credit Derivatives Move Beyond Plain Vanilla," Working Paper, 1999, pp.10-11. 이건호, "신용파생상품의 이해와 위험관리에의 활용," 한국금융연구원, 1999.

신용부도스왑의 가치 = 무보증사채의 수익률 − 보증사채의 수익률
= 6.30% − 6.15%
= 0.15%(지급보증의 가치)
= $ 15,000(연간기준)

이 예에서 볼 수 있는 것과 같이 동일비용법은 신용파생상품의 가격을 매우 간단히 결정할 수 있게 해준다. 그러나 실제에 있어서는 신용파생상품과 신용보강상품(credit enhancement product : 앞의 예에서는 지급보증)은 기능상의 유사성에도 불구하고 시장가격에 차이가 나는 경우가 매우 흔하기 때문에 정확한 가격결정이 어려운 경우가 종종 있다. 더구나 신용파생상품의 거래상대방의 신용도와 신용보강상품의 거래상대방의 신용도가 차이가 날 경우 가격결정에 어려움이 가중된다. 예를 들어 앞의 예에서 XYZ사의 회사채의 보증기관은 신용등급이 AAA인 반면 신용부도스왑의 거래상대방은 신용등급이 A라면 위와 같은 계산은 신용부도스왑의 가치를 과대평가한 것이다. 또한 가격을 결정하고자 하는 신용파생상품과 유사한 신용보강상품이 존재하지 않는 경우가 흔하기 때문에 동일비용법을 적용하는 것이 애당초 불가능한 경우도 많이 있다.

2) 신용스프레드기준법

신용스프레드기준법(credit spread based method)은 평가대상인 신용부도스왑과 동일한 만기의 무위험자산과 준거자산 간의 수익률 차이를 해당 신용부도스왑의 가격으로 평가하는 방법이다. 예를 들어서 준거자산이 달러표시 채권인 경우 만기가 같은 미국재무성증권과 준거채권과의 신용스프레드를, 준거자산이 원화표시 채권인 경우 만기가 같은 국고채와 준거채권과의 신용스프레드를 신용부도스왑의 가치로 보는 것이다. 앞의 예에서는 무위험자산인 국채의 수익률과 XYZ사의 회사채의 수익률 차이를 신용부도스왑의 가치로 보는 것이다.

신용부도스왑의 가치 = 준거채권의 수익률 − 무위험채권의 수익률
= 6.30% − 6.00%
= 0.30%(신용스프레드)
= $ 30,000(연간기준)

이 방법도 동일비용법과 같이 비교적 이해가 쉽고 단순하다는 장점이 있으나, 신용스프레드기준법을 택할 경우 적절한 신용도 차이를 반영한 신용스프레드를 구분하기 어려우므로 준거기업이 발행한 증권과 무위험자산 간의 스프레드 전체를 신용위험에 대한 프리미엄으로 간주할 가능성이 있다. 이 경우 신용부도스왑 거래상대방의 신용위험이 전혀 없는 것으로 평가하기 때문에 신용스프레드기준법에 따라 계산된 신용부도스왑의 가격은 당연히 과대평가될 수밖에 없다는 문제가 있다. 또한 대부분의 준거기업에 대하여 신용스프레드의 전체 기간구조가 존재하지 않기 때문에 평가하고자 하는 신용부도스왑과 동일한 기간구조의 신용스프레드가 존재하지 않는 경우 평가에 어려움을 갖는다.

3) 복제비용법

복제비용법(replication method)은 신용파생상품으로 인하여 발생하는 포지션을 복제하는데 소요되는 비용을 당해 신용파생상품의 가치로 평가하는 방법이다. 즉 금융기관이 신용파생상품을 거래할 경우 나타나는 현금흐름을 완전히 상쇄시키기 위하여 취하여야 하는 반대포지션을 구성하는 데에 소요되는 비용이 당해 신용파생상품의 가격이 된다.

앞의 신용부도스왑 예에서 CDS 매입포지션의 반대포지션인 보장매도자 포지션을 취하는 경우 얻을 수 있는 현금흐름의 가치가 신용부도스왑의 가치가 된다. 차익거래기회가 없는 상황에서 CDS 매도포지션은 차입을 통해 조달한 자금으로 위험채권을 매입하고 이 채권의 금리위험을 헤지하기 위해 금리스왑을 매입하는 포트폴리오를 구성하는 것과 같다. 즉, 다음과 같은 관계가 성립한다.

$$\text{CDS 매도} \equiv \text{차입} + \text{위험채권매입} + \text{금리스왑 매입}$$

앞의 에에서 A가 신용부도스왑 계약을 매도하는 대신에 SOFR에 $ 10,000,000을 빌린 후 이를 XYZ사의 회사채에 투자하고 동시에 SOFR를 수취하고 6.15%를 지불하는 금리스왑계약을 체결했다 하자. 이러한 거래를 수행하는 데 업무원가가 0.02% 소요된다고 가정하자. A는 이 거래를 통하여 XYZ사의 회사채로부터 6.30%의 수입을 얻는 한편 스왑금리로 6.15%를 지불하고 0.02%의 업무원가를 지불하기 때문에

0.13%의 기대이익이 확보된다. 이 이익은 XYZ사가 도산하지 않는 경우에 실현가능한 것이며 따라서 A의 이익은 XYZ사의 신용위험을 부담하는 데 대한 대가이다. 따라서 차익거래기회가 없는 상황에서 신용부도스왑의 가격은 A가 구성하는 포트폴리오의 기대이익인 0.13%와 같아야 한다.

신용부도왑의 가치 = 복제포트폴리오의 구성원가
= 0.13%
= $ 13,000 (연간기준)

복제비용법은 차익거래에 기초한 일반적인 가격결정방법으로 단순 · 명료하다. 그러나 단순한 신용파생상품이라 하더라도 이의 포지션을 복제하는 거래들을 하기 위해서는 유무형의 각종 비용이 들어가므로 이의 원가를 계산하기가 쉽지 아니하고, 게다가 복잡한 구조의 신용파생상품거래라면 포지션을 정확히 복제한다는 것 자체가 불가능한 경우가 많으므로 실제 적용에는 상당한 한계가 있다.

4) 신용등급기준법

신용등급기준법(ratings based method)은 신용부도스왑의 가격결정에 사용되는 실무적인 방법들 중 가장 이론적인 방법으로서 신용부도스왑의 가격을 보다 직접적으로 계산하는 방법이다. 이는 원채무자의 신용등급을 이용하여 해당 기업의 부도확률과 실제 부도발생시 회수율을 감안한 예상손실을 계산하는 것인데 동 예상손실금액은 신용부도스왑 거래를 함으로써 회피될 수 있는 금액이므로, 계산된 예상손실금액은 곧 해당 신용부도스왑의 가격으로 볼 수 있다는 것이다. 예를 들어 [표 4-3]과 같이 신용등급의 전이확률(transition probability)이 주어졌다 하자.

[표 4-3] 신용등급 전이행렬

연초 \ 연말	A	B	C	D	전체
A	0.90	0.07	0.02	0.01	1.00
B	0.05	0.90	0.03	0.02	1.00

C	0	0.10	0.85	0.05	1.00
D	0	0	0	1.00	1.00

[표 4-3]에 주어진 신용등급 전이행렬과 부도발생시의 회수율을 이용하면 앞의 예에서 살펴본 신용부도스왑의 가격을 결정할 수 있다. XYZ사의 회사채의 예상회수율을 80%로 가정할 경우 첫 해에 XYZ사가 도산할 확률이 1%, 둘째 해에 XYZ사가 도산할 확률은 0.01 × 0.90 + 0.02 × 0.07 + 0.05 × 0.02 = 1.14% 이므로 XYZ사의 회사채의 예상손실은 다음과 같다.

첫째 해의 기대손실 = $10,000,000×0.01×(1−0.8) = $20,000
둘째 해의 기대손실 = $10,000,000×0.0114×(1−0.8) = $22,800

신용부도스왑의 가치는 다음과 같이 평가된다.

신용부도스왑의 가치 = XYZ사 회사채의 예상손실의 현가

$$= \frac{20,000}{1.063} + \frac{22,000}{1.063^2} = \$38,992(2\text{년 기준})$$

연간 균등하게 신용부도스왑의 프리미엄을 지급한다면 연간 프리미엄은

$21,357(즉, $\frac{21,357}{1.063} + \frac{21,357}{1.063^2} = \$38,992$)이다.

신용등급기준법은 현실 시장의 부도확률과 회수율 등의 자료를 이용하여 신용부도스왑의 가격을 직접 평가한다는 장점을 갖는다. 준거자산의 부도확률이 높을수록, 부도후 회수율이 낮을수록 신용부도스왑의 가격은 상승한다. 따라서 부도확률이 0인 신용부도스왑의 경우 보장매입자가 보장매도자에게 지불해야 하는 가격은 준거자산의 신용스프레드(무위험수익률에 대한 초과수익률) 전부가 되어야 한다. 이것은 신용부도스왑으로 보호받는 준거자산은 바로 무위험자산과 동일하게 되기 때문이다.

위험중립형(risk-neutral) 가격결정구조에서 보면 일반적인 파생상품의 가격결정 방식과 마찬가지로 계약시 계약자 상호간 이익과 손실이 없는 상태로 계약을 체결하므로 신용부도스왑 이용에 따른 순현가는 0이다. 따라서 신용부도스왑으로부터 얻게 되는 매 기간별 부도에 의한 기대수익[5]과 수수료 지불금액에 대한 현가의 합계가 같게 되는 가격을 구할 수 있으며, 여기서 구해지는 지불금액이 적정한 신용부도스왑의 가격이다.

그러나 신용등급기준법은 원채무자의 신용등급에 대한 판단, 부도확률이나 도산발생시의 실제 회수율을 안다는 전제하에서 예상손실금액을 계산하는 것이므로, 현실시장에서 적용하기가 용이하지 않다. 특히 채무의 상환능력은 어떤 기업의 현재 재무상태에 달린 것이 아니라 상환당시의 자금력에 달려 있는 것이고 이는 기업자체의 내적인 요인뿐만 아니라 외적인 경제전체의 상황 내지 해당 기업이 소속된 산업의 상황과도 관련이 있기 때문이다.

5) 포트폴리오 방법

이 방법은 기존의 포트폴리오에 새로운 신용위험 노출(exposure)을 더함으로써 나타나는 충격의 크기 즉 신용위험 변동분을 고려하여 신용파생상품의 가격을 평가하는 방법이다. 기존 포트폴리오의 신용위험과 새로운 포트폴리오의 신용위험을 비교할 수 있는 방법으로는 J.P. Morgan의 CreditMetrics™으로 산출한 “Value at Risk Due to Credit Risk”기법 등 여러 방법을 들 수 있는데, 이러한 방법의 문제점은 신용파생상품과 관련된 부도상관관계를 주로 주식이나 채권가격변동의 상관관계와 동일한 것으로 간주한다는 데 있다. 자산 간의 가격변동의 상관관계는 크게 존재하지만 부도의 상관관계는 자산에서와는 매우 다르게 나타날 수도 있고, 포트폴리오의 부문집중도나 포트폴리오 내 각 자산의 상관관계가 다르기 때문에 부도위험만을 대상으로 하는 신용파생상품의 가격결정에 적용하는 경우 이러한 문제를 적절히 반영하여야 한다.

---

5) 매 기간별 부도발생에 의한 기대수익률=(전기까지 생존율×부도로 인한 준거자산의 손실율×당기 부도확률)

제2절

신용파생상품의 종류별 가격결정

앞 절에서 살펴본 일반적인 내용들을 토대로 하여 이 절에서는 대표적인 신용파생상품의 가격이 어떻게 결정될 수 있는지를 각 상품별로 알아본다.

1. 신용부도스왑의 가격결정

1-1. 위험중립평가를 이용한 신용부도스왑의 가격결정

위험중립평가(risk-neutral valuation)는 파생상품의 평가에 이용되는 가장 중요한 개념 중의 하나로, 모든 투자자가 위험부담에 대해 보상을 요구하지 않는 위험중립적인 성향을 갖는다고 가정한다. 차익거래의 기회가 없는 위험중립의 세계에서 자산의 가치는 해당자산에서 기대되는 미래 현금흐름을 무위험이자율로 할인한 현가로 평가된다.[6] 신용부도스왑 역시 위험중립평가를 이용하여 그 균형가격을 손쉽게 계산할 수 있다. 현실적으로는 회수율(recovery rate)과 부도확률(default probability)

6) 위험중립평가에 대해서는 John Cox and Stephen Ross (1976), "The Valuation of Options for Alternative Stochastic Processes" Journal of Financial Economics 3, 145-66. 참조.

을 알고 있으면 거래에 따른 미래 현금흐름을 쉽게 추정할 수 있고 그 현금흐름의 현가를 계산할 수 있으므로 특별한 모형 없이 가격결정이 가능하다.

위험중립평가의 기본개념을 이해하기 위하여 간단한 예를 들어 보자. 현재 시장의 무위험이자율의 수익률곡선은 수평이며 이자율은 5%라 하자. A회사가 발행한 액면 100, 만기 1년의 무이표 채권의 수익률은 8%이며, 부도 발생 시 회수율(회수가치의 액면가에 대한 비율)은 50%로 추정된다. 편의상 부도 발생은 기말에 일어나는 것으로 가정한다. A회사 채권을 준거자산으로 하는 만기 1년의 신용부도스왑의 적정 프리미엄을 위험중립평가를 이용하여 평가해보자.

A회사 채권의 현재 가격은 100/1.08 = 92.59이며, 이 채권에 투자하는 경우에 투자자가 얻을 것으로 기대되는 기말의 상황은 다음과 같다.

time 0	time 1
92.59	부도 발생시:100 (확률:1−Q)
	부도 발생시:50 (확률: Q)

스왑가격을 구하기 위해서는 먼저 주어진 자료로부터 위험중립부도확률을 추정하여야 한다. 위험중립부도확률은 위험채권에 투자하여 얻을 것으로 기대되는 수익률을 무위험이자율과 같게 만드는 부도확률이다. 채권에 투자한 경우 기대되는 기말의 수익은 부도가 발생하지 않는 경우 100, 부도발생시에는 50이다. 위험중립부도확률을 Q라 하면 이는 $100\times(1-Q)+50\times Q = 92.59\times1.05$를 만족시켜야 한다. 즉, 부도확률 Q=5.56%이며 부도 발생없이 생존할 확률은 94.44%이다.

A회사 채권을 준거자산으로 하는 CDS 계약의 적정 프리미엄을 평가해보자. 기말에 지급하는 연간 프리미엄을 C라 하면 보장매입자는 기말에 C의 프리미엄을 지급하는 대가로 부도가 발생하는 경우 액면가와 회수가치의 차이인 50(=100−50)을 수취한다. 부도발생 확률이 5.56%이므로 보장매입자가 수취하는(보장매도자가 지급하는) 금액의 기댓값은 $50\times0.0556=2.78$이다. 스왑계약 시점에서 신용부도스왑의 가치는 0일 것이므로 두 현금흐름은 일치하여야 한다. 따라서 스왑의 적정 프리미엄은 C=2.78로 구해진다. 즉 신용부도스왑의 매입자는 액면의 2.78%(또는 채권 가격의 3%)를 기말에 지급하는 조건으로 보장매도자로부터 A사 채권에 부도가 발생하는 경

우 그 손실을 보전받는 계약을 체결할 수 있다.[7] 다음에서는 이러한 내용을 좀더 구체적으로 살펴본다.

1) 부도확률

앞서 살펴본 것과 같이 위험중립평가를 이용하여 신용부도스왑의 가치를 평가하기 위해서는 먼저 부도확률을 알아야 한다. 주의할 것은 구해야 할 부도확률이 투자자가 과거의 자료나 미래 예측을 통해서 얻는 실제부도확률이 아니라 위험중립의 세계에서 계산되는 위험중립부도확률(risk-neutral default probability)이어야 한다는 것이다.

위험중립부도확률은 위험채권에 대한 투자의 기대수익률을 무위험이자율과 같게 만드는 부도확률로 채권의 수익률 자료와 무위험이자율을 이용하여 손쉽게 구할 수 있다. 예를 들어 액면가가 100, 표면이자율이 6%, 만기가 2년인 회사채와 동일 조건의 무위험채권을 가정하자. 표면이자는 매년 말에 연 1회 지급되며, 시장에서 확인되는 회사채의 (만기)수익률은 7%이며, 무위험이자율은 5%이다. 이 경우 회사채의 시장가격은 98.19이며 무위험채권의 시장가격은 101.86이다. 따라서 회사채에 투자하는 투자자가 이 채권이 만기 이내에 부도가 나는 경우 입게 될 손실의 현가는 101.86−98.19=3.67이다. 논의의 편의를 위해 사채발행기업의 부도 발생은 매 연말에 발생한다고 하고 연간부도 발생 확률은 Q로 동일하다고 하자. 부도발생시 채권의 회수율(=부도발생시 회수가치/액면가)이 40%라고 하면 Q의 확률로 부도가 발생함에 따라 투자자가 입게 되는 기대손실의 현가는 다음과 같다.

---

7) 현재 1년 만기 채권의 신용스프레드는 3%이다. 즉, A사 채권의 경우 현재 가격이 92.59이므로 92.59×3%=2.78이다. 또 이를 현재 시점에서 지불하는 경우 스왑프리미엄의 현재가격은 2.78/1.05=2.65이다. 그렇지 않을 경우 이 차이를 이용한 차익거래가 가능하다. 시장이 효율적이고 위험중립평가가 가능한 상황에서 CDS의 프리미엄은 준거자산이 동일만기의 무위험채권에 대해 갖는 신용스프레드와 일치하여야 한다. 예를 들어 CDS 프리미엄이 준거자산의 신용스프레드보다 작을 경우 투자자는 무위험이자율에 차입을 하여 준거자산을 구입하고 CDS를 매입하는 거래를 통하여 차익을 얻을 수 있으며, 반대의 경우 준거자산을 공매하여 무위험자산에 투자하고 CDS를 매도하는 거래를 통하여 차익을 얻을 수 있다. 따라서 보장매도자가 CDS 거래를 통하여 얻게 되는 매년의 적정한 프리미엄은 신용스프레드와 같은 값을 갖는다. 이는 CDS의 거래상대방위험이 잔존한다는 점에서 완전한 의미에서의 무위험 차익거래는 아니다. 그러나 시장이 효율적인 경우 위의 관계는 대체로 성립하며 CDS 프리미엄과 채권의 신용스프레드 관계에 기준을 제공해준다.

[표 4-4] 부도확률이 Q인 경우의 부도발생에 따른 기대손실의 현가

연도	부도확률	회수가치	부도 비발생 시 무위험채권 가치	손실액	할인요소	기대손실의 현가
1	Q	40	100.95	60.95	0.9524	58.05Q
2	Q	40	106.00	66.00	0.9070	59.86Q
합계						117.91Q

[표 4-4]에서 1차년도 말에 부도가 발생하지 않는 경우의 무위험채권의 가치는 2차년도 말에 기대되는 현금흐름 106의 1차년도 말 시점에서의 가치 100.95(=106/1.05)이다. 채권의 만기 이내에 부도가 발생하는 경우 투자자가 입게 되는 기대손실의 현가는 117.91Q이다. 차익거래 기회가 없는 상황에서 이는 앞서 구한 3.67과 같아야 한다. 따라서 부도확률은 117.91Q와 3.67을 같게 놓음으로써 구해질 수 있으며, Q = 3.11%(=3.67/117.91)이다.[8] 이렇게 계산된 부도확률이 바로 위험중립부도확률이다. 즉, [표 4-4]의 계산에서 보면 매년의 부도발생에 따른 기대손실은 무위험이자율을 할인하여 현가를 구했는데, 이는 바로 위험중립세계를 가정하고 가치평가를 한 것이다.

위의 계산에서는 부도가 연 1회 매 연말에 발생하는 것으로 가정하고 부도확률을 구했으나, 부도발생시점이나 발생횟수 등이 변화하더라도 동일한 방법으로 부도확률을 구할 수 있다. 또 매년의 부도확률이 일정하다고 가정하는 대신 기간별 조건부 부도확률(= 부도확률t/생존확률t-1, 이를 hazard rate라고도 부른다)이 일정함을 가정하고 구할 수도 있다.[9]

2) 신용부도스왑 평가모형의 도출[10]

신용부도스왑의 보장매입자가 계약만기 시점까지 일정기간마다 고정프리미엄 C

8) 이러한 관계를 이용하면 채권의 신용스프레드와 회수율을 이용하여 부도확률을 대략적으로 다음과 같이 구할 수 있다. 즉, 신용스프레드는 부도발생에 따른 평균적인 손실률과 같아야 한다는 점을 이용하여, 부도확률 $= \frac{1}{1+\text{만기수익률}} \times \frac{\text{신용스프레드}}{(1-\text{회수율})} = \frac{1}{1.07} \times \frac{2\%}{1-0.4} = 3.11\%$로 매년의 부도확률을 평가할 수 있다.

9) 부도확률은 옵션이론을 이용하여 주식의 시장가격으로부터 구할 수도 있다. KMV의 EDF가 대표적인 예이다.

10) 이 부분은 김형태 · 이준희, "신용파생상품에 관한 연구," 한국증권연구원, 2000, pp.97-110의 내용을 토대로 작성되었음. CDS 평가에 대한 보다 자세한 내용은 O'Kane, D. and S. Turnbull, "Valuation of Credit Default Swap," Fixed Income Quantitative Credit Research, April 2003. 또는 박태준, "CDS 및 CDS 지수의 거래현황과 평가방법," 파생상품 리서치, 2013(2권 1호) 참조.

를 지급한다고 가정하자. 그리고 이러한 프리미엄의 지급은 신용사건이 발생하지 않는 경우 신용부도스왑의 만기까지 지급되며 만기 전에 신용사건이 발생하는 경우 신용사건의 발생시까지 지급된다. 신용사건이 계약의 만기 이전에 발생하는 경우 보장매도자는 보장매입자에게 준거자산의 액면가와 회수가치의 차이만큼을 지급하게 된다.

보장매입자 관점에서 프리미엄 지급일에 발생하는 프리미엄 지급에 따른 현금흐름은 $C \cdot I\{\tau > i\}$로 표현할 수 있다. 여기서 $I\{\tau > i\}$는 $\tau > i$인 경우 1의 값을 갖고, $\tau \leq i$인 경우 0의 값을 갖는 지표함수(indicator function)이며 τ는 신용사건의 발생, 즉 부도시점이다. 채권의 액면금액을 1이라 하고 회수가치를 R이라 할 경우 보장매도자는 τ시점에 $(1-R) \cdot I\{\tau \leq T\}$금액을 보장매입자에게 지급한다.

일반적인 스왑계약에서 계약시점의 스왑가치가 '0'이 되도록 스왑조건이 결정되는 것과 마찬가지로, 신용부도스왑계약 체결당시에 보장매입자와 보장매도자의 현금흐름의 현재가치가 동일해야 한다는 조건으로부터 다음의 등식이 성립한다.

$$C\sum_{i=1}^{T}\frac{1}{(1+r)^{i}}E(I\{\tau > i\}) = (1-R)E\left(\frac{1}{(1+r)^{\tau}}\cdot I\{\tau \leq T\}\right) \tag{4.1}$$

여기서 프리미엄 지급시점 i는 확률변수가 아니기 때문에 기댓값 밖으로 나올 수 있지만, 부도시점 τ는 확률변수이므로 기댓값 밖으로 나올 수 없다. r은 할인율로 무위험이자율이다. 따라서 이 등식을 만족하는 프리미엄은 다음 식과 같이 구할 수 있다.

$$C = \frac{(1-R)E\left(\frac{1}{(1+r)^{\tau}}\cdot I\{\tau \leq T\}\right)}{\sum_{i=1}^{T}\frac{1}{(1+r)^{i}}E(I\{\tau > i\})} \tag{4.2}$$

물론 위의 식에서 기댓값은 위험중립확률을 이용하여 계산되어야 한다.

만기가 2년인 신용부도스왑의 예를 들어보자. 현재 시점이 0이고 시점 2는 스왑의 만기라고 하자. 이 경우 보장매입자가 지급하는(보장매도자가 수취하는) 현금흐름은 다음과 같다.

$$C\frac{1}{1+r}\cdot S(\tau>1)+C\frac{1}{(1+r)^2}\cdot S(\tau>2) \tag{4.3}$$

식 (4.3)에서 S(τ>i)는 시점 i까지 부도가 발생하지 않을 확률 즉, 생존확률로 (1-부도확률)을 의미한다. 결국 식 (4.3)은 식 (4.1)에서 기댓값을 부도확률을 이용하여 다시 푼 것이다. 마찬가지로 보장매도자가 지급하는(보장매입자가 수취하는) 현금흐름은 다음과 같다.

$$(1-R)\frac{1}{(1+r)}\cdot S(\tau=1)+(1-R)\frac{1}{(1+r)^2}\cdot S(\tau=2) \tag{4.4}$$

여기서 S(τ = 1)과 S(τ = 2)는 각기 1시점과 2시점의 부도발생확률이며, S(τ = i)=|S(τ < i+1)−S(τ < i)|이 된다. 신용부도스왑의 가격 즉, 프리미엄은 식 (4.3)과 식 (4.4)를 같게 하는 다음의 C가 된다.

$$C=\frac{(1-R)\left[\frac{1}{(1+r)}S(\tau=1)+\frac{1}{(1+r)^2}S(\tau=2)\right]}{\frac{1}{(1+r)}S(\tau>1)+\frac{1}{(1+r)^2}S(\tau>2)} \tag{4.5}$$

3) 신용부도스왑 평가의 예[11)]

앞서 살펴본 것과 같이 위험중립평가를 이용하여 CDS의 적정 프리미엄을 평가하기 위해서는 준거기업의 위험중립부도확률, 부도시 회수율, 무위험이자율, 프리미엄

---

11) 이 예는 John Hull(2009), "Options, Futures, and Swaps" p.521의 예를 수정한 것임.

의 지급주기, 부도발생시점 등을 알아야 한다. 프리미엄의 평가과정을 예를 들어 살펴보기 위해 다음을 가정하자.

- CDS 계약의 명목원금: $1
- CDS 계약의 만기: 5년
- 전기까지 부도가 발생하지 않은 경우 기간별 위험중립부도확률: 연 2%
- 부도시 회수율: 40%
- 무위험이자율 기간구조: 5%로 일정
- CDS 계약의 프리미엄은 매년 말에 지급
- 부도는 매년의 중간시점에 발생

[표 4-5] 기간별 부도확률과 생존확률

기간	부도확률	생존확률
1	0.0200	0.9800
2	0.0196	0.9604
3	0.0192	0.9412
4	0.0188	0.9224
5	0.0184	0.9039

보장매입자가 CDS 계약을 통하여 받게 되는(보장매도자가 지급하는) 현금흐름의 기댓값과 현가를 구해보자. 앞의 가정과 같이 부도는 매년 중간에 발생하며, 부도발생 시 회수율은 40%이므로 보장매입자는 액면가의 60%를 수취하게 된다. 따라서 보장매입자가 CDS 거래를 통해 얻게 되는 수익은 1차년도 중간에 액면의 1.2%(=0.02×60%)이며, 2차년도 중간에는 1.18%(=0.0196×60%)이다. 이를 정리하여 표로 나타내면 [표 4-6]과 같다. 표에서 할인요소는 무위험이자율 5%를 이용하여 구한 값이다.

[표 4-6] 보장매입자가 수취하는(보장매도자가 지급하는) 현금흐름의 기댓값과 현가

기간(연)	부도확률	1-회수율	기대현금흐름	할인요소	기대현금 흐름의 현가
0.5	0.0200	0.6	0.0120	0.9759	0.0117
1.5	0.0196	0.6	0.0118	0.9294	0.0109
2.5	0.0192	0.6	0.0115	0.8852	0.0102
3.5	0.0188	0.6	0.0113	0.8430	0.0095
4.5	0.0184	0.6	0.0111	0.8029	0.0089
합계					0.0512

보장매입자가 보장제공자에게 매년 기말에 지급하는 CDS 프리미엄을 C라 하고, 계약 만기 동안 지급하게 되는 프리미엄의 기댓값과 그 현가를 구하면 다음의 [표 4-7]과 같다.

[표 4-7] 보장매도자가 수취하는(보장매입자가 지급하는) CDS 프리미엄의 기댓값과 현가

기간(연)	생존확률	프리미엄의 기댓값	할인요소	기대프리미엄의 현가
1	0.9800	0.9800C	0.9524	0.9334C
2	0.9604	0.9604C	0.9070	0.8711C
3	0.9412	0.9412C	0.8638	0.8130C
4	0.9224	0.9224C	0.8227	0.7589C
5	0.9039	0.9039C	0.7835	0.7082C
합계				4.0846C

보장매입자가 지급하는 현금흐름은 [표 4-7]의 프리미엄에 더해 부도발생 시에 부도시점까지의 발생 프리미엄(accrual premium)이 더해져야 한다. CDS 프리미엄이 매 연말에 지급되는 계약이므로 부도발생 시에는 부도발생시점까지 발생한 프리미엄을 지급하여야 하나 이는 [표 4-7]에 포함되지 않았기 때문이다. 예를 들어 2차년도 중간에 부도가 발생하는 경우 해당연도에 부도발생 시점까지 발생한 프리미엄은 0.5C이다. 2차년도에 부도가 발생할 확률은 0.0196이므로 미지급된 프리미엄의 기댓값은 0.0196×0.5C = 0.0098C이다. 이를 정리하여 그 현가를 구한 것이 [표 4-8]이다.

[표 4-8] 부도발생 시까지 발생한 프리미엄의 현가

기간(연)	부도확률	발생한 프리미엄의 기댓값	할인요소	발생한 프리미엄의 현가
0.5	0.0200	0.0100C	0.9759	0.0098C
1.5	0.0196	0.0098C	0.9294	0.0091C
2.5	0.0192	0.0096C	0.8852	0.0085C
3.5	0.0188	0.0094C	0.8430	0.0079C
4.5	0.0184	0.0092C	0.8029	0.0074C
합계				0.0427C

[표 4-7]과 [표 4-8]로부터 보장매입자가 지급하여야 하는 금액의 현가는 4.0846C + 0.0427C = 4.1273C이며, [표 4-6]으로부터 보장매입자가 수취하는 금액의 현가는 0.0512이다. 차익거래기회가 없는 시장에서 계약 시점에서 CDS 계약의 가치는 0이며, 이는 보장매입자가 CDS 거래를 통하여 지급하는 금액의 현가와 수취하는 금액의 현가가 같아야 함을 의미한다. 따라서 4.1273C = 0.0512의 관계가 성립하며 이로부터 CDS의 프리미엄 C를 구하면 C=0.0124 즉, 연간 프리미엄은 CDS 계약 명목원금의 1.24%이다.

1-2. 기간별 위험중립부도확률의 추정과 CDS 프리미엄 평가

1) 부도확률의 기간구조와 신용부도스왑의 평가

앞의 예에서는 매 기간의 부도확률이 동일함을 가정하였다. 그러나 같은 기업이라도 매 기간의 부도확률은 기간에 따라 변동할 수 있다. 투자자가 예상하는 부도확률의 기간구조는 해당기업이 발행한 만기가 서로 다른 채권의 수익률(시장가격)을 관찰함으로써 구해질 수 있다. 다음과 같은 예를 들어 살펴보자.

현재 시장의 수익률곡선은 수평이며 1년 만기와 2년 만기 무위험이자율은 모두 5%로 동일하다 하자. A회사가 발행한 액면가 100, 만기 1년의 무이표 채권의 수익률은 8%이며 2년 만기 무이표 채권의 수익률은 8.25%이다. A기업 채권의 부도 발생 시 회수율은 액면가의 50%로 추정된다. 편의상 부도 발생은 매년 말에 일어나는 것으로 가정한다. A회사 채권의 매 기간별 부도확률과 이 채권을 준거자산으로 하는 2년 만기 신용부도스왑계약의 적정 프리미엄을 평가해보자.

2) 기간별 위험중립부도확률의 추정

매 시점의 부도확률은 위험중립평가를 이용하여 계산할 수 있다. 먼저 1년 말의 부도확률은 1년 만기 채권의 수익률과 무위험이자율을 이용하여 구할 수 있다. 1.1절의 도입 예에서 살펴본 것과 같이 1년 만기 채권의 현재 가격은 92.59(=100/1.08)이며, 채권에 투자한 경우 기대되는 기말의 수익은 부도가 발생하지 않는 경우 100, 부도 발생시에는 50이다. 따라서 위험중립 부도확률을 Q라 하면 $100\times(1-Q)+50\times Q=92.59\times1.05$의 관계에서 부도확률 Q=5.56%이며 생존확률은 94.44%이다. 2년 말 시점의 부도확률도 동일한 개념에 의해 2년 만기 채권의 수익률과 무위험이자율을 이용하여 구할 수 있다. 2년 만기 채권의 수익률이 8.25%이므로 이 채권의 현재 가격은 85.34(= $\frac{100}{1.0825^2}$)이며, 2년 말 시점에 투자자가 얻을 것으로 기대되는 수익은 다음과 같이 나타낼 수 있다.

time 0	time 1	time 2
85.34	92.38	2년간 부도 비발생 시:100
	(확률:0.9444)	(확률 0.9444(1−Q')
		2년말에 부도 발생 시: 50(확률Q')
		(확률 0.9444×Q')
	50	1년말에 부도 발생 시: 50×1.05
	(확률:0.0556)	(확률 0.0556)

따라서 위험중립평가하에서 다음의 관계가 성립하여야 한다.

$$100 \times 0.9444 \times (1-Q') + 50 \times 0.9444 \times Q' + 50 \times 1.05 \times 0.0556 = 85.34 \times 1.05^2$$

위 식을 만족시키는 Q'를 구하면 Q'=0.0692이다. 2년의 만기 동안에 준거기업이 2차년도 말까지 생존할 확률은 87.90%[=0.9444(1−0.0692)], 2차년도 말에 부도가 발생할 확률은 6.54%(=0.9444×0.0692), 그리고 1차년도 말에 부도가 날 확률은 5.56%이다.[12)]

---

12) 이는 다음과 같이 구할 수도 있다. 1년 만기 무위험채권의 가격은 100/1.05 = 95.24이다. 따라서 부도 발생시 A기업이 발행한 만기 1년짜리 채권에 투자한 투자자가 입게 되는 손실은 95.24−92.59=2.65이다. 이제 〈표 4-4〉에서 구한 것처럼 신용부도스왑 계약의 보장매도자가 지불하는 금액의 가치를 구해보자. 부도확률을 Q라 할 때 부도 발생시 회수율이 50%이므로 1년 말에 부도가 발생하는 경우 보장매도자는 50(=100−50)Q의 기대손실을 보전해주어야 하며 이의 현가는 47.62(=50/1.05)Q이다.따라서 1년 말의 부도확률은 Q=5.56%(=2.65/47.62)로 평가된다. 2년 말 시점의 부도확률도 동일한 개념에 의해 2년 만기 채권의 수익률과 무위험이자율을 이용하여 구할 수 있다. 2년 만기 채권의 수익률이 8.25%이므로 이 채권의 현재가격은 85.34(= $\frac{100}{1.0825^2}$)이며, 2년 만기 무위험채권의 현재 가격은 90.70(= $\frac{100}{1.05^2}$)이다. 따라서 2년 만기 채권에 투자하는 경우 만기 이내에 부도가 발생하여 투자자가 입게 되는 손실의 현가는 5.36(=90.70−85.34)이다. 한편, 2년 만기 채권을 준거자산으로 하는 만기 2년의 CDS 계약을 매도한 보장매도자가 지불하게 되는 금액의 기댓값과 그 현가는 다음 표와 같다.

3) CDS 프리미엄의 평가

이제 만기 2년의 CDS 계약의 적정 프리미엄을 구해보자. 매기 말에 지급하는 신용부도스왑의 연간 프리미엄을 C라 하면 보장매입자와 보장매도자가 지급하는 현금흐름의 현가는 각기 다음 표와 같다.

[표 4-9] 보장매입자가 지급하는 현금흐름의 현가

기간(연)	생존확률	프리미엄의 기댓값	할인요소	기대프리미엄의 현가
1	0.9444	0.9444C	0.9524	0.8994C
2	0.8790	0.8790C	0.9070	0.7973C
합계				1.6967C

[표 4-10] 보장매도자가 지급하는 현금흐름의 현가

기간(연)	부도확률	100-회수가치	할인요소	지급금액 현가
1	0.0556	50	0.9524	2.6477
2	0.0654	50	0.9070	2.9659
합계				5.6136

두 현금흐름의 가치는 같아야 하므로 스왑의 연간 프리미엄은 다음과 같이 평가된다.

$$1.6967C = 5.6136,\ C = 3.3$$

즉 스왑의 적정 연간 프리미엄은 명목원금의 3.3%로 평가된다.

연도	부도확률	회수가치	부도 비발생 시	손실액	할인요소	기대손실의 현가
1	Q	50	95.24	45.24	0.9524	43.09Q
2	Q	50	100.00	50.00	0.9070	45.35Q
합계						88.44Q

따라서 2년 만기 채권에 적용되는 연평균 부도확률은 6.06%(=5.36/88.44)이다. 1차년도의 부도확률 5.56%와 2년 만기 채권에 적용되는 연평균 부도확률 6.06%를 이용하면 2차년도 말의 부도확률을 다음과 같이 구할 수 있다.

2차년도 말의 부도확률 = $6.54\% = \left(\frac{(1+0.0606)^2}{1+0.0556} - 1\right)$

즉 1차년도의 부도확률은 5.56%, 2차년도 말의 부도확률(조건부부도확률)은 6.54%로 평가된다.

1-3. 복제포트폴리오를 이용한 신용부도스왑의 가격결정

1) 자산스왑과 자산스왑 스프레드

신용부도스왑은 자산스왑을 이용하여 복제될 수 있다. 자산스왑(asset swap)은 자산을 소유한 투자자가 특정수단을 이용하여 그 자산으로부터 발생하는 현금흐름의 특성을 바꾸는 것을 말한다. 대표적인 자산스왑의 예는 고정금리 채권을 소유한 투자자가 금리스왑을 매입(고정이자 지급, 변동이자 수취)함으로써 채권의 고정이자를 변동이자로 바꾸는 것을 들 수 있다. 즉 자산스왑의 매입포지션은 채권매입과 금리스왑매입으로 구성된 합성 포지션이다.

자산스왑의 거래구조와 CDS의 거래구조는 유사하다. 스왑거래 시작 시점에서 자산스왑의 매입자는 자산스왑 매도자로부터 채권을 매입하고 이후 채권 만기동안 매기 고정이자를 지급하고 변동이자를 수취하는 스왑계약을 맺는다. 이자 교환일이 되면 채권에서 발생하는 고정이자를 자산스왑 매도자에게 지급하고 매도자로부터 약정된 변동이자를 수취한다. 만기일이 되면 자산스왑 매입자는 채권 액면과 마지막 고정이자를 채권 발행자로부터 수령한 후 자산스왑 매도자에게 마지막 고정이자를 지급하고 변동이자를 수취한다. 한편, 만기일 이전에 채권 발행기업이 부도가 나는 경우에는 자산스왑 매입자는 이후 기간의 채권이자를 받지 못하며, 부도채권의 회수가치만을 받게 된다. 그러나 자산스왑 매도자와의 계약은 스왑 만기동안 여전히 유효하므로 자산스왑 매입자는 매도자에게 고정이자를 지급하고 변동이자를 수취하는 이자교환을 만기까지 계속한다(또는 부도시점에서 스왑의 시장가치를 평가하여 계약을 청산할 수 있다).

자산스왑 매도자의 입장에서 보면, 채권이 부도가 나도 그 영향을 전혀 받지 않는다. 스왑거래 시작 시에 이미 채권을 매입자에게 매도하여 채권가격을 받았기 때문이다. 그리고 스왑 계약에 따라 고정이자는 만기 동안 계속 수령하고 변동이자를 지급한다. 이는 자산스왑의 매도자가 채권의 신용위험을 매입자에게 전가했음을 의미하며, 자산스왑의 매입자가 채권의 신용위험을 부담함을 의미한다. 매입자의 경우 금리변동에 따른 위험은 금리스왑을 매입함으로써 헤지된다. 따라서 자산스왑의 매도자는 CDS 계약의 보장매입자와 위험 특성이 같고, 자산스왑 매입자는 CDS 계약의 보장매도자와 위험특성이 같다.

자산스왑 매입자가 채권의 신용위험을 부담하기 때문에 자산스왑 매도자로부터 그에 대한 대가를 받아야 하고, 매도자는 스왑계약시 무위험금리인 SOFR에 α만큼의 스프레드를 추가하여 매입자에게 지급하게 된다. 이 때 α를 자산스왑의 스프레드라고 한다. CDS 프리미엄과 자산스왑 스프레드의 차이를 CDS 베이시스라고 하는데, 이론적으로는 차익거래의 기회가 없다면 CDS 베이시스는 0이어야 한다. 만일 CDS 베이시스가 양수이면 투자자는 CDS 계약에서 보장매도(CDS 프리미엄 수취)를 하고 자산스왑 매도포지션(자산스왑 스프레드 지급)을 취하여 차익을 얻을 수 있다. 반대로 CDS 베이시스가 음수인 경우에는 CDS는 보장매수(CDS 프리미엄 지급)를 하고 자산스왑 매수포지션을 취함으로써 차익을 얻을 수 있다.

2) Repo 시장과 자산스왑을 이용한 신용부도스왑의 복제

앞서 자산스왑에서의 채권의 매입자금은 Repo거래를 통해 조달할 수 있다. 자산스왑과 Repo거래를 이용한 신용부도스왑의 복제과정을 살펴보자. 신용부도스왑의 보장매도자 포지션을 기준으로 설명한다.

신용부도스왑의 보장매도자 포지션은 다음의 세 거래로 구성되는 포트폴리오로 복제될 수 있다.

① 채권매입자금을 조달하기 위해 Repo금리 (SOFR + x)인 Repo거래를 한다.

② 현물시장에서 수익률이 y인 채권을 매입하고 채권을 Repo거래의 담보로 제공한다(y = 기준수익률+신용스프레드(s)).

③ 금리스왑매입(만기까지 고정금리 f를 지불하고 (SOFR+α)를 받는) 거래를 한다. 위의 거래를 그림으로 나타내면 [그림 4-2]와 같다.

[그림 4-2] 신용부도스왑의 복제: 보장매도자 포지션

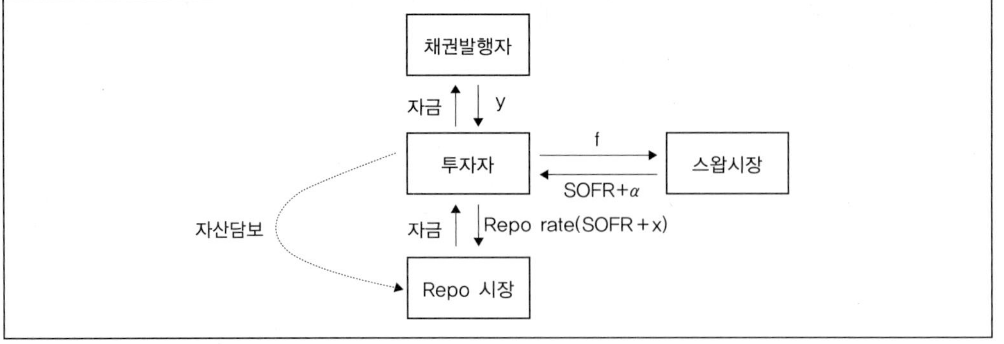

[그림 4-2]에서 고정금리를 지불하고 변동금리를 수취하는 금리스왑계약은 채권 매입을 위해 부담한 Repo 거래에 따른 금리위험을 헤지하는 역할을 한다.[13] [그림 4-2]의 복제포트폴리오의 현금흐름을 표로 정리하면 [표 4-11]와 같으며 부담하는 위험은 CDS 계약의 보장매도자가 부담하는 위험과 같음을 확인할 수 있다. 편의상 채권액면과 시장가격은 100을 가정한다.

[표 4-11] 신용부도스왑 복제포트폴리오의 현금흐름

	수취	지급
채권매입 금리스왑 Repo 거래	y SOFR+α 100	100달러 f (SOFR+x)
합계	y−f+α−x(=α−x)	

위 표에서 채권수익률 y는 시장의 기준수익률에 해당채권의 신용스프레드를 더한 값이다. 스왑계약에 따라 지급하는 고정금리 f는 기준수익률에 스왑스프레드를 더한 것으로 채권수익률 y와 동일하게 평가되어야 한다. 따라서 복제포트폴리오 구성자(또는 보장매도자)가 부담하는 신용위험 노출은 (α−x) 즉, 채권에 대한 자산스왑의 스프레드에 Repo 시장에서 투자자가 SOFR에 더하여 부담하는 x를 뺀 값으로 나타낼 수 있다. 이 값은 신용위험 부담에 대한 공정한 프리미엄과 일치하며, 신용부도스왑의 적정한 가격은 바로 스왑기간 동안 실현되는 이 현금흐름의 현가로 평가할 수 있다.

3) 복제포트폴리오를 이용한 신용부도스왑의 가치평가 예

X회사의 신용등급은 Baa등급으로 평가되고 있다. 이 기업 채권을 준거자산으로 하는 7년 만기 자산스왑의 스프레드는 현재 93bp로 평가된다. X회사 채권의 이자율위험은 Aa등급 은행과의 금리스왑계약에 의해 헤지할 수 있으며, 스왑금리는 5.875%이다. 현재 시장에서 형성되는 변동금리 이자율은 SOFR−12.5bp

13) 만일 이러한 헤지를 하지 않을 경우의 거래는 단순히 [액면금액 + y − (SOFR + x)]의 수익을 얻는 채권에 대한 levered 포지션을 보유하는 것과 같다.

이고, bid-ask spread는 6bp라고 가정하자. 따라서 X회사의 신용스프레드는 111.5bp(=93+12.5+6)이다. 신용스프레드는 X회사의 신용위험을 부담하는 투자자가 요구하는 수익률이다. 투자자는 자산에 대해 매입포지션을 취한 경우 이러한 포지션의 신용위험을 헤지하기 위하여 매년 111.5bp를 얻는 자산에 대한 공매포지션을 취하면 된다. 결국 신용부도스왑의 가격은 매년 111.5bp의 수익률을 얻는 자산의 현재 가격으로 평가할 수 있다. 현재 시장의 스왑금리가 5.875%이므로 7년 동안 실현되는 111.5bp의 수익의 현가는 6.25%이다, 따라서 X회사에 대한 신용부도스왑의 가격은 6.25%로 평가할 수 있다.

2. 총수익스왑의 가격결정

2-1. 위험중립평가법을 이용한 총수익스왑의 가격결정

차익거래기회가 없는 완전시장에서 총수익스왑의 가치는 위험중립평가를 이용하여 평가할 수 있다. 즉, 앞서의 신용부도스왑에서 살펴본 것과 같이 보장매입자(총수익지급자)와 보장매도자(총수익수취자)가 얻는 현금흐름의 현가를 같게 만드는 총수익스왑의 적정스프레드를 구하면 된다. 위험중립평가의 기본논리는 앞서 신용부도스왑의 가치평가에서 살펴보았다.

2-2. 복제포트폴리오를 이용한 총수익스왑의 가격결정

환매채(Repo) 거래와 총수익스왑은 매우 유사한 성격을 갖고 있다. 따라서 Repo 시장이 발달되어 있는 경우 복잡한 평가모형을 이용하는 대신 Repo 거래를 이용해 총수익스왑의 가격을 결정할 수 있다. 이는 물론 Repo 시장이 효율적이며 총수익스왑의 준거자산과 흡사한 거래물이 Repo 시장에서 거래되고 있다는 전제에서이다.

총수익스왑은 Repo와 비슷하게 채권 차입구매(financed purchase of a bond)의 형태를 취한다. 따라서 투자자는 총수익스왑과 채권의 매도(short) 포지션을 결합하여 Repo를 복제할 수 있다. 이는 총수익스왑의 가치는 [Repo+채권] 포트폴리오의 구성원가와 같음을 의미한다. 즉, 다음과 같은 관계가 성립한다.

$$\text{총수익스왑 보장매도자} = \text{Repo(차입)} + \text{채권매입} \tag{4.6}$$

$$\text{Repo(차입)} = \text{채권매도} + \text{총수익스왑(보장매도자)} \tag{4.7}$$

예를 들어 투자자 A가 C기업이 발행한 채권을 이미 보유하고 있으며 자금을 조달하고자 한다 하자. A는 채권을 B에 팔고 동시에 B와 C기업 채권에 대해 SOFR + xbp에 총수익스왑 계약을 체결한다. 이 경우 현금흐름이 다음 그림에 나타나 있다. 이는 Repo 거래의 현금흐름과 같음을 쉽게 확인할 수 있다.

[그림 4-3] 채권매도와 총수익스왑을 이용한 Repo의 복제

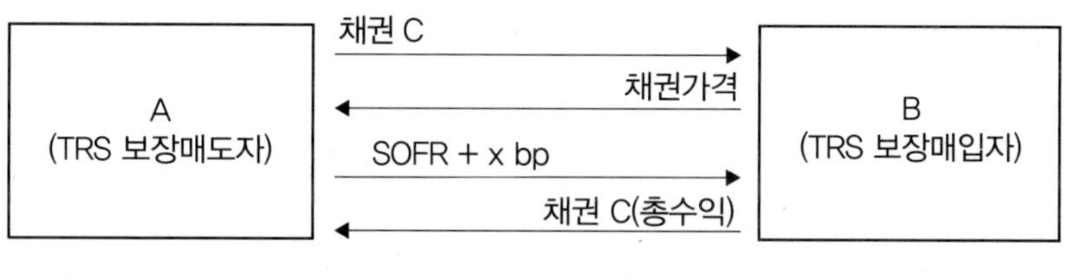

총수익스왑과 Repo는 많은 유사점이 있는데 대부분의 Repo 딜러들은 총수익스왑의 형태를 선호한다. 그 이유는 보장매입자의 입장에서 볼 때 총수익스왑이 좀 더 경제적인 자금조달 금리를 제공하며 스왑기간 동안 재무제표상에서 채권을 제거할 수 있기 때문이다. 일반적으로 초단기(예: 하루)자금을 조달하고자 하는 딜러는 Repo 시장을 이용하지만, 장기자금이나 은밀한 형태의 거래를 원하는 경우는 총수익스왑이 선호된다.

복제포트폴리오를 이용한 총수익스왑의 가격결정 예

A은행은 X기업이 발행한 액면 100억원의 채권을 보유하고 있다 하자. 이 채권의 수익률은 6%로 평가되며, A은행은 향후 1년간 X기업의 신용위험이 커질 것을 염려하고 있다. A은행은 총수익스왑계약을 통해 이 위험을 헤지하려 한다. 현재 B투자은행은 적정한 수수료를 받는다면 A은행과 X기업 채권을 준거자산으로 하는 총수익스왑계약을 체결할 용의가 있다 한다. X기업 채권은 현재 액면가에 거래되고 있다. B투자은행이 이용가능한 만기 1년의 Repo 금리는 SOFR + 50bp이다. Repo와 채권을 결합하여 총수익스왑을 어떻게 복제할 수 있는지 보이고 만기 1년의 총수익스왑의 적정스프레드를 구해보자.

총수익스왑은 차입과 채권매입 포지션으로 복제할 수 있다. 총수익스왑계약에서 보장제공자의 현금흐름은 다음과 같다.

지급: SOFR + ?

수취: 채권의 총수익

Repo와 채권매입을 결합한 포트폴리오의 현금흐름은 다음과 같다.

지급: SOFR + 50bp

수취: 채권의 총수익

따라서 B투자은행이 A은행과의 총익스왑계약에서 지급할 수 있는 적정스프레드는 50bp이다.

2-3. 총수익스왑과 거래상대방위험의 평가

총수익스왑에서 총수익 수취자(보장매도자)는 준거자산의 신용위험과 거래상대방위험을 동시에 부담한다. 즉, 스왑이 양(positive)의 가치를 가질 때 거래상대방의 부도위험(default risk)을 부담하게 된다. 거래상대방위험을 고려해야 하는 경우 스왑의 기대가치(expected positive value)와, 거래상대방의 부도확률 및 거래상대방과 준거자산 사이의 부도상관관계 등이 스왑가격에 반영되어야 한다. 다음 예를 살펴보자.

사례내용:

- 거래상대방의 부도확률 : 0.80%
- 거래상대방 도산 시 스왑가치가 양(positive)일 확률 : 50%
- 스왑의 기대가치 : $10,000,000
- 스왑의 명목원금 : $100,000,000
- 부도 시 회수율 : 52%

거래상대방위험에 따른 프리미엄:

- 회수율 고려전의 부도 시 예상손실액:
- 0.80% × 50% × $10,000,000 = $40,000
- 회수율 고려 후의 예상손실금액:
- $40,000 × (1− 0.52) = $19,200
- 거래상대방 위험에 따른 가산프리미엄: $19,200 ÷ $100,000,000 = 1.92bp

3. 신용연계채권의 가격결정

다음에서는 간단한 예를 들어 위험중립평가를 이용하여 신용연계채권(CLN)의 가격을 어떻게 평가할 수 있는지 살펴본다.[14] 우선 아래와 같은 시장상황과 이항구조를 가정하자.

3-1. 시장상황과 이항구조

신용연계채권(신용부도채권)의 만기 : 1년
발행자: 뱅커스트러스트(Bankers Trust)
준거자산 : IBM사의 무이표채(액면금액 $100)

14) 사용된 예는 Israel Nelken(1999), Implementing Credit Derivatives, pp. 281–287의 내용을 기초로 구성한 것임.

만기일의 지급 조건 :

IBM채권에 부도가 발생하지 않은 경우 : 액면금액 $100

IBM채권에 부도가 발생하는 경우 : 0

미국국채(U.S. Treasury strip bond)의 수익률 : 6%

미국국채에 대한 IBM채권의 신용스프레드 : 50bp

부도 시 IBM채권의 회수율 : 70%

미국국채에 대한 뱅커스트러스트채권의 신용스프레드: 20bp

IBM과 뱅커스트러스트 채권의 부도상관계수 : 0

3-2. 부도확률의 평가

3-1에서 주어진 자료에 기초하여 준거자산인 IBM채권의 부도확률을 평가해보자. 미국국채의 수익률이 6%이므로 만기 1년, 액면금액 $100인 미국국채의 가격은 100/1.06 = 94.34(달러)이며, IBM 채권의 가격은 100/1.065 = 93.90(달러)이다. IBM의 부도확률을 Q, 부도 시 회수율을 R이라 하면 IBM 채권에 투자한 투자자가 만기일에 얻는 현금흐름은 다음 표와 같다.

상태	수익	확률
부도 비발생	$100	1−Q
부도 발생	$100×R	Q

위험중립평가를 이용하여 부도확률을 평가해보자. 차익거래기회가 없는 시장에서 위험중립평가를 적용하면, 모든 위험자산에 투자하는 경우 얻을 수 있는 기대수익률은 무위험이자율과 같다. 이를 이용하면 미국국채와 IBM 채권의 가격 관계에서 다음 식을 얻을 수 있으며, 회수율 R이 70%로 주어져 있으므로 부도 확률 Q를 평가할 수 있다.

$$Q \times 100 \times 0.70 + (1-Q) \times 100 = 93.90 \times 1.06, \text{ 따라서 } Q = 1.55\%$$

위험중립확률을 이용하여 IBM 채권의 기말 기대현금흐름을 구하면 다음과 같다.

$$100 \times 0.0155 \times 0.70 + 100 \times (1-0.0155) = 93.90 \times (1+0.06) = 99.53.$$

3-3. 신용연계채권의 가격

뱅커스트러스트가 발행한 신용연계채권의 만기일의 현금흐름을 IBM 채권의 부도 여부와 관련지어 나타내면 다음과 같다.

상태	수익	확률
부도 비발생	$100	1–Q
IBM 채권 부도	0	Q

위험중립확률을 이용하여 신용연계채권에 투자하는 경우 얻을 수 있는 기말의 기대현금흐름을 구하면 다음과 같다.

$$100 \times (1-0.0155) + 0 \times 0.0155 = 98.45$$

위 현금흐름을 무위험이자율로 할인하면 현재 시점에서 평가되는 신용연계채권의 가격을 다음과 같이 구할 수 있다.

$$\text{신용연계채권의 가격} = 98.45/1.06 = 92.88$$

4. 신용스프레드옵션의 가격결정

4-1. 신용스프레드옵션의 성과 형태와 신용스프레드

신용스프레드옵션은 앞서 설명했듯이 미리 정한 행사스프레드(strike spread)의 가격에 준거자산을 사거나 팔 수 있는 권리이다. 옵션의 기초산은 채권이나 대출뿐만 아니라 신용디폴트스왑이나 자산스왑계약 등이 이용되며 옵션은 유럽식이나 미국식 등 다양한 형태로 발행된다. 신용스프레드옵션의 성과는 가격을 기준으로 나타내거나 신용스프레드를 기준으로 나타낼 수 있다. 먼저 가격을 기준으로 표준적인 신용스프레드 콜옵션과 풋옵션의 수익구조를 나타내면 다음과 같다.

$$\text{Put} = \text{Max}(0,\ \overline{B_t^T}\ e^{-K(T-t)} - B_t^T) \tag{4.8}$$

$$\text{Call} = \text{Max}(0,\ B_t^T - \overline{B_t^T}\ e^{-K(T-t)}) \tag{4.9}$$

위 식에서 K는 행사스프레드이며, B_t^T는 만기시점이 T인 신용위험이 있는 준거자산의 t시점의 가격이며 $\overline{B_t^T} e^{-K(T-t)}$는 행사스프레드 K하에서 평가된 무위험채권의 t시점의 가격이다. t는 옵션의 만기를 나타낸다. 따라서 행사스프레드 K하에서 평가된 가격에 준거자산을 팔수 있는 권리인 신용스프레드옵션은 옵션행사에 따라 행사스프레드 K하에서 평가된 가격과 준거자산의 시장가격의 차이만큼을 수익으로 얻을 수 있다.

한편 위의 성과형태는 스프레드를 기준으로 나타낼 수도 있다. S_t^T를 준거자산의 t시점의 신용스프레드라 하고 풋옵션과 콜옵션의 성과를 나타내면 다음과 같이 표현할 수 있다.

$$\text{Put} = \text{Max}(0,\ e^{-K(T-t)} - e^{-S_t^T(T-t)})\overline{B_t^T} \tag{4.10}$$

$$\text{Call} = \text{Max}(0,\ e^{-S_t^T(T-t)} - e^{-K(T-t)})\overline{B_t^T} \tag{4.11}$$

한편 옵션만기일에 평가된 준거자산의 수정듀레이션과 옵션계약의 명목원금을 이용하여 채권의 수익률변화에 따른 가격변동을 근사적으로 나타내면 위 식은 다음과 같이 근사될 수 있다.

$$\text{Put} = \text{수정듀레이션} \times \text{명목원금} \times \text{Max}(0,\ e^{-K(T-t)} - e^{-S_t^T(T-t)}) \quad (4.12)$$

$$\text{Call} = \text{수정듀레이션} \times \text{명목원금} \times \text{Max}(0,\ e^{-S_t^T(T-t)} - e^{-K(T-t)}) \quad (4.13)$$

여기서 수정듀레이션은 이자율(수익률)의 변화에 따른 준거자산 가격의 변화율을 나타내며 실제스프레드와 행사스프레드의 차이는 신용위험의 변동에 따른 수익률의 변화를 나타낸다.

4-2. 스프레드모형과 신용스프레드옵션의 가격결정

앞서 살펴본 식들에서 보는 것처럼 신용스프레드옵션의 가치평가를 위해서는 준거자산에 대한 신용스프레드의 평가가 필수적이다. 위험중립평가를 적용하는 경우 신용스프레드는 미래의 매 상황에서 갖는 스프레드를 위험중립확률로 가중평균한 값을 무위험이자율로 할인한 현가로 구할 수 있다. 따라서 핵심적인 과제는 부도확률을 추정하여 미래의 매 상황에서의 준거자산의 수익률을 평가하는 것과 이러한 신용위험을 고려하여 위험중립확률을 평가하는 것이다. 이러한 평가는 신용스프레드의 움직임을 어떻게 모형화하느냐에 따라 여러 가지로 다양하게 모형화 될 수 있다.[15] 다음에서는 가장 간단한 형태의 모형으로 1-요인 스프레드모형(one-factor spread model)을 이용하여 신용스프레드옵션의 가치를 평가하는 과정을 살펴본다.

15) 이에 대한 자세한 논의는 다음을 참조하기 바란다. Hull, J. and White, A., "Pricing interest-rate-derivative securities," Review of Financial Studies, 3(4), 1990, pp.573-592, Joao Garcia, Helmut Van Gindewren, and Reinaldo Garcia, "On the pricing of credit spread options: a two factor HW-BK Algorithm," International Journal of Theeoretical and Applied Finance 6(5), 2003, pp.491-505. Viral V. Acharya, Sanjiv Ranjan Das, and Rangarajan K. Sundaram, "Pricing credit derivatives with rating transitions," Financial Analysts Journal 58(3), 2002, pp.28-44.

1) 1-요인 스프레드 모형의 개요

스프레드 모형은 신용스프레드를 부도확률(default risk)에 관련된 부분과 회수위험(recovery risk)에 관련된 부분으로 나누지는 않고 있지만 신용스프레드옵션의 가격결정에 비교적 손쉽게 적용할 수 있다. 일반적으로 파생상품의 가격결정 모형은 준거자산의 가격변동을 모형화하는 것으로부터 시작되는데 신용스프레드의 확률과정(stochastic process)은 CIR(Cox, Ingersoll, and Ross) 모형을 이용하여 나타내면 다음과 같이 표현할 수 있다.

$$ds = k(\theta - s)dt + \sigma\sqrt{s}\,dz \qquad (4.14)$$

식 (4.14)에서 s는 신용스프레드, θ는 스프레드의 장기평균, k는 장기평균으로의 회귀속도, σ는 변동성, 그리고 z는 표준브라운운동을 나타낸다.

위의 식 (4.14)를 신용스프레드가 이항분포를 따르는 것을 가정하여 이산화시키면 신용스프레드 S(t)에 대해 다음과 같이 나타낼 수 있다.

$$S(t) = S(0) + k[\theta - S(0)]\,t + \sigma\sqrt{S(0)\times t} \qquad (4.15a)$$

$$S(t) = S(0) + k[\theta - S(0)]\,t - \sigma\sqrt{S(0)\times t} \qquad (4.15b)$$

식 (4.15)에서 알 수 있듯이 현재의 스프레드가 S(0)일 때 t 기의 스프레드 S(t)는 장기적으로 스프레드가 평균에 복귀하려는 경향을 나타내는 요인과 변동성요인에 의해 결정된다.

2) 신용스프레드옵션의 가격결정

다음에서는 각 기간이 1년씩인 두 기간의 스프레드 모형을 구성하고 가상의 시장정보를 이용하여 만기는 1년이고 행사가격이 0.02인 스프레드옵션의 가격을 결정하는 과정을 살펴본다. 현재 시장에서 형성되는 1년 및 2년 만기의 무위험 무이표채의 수익률과 위험채권의 수익률이 아래와 같다 하자.[16)]

---

16) 이 예는 Harvard University의 Sanjiv Ranjan Das의 강의노트, "Alternative Approaches for Pricing Credit Derivatives,"의 예를 참조하여 작성한 것임.

만기	위험채권	무위험채권	신용 스프레드
1년	0.09	0.08	0.010
2년	0.105	0.09	0.015

또한 과거의 스프레드 자료를 이용하여 다음과 같은 정보를 얻었다고 가정하자.

$$k = 0.2,\ \theta = 0.02,\ \sigma = 0.03$$

위의 자료를 바탕으로 액면금액이 100이고 만기가 2년인 위험채권의 가격과 1년 후 시점부터 2년까지의 선도이자율(forward rate)을 구하면 다음과 같다.

$$\text{만기 2년의 위험채권의 가격} = \frac{100}{(1+0.105)^2} = 81.8984$$

$$\text{1년 후부터 2년까지의 선도이자율} = f_{1,2} = \frac{1.09^2}{1.08} - 1 = 0.1001$$

식 (4.15)의 프로세스에 위험조정계수(γ)를 삽입시켜서 재구성하면 다음과 같다.

$$S(t) = S(0) + k[\theta - S(0)]\,t + \boldsymbol{\gamma} + \sigma\sqrt{S(0)\times t} \tag{4.16a}$$

$$S(t) = S(0) + k[\theta - S(0)]\,t + \boldsymbol{\gamma} - \sigma\sqrt{S(0)\times t} \tag{4.16b}$$

식 (4.16)은 위험중립평가하에서 차익거래기회가 없으려면 위험이 조정된 신용 스프레드가 따라야 하는 확률과정을 나타낸다. 앞서 얻은 스프레드 관련 정보를 식 (4.16)에 대입하면 1년 후의 스프레드 S(1)과 만기가 2년인 채권의 1년 말 시점의 가격 B(1)은 동일한 확률로 다음의 두 가지 값 중 하나를 가지게 된다.

$$S(1) = \begin{cases} \boldsymbol{\gamma} + 0.015 \\ \boldsymbol{\gamma} + 0.009 \end{cases} \qquad B(1) = \begin{cases} \dfrac{100}{1 + f_{1,2} + \boldsymbol{\gamma} + 0.015} \\[2ex] \dfrac{100}{1 + f_{1,2} + \boldsymbol{\gamma} + 0.009} \end{cases} \tag{4.17}$$

만기가 2년인 위험채권의 시장가격을 이미 알고 있으므로, 1기말에 갖게 되는 채권가격에 각각의 발생확률을 곱한 기댓값을 1년 만기채의 수익률 9%로 할인한 가격을 앞서 구한 만기 2년의 위험채권의 가격과 같게 만드는 위험조정계수 γ의 값을 구할 수 있다.

$$B(0) = \frac{1}{2}\left[\frac{100}{1+0.1001+\boldsymbol{\gamma}+0.015} + \frac{100}{1+0.1001+\boldsymbol{\gamma}+0.009}\right]\frac{1}{1+0.09}$$
$$= 81.8984$$

위 식을 만족시키는 γ를 구하면 $\gamma = 0.0081$이다.

위 식에서 구한 위험조정계수 0.0081을 식 (4.17)에 대입하면 1년 후의 신용스프레드는 0.0231이나 0.0171의 두 값 중 하나의 값을 가짐을 알 수 있고 이를 바탕으로 신용스프레드옵션의 가격은 쉽게 구할 수 있다. 즉 행사스프레드가 0.02인 1년 만기 신용스프레드풋옵션은 1년 후에 준거자산의 신용스프레드가 0.0231인 경우에는 행사하게 되며 신용스프레드가 0.0171인 경우에는 행사하지 않고 소멸된다. 명목원금이 100이라면 이 스프레드풋옵션의 현재가격은 다음의 식에 의해 구할 수 있다.

$$\text{신용스프레드풋옵션의 가격} = \frac{1}{1.08}\left[1\times100\times(0.0231-0.0200)\right]\times0.5 = 0.1435$$

4-3. 신용스프레드옵션을 이용한 위험헤지의 예

어떤 은행에서 프로젝트 파이낸스에 참여하려 한다고 하자. 이 은행이 제공하는 프로젝트 파이낸스 금액은 $25백만이다. 그런데 이 프로젝트를 시행하는 사업자는 신용도가 매우 낮아 이 은행은 높은 신용위험을 부담하여야 한다. 마침 달러 표시로 차입금의 상환이 이루어지고 있고, 이용가능한 준거채권에 대한 신용옵션도 거래되고 있어서 이를 이용하여 헤지를 하고자 한다. 현재 신용스프레드풋옵션의 가격은 채권 액면 $1,000 기준 $4이다. 프로젝트 파이낸스와 이 은행이 이용할 수 있는 스프레드옵션의 특성은 다음과 같다.

· 프로젝트 원금 : $25,000,000

· 이자지급 : 매년 말

· 옵션 만기 : 2년

· 행사스프레드 : 350bp

· 기준이 되는 국채수익률은 옵션발행일과 만기일에 변함없이 7%로 예측된다.

	이표	만기	신용스프레드(베이시스포인트)	
			발행일	옵션만기일
준거채권	10.25%	8년	325	425
프로젝트	11.50%	8년	450	575

1) 만기일의 스프레드풋옵션의 성과

행사스프레드가 350bp이므로 행사금리는 10.5%(=7%+350bp)이고 만기일에서의 이자율은 11.25%(=7%+425bp)이므로 액면 $1,000달러 기준 채권의 가격은 다음과 같이 $958이다.

$$\text{옵션만기일의 준거채권의 가격(액면 \$1,000)} = \sum_{t=1}^{6} \frac{102.5}{1.1125^t} + \frac{1,000}{1.1125^6} = 958$$

또 옵션만기일에서의 행사가격을 금액으로 나타내면 다음과 같이 $989.27이다.

$$\text{옵션만기일의 행사가격(액면 \$1,000)} = \sum_{t=1}^{6} \frac{102.5}{1.105^t} + \frac{1,000}{1.105^6} = 989.27$$

따라서 옵션만기일에서의 풋옵션의 가치는 $31.27(=989.27−958)이다.

2) 풋옵션 거래의 수익과 이익

현재 시점에서 풋옵션을 매입하였다가 이를 만기에 행사하는 경우 액면 $1,000의 풋옵션 1단위에 대하여 $31.27의 수익을 얻는다. 풋옵션의 구입가격이 $4이므로 옵션거래의 이익은 $27.27(=31.27−4)이다.

3) 프로젝트의 가치 변동

· 액면이 $1,000이고 만기가 8년이고 이표가 11.5%인 프로젝트의 현재가치는 현재 수익률이 11.5%(=7%+450bp)이므로 $1,000이다.
· 동일한 프로젝트의 2년 후의 가치는 2년 후의 수익률이 12.75%(=7%+575bp)이므로 다음과 같이 $949.68이다.

$$\text{옵션만기일의 프로젝트의 가격(액면 \$1,000)} = \sum_{t=1}^{6}\frac{115}{1.1275^t}+\frac{1,000}{1.1275^6}=949.68$$

따라서 프로젝트의 가치는 신용스프레드의 변동에 따라 $50.32(=1,000−949.68) 만큼 하락이 예상된다.

4) 헤지비율의 결정

· 위의 분석결과에 비추어 볼 때 프로젝트의 가치변동위험을 헤지하기 위해 매입해야 할 풋옵션의 수인 헤지비율은 프로젝트의 가격변동과 옵션의 수익의 비율로 구할 수 있다.

헤지비율 = 50.32 / 31.27 = 1.609

· 따라서 프로젝트원금 $25,000,000에 대한 위험헤지를 위해 구입해야 할 풋옵션의 수는 40,225(=$25,000,000/1,000×1.609)개이며, 옵션구입대금은 $160,900이다.

5) 헤지의 성과

· 프로젝트 가치의 변동에 따라 입는 손실액은 $1,258,000이다.
50.32×(25,000,000/1,000)=$1,258,000
· 옵션만기일에 옵션으로부터 얻는 수익은 $1,257,835(=40,225×31.27)이다. 따라서 풋옵션 거래에서 얻는 이익으로 프로젝트가치변동에 따른 손실액을 상쇄할 수 있다.[17]

17) 김규형, "신용위험의 측정과 관리", 한국금융공학컨설팅, 2000, pp.239–242.

제3절

신용파생상품 가격결정의 문제점과 위험

1. 신용파생상품 가격결정 과정의 문제점

신용파생상품의 거래는 그간 큰 폭의 증가세를 보여 왔지만 미국의 서브프라임 모기지 사태로 촉발된 전세계적인 금융위기의 여파로 최근 들어서는 그 거래규모가 급격하게 위축되었다. 또 최근까지의 신용파생상품거래에서 거래의 대부분은 대형은행이나 헤지펀드, 보험회사 등에 편중되어 있어 아직까지는 다양한 투자자들의 시장참여가 이루어지지 못하고 있는 형편이다. 이처럼 다른 파생상품에 비해 시장에서의 확산이 늦어지는 주요 원인 중의 하나로 가격결정의 어려움을 들 수 있다. 신용파생상품의 가격결정을 어렵게 만드는 몇 가지 이유를 정리해보면 다음과 같다.

첫째, 국제스왑 · 파생상품협회(ISDA)와 주요 대형금융기관을 중심으로 신용위험을 계량화하려는 노력이 계속되고는 있지만 여전히 많은 신용파생상품거래가 장외시장에서 다양한 시장참가자들의 요구에 의해 이루어지므로 가격결정은 계약이 체결될 때마다 건별로 진행될 수밖에 없다.

둘째, 가격결정모형을 검증하기 위한 신용위험 관련 자료의 축적이 아직은 빈약한 상태이며 또한 급격한 국제금융시장의 상황변화로 과거 자료를 이용하여 미래의 부도위험이나 부도 후 회수율을 예측하려는 시도 자체에 대한 신뢰성이 의문시 된다.

셋째, 기업의 신용등급을 이용하여 신용위험을 측정하려는 연구가 계속되고 있는

데 현실적으로 신용등급의 변화가 채권의 가격에 즉시 반영되지 못하고 있으며 실제 기업의 신용상태가 신용등급의 변화에 적절히 영향을 미치지 못하고 있다.

넷째, 일반적인 파생상품의 가격결정 시 파생상품과 동일한 현금흐름을 갖는 복제 포트폴리오(replication portfolio)를 구성하고 이의 구성원가를 토대로 파생상품의 가격결정과정을 설명한다. 그러나 신용파생상품의 경우 일부 단순한 거래를 제외하고는 복제포트폴리오의 구성이 쉽지 않아 일정한 공식에 의한 가격결정모형의 구성이 어렵다.

이렇듯 신용파생상품의 가격결정은 아직 보편적으로 이용될 수 있는 모형의 정립이 충분히 이루어지지 못하고 있는 상황이며 개발되고 있는 단계이다. 따라서 가격결정 시 필연적으로 수반되는 위험들을 적절하게 고려하는 것이 바람직할 것이다. 이러한 위험으로는 가격변동위험, 전문가위험, 유동성위험, 거래상대방위험 등을 들 수 있다.

2. 신용파생상품 가격결정에 수반되는 위험

2-1. 가격변동위험

신용파생상품의 가격결정은 상품종류에 따라 그 요소가 다르기는 하나 기본적으로는 준거자산의 미래가치에 대한 예측을 통하여 이루어진다. 예를 들어 신용파생상품 거래의 관점에서 대출채권의 미래가치는 이 대출채권이 상환되지 못하거나 상환되지 못할 가능성이 높아지는 상황에 대한 예측을 토대로 결정되어진다. 따라서 대출채권의 미래가치는 준거기업의 신용등급 조정이나 부도 상황과 매우 밀접한 관련성을 갖는다. 그러나 현실적으로 이러한 예측은 매우 어렵다. 이자율이나 환율의 경우 미래가격의 결정에 대한 이론이 잘 정립되어 있고 또 시장참여자가 다수이므로 비록 예측이 왕왕 틀린다고 할지라도 신용위험을 예측하는 것에 비해서는 상대적으로 나은 편이라 할 수 있다. 게다가 외환이나 채권 등은 거래소 내에서 거래가 이루어지고 있기 때문에 현재의 시장가격이 미래가격을 결정하는데 기준역할을 할 수 있지만, 많은 거래가 장외거래로 이루어지는 신용파생상품은 시장의 미성숙만큼이나 가격결정이 어려울 수밖에 없는 실정이다. 잘 정립된 가격결정모형의 부재는 결국 신용파생상품 가격결정의 투명성을 저해하고 이는 결국 가격변동의 폭을 확대시킴으로써 가격변동위험을 증가시키는 요인으로 작용한다.

2-2. 전문가위험과 모형위험

신용파생상품의 가격결정에서 전문가위험(expert risk)은 가격결정이 소수 전문가에 의하여 좌우될 수밖에 없는 상황에 따라 발생하는 위험을 일컫는다. 일반적인 파생상품의 경우에도 거래구조가 복잡해지고 여러 요소가 혼재하는 복합상품의 등장에 따라 소위 금융공학(financial engineering)에 밝은 금융공학도(financial engineer)가 아니면 이를 계산하고 예측하는 것이 불가능한 것으로 인식되고 있다. 아직 이론이 정립되는 과정에 있고 표준적인 가격결정모형이 도출되지 못한 신용파생상품의 경우에는 소수의 전문가만이 이를 계산할 수 있는 실정이다보니 여타 이해관계자들은 전문가의 가격결정을 신뢰할 수밖에 없는 처지에 놓여 있다. 따라서 조직 내에 이러한 전문가를 보유하지 못하는 경우에는 공정가격에 의한 거래가 그 만큼 어려워질 수밖에 없다. 또 전문가들이 사용하는 가격결정모형은 여러 가정과 조건의 충족을 전제로 하는데, 해당 모형을 이용하기 위하여 사용하는 조건에 오류가 있다면 공정가격의 산출은 매우 어려워질 수밖에 없다. 따라서 신용파생상품의 가격의 적정성을 검토하기 위해서는 가격결정을 위한 모형을 알아보고 동 모형의 전제조건이 무엇인지를 먼저 이해하는 것이 필수적이다.

2-3. 유동성위험

일부 지수관련 신용파생상품과 신용연계채권을 제외하고 현재 거래되고 있는 대부분의 신용파생상품은 장외거래방식으로 거래가 이루어지며, 개별 신용파생상품은 대개 특정한 원채무자에 대한 신용위험을 관리하기 위하여 거래된다. 그런데, 특정한 원채무자에 대하여 이해관계를 갖고 있는 당사자가 많지 않은 상황에서는 신용파생상품거래를 통하여 신용위험을 인수한 투자자는 기인수한 신용위험에서 벗어나기가 매우 어렵다. 즉 이자율이나 환율 관련 파생상품거래를 통하여 발생한 포지션은 반대거래를 통하여 기인수한 위험에서 벗어나기가 용이하다. 그러나 신용파생상품의 경우 중앙청산소(CCP)를 통한 청산과 결제가 확산되고 있으나 아직까지는 반대거래가 장내파생상품에 비해 많이 어려운 상황이다. 이러한 유동성위험의 정도를 계량화하여 신용파생상품의 가격결정에 반영하는 것이 필요하나 현실적으로 이는 매우 어려운 문제이다.

2-4. 거래상대방위험

신용파생상품거래를 하는 경우 원채무자에 대한 신용위험은 이전될 수 있다 하더라도 동 거래는 새로운 형태의 신용위험을 초래하게 된다. 즉 신용위험양도자(보장매입자)가 부담하는 원채무자에 대한 신용위험은 신용파생상품거래를 통하여 신용위험양수자(보장매도자)에게 이전되었지만 신용위험양도자의 입장에서는 신용위험양수자가 신용파생상품거래에 따라서 부담하는 채무를 이행하지 않을지도 모른다는 새로운 신용위험에 노출되고 만다. 따라서 단일의 원채무자에 대한 신용위험을 양도하는 경우라도 신용위험을 양수받은 신용위험양수자의 신용상태에 따라 당해 신용파생상품의 가격은 달라져야 하는데, 거래상대방의 신용위험을 어떻게 계량화하여 신용파생상품의 가격에 반영하여야 하는지가 문제된다. 이를 신용파생상품 가격결정 시의 거래상대방위험이라 한다.

연습문제

1. 신용파생상품의 가격결정에 수반되는 위험에 대해 설명하라.

2. 신용파생상품에 대한 가격결정을 위해 파악되어야 할 주요요소들에 대해 설명하라.

3. 신용부도스왑의 가격결정을 위해 이용될 수 있는 실무적인 방법들에 대해 설명하라.

4. 본문에 소개된 위험중립평가를 이용한 신용부도스왑의 가격결정에 대한 예를 참조하여 그 가치평가과정이 어떻게 이루어지는지 살펴보라.

5. Repo거래를 이용하여 총수익스왑의 가격을 결정하는 과정을 설명하라.

6. 본문에 소개된 신용연계채권의 가격결정과정에 대한 예를 참조하여 그 가치평가과정이 어떻게 이루어지는지 살펴보라.

7. 본문에 소개된 1-요인 스프레드모형을 이용한 신용스프레드옵션의 가격결정 예를 살펴보고 그 주요과정을 설명하라.

연습문제

8. 본문에 소개된 자산스왑을 이용한 신용부도스왑의 가격결정에 대한 예를 참조하여 복제포트폴리오를 이용한 가치평가과정이 어떻게 이루어지는지 살펴보라.

9. 현재 시장에서 거래되는 1년 만기 무이표 국채의 수익률은 5%이다. X회사가 발행한 1년 만기 채권의 수익률은 7%로 평가되고 있다. 채권의 액면금액은 100이며 이 채권의 부도발생 시 회수율은 90%로 측정된다. X회사가 발행한 채권을 소유하고 있는 A은행은 X회사의 신용위험 증가에 따른 위험을 헤지하기 위해 B은행과 신용부도스왑 계약을 체결하려 하고 있다. 계약내용은 A은행이 일정한 수수료를 B은행에게 지불하고 X회사가 디폴트되는 경우 그에 따른 손실을 B은행으로부터 보전받는 것이다. 신용스프레드기준법을 이용하여 이 신용부도스왑의 가치를 평가해보고 이러한 평가방법의 문제점을 설명하라.

10. [문제 9]에서 효율적인 자본시장을 가정하고 위험중립평가(risk neutral valuation)가 가능한 상황을 전제할 때 보장제공자인 B은행이 A은행과의 스왑계약에서 신용위험을 부담하는 대가로 받는 수수료의 크기는 얼마가 되겠는가? 또 위험중립평가를 이용하여 위 신용부도스왑의 가격을 평가하라.

11. A씨가 투자하고 있는 XYZ기업이 발행한 채권의 수익률은 7%이다. A씨는 SOFR+0.5%에 차입을 할 수 있으며, B은행과 SOFR를 수취하고 6.0%를 지불하는 금리스왑계약을 체결할 수 있다. A씨는 C은행으로부터 만기 1년, 명목원금 100억원의 XYZ기업의 신용위험을 헤지하는 신용부도스왑계약을 매입하려 한다. 신용부도스왑계약을 위해 A씨가 지불할 적정프리미엄을 구하라.

연습문제

12. A은행은 B기업이 발행한 액면 1,000억 원의 채권을 보유하고 있다. 이 채권의 수익률은 5%로 평가되며, A은행은 향후 1년간 이 기업의 신용위험이 커질 것을 염려하고 있다. A은행은 총수익스왑계약을 통해 위험을 헤지하려 한다. 현재 X투자은행은 적정한 수수료를 받는다면 A은행과 B기업 채권을 준거자산으로 하는 총수익스왑을 체결할 용의가 있다 한다. B기업 채권은 현재 액면가격에 거래되고 있다. X투자은행이 이용가능한 만기 1년의 Repo 금리는 SOFR+100bp이다. Repo와 채권을 결합하여 총수익스왑을 어떻게 복제할 수 있는지 보이고 만기 1년의 총수익스왑의 적정 스프레드를 구하라.

13. 다음과 같은 조건의 신용부도스왑 계약을 가정하자.

· CDS 계약의 명목원금: $1억

· CDS 계약의 만기: 3년

· 전기까지 부도가 발생하지 않은 경우 기간별 위험중립부도확률: 연 2%

· 부도시 회수율: 60%

· 무위험이자율 기간구조: 5%로 일정

· CDS 계약의 프리미엄은 매년 말에 지급

· 부도는 매년의 중간시점에 발생

위의 자료를 기초로 CDS 만기 동안의 매 기간별 위험중립부도확률과 만기 3년의 CDS의 적정 연간 프리미엄을 평가하라.

해답

1~8. 본문내용 참조

9. 신용스프레드기준법은 평가대상인 신용파생상품과 동일한 만기의 무위험자산과 준거채권 간의 수익률차이를 해당 신용파생상품의 가격으로 평가하는 방법이다. 예에서는 무위험자산인 국채의 수익률과 X회사 채권의 수익률 차이를 신용부도스왑의 프리미엄으로 보는 것이다.

신용부도스왑의 프리미엄 = 준거채권의 수익률 − 무위험채권의 수익률
= 7% − 5% = 2%(연간기준)

이 방법은 비교적 이해가 쉽고 단순하다는 장점이 있으나, 신용스프레드기준법을 택할 경우 적절한 신용도 차이를 반영한 신용스프레드를 구분하기 어려우므로 준거기업이 발행한 유가증권과 무위험자산 간의 스프레드 전체를 신용위험에 대한 프리미엄으로 간주할 가능성이 있다. 이 경우 거래상대방의 신용위험이 전혀 없는 것으로 평가하기 때문에 신용스프레드기준법에 따라 계산된 신용파생상품의 가격은 당연히 과대평가될 수밖에 없다는 문제가 있다. 또한 대부분의 준거기업에 대하여 신용스프레드의 전체 기간구조가 존재하지 않기 때문에 평가하고자 하는 신용파생상품과 동일한 기간구조의 신용스프레드가 존재하지 않는 경우 평가에 어려움이 있다.

10. 시장이 효율적이고 위험중립평가가 가능한 경우 보장제공자가 신용위험을 부담하는 대가로 얻을 수 있는 적정한 수수료의 크기는 해당 신용자산의 신용스프레드의 크기와 같다. 신용스프레드는 투자자로 하여금 신용위험이 있는 자산에 투자하여 얻게 되는 기대수익률과 무위험수익률을 무차별하게 만드는 스프레드로 위 문제의 경우 위험채권인 X회사의 채권수익률과 무위험국채의 수익률의 차이인 2%이다.

X회사의 채권은 현재 시장에서 가격이 93.46(=100/1.07)으로 평가된다. 따라서 X회사 채권에 투자시 기대되는 현금흐름은 다음과 같다.

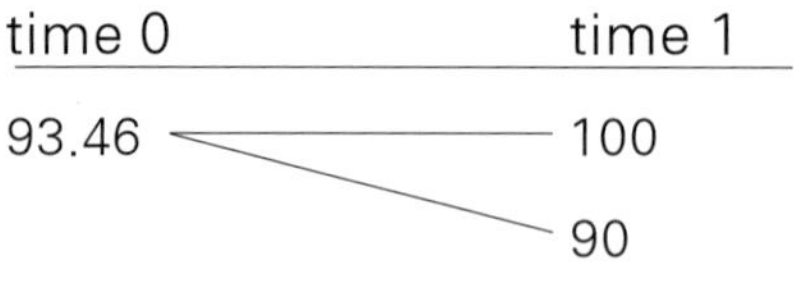

따라서 수익률은 각 상황별로 100 또는 90이다.

해답

(1) 부도확률의 추정

부도확률은 위험중립확률을 평가함으로써 구할 수 있다. 이제 X회사 채권에 투자한 경우의 기대수익률을 무위험이자율과 같게 해주는 위험중립확률을 Q라 하면 다음의 관계가 성립한다.

$90 \times Q + 100 \times (1-Q) = 93.46 \times 1.05$에서 $Q = 0.1867$

따라서 1년 말의 부도확률의 추정치는 18.67%이다.

(2) 보장매입자가 신용부도스왑계약을 통하여 얻게 되는 현금흐름은 상황에 따라 다음과 같다.

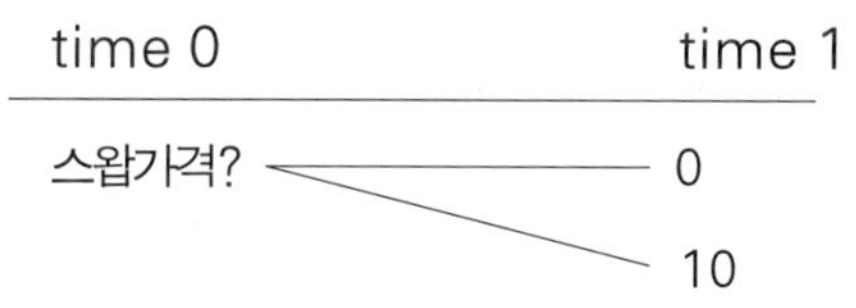

1기말에 위와 같은 현금흐름을 갖는 신용부도스왑의 가치는 위험중립평가에 의해 다음과 같이 평가할 수 있다.

$$\text{신용부도스왑의 가격} = \frac{0 \times (1-0.1867) + 10 \times 0.1867}{1.05} = 1.78$$

앞서 신용위험을 부담하는 대가로 얻는 적정수수료는 신용스프레드인 2%라고 하였다. X회사의 채권가격이 93.46이므로 신용위험부담의 대가로 기말에 얻는 금액기준 신용스프레드는 $93.46 \times 2\% = 1.8692$이다. 이를 현재시점에서 평가하면 $\frac{1.8692}{1.05} = 1.78$ 이다.

11. 보장제공자인 C은행이 신용부도스왑계약에서 얻는 현금흐름은 다음과 같이 복제될 수 있다.

CDS 보장제공자 = 차입 + XYZ채권 매입 + 금리스왑매입

[차입 + XYZ채권 매입 + 금리스왑매입]의 현금흐름은 [−(SOFR+0.5%) + 7% + (SOFR − 6.0%)] = 0.5%이다. 따라서 C은행이 신용부도스왑계약의 보장제공의 대가로 받아야 하는 적정 프리미엄은 계약금액의 0.5%인 5천만 원이다.

해답

12. 총수익스왑은 차입과 채권매입 포지션으로 복제할 수 있다. 다음 관계가 성립한다.

총수익스왑 보장매도자 = Repo(차입) + 채권매입

총수익스왑 보장매도자의 현금흐름은 다음과 같다.

지급: SOFR+?

수취: 채권의 총수익

Repo와 채권매입을 결합한 포트폴리오의 현금흐름은 다음과 같다.

지급: SOFR+100bp

수취: 채권의 총수익

따라서 B투자은행이 A은행과의 총익스왑계약에서 지급할 수 있는 적정스프레드는 100bp이다.

13. (1) 위험중립부도확률

준거기업의 첫해의 부도확률은 2%이며, 생존확률은 98%이다. 따라서 준거기업이 2차년도에 부도가 발생할 확률은 0.98×0.02 = 0.0196이며, 생존확률은 0.98×0.98 = 0.9604이다. 또 3차년도의 부도확률은 0.9604×0.02 = 0.0192, 생존확률은 0.98×0.98×0.98 = 0.9412이다.

[표 1] 기간별 부도확률과 생존확률

기간	부도확률	생존확률
1	0.0200	0.9800
2	0.0196	0.9604
3	0.0192	0.9412

(2) CDS 프리미엄

보장매입자가 CDS 계약을 통하여 받게 되는(보장매도자가 지급하는) 현금흐름의 기댓값과 현가를 구해보자. 앞서의 가정과 같이 부도는 매년 중간에 발생하며, 부도발생 시 회수율은 60%이므로 보장매입자는 액면가의 40%를 수취하게 된다. 따라서 보장매입자가 CDS 거래를 통해 얻게 되는 수익은 1차년도 중간에 액면의 0.8%(=0.02×40%)이며, 2차년도 중간에는 0.784%(=0.0196×40%)이다. 이를 정리하여 표로 나타내면 [표 2]와 같다. 표에서 할인요소는 무위험이자율 5%를 이용하여 구한 값이다.

해답

[표 2] 보장매입자가 수취하는(보장매도자가 지급하는) 현금흐름의 기댓값과 현가

기간(연)	부도확률	1-회수율	기대현금흐름 억 달러)	할인요소	기대현금흐름의 현가(억 달러)
0.5	0.0200	0.4	0.008	0.9759	0.0078
1.5	0.0196	0.4	0.00784	0.9294	0.0073
2.5	0.0192	0.4	0.00768	0.8852	0.0068
합계					0.0219

보장매입자가 보장제공자에게 매년 기말에 지급하는 CDS 프리미엄을 C라 하고, 계약 만기 동안 지급하게 되는 프리미엄의 기댓값과 그 현가를 구하면 다음의 [표 3]과 같다.

[표 3] 보장매도자가 수취하는(보장매입자가 지급하는) CDS 프리미엄의 기댓값과 현가

기간(연)	생존확률	프리미엄의 기댓값	할인요소	기대프리미엄의 현가
1	0.9800	0.9800C	0.9524	0.9334C
2	0.9604	0.9604C	0.9070	0.8711C
3	0.9412	0.9412C	0.8638	0.8130C
합계				2.6175C

보장매입자가 지급하는 현금흐름은 [표 3]의 프리미엄에 더해 부도발생 시에 부도시점까지의 발생 프리미엄(accrual premium)이 더해져야 한다. CDS 프리미엄이 매 연말에 지급되는 계약이므로 부도발생 시에는 부도발생 시점까지 발생한 프리미엄을 지급하여야 하나 이는 [표 3]에 포함되지 않았기 때문이다. 이를 고려하여 그 현가를 구한 것이 [표 4]이다.

[표 4] 부도발생 시까지 발생한 프리미엄의 현가

기간(연)	부도확률	발생한 프리미엄의 기댓값	할인요소	발생한 기대프리미엄의 현가
0.5	0.0200	0.0100C	0.9759	0.0098C
1.5	0.0196	0.0098C	0.9294	0.0091C
2.5	0.0192	0.0096C	0.8852	0.0085C
합계				0.0274C

해답

[표 3]과 [표 4]로부터 보장매입자가 지급하여야 하는 금액의 현가는 2.6175C + 0.0274C = 2.6449C이며, [표 2]로부터 보장매입자가 수취하는 금액의 현가는 0.0219(억 달러)이다. 차익거래기회가 없는 시장에서 계약 시점에서 CDS 계약의 가치는 0이며, 이는 보장매입자가 CDS 거래를 통하여 지급하는 금액의 현가와 수취하는 금액의 현가가 같아야 함을 의미한다. 따라서 2.6449C = 0.0219억의 관계가 성립하며 이로부터 CDS의 프리미엄 C를 구하면 C=0.00828(억 달러) 즉, 연간 프리미엄은 CDS 계약 명목원금의 0.828%이다.

참고문헌

[국내문헌]

- 김경무 · 양정용 · 정연수, "신용파생상품의 구조와 리스크분석," 새로운 제안, 2007.
- 김규형, "신용위험의 측정과 관리," 한국금융공학컨설팅, 2000
- 김형태, 이준희, "신용파생상품에 관한 연구", 한국증권연구원, 2000
- 남길남 · 이석형 · 주윤신, "세계 신용파생상품시장의 혁신과 시사점," 한국증권연구원, 2008.
- 박태준, "CDS 및 CDS 지수의 거래현황과 평가방법," 파생상품 리서치, 2013(2권 1호).
- 이건호, "신용파생상품의 이해와 위험관리에의 활용", 한국금융연구원, 1999
- 한국은행, "신용위험의 측정기법과 활용", 한국은행, 2001
- 한국은행, "신용파생상품시장의 활성화방안", 한국은행, 2002

[국외문헌]

- Aggrawal, Sunil K, "Credit Derivatives Move Beyond Plain Vanilla", working paper, Leonard N. Stern School of Business, 1999.
- Anthony Saunders and Marcia M. Cornett, Financial Institutions Management, McGraw-Hill, 2018.
- Anthony Saunders and Linda Allen, Credit Risk Measurement, Wiley Finance, 2002.
- Antulio N. Bomfin, Understanding Credit Derivatives and Related Instruments, Elsevier, 2005.
- Arnaud De Servignu and Oliver Renault, Measuring and Managing Credit Risk, McGraw-Hill, 2004.
- Black, F., and J. Cox, "Valuing Corporate Securities: Some Effects of Bond and Safety Covenants," Journal of Finance 31(2), 1976, 361-367.

참고문헌

- Black, F. and Scholes, M., "The Pricing of Options and Corporate Liabilities," Journal of Political Economy 81, 1973, 637 –659.
- Citibank, "Credit Derivatives," Credit Derivatives Sourcebook, Jan. 1997
- Das, S., Tufano, P., "Pricing Credit–sensitive Debt When Interest Rates, Credit Ratings and Credit Spreads Are Stochastic," Journal of Financial Engineering 5, 1996, 161 –198.
- Duffie, D., and K.J. Singleton, "An Economic Model of the Term Structure of Interest–Rate Swap Yields", Journal of Finance 52, 1997, 1287–1323.
- Duffie, D., and K.J. Singleton, "Modelling Term Structure of Defaultable Bonds", Review of Financial Studies 12(4), 1999, 687–720.
- George Chako, Anders Sjoman, Hiderto Motohashe, and Vincent Dessain, Credit Derivatives, Wharton School Publishing, 2006.
- George Chaplin, Credit Derivatives, John Wiley & Sons, 2005.
- Gontark, W., "Hedging with Credit Derivatives–Practical Applications and Considerations," in Credit Derivatives, Risk, 1998.
- Hull, J. and White, A., "Pricing Interest Rate Derivative Securities," Review of Financial Studies, 3(4), 1990, 573–592
- Hull, J., White, A., "One–factor Interest–rate Models and the Valuation of Interest–rate Derivative Securities," Journal of Financial and Quantitative Analysis 28 (2), 1993, 235 –254.
- ISDA, ISDA Credit Derivative Definitions, 1999–2019.
- Israel Nelken, Implementing Credit Derivatives, McGraw–Hill, 1999.
- J.P. Morgan, Credit Swaps, Credit derivatives: A primer, Feb. 1998
- Jack Clark Francis, Joyce A. Frost, and J. Gregg Whittaker, "Handbook of Credit Derivatives," McGraw–Hill, 1999.
- Janet M. Tavakoli, Credit Derivatives & Synthetic Structures, Wiley Finance, 2001.

참고문헌

- Jarrow, R., Lando,D., and Turnbull, S., "A Markov Model for the Term Structure of Credit Risk Spreads," Review of Financial Studies 10 (2), 1997, 481 –523.
- Joao Garcia, Helmut Van Gindewren, and Reinaldo Garcia, "On the Pricing of Credit Spread Options: A Two Factor HW–BK Algorithm," International Journal of Theoretical and Applied Finance 6(5), 2003, 491–525.
- John Cox and Stehpen Ross, "The Valuation of Options for Alternative Stochastic Processes," Journal of Financial Economics 3, 1976, 145–166.
- John Hull, Options, Futures, and Other Derivatives, Pearson, 2009.
- Longstaff . F., Schwartz, E., "A Simple Approach to Valuing Risky Fixed and Floating Rate Debt," Journal of Finance 50, 1995, 789 –820.
- Madan, D., Unal, H., "A Two Factor Hazard–rate Model for Pricing Risky Debt and the Term Strucuture of Credit Spreads," Journal of Financial and Quantitative Analysis 35(1), 2000, 43–65.
- Madan, D., Unal, H., "Pricing the Risks of Default," Review of Derivatives Research 2(2–3), 1998, 121–160.
- Merton, R., "On the Pricing of Corporate Debt: The Risk Structure of Interest Rates," Journal of Finance 29, 1974, 449–470.
- Moorad Choudhry, "Credit Derivatives: An Introduction for Portfolio Managers," MCAssociates, Dec. 2000.
- Moorad Choudhry, Strucutured Credit Producuts, Wiley Finance, 2004.
- O'Kane, D. and S. Turnbull, "Valuation of Credit Default Swap," Fixed Income Quantitative Credit Research, April 2003.
- Richard K. Skora, Rational Modeling of Credit Risk and Credit Derivatives Investment and Portfolio Optimization, Risk Books, London, 1998.
- Richard K. Skora, The Credit Default Swap, Credit Derivatives – Applications for Risk Management, Investment and Portfolio Optimization, Risk Books, London,

참고문헌

1998.

- Robert A. Jarrow and Stuart Turnbull, "Pricing Derivatives on Financial Securities Subject to Credit Risk" Journal of Finance, 50, 1995, 53~85.
- Satyajit Das, Credit Derivatives and Credit Linked Notes, John Wiley & Sons, 2000.
- Viral V. Acharya, Sanjiv Ranjan Das, and Rangarajan K. Sundaram, "Pricing Credit Derivatives with Rating Transitions," Financial Analysts Journal 58(3), 2002, 28–44.

제 5 장 신용파생상품 거래에 대한 규제와 고려사항

제1절 신용파생상품 거래 시의 위험과 규제

제2절 신용파생상품 거래 시 고려할 사항

제3절 신용파생상품에 대한 규제와 현황

학습목표

1. 신용파생상품 거래시 발생하는 위험에 대해 설명할 수 있다
2. 신용파생상품 거래시 고려해야 할 사항을 설명할 수 있다.
3. 신용파생상품 거래에 대한 규제에 대해 설명할 수 있다.
4. BIS기준에 의한 신용위험관리와 자기자본규제에 대해 설명할 수 있다.

학습개요

이 장에서는 신용파생상품 거래시에 발생하는 위험 및 거래시 고려해야 할 점들과 규제 문제에 대해 살펴본다. 신용파생상품의 거래는 신용위험을 헤지할 수 있게 해주지만 이용자는 여러 형태의 추가적인 위험에 노출될 수 있으며 금융시장의 안정에도 큰 영향을 미칠 수 있다. 대표적인 것이 운영위험, 거래상대방위험, 법적위험과 시스템 위험 등이다. 은행 등의 이용자는 신용파생상품을 거래하여 감독당국에서 규정하는 자기자본요건과 자산건전성 분류기준에 큰 변화를 가져올 수 있고 이에 따라 신용파생상품거래에 대한 감독당국의 규제는 시장의 발전과 이용자보호를 위해 매우 중요한 사항이다. 이 장의 학습을 통해 독자들은 이러한 규제의 논거와 현재의 규제현황에 대해 공부할 수 있을 것이다.

제1절

신용파생상품 거래시의 위험과 규제

신용파생상품은 신용위험을 관리하는 효율적이고 중요한 수단이지만 신용파생상품을 이용하는 사용자들은 새로운 금융위험과 규제비용에 노출될 수 있다. 다른 장외파생상품과 같이, 신용파생상품도 대부분 사적으로 계약조건이 결정되는 장외상품이다. 이러한 계약은 사용자들로 하여금 운영위험, 거래상대방위험, 유동성위험, 그리고 법적위험에 노출되게 한다. 또한 신용파생상품과 이를 통해 헤지된 은행대출포지션의 경우 적절한 자기자본규제의 정도와 관련하여 불확실성이 있다. 이러한 위험을 통제할 수 있거나 위험의 크기가 상대적으로 작다면 신용파생상품시장의 발전을 제약하지 않을 것이나, 그렇지 않을 경우 이러한 위험은 개별 경제주체와 나아가 금융시장 전체의 안정에 중요한 영향을 미칠 수 있다.

1. 신용파생상품 거래시의 위험

1-1. 운영위험

신용파생상품을 이용하는 과정에서 나타나는 가장 큰 위험은 운영위험

(operational risk)이다. 이는 신용파생상품뿐만 아니라 모든 파생상품의 거래에 있어서 중요한 위험으로, 가장 대표적인 형태는 거래를 담당한 직원이 파생상품을 무분별하게 사용하여 특정한 위험을 헤지할 목적이 아닌 초과수익을 얻기 위한 투기적 도구로 이용할 때 발생하는 위험이다. 일반 파생상품의 예로 영국의 투자은행인 베어링스(Barings) 은행이나 오렌지카운티의 부도가 대표적인 운영위험의 사례이다. 한편 운영위험은 거래담당자의 악의에 의한 투기행위 이외에 관련 위험에 대한 무지(ignorance) 때문에 발생하기도 한다. 1997년 동남아시아의 금융위기가 가시화되었을 때 국내 일부 금융기관들이 J.P. Morgan과의 총수익스왑 거래에서 큰 손실을 본 것이나, 2008년 세계금융위기가 발생하면서 환율이 큰 폭으로 올랐을 때 국내의 일부 기업들이 KIKO거래 포지션에서 큰 손실을 입은 것은 관련상품의 위험성에 대한 무지에서 비롯되었다고 할 수 있다.

운영위험은 그 영향이 매우 큰 반면 또한 쉽게 통제될 수도 있다. 예를 들어, 엄격한 내부통제 절차는 규정을 위반한 투기적 거래의 대부분을 문제가 발생하기 이전에 적발해낼 수 있을 것이다. 그러나 많은 경우에 거래의 담당자들이 자신이 체결하는 거래에 수반되는 위험을 제대로 평가하기 힘들기 때문에 파생상품 거래를 분석하고 그 위험을 평가할 수 있는 기능(middle office function)을 적절히 구축하는 것이 무엇보다도 중요하다.

1-2. 거래상대방위험

신용파생상품 거래에서 나타나는 위험의 둘째 원천은 거래상대방위험(counter-party risk)이다. 거래상대방위험은 신용파생상품 거래의 상대방이 도산하거나 채무불이행 상황에 처하게 되는 경우 나타나는 위험이다. 예를 들어, 신용부도스왑 계약을 체결한 거래상대방이 도산하게 되어 계약내용을 이행하지 못하게 되면 보장매입자는 당초 계약 체결시 기대하였던 신용위험의 헤지를 달성할 수 없다. 이런 가능성 때문에 신용파생상품 거래는 신용위험을 완전히 제거해주는 수단이 될 수는 없다. 어떤 금융기관이 신용위험을 다른 금융기관에게 매각하면, 이는 준거자산의 채무불이행위험을 준거자산과 상대방이 동시에 채무불이행할 결합위험(joint risk)과 교환하는 것과 같게 된다.

그러나 많은 신용파생상품 거래에서 거래상대방위험이 존재하지만, 이 위험의 크기는 상대적으로 작다고 할 수 있다. 그 이유는 국제금융시장에서 신용파생상품의 거래상대방은 대개의 경우 높은 신용도를 갖춘 상업은행이거나 투자은행이기 때문에 이들이 도산할 가능성은 매우 작기 때문이다.[1] 또 최근에는 신용파생상품 계약의 표준화를 통해 거래의 청산과 결제가 중앙청산소(CCP)를 통해 이루어지는 비중이 크게 증가하고 있어 거래상대방위험을 줄여주고 있다.

1-3. 유동성위험

세 번째 위험 원천은 유동성위험(liquidity risk)이다. 유동성위험은 이전에 취해진 포지션을 팔거나 상쇄할 수 있는 것인가와 관련된 불확실성이다. 신용위험의 헤지를 위해 신용파생상품을 보유하고 있는 기업의 경우, 유동성위험은 상대적으로 중요하지 않다. 예를 들어, 미래 신용스프레드 변동에 따른 차입비용 상승 위험을 헤지하기 위해 신용스프레드옵션을 사용하는 채권발행기업은 이 옵션을 만기까지 보유할 것이다. 하지만, 이와 달리 신용파생상품의 발행자나 계약만기 이전에 그들의 포지션을 정리하기를 기대하는 신용파생상품 이용자들에게는 유동성 위험이 매우 중요한 고려사항이다.

신용파생상품시장에서 유동성위험은 다른 파생상품시장과 비교하여 상대적으로 높다고 볼 수 있는데 그 이유는 참가자들이 그들의 신용노출을 헤지하거나 이전에 확립된 포지션을 상쇄할 수 있도록 하는 유통시장(secondary market)이 상대적으로 덜 활성화되어 있기 때문이다. 최근 들어 증가하고 있는 지수관련 신용파생상품의 거래가 더욱 증가하고 중앙청산소를 통한 반대거래의 증가 등 이들에 대한 유통시장이 보다 활성화되면 유동성위험은 점차 작아질 것이다.

1) 반면 2008년 세계금융위기 속에서 신용파생상품 거래를 한 여러 대형투자은행과 상업은행 및 헤지펀드 등이 거래상대방의 계약불이행에 따라 도산하거나 큰 손실을 입는 상황이 발생하였다. 이는 금융시장 전체에 위기 상황이 발생하였을 때 연쇄적인 거래상대방위험의 현실화가 시장의 시스템위험(systemic risk)을 증폭시키는 중요원인이 될 수 있음을 잘 보여주는 사례이다.

1-4. 법적위험

신용파생상품 이용자가 갖는 네 번째 위험 원천은 법적위험(legal risk)이다. 법적 위험은 파생상품 계약이 불법이거나 혹은 합당치 않은(unsuitable) 것으로 간주될 가능성이다. 2005~2008년 국내 시장에서 은행이 많은 중소기업에 환위험 헤지 상품으로 판매한 KIKO 사례와, 미국의 오렌지카운티 파산사례는 이 법적 위험에 대한 대표적 사례이다. 예를 들어 오렌지카운티는 수년간 위험한 파생상품(fixed income derivative securities)에 성공적으로 투자했다. 그러나 갑작스러운 금리의 상승은 이 상품의 가치가 급격히 하락하도록 했으며, 오렌지카운티는 결국 마진 콜(margin call)을 충당하지 못하고 파산하게 되었다. 오렌지카운티는 파산이후 그들에게 그러한 상품을 팔았던 투자은행을 고소했다. 즉, 그들에게 그런 상품을 판매하는 것이 불법이었고 따라서 그 파생상품은 정당하지 못한 계약이라고 주장했다. 결국 이들의 다툼은 이후 법정에서 해결되었다.

국제스왑 · 파생상품협회(ISDA)는 신용파생상품 거래의 표준화를 위한 지속적인 노력의 일환으로 기본계약서(master agreement)를 제정하여 제공하고 있다. 대부분의 신용파생상품 거래는 이 기본계약서에 기초하여 이루어지므로 신용파생상품 거래를 위해서는 기본계약서의 내용을 이해하고 이에 기초하여 거래조건을 정하는 것이 중요하다. 또 표준화된 계약서가 아닐 경우 법률자문인의 검토가 필요하며 표준화된 계약서라 하더라도 계약서에 포함되는 비표준적인 조항 및 변경사항이 있는 경우 법률자문인의 검토가 충분하게 이루어질 필요가 있다.

2. 규제의 문제

신용파생상품 이용자가 직면하는 또 다른 불확실성은 신용파생상품에 대한 시장의 규제이다. 신용파생상품은 증권, 스왑, 보험 중 어느 쪽에 관련된 상품으로 취급되어져야 하는가?[2] 다양한 신용파생상품은 각기 서로 다른 정부기관(agencies)에 의해, 그리고 다른 조건하에서 규제되어 왔기 때문에 이러한 구별은 매우 중요한 의미를 가질 수 있다.

예를 들어, 미국의 경우 일반적인 스왑은 상품선물거래위원회(commodity futures trading commission: CFTC)에 의해 규제되며, 증권에 기반한 스왑은 증권거래위원회(securities and exchange commission: SEC)가 관할한다. 한 기업이 신용부도스왑 계약을 체결했다고 가정해보자. 만약 규제상태가 변하고 계약이 증권으로서 간주된다면, 이 상품은 증권거래위원회의 규제를 받게 될 것이며, SEC의 규정이 추가적인 공시(disclosure)를 요하기 때문에 공시를 하지 않은 이전의 계약은 불법적인 것으로 간주될 것이다. 그러므로 규제상태의 변화는 이전에 이루어진 신용파생상품 거래를 무효화시킬 수도 있다.[3]

2008년의 세계금융위기는 신용파생상품에 대한 규제와 거래방식에서 큰 변화를 가져왔다. 예를 들어 미국의 경우 2010년에 제정된 도드-프랭크법(Dodd-Frank Wall Street Reform and Consumer Protection Act)은 파생상품 시장에 전반에 걸쳐 큰 변화를 초래하였다. 도드-프랭크법은 증권에 기초한 스왑계약(security-based swaps)에 대한 규제권한을 SEC에게 부여하고 있다. 따라서 주식, 채권, 증권포트폴리오를 기초로 하는 CDS, CDS지수, 기타 증권에 기초한 지수를 준거자산으로 하는 스왑계약은 모두 SEC의 규제를 받는다. 그 외의 스왑계약은 CFTC의 규제를 받는다.

---

2) 예를 들어 신용부도스왑은 그 명칭과 관계없이 경제적인 특성은 보험과 매우 유사하나, 보험계약으로서 규제를 받지는 않는다. David Rule, The Credit Derivatives Market: Its Development and Possible Implications for Financial Stability, Bank of England Financial Stability Review, June 2001: 117-140; René M. Stulz, Credit Default Swaps and the Credit Crisis, Journal of Economic Perspectives 24 (2010): 73-92. 참조.

3) 이러한 규제의 차이는 신용파생상품이 규제차익거래(regulatory arbitrage)의 수단으로 이용될 수 있음을 의미한다. Shadab(2012)은 신용부도스왑이 헤지와 투기 거래의 수단으로서뿐만 아니라 규제차익거래의 수단으로 이용될 수 있음을 잘 설명한다.

또 이 법에서는 스왑딜러와 스왑시장의 주요참가자들의 경우 장외파생상품 거래는 중앙청산소를 통해 거래를 청산할 것을 요구하고 있다. 예를 들어 런던에 기반을 두고 있는 LCH는 금리스왑의 청산 및 결제 서비스 회사로 SwapClear를, CDS거래의 청산 서비스를 위해 CDSClear를, 외환관련 상품의 청산서비스를 위해 ForexClear를 운영하고 있다. 또 ICE그룹은 미국, 유럽, 아시아, 영국 등에서 장외파생상품의 청산 및 결제 서비스를 제공하고 있으며, CME그룹 역시 CME Clearing을 통해 전 세계 시장에서 청산 및 결제 서비스를 제공하고 있다. 그러나 구조화 신용파생상품과 같이 표준화되지 않은 많은 상품들은 여전히 중앙청산소를 통한 청산 및 결제 서비스를 이용할 수 없다. 또한 중앙청산소의 이용이 빠르게 증가함에 따라 이에 비례해서 중앙청산소의 위험관리능력의 구비 또한 요구되고 있다. 즉 신용파생상품에 대한 합리적인 평가방법, 효율적인 상계 시스템, 충분한 증거금, 그리고 유동성의 확보 등이 요구되고 있다.

또 다른 제도적 이슈(regulatory issue)는 신용파생상품에 대한 자기자본규제이다. 은행은 신용파생상품을 이용한 신용위험의 헤지로 그들이 실제로 갖추어야 할 자기자본요건에 큰 변화를 가져올 수 있다. 은행이 규모가 큰 차입자의 신용위험을 장기 헤지하기 위해 설계된 신용파생상품을 사용한다고 가정해보자. 신용파생상품을 이용한 신용위험의 헤지가 은행이 해당 포지션에 대한 위험을 제거한 것으로 평가된다면, 은행은 보유해야할 자기자본의 규모를 크게 줄일 수 있을 것이다. 반면, 신용파생상품거래가 은행의 원래포지션의 위험을 줄이는 것으로 인정받지 못한다면 대출에 대한 은행의 자기자본보유요건은 감소하지도 않고, 은행은 신용파생상품 거래상대방의 부도에 대한 안전조치로 추가로 자기자본을 적립해야 할 것이다.

신용파생상품의 활용이 늘어날수록 규제기관은 신용파생상품의 이용이 은행의 자기자본요건을 줄일 수 있는지를 지속적으로 평가해야 할 것이다. 규제기관이 자기자본비용을 줄이기 위해 설계되는 신용위험의 헤지를 용인한다면, 은행은 그런 헤지를 채택할 강한 유인을 가지게 될 것이고, 이는 은행의 신용위험을 줄이고 보다 많은 대출을 가능하게끔 할 것이다.

제2절

신용파생상품 거래시 고려할 사항

다른 파생상품들이 국제금융시장에서 개발된 초기에 겪었던 것과 마찬가지로 신용파생상품의 경우도 거래조건이나 계약 서류의 형태 등에 대한 표준화가 충분히 이루어져 있지 못하여 거래체결을 위한 협상과정이 느리게 진행되는 경우가 많았다. 그러나 신용파생상품시장이 성장하면서 거래조건 및 계약 서류의 형태 등에 대한 포괄적인 표준화가 빠르게 이루어지고 있다. ISDA가 신용파생상품의 거래에 고유한 요건 및 거래조건들을 표준화한 기본협약을 개발하는 작업을 계속적으로 추진하고 있으며,[4] 점차 많은 금융기관들이 이 기본협약의 틀 안에서 세부사항을 조정하는 형태로 신용파생상품의 거래조건 표준화에 노력하고 있다.

이러한 표준화의 진행과는 별도로 일반적으로 신용파생상품의 거래에 있어서는 심도있는 실사(due diligence)와 협상과정이 필요할 수도 있다. 그렇기 때문에 신용파생상품의 계약조건을 협상하는 담당자는 대출 및 회사채 등의 구조 및 계약 서류의 요건 등에 대한 재무적, 법적 측면에 대한 깊이 있는 지식을 갖추고 있어야 한다. 다음의 몇 가지 항목은 신용파생상품의 계약서류를 작성함에 있어서 특별한 주의를 기울여야 하는 부분이다.

4) ISDA Credit Derivatives Definition(1999~2019), ISDA Master Agreement(2002) 참조.

1. 준거기업 및 신용파생상품의 가격결정

회사채나 다수의 금융기관이 참가한 신디케이트론(syndicated loan) 등은 대개 시장이 잘 형성되어 있어 가격결정에 어려움이 없다. 그 밖의 대출이나 일부 신용파생상품 등에 대해서도 전문적인 중개기관으로부터 적정한 가격을 제시받음으로써 가격결정의 문제를 해결할 수 있다. 그렇지만 대부분의 상업대출이나 일부 거래가 빈번하지 못한 회사채 등의 경우에는 유통시장이 활발하지 못해 투명한 가격결정이 이루어지기 어렵다. 이처럼 투명한 가격결정이 어려운 경우에는 거래당사자간의 협상에 의하여 가격결정자(calculation agent)를 지정할 수 있다. 대개의 경우 전문적인 신용파생상품의 중개기관이 이러한 가격결정자의 역할을 하지만 이러한 중개기관 자체가 신용파생상품 거래의 한 당사자가 될 경우 거래상대방은 제시되는 가격의 공정성에 회의를 가질 수 있다. ISDA는 2009년 빅뱅 프로토콜을 통하여 CDS 거래에서 준거자산의 부도시 회수율 산정의 투명성과 공정성을 확보하기 위하여 경매에 기반한 정산방식을 도입하고 있다.

2. 분쟁해결(dispute resolution)

신용파생상품의 거래에 있어서는 경우에 따라서 거래의 일방이 가격결정자가 제시한 가격에 이의를 제기하거나 혹은 신용사건의 정의에 대하여 거래 쌍방 간에 견해의 차이가 발생할 수도 있다. 이런 경우에 어떠한 방식으로 분쟁을 해결할 것인가가 문제가 된다. 국제금융시장의 전문적인 신용파생상품 거래기관들 중 일부는 신용파생상품 거래가 주로 은행이나 기타 대형금융기관 사이에 이루어지므로 분쟁이 발생할 때마다 사안별로 협상에 의하여 해결될 수 있기 때문에 별도의 분쟁해결장치가 필요치 않다는 입장을 보이기도 한다. 그렇지만 이처럼 분쟁의 발생을 기다리기보다는 거래의 체결 당시에 분쟁이 발생할 경우 이를 해결하는 방안에 대하여 거래상대방이 미리 합의하는 것이 보다 바람직하다고 볼 수 있다. 예를 들어 계약서상에 "가격결정자가 제시한 가격에 거래의 일방이 반발할 경우 가격결정자가 공정한 제3

자를 지정하고 이로부터 새로운 가격을 제시 받는다"와 같은 조항을 미리 설정할 수 있을 것이다. ISDA는 2009년 빅뱅 프로토콜을 통하여 CDS 거래에서 신용사건 발생 여부의 공정한 판정을 위하여 판정위원회(Credit Derivatives Determinations Committees)를 설치하여 운영하고 있다.

3. 신용사건의 정의

신용부도스왑이나 신용스프레드옵션과 같은 신용파생상품의 거래에 있어서 가장 중요한 거래조건 중의 하나가 보장매도자의 지급의무 발생을 결정하는 신용사건의 정의이다. 예를 들어 어떤 경우에는 준거기업이 특정한 회사채에 대한 원리금 지급의무를 충족하지 못한 경우를 신용사건으로 정의할 수가 있다. 이런 경우는 신용사건이 비교적 명확히 정의되지만 경우에 따라서는 신용사건에 해당하는 경우를 일일이 나열하여 구체적인 조건을 명시해야 하는 경우도 있을 수 있다. 예를 들어, 준거기업의 신용상태 악화에 대하여 도산이외에 특정한 신용평가기관에 의한 신용등급의 하락 또는 요주의 목록에의 편입 등과 같이 다양한 상황을 열거하여야 하는 경우이다. 이처럼 신용사건의 정의가 복잡해질수록 특정한 사건의 발생을 입증하는 것이 어렵거나 모호하게 되어 주관적인 판단에 의존할 수밖에 없는 경우가 생길 가능성이 커진다. 특히 신용사건의 발생을 제3자의 판단에 의존하는 경우, 예를 들어 주요 금융관련 잡지에 준거기업의 신용상태 악화가 공식적으로 발표되는 것을 기준으로 하는 경우와 같은 상황에서는 이러한 제3자의 발표가 지연되거나 생략되는 경우 분쟁이 발생할 소지가 크다

4. 준거기업(또는 준거자산)에 대한 관리 및 정보

대개의 신용파생상품 거래에 있어서 준거기업에 대한 관리에 대해서는 특정한 제한을 두지 않는다. 예를 들어 거래의 일방이 보유하고 있는 특정한 신용위험자산 포트폴리오를 준거자산으로 간주하는 신용파생상품 거래에 있어서 이 포트폴리오의 보유자는 그 일부를 매각하거나 주주권의 행사나 기타 기업가치에 영향을 미칠 수 있는 법적 권리를 행사하는 것을 제한하지 않는 것이 일반적이다. 그러나 어떤 신용파생상품 거래에서는 신용사건의 발생시에 현금결제가 아닌 특정자산(예를 들어 회사채)을 인도하는 것을 조건으로 할 수도 있으며, 경우에 따라서는 거래상대방의 동의가 없이는 포트폴리오 구성을 변화시키지 못하도록 규정할 수도 있다.

또한 신용파생상품의 거래에 있어서 실제 준거자산 포트폴리오를 보유하고 있는 거래의 당사자가 이를 바탕으로 획득한 정보를 신용파생상품 거래의 상대방에게 전달하는 것은 대개의 경우 원래의 준거자산 취득계약에 의해 제한되거나 유가증권관리규정 등에 저촉되는 경우가 흔히 있다. 그렇기 때문에 신용사건을 정의함에 있어서는 이러한 사적 정보에 의존하지 않도록 공개적 정보에 의해서 확인될 수 있는 사건으로 국한하는 것이 바람직하다.

제3절

신용파생상품에 대한 규제와 현황

신용파생상품 거래는 시장의 역사가 다른 파생상품에 비해 짧으나 그 이용이 증가하면서 새로운 유형의 상품과 복합구조상품이 계속 등장하고 있다. 또 CDS 등 일부상품에 대해서는 ISDA 등의 노력으로 표준화가 큰 폭으로 진전되었으며, 2008년 글로벌 금융위기 이후 글로벌 차원의 규제와 제도개혁이 이루어지고 있다. 그러나 복합구조상품 등에 대해서는 계약의 표준화가 아직 미흡하여 감독당국이 이에 관한 명확한 감독규정이나 지침을 수립하는 데 큰 어려움이 있으며, 각국의 감독당국은 시장의 규모, 거래현황, 금융기관의 위험관리 수준 등 자국의 금융경제 여건을 감안하여 자체적인 감독규정이나 지침을 제정하고 있는 실정이다. 현재 신용파생상품에 대한 규제는 ①금융기관이 위험에 대비하여 자기자본을 충분히 적립함으로써 자산건전성을 확보하고 ②신용파생상품 거래로 인해 변화하는 재무상태 및 영업실적을 적절히 회계처리하여 공시하는 데에 주안점을 두고 있다. 또 금융기관에 대한 감독기준의 표준을 제공하고 있는 바젤위원회의 자기자본협약(Basel Capital Accord)의 틀에 맞추어 신용위험관리가 이루어지고 있다.[5]

5) Basel Committee on Banking Supervision(2001, 2004, 2011, 2017) 참조 (http://www.bis.org/bcbs).

1. 신용파생상품에 대한 자기자본 규제

1-1. 신용파생상품에 대한 자기자본규제의 이슈와 일반현황

1) 신용파생상품에 대한 자기자본규제의 주요이슈

신용파생상품거래는 거래의 성격을 어떻게 규정하고 각 상품에 대하여 어떠한 규제방식을 적용할 것인가에 따라 이용자와 감독당국, 그리고 금융시장 전체에 미치는 영향이 크게 달라질 수 있다. 다음에서는 신용파생상품에 대한 자기자본규제와 관련하여 중요 이슈들을 간략히 정리한다.

우선, 신용파생상품 거래의 성격을 어떻게 규정할 것인가가 중요한 문제가 된다. 은행의 예를 들면 우선 신용파생상품거래는 거래의 성격에 따라 은행계정(banking account) 또는 거래계정(trading account)으로 분류될 수 있다. 이러한 분류는 보통 준거자산의 시가평가가능성과 유동성의 정도에 따라 결정된다. 대부분의 국가에서는 일관성 있는 기준에 의하여 매일매일 시가를 평가할 수 있고 단기매매를 목적으로 하는 신용파생상품의 경우 거래계정으로 분류하고, 그렇지 않은 경우 은행계정으로 분류한다. 신용파생상품이 거래계정으로 분류되는 경우 자기자본규제에 있어 적용되는 위험가중치가 은행계정에 비해 낮은 수준이 적용되므로 은행의 입장에서는 필요한 자기자본규모를 줄일 수 있다. 은행계정의 경우 대부분의 국가에서 신용파생상품을 지급보증과 같은 신용대체수단으로 간주하여 신용파생상품 이용에 따른 위험경감효과를 보수적으로 인정하고 있다.

둘째, 신용파생상품 이용자인 보장매입자와 보장매도자가 신용파생상품거래를 어떻게 처리하는가 하는 문제 또한 중요하다. 처리방법에 따라 보유해야 하는 자기자본의 규모나 자기자본이익률 등이 영향을 받게 되며 나아가 금융시장 전체의 안정성에도 영향을 미치기 때문이다.

셋째, 거래상대방위험의 처리문제가 있다. 앞서 살펴보았듯이 신용파생상품거래는 준거자산의 신용위험을 준거자산과 거래상대방 신용위험의 결합위험으로 대체하는 효과를 갖는다. 따라서 자기자본규제는 준거자산의 신용위험뿐만 아니라 거래상대방위험에 대해서도 적절하게 이루어져야 한다.

넷째, 감독당국의 입장에서는 신용파생상품을 거래하는 개별 금융회사뿐만 아니라 금융시장 전체의 입장에서 신용위험이 적절히 관리될 수 있도록 주의를 기울일 필요가 있다. 개별 금융회사의 건전성뿐만 아니라 금융시장 전체의 안정성이 유지될 수 있도록 신용파생상품의 처리방법을 정하고 필요한 규제를 시행할 필요가 있다.

2) 신용파생상품에 대한 자기자본규제의 일반 현황

신용파생상품과 관련한 자기자본규제는 대표적으로 신용대체법과 파생상품법으로 구분하여 살펴볼 수 있다.[6] 신용대체법(substitution approach)은 신용부도스왑이나 총수익스왑과 같은 신용파생상품거래의 성격을 전통적인 지급보증과 동일한 것으로 간주하는 방법이다. 따라서 신용부도스왑거래가 이루어진 경우 보장매입자는 준거자산의 신용위험이 보장매도자에게 이전된 것으로 보아 준거자산에 적용되던 위험가중치를 보장매도자의 위험가중치로 대체할 수 있다. 예를 들어 일반기업에 대한 대출의 위험가중치가 100%이고, 우량투자은행의 지급보증자산의 위험가중치가 20%인 상황에서 대출을 준거자산으로 하는 신용부도스왑계약을 체결했다면 보장매입자는 대출에 대한 위험가중치를 우량투자은행의 위험가중치 20%로 대체하여 필요자기자본액을 구하게 된다. 보장매도자의 경우에는 100% 위험가중치에 따라 규제자본이 산정된다.

다른 방법은 파생상품법(derivatives approach or offset approach)으로 이 방법에서는 신용파생상품거래에 따라 보호되는 부분만큼 신용위험이 경감되는 것으로 처리한다. 이 방법하에서는 신용파생상품이 거래계정으로 처리되며 시장위험기준으로 규제자본이 산정된다. 적용되는 신용환산율은 보통 0 ~ 15%이다. 이 방법에서는 신용부도스왑이나 총수익스왑에 대한 자기자본규제를 일반적인 금리스왑에서의 자기자본규제와 동일한 방식을 적용한다.

현행 자기자본규제하에서는 신용위험이 있는 준거자산과 파생상품에 대한 규제방식이 서로 다르기 때문에 두 방식 중 어떠한 방식을 적용하느냐에 따라 보유해야할 자기자본에 큰 차이가 발생한다. 두 가지 방식을 비교하면 파생상품법에 의한 자기자본규제방식이 보다 적은 자기자본보유를 의무화하고 있다. 바젤협약 등 대부분의 감독기준에서는 신용파생상품을 지급보증과 같은 신용대체수단으로 인정하여 신용

6) M. Crouhy 외, "Risk Management" McGraw-Hill, 2001, pp. 466-470.

파생상품 이용에 따른 위험경감효과를 보수적으로 인정하고 있다.[7] 예를 들어 Basel II와 바젤Ⅲ의 경우 지급보증이나 약정에 적용되는 신용환산율은 0 ~ 100%로 대표적인 신용파생상품인 신용부도스왑이나 총수익스왑에 적용되는 신용환산율 5 ~ 10%에 비해 훨씬 높은 수준이다.[8]

1-2. 신용파생상품과 위험가중치, 신용환산율, 그리고 자기자본규제

앞서 설명한 것처럼 신용파생상품거래는 해당거래의 성격을 어떻게 규정하느냐에 따라 자기자본규제에 미치는 영향이 크게 달라진다. 다음에서는 간단한 예를 이용하여 이러한 문제를 살펴본다.

1) 사례내용

A은행은 투자적격기업에 100억원의 대출을 제공하고 있다. 이 대출을 준거자산으로 하여 A은행(보장매입자)은 B은행(보장매도자)과 명목원금 100억원의 신용부도스왑계약을 체결하였다고 하자. 이 경우 자기자본보유액이 위험가중치와 신용환산율에 따라 어떻게 변하는지 살펴보자. 현재 적용되는 자기자본규제에서 기업대출에 대한 위험가중치는 100%이며 OECD 회원국 은행에 의해 지급보증된 자산에 적용되는 위험가중치는 20%이다. 신용부도스왑 거래의 신용환산율은 5%이며 위험가중치는 100%라 가정한다. 한편, 신용부도스왑 매도자인 B은행은 이 거래를 파생상품 거래로 처리할 수 있다고 하자.

2) A은행과 B은행의 필요자기자본

앞의 사례에서 A은행은 B은행의 지급보증이 충분한 것으로 간주하여 위험가중치를 100%에서 20%로 하향조정하여 신용부도스왑계약 전 8억원(=100억원×100%×

---

7) Basel Committee on Banking Supervision(2001, 2004, 2011, 2017).

8) 신용환산율(add-on factor)은 신용위험 노출금액을 계산할 때 부외거래자산(off-balance sheet asset)을 부내거래자산으로 환산해주는 계수이다. Basel II와 바젤Ⅲ 하에서 투자적격등급 준거자산에 대한 CDS나 TRS의 신용환산율은 5%이며, 투기등급 준거자산에 대한 CDS나 TRS의 경우는 10%의 신용환산율이 적용된다.

8%[9])인 필요자기자본 적립규모를 계약 후 1.6억원(=100억원×20%×8%)으로 줄일 수 있다. B은행은 동 계약을 파생상품 거래로 보아 해당 신용환산율(5%)과 위험가중치(100%)를 적용하여 계약 후 0.4억원(=100억원×5%×100%×8%)을 필요자기자본으로 적립하게 된다. 이에 따라 전체적으로 볼 때 준거자산의 신용위험에는 변화가 없는데도 은행권 전체로는 필요자기자본 적립규모가 신용부도스왑 계약전의 8억원에서 2억원으로 감소하게 된다.

3) 신용파생상품과 금융시장의 안정성

앞서 살펴본 것과 같이 금융기관이 신용파생상품 거래를 통해 BIS 자기자본규제를 회피하게 되면 개별은행은 물론 은행권 전체의 필요자기자본 수준이 감소하게 되므로 금융시장 전체의 안정성이 위협받을 수 있다. 신용파생상품이 본래의 신용위험 헤지 목적이 아니라 다른 파생상품처럼 높은 레버리지를 이용한 투기거래 수단 또는 신용위험경감을 통한 규제자본 적립을 줄일 목적으로 이용하는 경향이 높아짐에 따라 이러한 문제는 더욱 감독당국의 주목을 받고 있다.[10]

따라서 대부분의 국가에서 감독당국은 신용파생상품을 지급보증과 같은 신용대체수단으로 간주해 위험경감효과를 보수적으로 인정하는 입장을 견지하고 있다.[11] 이러한 추세에 따라 미국과 유럽의 금융당국은 빠르게 증가하는 신용파생상품에 대한 요구에 부응하기 위하여 1990년대 후반 이후 지속적으로 개별적인 금융감독지침을 발표하기 시작했으며, 2001년 1월에는 바젤 은행감독위원회가 새로운 자기자본협약(New Basel Capital Accord, Basel II)에 대한 협약안을 발표하고, 2004년 6월에는 이 협약안이 최종확정되었다. 이 협약안에서는 신용파생상품의 이용에 대하여 보다 수용적인 입장을 보이고 있긴 하지만 신용파생상품이 규제경감(capital relief) 효과를 인정받기 위하여서는 은행의 위험관리절차와 관련된 최소조건을 만족시킬 것뿐만 아니라 신용파생상품의 계약이 실효성을 갖도록 여러 가지 요구조건을 제시하고

9) BIS 자기자본비율

10) Shan, Tang, Yan, and Zhou(2021)는 은행이 보유포트폴리오의 신용위험경감(capital relief)을 목적으로 신용부도스왑을 이용하는 은행들이 헤지수단이나 투기거래수단으로 이용하는 은행들에 비해 더욱 공격적인 영업을 하고 평상시에는 더 높은 수익률을 얻으나 위기시에는 성과가 더 나빠지며 정부의 지원에 의존하게 된다는 실증결과를 보고하고 있다.

11) 한국은행, “신용파생상품시장의 최근 거래동향과 규제현황”, 한국은행, 2000, pp21-22

있다. 한편, 바젤위원회는 2011년 Basel III를 제정하여 발표하였다. Basel III에서는 Basel II의 내용에 더해 파생상품 거래상대방의 신용위험을 평가하여 이를 자기자본 규제에 포함시킬 것을 규정하고 있다. 이에 대해서는 다음에 보다 자세히 살펴본다.

2. 신용파생상품과 자산건전성

신용파생상품의 감독과 관련된 주요 이슈 중의 하나는 신용파생상품이 자산건전성 분류에 미치는 영향이다. 즉, 신용파생상품을 이용하여 신용위험을 거래상대방에게 전가하였을 경우, 예를 들어 요주의로 분류된 자산을 정상으로 상향조정할 수 있느냐 하는 문제이다. 이 문제를 해결하기 위해서는 몇 가지 요인을 고려해야 한다. 첫째, 신용파생상품 거래상대방이 지속적으로 일정수준이상의 신용도를 유지할 수 있느냐가 자산건전성의 상향조정을 위한 하나의 필요조건이다. 둘째, 신용파생상품의 종류와 특성이 영향을 미친다. 예를 들어, 신용파생상품의 만기가 준거자산의 만기보다 짧은지의 여부, 신용사건 발생시에만 보장매도자가 지불하는 신용부도스왑인지 아니면 준거자산 가치하락시에 항상 지불해야 하는 총수익스왑인지의 여부 등이 중요하다. 셋째, 신용파생상품의 준거자산이 무엇이냐가 중요하다. 예를 들어, 대출채권이 아닌 동일차주에 의해 발행된 회사채의 경우에는 유동성이 풍부하여 평가가 용이하다. 우리나라 은행의 경우 채무상환능력기준, 연체기간, 부도여부 등 3가지 기준에 입각하여 자산건전성을 분류하고 있으며, 3가지 기준 중 가장 낮은 단계를 적용하여 자산건전성을 최종적으로 결정한다.

〈표 5-1〉은 우리나라의 은행에 적용되는 자산건전성 분류단계를 요약한 것이다.

〈표 5-1〉 우리나라 은행의 자산건전성 분류단계별 정의(요약)

구분	채무상환능력기준	연체기간	부도여부 등
정상	경영내용, 재무상태 및 미래 현금흐름 등을 감안할 때 채무상환능력이 양호하여 채권회수에 문제가 없는 것으로 판단되는 거래처(정상거래처)에 대한 자산	—	—
요주의	경영내용, 재무상태 및 미래 현금흐름 등을 감안할 때 채권회수에 즉각적인 위험이 발생하지는 않았으나 향후 채무상환능력의 저하를 초래할 수 있는 잠재적인 요인이 존재하는 것으로 판단되는 거래처(요주의거래처)에 대한 자산	1월이상 3월미만 연체대출금을 보유하고 있는 거래처에 대한 자산	—
고정	– 경영내용, 재무상태 및 미래 현금흐름 등을 감안할 때 향후 채무상환능력의 저하를 초래할 수 있는 요인이 현재화되어 채권회수에 상당한 위험이 발생한 것으로 판단되는 거래처(고정거래처)에 대한 자산 – "회수의문거래처" 및 "추정손실거래처"에 대한 자산 중 회수예상가액 해당분	3월이상 연체대출금을 보유하고 있는 거래처에 대한 자산 중 회수예상가액 해당 부분	최종부도 발생, 파산 · 청산절차진행 또는 폐업 등의 사유로 채권회수에 심각한 위험이 존재하는 것으로 판단되는 거래처에 대한 자산 중 회수예상가액 해당부분
회수의문	경영내용, 재무상태 및 미래 현금흐름 등을 감안할 때 채무상환능력이 현저히 악화되어 채권회수에 심각한 위험이 발생한 것으로 판단되는 거래처(회수의문거래처)에 대한 자산 중 회수예상가액 초과부분	3월이상 12월미만 연체대출금을 보유하고 있는 거래처에 대한 자산 중 회수예상가액 초과부분	—
추정손실	경영내용, 재무상태 및 현금흐름 등을 감안할 때 채무상환능력의 심각한 악화로 회수불능이 확실하여 손실처리가 불가피한 것으로 판단되는 거래처(추정손실거래처)에 대한 자산 중 회수예상가액 초과부분	12월이상 연체대출금을 보유하고 있는 거래처에 대한 자산 중 회수예상가액 초과부분	최종부도 발생, 파산 · 청산절차 진행 또는 폐업 등의 사유로 채권회수에 심각한 위험이 존재하는 것으로 판단되는 거래처에 대한 자산 중 회수예상가액 초과부분

자료: 금융감독원, 자산건전성 분류업무 해설, 2015.08.

3. 우리나라의 규제현황

국내 금융기관의 신용파생상품 거래는 시장의 역사가 일천한 데다 그 규모도 선진 외국과 비교하여 작은 편이나 최근 들어 한국거래소(CCP)와 은행, 증권회사 등을 중심으로 신용파생상품시장에의 참여가 활발하게 이루어지고 있다. 금융감독원은 보수적인 입장에서 신용파생상품에 대해 BIS 자기자본 규제의무를 부과하고 있으며, 전 금융기관을 대상으로 신용파생상품 취급 현황이 첨부된 업무보고서를 징구하고 있다. 2000년 1월에는 파생상품에 대한 회계처리기준을 제정하여 신용파생상품의 회계처리 방법을 규정하였으며, 은행업감독규정과 금융투자업규정 등을 통해 은행을 포함한 금융회사의 신용파생상품거래를 규제하고 있다.

3-1. 자기자본 규제

우리나라 감독당국은 은행계정에 한해 신용파생상품을 일반 파생상품으로 보지 않고 지급보증과 같은 신용대체수단으로 간주함으로써 신용파생상품 이용에 따른 위험경감효과를 보수적으로 인정하고 있다.[12] 보장매도자는 지급보증과 동일한 신용환산율을 적용한 후 준거자산의 위험가중치를 감안하여 위험가중자산을 산정하며 보장매입은행은 신용위험을 완전히 헤지한 거래에 한해 보장매도자가 보증한 것으로 처리하여 보장매도자의 위험가중치를 적용한다. 한편 신용연계채권의 경우 이를 담보제공으로 보아 발행자에 대한 위험가중치 대신 준거자산의 신용위험에 대한 위험가중치를 적용한다.

위험가중자산 산정시 신용파생상품은 원칙적으로 상계대상에서 제외하도록 하고 있으나, 상계계약이 있는 거래 중 경개(novation)에 의한 상계 또는 일괄청산에 의한 상계(close-out netting)에 대하여 상계처리 인정요건을 모두 충족하는 경우에는 동일 거래상대방에 대하여 채권, 채무를 상계한 후의 순신용환산액을 기준으로

12) 거래계정으로 분류되는 신용파생상품은 시장위험을 기준으로 필요자기자본을 산출하며 신용공여액 산출에서 제외한다. 거래계정으로 분류되는 거래는 1)단기매매 목적으로 보유한 것, 2)단기의 가격변동으로부터 이익을 얻기 위한 것, 3)보유포지션, 고객간 거래의 중개업무나 시장조성을 통해 발생한 것 등이다.

위험가중자산을 산정할 수 있도록 하고 있다.

은행업감독규정에서는 신용파생상품거래를 통한 신용위험의 이전여부를 판단하기 위한 요건으로 '기본요건', '준거자산과 기초자산 요건', 그리고 '신용사건 요건'의 세 가지를 제시하고 있으며, 신용부도스왑과 총수익스왑, 그리고 신용연계채권만을 적격 신용파생상품으로 규정하고 있다. 다음의 〈표 5-2〉는 은행업감독규정에서 제시하는 신용위험이전 인정기준에 대한 구체적인 내용을 나타내고 있다.

〈표 5-2〉 '은행업감독규정'하의 신용위험 이전 인정기준

요건구분	내 용
기본요건	• 보장매도자의 보장채무범위가 명확히 표시될 것(명시성) • 보장매입자의 수수료 미지급 등의 사유 이외에는 보장매도자의 일방적인 보장계약 취소가 불가능할 것(취소불가능성) • 준거자산상의 채무자가 채무를 기한 내에 이행하지 아니하는 경우 보장매도자는 조건없이 채무를 이행할 것(무조건성)
준거자산*과 기초자산**이 불일치하는 경우	• 기초자산과 준거자산의 채무자가 동일할 것 • 기초자산의 변제순위가 준거자산의 변제순위보다 우선하거나 동순위일 것 • 기초자산과 준거자산 간에 교차부도조항이 있을 것
신용사건	신용사건이 구체적으로 명시되고 도산과 지급불능이 반드시 포함될 것
신용연계채권을 발행하여 신용위험을 이전하는 경우	이 경우에는 위의 요건 외에 다음 각호에서 정하는 기준을 충족하는 경우에 한하여 신용위험이 보장매도자에게 이전된 것으로 본다: 1. 은행이 보유하고 있는 신용위험이 특수목적회사에 이전되어야 하며, 보장매입자는 직 · 간접적으로 특수목적회사를 지배하지 아니할 것 2. 특수목적회사의 명칭은 보장매입자의 명칭을 포함하거나 그와 연관되지 아니할 것 3. 은행은 특수목적회사의 운영비용을 직 · 간접적으로 부담하지 아니할 것 4. 은행은 특수목적회사의 현금부족을 보충하기 위하여 어떠한 형태로도 특수목적회사에 자금을 제공하지 아니할 것
적격 신용파생상품	신용부도스왑, 총수익스왑, 신용연계채권에 한함

주: * 신용파생상품계약에서 신용사건의 발생여부를 판단하는 기준이 되는 자산.
** 보장매입자가 신용파생상품거래를 통해 신용위험을 헤지하려는 대상자산.

동 기준에서는 또 신용위험 이전 인정기준을 충족시키는 신용파생상품거래에 대해 다음의 〈표 5-3〉과 같은 신용공여한도 규제기준을 제시하고 있다.

〈표 5-3〉 '은행업감독규정'하의 신용공여한도 규제기준

투자자	신용파생상품	규제기준
보장매입자	신용부도스왑 총수익스왑	신용사건 발생시 수취하기로 한 계약금액을 준거자산 채무자에 대한 신용공여에서 차감하고, 동 금액을 보장매도자에 대한 신용공여로 처리한다. 이 경우 보장매도자는 정부, 중앙은행, 공공기관, 은행, 투자매매업자, 투자중개업자, 종합금융회사에 한한다.
	신용연계채권	준거자산 채무에 대한 신용공여에서 차감(채권매각대금으로 담보되어 있으므로 보장매도자에 대한 신용공여는 계상하지 않음)..
	1차부도종결조건 (1st-to-Default) 신용파생상품	다수의 신용보장 대상 자산군에서 해당 신용파생상품의 계약금액을 위험가중치가 가장 낮은 자산 채무자의 신용공여에서 차감하고 동 금액을 보장매도자에 대한 신용공여로 처리.
	2차부도종결조건(2nd-to-Deafult) 신용파생상품	2차 부도종결조건의 신용파생상품을 매입한 금융기관은 1차 부도종결조건의 신용파생상품을 동시에 보유하거나 또는 1차 부도가 이미 발생한 경우에 한하여 다음과 같이 신용위험을 이전할 수 있다: (가) 1차부도종결조건의 신용파생상품을 동시에 보유하는 경우: 위험가중치가 두 번째로 낮은 자산 채무자에 대한 신용공여에서 차감하고 동 금액을 보장매도자에 대한 신용공여로 처리. (나) 1차 부도가 이미 발생한 경우: 신용사건이 발생하지 않은 신용보장 대상 자산군에서 해당 신용파생상품의 계약금액을 위험가중치가 가장 낮은 자산 채무자에 대한 신용공여에서 차감하고 동 금액을 보장매도자에 대한 신용공여로 처리.
보장매도자	신용부도스왑 총수익스왑	계약금액에 '위험가중자산에 대한 자기자본비율 산출기준'에서 정하는 신용환산율을 곱한 금액을 준거자산 채무자에 대한 신용공여로 처리.
	신용연계채권	신용파생상품계약 부분은 준거자산 채무자에 대한 신용공여로, 일반채권 부분은 보장매입자에 대한 신용공여로 처리
	신용보장 대상 자산이 다수인 경우	모든 신용보장대상자산(1차 부도종결조건인 경우) 또는 위험가중치가 가장 낮은 1개의 자산을 제외한 모든 신용보장 대상 자산(2차 부도종결조건인 경우) 채무자에 대한 신용공여로 처리.

주) 신용파생상품의 잔존만기가 신용보장 대상 자산의 잔존만기보다 짧은 경우에는 신용위험이전을 인정하지 아니한다. 또 신용보장대상 자산과 신용파생상품의 표시통화가 불일치하는 경우에는 계약금액의 92% 상당액에 대하여 신용위험 이전을 인정한다.

한편, 은행업감독규정과 금융투자업규정에서는 금융회사가 파생상품 거래상대방의 신용도를 정기적으로 평가할 것과, 장외파생상품 평가시 거래상대방의 신용위험을 고려할 것을 규정하고 있다.[13] 또 파생상품거래의 신용위험을 측정 시에 상계내용을 면밀히 검토할 것과, 신용파생상품을 이용하여 신용위험을 경감하고자 하는 경우에는 신용위험이 적절하게 이전되는지를 확인할 것과 신용위험을 이전받는 금융회사는 해당 신용위험을 인식하고 관리하여야 한다고 규정하고 있다.

3-2. 회계처리

금융감독원은 미국 재무회계기준심의위원회(Financial Accounting Standards Board: FASB)의 파생상품회계기준(SFAS No. 133, 1998년 6월 발표) 등을 감안하여「파생상품 등의 회계처리」에 관한 규정을 제정하였으며, 일련의 과정을 거쳐 2008년 12월에 기업회계기준 등에 대한 해석 53-70「파생상품 등의 회계처리」로 개정하였다. 동 개정안에서는 미국 파생상품회계기준과 유사한 방법으로 우리나라 신용파생상품의 회계처리를 규정하고 있으며 신용파생상품 계약의 지급조건이 채무불이행시에만 성립하는 경우 해당 계약을 지급보증으로 회계처리하도록 규정하고 있다. 따라서 보장매도자는 지급보증충당금을 설정하고 손실예상금액을 재무제표에 반영하여야 하며, 보장매입자는 제공받은 보증의 범위와 계약내역 등을 주석으로 공시하여야 한다. 한편 신용파생상품 계약의 지급조건이 준거자산의 신용도 변화 등에 따라 결정되는 경우에는 해당계약을 파생상품으로 회계처리 하도록 규정하고 있다. 보장매입자와 보장매도자는 해당 계약의 공정가액을 평가하여 각각 파생상품 자산 및 부채로 계상하여야 한다. 또 금융회사는 모든 파생상품을 거래목적에 관계없이 공정가치로 평가한 후 계약별로 평가금액을 상계처리하지 않고 총액으로 자산 또는 부채로 계상하고, 평가손익도 총액으로 표시하도록 하고 있다.

13) 금융회사는 모든 파생상품을 거래목적에 관계없이 일일 기준으로 공정가치(fair value)로 평가하도록 하고 있으며, 평가시 거래상대방위험이 상당한 경우 이를 반영하도록 규정하고 있다.

4. 장외파생상품시장의 제도개혁과 글로벌 규제제도

4-1. 금융안정위원회(FSB)와 장외파생상품시장의 제도개혁

미국의 서브프라임모기지 사태에서 촉발된 2008년의 글로벌 금융위기 이후 모든 금융거래에서 거래의 투명성을 높이고 시스템위험(systemic risk)을 줄일 필요성이 강하게 제기되었다. 특히 글로벌 금융위기를 가져온 중요 원인 중의 하나로 지목된 장외파생상품시장의 제도개혁에 대한 요구가 크게 대두되었고, 2009년 9월 피츠버그 정상회의에서 G-20 지도자들은 모든 표준화된 장외파생상품 계약이 거래소나 전자거래플랫폼(electronic trading platform: ETP)에서 거래되고, 중앙청산소(central counter party: CCP)를 통해 청산되어야 하며, 모든 거래가 거래정보저장소(trade repository: TR)에 보고되고 기록되어야 하며, 중앙청산소를 통하지 않는 거래에 대해서는 더 높은 수준의 규제를 적용해야한다는 데에 동의하였다.

금융안정위원회(financial stability board: FSB)는 이러한 과정에서 기존의 금융안정포럼(FSF)을 확대, 계승하여 글로벌 금융시스템의 모니터링과 개혁을 통해 금융시장의 안정을 도모하기 위한 국제기구로 발족되었다. 금융안정위원회는 2012년 10월에 장외파생상품시장의 제도개혁을 위한 여섯 가지의 핵심 정책을 발표하였는데, 그 내용은 1)장외파생상품 계약의 표준화, 2)장외파생상품 거래의 CCP 청산, 3)장외파생상품의 거래소 또는 ETP에서의 거래, 4)거래의 투명성 확보, 5)모든 거래의 TR에의 보고 및 기록, 그리고 6)중앙청산소를 통하지 않는 장외파생상품 거래에 대한 높은 수준의 자기자본 규제 적용과 증거금교환을 통한 거래상대방위험의 완화 등이다.

장외파생상품 거래에서 CCP는 표준화된 장외파생상품의 각 거래자에 대하여 거래상대방의 역할을 수행하면서, 청산과 결제 업무를 수행한다. CCP가 청산과 결제를 담당하게 되는 경우 장외파생상품의 각 거래자가 파산할 경우에도 보증기관인 중앙청산소가 거래상대방이 되어 대신 거래를 이행하게 되므로 거래참가자는 계약불이행위험의 부담없이 거래에 참가할 수 있다. 또 CCP는 효율적인 시스템 부재로부터 오는 운영위험을 줄이고 나아가 거래자격, 포지션과 증거금 관리 등의 관리자 역할을 수행하게 됨으로써 시장의 효율성과 안정성을 높일 수 있게 된다. 더불어 모든 장외파생상품 거래내역이 거래정보저장소(TR)에 기록되게 됨으로써 거래의 투명성을 높이게 된다. 장외파생상품 거래제도에 대한 이러한 변화는 결국 상품과 거래조건의 표준화과정을 거쳐 장외파생상품 거래의 투명성과 안정성을 장내파생상품 거래의 수준으로 높임으로써 2008년과 같은 금융위기 발생의 위험을 줄이고자 하는 것이다.

4-2. 미국과 유럽의 장외파생상품 규제제도와 바젤Ⅲ

1) EU의 EMIR과 MiFiD II/MIFIR

유럽연합은 G-20에서 합의한 바와 같이 장외파생상품시장 규제의 개혁안을 시행하고 있다. 유럽집행위원회(Europe Commission)은 거래의 투명성을 제고하고 거래상대방위험을 줄임으로써 장외파생상품시장의 안정을 도모하기 위해 유럽시장인프라법(European Market Infrastructure Regulation: EMIR)을 2010년 9월에 제정하였으며, 그 세부기준들은 모든 EU 회원국에서 2013년 3월 15일부터 발효되었다. 유럽시장인프라법은 2009년의 G-20 정상회의 합의에 따라 제정된 것으로 현재 EU에서 장외파생상품시장의 제도개혁과 관련된 가장 중요한 법안 중의 하나이다.

EMIR은 거래목적에 관계없이 EU 내에 설립된 모든 법인(은행, 보험회사, 연금펀드, 투자회사, 기업, 펀드, SPV 등)이 수행하는 파생상품 거래에 적용되며, 그 주요 내용은 1)표준화된 모든 장외파생상품 거래의 CCP를 통한 청산, 2)장외파생상품 거래 당사자(CCP 포함)의 거래내역(미청산 거래 포함)의 TR에의 보고, 3)미청산 거래에 대한 위험 경감 제도(거래상대방 간의 담보/증거금 교환 등), 4)CCP와 TR에 대한 감독과 규제 등을 포함한다.

한편, EU는 2014년 7월 제1차 금융상품시장지침(Markets in Financial Instruments Directive: MiFID)을 개정한 제2차 금융상품시장지침(MiFIDⅡ)과 금융상품시장규정(Markets in Financial Instruments Regulation: MiFIR)을 제정하였다. MiFIDⅡ 및 MiFIR은 금융위기 후에 진행된 금융규제와 금융감독개혁의 중요한 일부이며, 거래의 안전성과 투명성을 제고하여 신뢰할 수 있는 금융시스템의 구축하는 것을 목적으로 하고 있다. 규제의 핵심내용은 모든 상품이 잘 규제되고 있는 플랫폼에서 거래될 수 있도록 시장을 구조화하는 것이며, 이를 위해 주식 외의 상품이 조직화된 다자간 거래 플랫폼에서 거래될 수 있도록 하고, 거래 데이터의 통합 및 공개와 보고 체제를 강화하기 위한 규칙을 마련하고, 투자자 보호와 CCP를 통한 청산이 이루어질 수 있도록 규정하고 있다.[14)]

2) 미국의 도드-프랭크법(Dodd-Frank Act)

미국은 금융위기 이전까지는 신용파생상품을 포함한 장외파생상품 시장에 대한 규제를 완화하는 방향으로 정책을 폈으나,[15)] 장외파생상품거래와 관련하여 거래상대방위험의 감독 부재, 주요 장외파생상품 거래기관간의 높은 상호연계성에 따른 위험의 전이, 거래상대방의 신용위험에 대한 투명성 결여 등이 2008년 세계금융위기를 가져온 주요원인이라는 비판과 함께 강력한 규제로 전환하였다. 2010년 7월 발효된 도드-프랭크법의 Title Ⅶ(Title Ⅶ of Dodd-Frank Wall Street Reform and Consumer Protection Act)는 장외파생상품시장의 스왑거래에 대한 포괄적인 규제프레임을 규정하고 있다. 이 법에서는 증권관련 장외파생상품은 증권거래위원회(SEC)가 규제를 담당하며, 그 외의 모든 장외파생상품에 대한 규제는 상품선물거래위원회(CFTC)가 담당하도록 하고 있다. 또 표준화된 모든 장외파생상품 거래는 의무적으로 CCP를 통하여 청산할 것과, 잘 규제된 거래소 또는 SEF(swap execution facility)와 같은 전자거래플랫폼을 통하여 거래할 것, 모든 장외파생상품 계약은 스왑데이터저장소(SDR)와 같은 거래정보저장소에 보고하고, CCP를 통하여 청산하지 않은 거래는 높은 수준의 자본요건을 적용하고, 스왑딜러와 주요시장참가자는 규제

---

14) 주요 내용을 좀 더 살펴보면 다음과 같다. 첫째, 은행내부에서 새롭게 조직화된 거래시설(organised trading facilities: OTFs)과 다크 풀 거래(dark pool trading) 등이 증가하고, 컴퓨터알고리즘을 이용한 초단타매매(high frequency trading: HFT)를 포함한 자동거래가 성행함에 따라 이러한 기술혁신에 대응하는 규제 규정을 도입하고, 둘째, 규제가 불충분하고 불투명한 금융거래가 갖는 문제해결을 위해 거래의 투명성 제고 및 각종 거래시설(trading venues)에 대한 규제 · 감독을 개선하기 위해 규제시장(regulated market), 다자간 거래시설(Multilateral Trading Facilities: MTFs)과 은행내의 내부증권거래소(systematic internalisers)와 같은 조직화된 대체거래시설 및 장외시장에서 거래되는 상품에 대한 규제와 감독을 강화하고, 셋째, 상품선물시장의 감독 및 투명성을 개선하기 위한 기준을 설정하고, 넷째, 모든 EU 회원국의 투자자 보호를 강화하는데 필요한 기준을 설정하고 있다.

15) 미국은 2000년에 자본시장의 경쟁과 시장 혁신을 촉진하기 위하여 상품선물현대화법을 제정하여 장외파생상품시장에 대한 규제를 대폭 완화한 바 있다.

기관에 등록하고 법에서 요구하고 있는 다양한 규제 사항을 충족하게 함으로써 인프라 중심으로 장외파생상품시장을 재편하고 시장의 투명성과 안정성 제고를 도모하고 있다. 한편, 도드-프랭크법의 법의 일부로 2014년 4월부터 발효된 Volker Rule은 은행이 증권, 파생상품, 상품 선물 및 옵션에 대한 단기 자기거래(short-term proprietory trading)를 하는 것을 금지하고 있으며, 헤지펀드와 사모펀드가 소유할 수 있는 은행 지분을 3%로 제한하고 있다.

3) 바젤Ⅲ

바젤은행감독위원회 또한 이러한 제도개혁에 맞추어 글로벌 금융위기 과정에서 나타난 바젤Ⅱ 규제의 문제점을 개선하고 은행 시스템을 강화하기 위해 새로운 은행의 자기자본 감독규정으로 2010년 바젤Ⅲ를 제시하였다. 바젤Ⅲ는 기존의 바젤Ⅱ에 비해 위험자산에 대한 더 높은 위험가중치 적용, 더 높은 비율의 규제자본 적립, 자본의 질 제고, 유동성 유지를 위한 규제 강화, OTC 파생상품의 CCP 청산 촉진과 외부 신용평가기관에 대한 의존도 축소 등을 담고 있다. 이에 대해서는 다음에 좀 더 자세히 살펴본다.

5. BIS기준에 의한 신용위험관리와 자기자본규제

바젤은행감독위원회(Basel Committee on Banking Supervision)가 제정하는 바젤자본규제협약(Basel Capital Accord, 이하 바젤협약 또는 BIS기준)은 전 세계 상업은행(commercial bank)의 자본규제에 대한 표준적인 기준으로 이용된다. 1988년 7월 처음으로 제정된 기준은 바젤 I(Basel I)으로 불리며 신용위험에 대한 자본적정성 기준을, 1996년의 개정에서는 시장위험에 대한 자본적정성 기준을 제공하고 있다. 이후 2004년 6월에 개정된 바젤Ⅱ에서는 운영위험에 대한 요구자본이 추가되었으며, 세계금융위기 이후 드러난 문제점을 반영하여 자본규제가 대폭 강화된 바젤Ⅲ가 2010년 9월에 발표되었으며, 2017년 12월에 최종적으로 마무리되었다.[16)]

---

16) 중앙은행 총재 및 감독기관장들은 2017년 12월 7일 독일 프랑크푸르트(ECB)에서 바젤Ⅲ 잔여 규제개혁을 최종 승인하였으며, 이로써 글로벌 금융위기 이후 추진되어온 바젤Ⅲ 규제개혁이 완료되었다. 바젤Ⅲ에 따른 자기자본 규제 이행시점은 2022년 1월 1일로 연기되었다.

기존의 바젤Ⅱ는 은행의 자산부문에서 발생하는 위험을 보다 정교하게 산정하여 이를 최소 자기자본규모 산출에 반영하기 위해 고안되었었다. 그러나 서브프라임 모기지대출의 부실화에서 촉발된 글로벌 금융위기를 겪으면서 바젤Ⅱ로 대표되는 기존의 규제체계는 위기 발생시 손실을 흡수할 수 있는 핵심자본의 부족을 측정하지 못하며, 유동성위험에 대한 감독기능이 미흡하고, 신용공여의 경기순응성으로 인해 경기변동을 심화시킨다는 비판을 받게 되었다. 바젤Ⅲ는 이러한 문제점을 보완하여 신용위기에 대응할 수 있도록 은행이 보유하는 자본의 양과 질을 높이는 것을 목적으로 하고 있다. 그 주요 내용을 간략하게 정리하면 다음과 같다.

첫째, 바젤Ⅲ에서는 은행의 위기 상황에서의 손실흡수능력을 강화하기 위해 자본규제를 양적, 질적으로 강화하고 있다. 이를 위해 가장 핵심적인 자본비율 규제로 보통주자본비율을 신설하였으며, 자본인정요건을 강화하고, 자본보전완충자본과 경기대응완충자본을 새로이 도입하고 있다. 둘째, 위험에 기반하고 있는 자기자본비율규제의 보완수단으로 위험과 관련없이 총익스포져를 기반으로 하는 레버리지 비율을 도입하여 경기변동에 따른 레버리지의 과도한 변동을 억제하고 있다. 셋째, LCR(liquidity coverage ratio)과 NSFR(net stable funding ratio)와 같은 유동성 규제비율을 새로이 도입하고 있다. 이러한 규제는 점진적으로 이루어져 2022년 1월 1일부터 전반적으로 시행된다.[17)]

다음에서는 신용파생상품을 이용한 신용위험관리와 관련된 내용을 중심으로 바젤Ⅱ와 바젤Ⅲ의 내용을 간략하게 살펴본다.[18)]

5-1. 바젤협약과 신용위험관리

1) 자본적정성기준과 위험가중자산

바젤협약(바젤Ⅱ 및 바젤Ⅲ)에서는 은행이 위험가중자산(risk-weighted assets)

---

17) 바젤Ⅲ하의 자기자본규제의 구체적인 내용에 대해서는 은행업감독규정 및 은행업감독규정시행세칙 참조.

18) 바젤은행감독위원회는 국제결제은행(Bank for International Settlements: BIS)의 후원을 받고 있다. 이런 이유로 바젤협약을 BIS기준으로 부르기도 한다. 바젤협약은 법적인 구속력은 없으나 전 세계 주요 국가의 감독당국은 바젤협약을 자국 은행들의 감독을 위한 기준으로 적용하고 있다. 바젤Ⅲ 주요 규정의 진행경과와 내용에 대해서는 https://www.bis.org/bcbs/basel3.htm 참조.

에 대해 8% 이상의 자기자본을 보유하도록 요구하고 있다.

$$\text{자본(자기자본)비율} = \frac{\text{자기자본}}{\text{위험가중자산(신용위험+시장위험+운영위험)}} > 8\% \quad (5.1)$$

식 5.1에서 위험가중자산은 신용위험, 시장위험, 그리고 운영위험을 반영하여 산출한다. 따라서 바젤협약에서 은행에 요구되는 자본은 신용위험요구자본(credit risk charge), 시장위험요구자본(market risk charge), 운영위험요구자본(operational risk charge)의 합이다.

한편, 신용위험을 반영한 신용위험가중자산은 재무상태표(대차대조표)에 계상되는 부내항목뿐만 아니라 파생상품 계약과 같은 부외항목도 포함하여 산출하여야 한다. 부내항목의 경우 거래상대방의 신용위험도에 따라 위험가중치를 곱하여 위험가중자산을 산출한다. 부외거래의 위험가중자산은 부외자산의 명목원금에 부외자산을 부내자산으로 환산해주는 변환계수인 신용환산율(credit conversion factor: CCF)을 곱해서 신용위험노출액을 산출한 후 거래상대방에 따른 위험가중치를 곱하여 위험가중자산을 구한다.

2) 신용환산율과 장외파생상품의 신용환산액

바젤협약에서 부외항목의 신용위험액을 평가하기 위해서 사용하는 신용환산율은 크게 다음과 같은 다섯 가지로 분류된다.

(1) 100% 신용환산율이 적용되는 항목

지급보증, 은행인수어음, 대출이 보장되는 신용장 등 대출을 대체하는 증권들은 신용위험 노출이 대출과 다르지 않다. 따라서 100%의 신용환산율을 적용한다. 이 외에도 원본 또는 이익보전계약이 있는 신탁상품 관련자산과 은행이 신용위험을 100% 부담하는 계약(담보부 자산매각, 선도자산매입, 신용파생상품매도 계약 등)의 경우 100%의 신용위험환산율이 적용된다.

(2) 50%의 신용환산율이 적용되는 항목

특정거래와 관련된 우발채무(입찰보증, 계약이행보증 등)나 특정거래와 연계된 상업신용장 등 특정 현금흐름에 의해 담보가 되는 항목은 50%의 신용환산율을 적용한다. 또 NIF(note issuance facilities) 및 RUF(revolving underwriting facilities), 원만기가 1년을 초과하는 기타 약정(할인어음 및 외국환 관련 약정을 포함한다, 당좌대출, 회전대출 약정액 중 미인출한도 등)도 50%의 신용환산율을 적용한다.

(3) 20%의 신용환산율이 적용되는 항목

만기가 단기이며 자체적으로 상환을 위한 재원이 확보되는 거래관련 부채는 20%의 신용환산율을 적용한다. 예를 들어 단기의 자동결제성 무역관련 우발채무(상업신용장 등), 단기의 약정(할인어음 및 외국환 관련 약정 포함), 특정거래관련 미확정 보증신용장 등은 20%의 신용환산율을 적용한다.

(4) 은행이 사전통지 없이 취소가능한 약정이나 거래상대방의 신용악화시 자동취소되는 약정은 0%의 환산율을 적용한다.

위 네 가지 분류에 해당되는 부외항목에 대해서는 신용환산액을 다음과 같이 계산한다.

$$\text{신용환산액} = \text{명목원금} \times \text{신용환산율} \qquad (5.2)$$

(5) 금리, 외환, 주식, 귀금속, 기타 상품을 기초자산으로 하는 장외파생상품

이들 장외파생상품의 신용위험 노출은 일반적인 대출이나 지급보증 등에 비해 복잡하다. 장외파생상품의 거래에서 은행은 계약상 거래액(명목원금) 전체에 대하여 신용위험을 부담하지 않고, 거래상대방이 파산했을 경우에 해당 파생상품이 가져다 주는 현금흐름과 동일한 현금흐름을 재구축하는데 필요한 대체비용(replacement cost)에 대해서만 신용위험을 부담한다. 바젤협약이나 우리나라의 경우 장외파생상품의 신용위험상당액(신용환산액)은 Current Exposure방식을 이용하여 산출하며 파생상품에 대한 상계인정여부에 따라 총액 또는 순액 기준으로 구분하여 선택적으로 적용한다.

더불어 주의할 것은 신용환산액은 시가로 평가된 대체비용에 잔존계약기간 중에 발생할 수 있는 잠재적인 신용위험(potential future credit risk exposure: PFE)이 추가적으로 더해져야 한다는 것이다. 잠재적인 신용위험은 장외파생상품의 명목원금에 바젤협약에서 각 상품에 대해 규정하고 있는 표준 신용환산율을 적용하여 계산하거나(표준방법), 자체적인 시뮬레이션모델을 이용하여(내부등급방법) 추정할 수 있다. 따라서 장외파생상품의 신용환산액은 다음의 식 5.3과 같이 계산된다.

상계처리 규정이 없는 개별 계약의 경우(총액기준):

신용환산액 = 대체비용 + 명목원금부가요인 (5.3a)

거래당사간 상계처리가 가능한 계약들의 경우(순액기준):

신용환산액 = 순대체비용 + 명목원금부가요인 × (0.4+0.6 × NGR) (5.3a)

NGR = 순대체비용/총대체비용.

식 5.3에서 부가요인(add-on factor)는 자체추정하거나 BIS기준에서 제시하는 표준 신용환산율을 이용할 수 있다. BIS에서 제시하는 기초자산 유형에 따른 각 장외파생상품에 적용되는 표준 신용환산율은 다음의 〈표 5-4〉와 같다.

〈표 5-4〉 기초자산 유형과 상품 만기 별 장외파생상품의 표준 신용환산율 (단위: %)

	이자율	외환 및 금	주 식	귀금속(금 제외)	기타상품[1]
1년 이하	0.0%	1.0%	6.0%	7.0%	10.0%
1년 초과 5년 이하	0.5%	5.0%	8.0%	7.0%	12.0%
5년 초과	1.5%	7.5%	10.0%	8.0%	15.0%

주: 1) 표에 해당되지 않는 선물, 스왑, 옵션매입, 유사 파생상품 계약은 "기타상품"으로 분류함.

[예제 5-1] A은행이 국내의 한 기업과 명목원금 1억달러의 통화스왑을 체결하였다. 현재 이 스왑계약의 잔존만기는 3년이며 스왑의 가치는 100만 달러로 평가되고 있다. A은행은 이 스왑계약과 관련하여 얼마의 신용위험자본을 쌓아야 하는가? 단, 스왑의 위험가중치는 50%를 적용한다.

(풀이)

개별계약이므로 총액기준으로 신용환산액을 계산한다. 스왑의 가치가 100만 달러로 평가되고 있으므로 현재시점에서 대체비용은 100만 달러이다. 잠재적인 신용위험은 명목원금에 부가요인을 곱해 계산할 수 잇다. 〈표 5-4〉에 의하면 잔존만기 3년의 통화스왑의 부가요인은 5%이다. 따라서 잠재 신용위험은 500만 달러(=1억 달러×0.05)이며, 총신용환산액은 600만 달러이다. 자기자본 요구비율이 8%이며, 스왑의 위험가중치가 50%이므로 스왑계약을 유지하는데 필요한 요구자본은 다음과 같이 24만 달러이다. 600만 달러×8%×50% = 24만 달러이다.

한편 단일준거자산(single-name)에 대한 신용파생상품(신용부도스왑과 총수익스왑)의 경우에는 만기에 관계없이 5% ~ 10%의 신용환산율이 적용된다. 보장매입자와 보장매도자 모두 준거자산이 투자등급인 경우 5%, 투기등급인 경우 10%의 신용환산율이 적용된다. 다만 신용부도스왑 보장매도자의 경우 기초자산 신용이 양호하나 보장매입자가 지급불능일 때 동 거래를 종료하기로 되어 있는 경우에만 5%와 10%의 환산율이 미지급프리미엄을 한도로 하여 적용된다. 신용파생상품이 "1차 부도 종결조건 거래"(first-to-default transaction) 조건인 경우 신용환산율은 기초자산 바스켓 중 가장 낮은 신용등급에 의해 결정된다. 즉 바스켓에 부적격 항목들이 있으면 부적격 준거자산의 신용환산율을 사용해야 한다("n차 부도 종결조건 거래"(nth-to-default transaction) 조건인 경우에는 n번째로 낮은 신용등급을 갖는 준거자산에 의해 신용환산율이 결정된다).[19]

3) 표준방법에 의한 신용위험가중자산의 측정과 경감

바젤Ⅱ와 바젤Ⅲ하에서 신용위험가중자산의 측정방법은 크게 표준방법(standardized approach)과 내부등급방법(internal ratings-based approach: IRB)으로 구분된다. 내부등급방법은 은행에 주어지는 재량권의 정도에 따라 다시 기본내부등급방법(foundation IRB)과 고급내부등급방법(advanced IRB)으로 나뉜다. 다음에서는 먼저 표준방법에 의한 신용위험가중자산의 측정과 위험경감에 대해 살펴본다.

19) 준거자산의 적격 여부에 대해서는 한국은행, 바젤Ⅲ 레버리지비율 기준서, 2014 참조.

(1) 신용위험노출액과 위험가중자산

표준방법은 자산유형별로 위험가중치를 적용하며, 외부적격신용평가기관의 신용평가등급에 따라 위험가중치를 차등화하여 적용하도록 하고 있다. 즉, 신용위험노출금액(exposure at default: EAD)에 신용등급별 위험가중치를 곱하여 신용위험가중자산을 구하는 방식이다. 위험가중치는 자산유형별로 0 ~ 1,250% 사이의 고정수치를 부여한다. 담보, 상계, 지급보증, 신용파생상품 등에 의해 신용위험이 경감되어 있는 경우 해당 노출(exposure)의 위험가중치를 위험경감효과를 반영하여 조정한다. 이때 부외거래항목은 앞서 살펴본 것처럼 위험부담 정도에 따라 산정된 신용환산율을 이용하여 신용환산액을 산정한다.

바젤Ⅲ에서는 기존의 바젤Ⅱ에 비해 신용위험자산별 위험가중치를 세분화하고 외부신용평가기관의 신용등급에 대한 의존도를 축소하는 등 여러 내용이 개선되었다. 주요 개선 내용을 간략하게 살펴보면 다음과 같다.[20]

① 위험가중치 세분화(granularity) 및 리스크 민감도(risk sensitivity) 제고
자산유형별(정부 및 중앙은행 채권, 공공기관 채권, 국제개발은행 채권, 기업채권, 은행(은행, 증권사, 종금사) 채권, 소매대출, 부동산담보채권, 연체 채권, 기타 채권 등으로 세분화)로 위험가중치를 차등 적용하도록 개선.

② 외부신용등급에 대한 의존도 축소
은행의 차주 심사(due diligence)를 의무화하고 無등급 차주에 대해서도 세분화된 위험가중치를 적용할 수 있는 체계 마련

③ 은행간 비교가능성 제고 및 공정여건 개선에 활용 :
표준방법으로 산출된 위험가중자산을 의무적으로 공시토록 하는 한편 내부모형으로 산출된 위험가중자산 규모를 표준방법 대비 72.5%가 되도록 자본하한(output floor)을 설정

④ 신용리스크 내부등급법을 개선하여 부도사례가 적은 자산에 대한 고급내부등급법 사용을 제한

20) 이 외에도 바젤Ⅲ에서는 운영리스크 측정을 위한 새로운 표준방법 개발, 레버리지비율 측정 방식을 개선, 글로벌 시스템적 중요 은행(G-SIB)에 대해 추가 레버리지비율 부과, 유동성규제를 새로이 도입, 위험가중자산의 인식범위 확대, 경기순응성에 대한 대응 강화, 자기자본규제의 강화 등을 도입하였다.

⑤ 신용가치조정(CVA) 규제체계를 개정하여 내부모형법 사용을 불허하고 개선된 표준방법을 도입

바젤Ⅲ에서는 기존의 바젤Ⅱ에서 적용되던 분류기준에 비해 자산유형을 보다 세분화하고 외부적격신용평가기관의 신용등급을 사용할 수 있는 경우와 없는 경우를 구분하여 위험가중치를 차등적용하고 있다. 다음의 〈표 5-5〉는 바젤Ⅱ에서 표준방법에 적용되는 상품별 위험가중치를 보여주며, 〈표 5-6〉은 바젤Ⅲ에서 표준방법에 적용되는 기업채권에 대한 위험가중치를 바젤Ⅱ의 경우와 비교하여 보여준다.[21]

〈표 5-5〉 바젤Ⅱ의 표준방법에 적용되는 상품별 위험가중치

구분	AAA/AA-	A+/A-	BBB+/BBB-	BB+/B-	B-미만	무등급
중앙정부 중앙은행 공공기관	0%	20%	50%	100%	150%	100%
은행	20	50	100	100	150	100
국제개발은행	20	50	50	100	150	50
기업	20	50	100	100/150	150	100
자산유동화 상품	AAA/AA-	A+/A-	BBB+/BBB-	BB+/BB-	B+이하, 무등급	
	20%	50%	100%	350%[주)]	1,250% (자기자본 차감)	

주) 유동화금융기관은 350%의 위험가중치를 적용하는 대신 해당 노출액을 자기자본에서 차감한다.

〈표 5-6〉 바젤Ⅱ와 Ⅲ의 표준방법에서 기업채권에 적용되는 위험가중치

A. 적격신용평가사의 신용등급 사용이 가능한 경우

신용등급	AAA/AA-	A+/A-	BBB+/BBB-	BB+/BB-	BB-미만	무등급
바젤Ⅱ	20%	50%	100%	100%	150%	100%[1)]
바젤Ⅲ	20%	50%	100%	100%	150%	100%/85%[2)]

주 1) 바젤Ⅱ에서는 無등급 기업 익스포저에 대해 100%의 위험가중치를 일괄 적용
2) 無등급 중소기업 익스포저에 대해서만 85% 위험가중치 적용

21) 〈표 5-5〉의 위험가중치는 적격외부신용평가기관의 평가를 받은 경우의 등급별 위험가중치이다. OECD의 국가신용등급인 경우 등급에 따라 0~1등급, 2등급, 3등급, 4~6등급, 7등급, 그리고 무등급으로 구분되며 외부신용평가기관의 각 평가등급과 매치된다. 보다 자세한 내용은 금융감독원, 위험가중자산에 대한 자기자본비율 산출기준, 2009.1. 참조. 바젤Ⅲ의 위험가중치의 구체적인 내용에 대해서는 은행업감독업무시행세칙 [별표 3] "신용 · 운영리스크 위험가중자산에 대한 자기자본비율 산출 기준(바젤Ⅲ 기준)" 참조.

B. 적격신용평가사의 신용등급 사용을 불허하는 경우(바젤Ⅲ에서 신설)

표준평가법(SCRA)	투자적격 등급	기타
일반기업	65%	100%
중소기업	85%	

C. 특수금융 (바젤Ⅲ에서 신설)

익스포져(부동산 이외)		프로젝트금융	오브젝트금융	상품금융
바젤Ⅱ		기업 익스포져에 대한 위험가중치 적용		
바젤Ⅲ	신용등급 사용가능	기업 익스포져에 대한 위험가중치 적용		
	신용등급이 없거나 사용불허	개발단계: 130% 운영단계: 100%/80%(우량)	100%	100%

주 : 특수금융은 특정 자산의 매입·운영 목적으로 설립된 법인(SPV)에 대한 여신으로 해당 자산에서 발생하는 수입이 대출금 담보 및 대출상환 재원으로 활용되며, 자산의 종류에 따라 프로젝트금융(도로 등), 오브젝트금융(선박 등) 및 상품금융(금속 등)으로 구분

각 상품별로 신용위험노출금액에 〈표 5-5〉와 〈표 5-6〉 등에서 나타낸 위험가중치를 곱하여 위험가중자산을 구해 합산하면 전체 신용위험 가중자산이 구해진다. 이를 감독당국이 인정하는 자기자본으로 나누어 BIS자기자본비율을 산출한다. 표준방법은 내부등급방법과는 달리 신용위험을 직접 측정하지 않고 주어진 위험가중치를 이용하여 바로 위험가중자산을 산출하므로 바젤Ⅱ와 바젤Ⅲ의 자기자본규제 방식에 근본적인 차이가 없다. 다만, 바젤Ⅲ에서는 위험가중치의 적용방법의 조정과 위험가중치의 범위확대 등을 통해 기존 바젤Ⅱ의 자기자본규제의 문제점과 한계를 보완하고 있다.

(2) 표준방법에서의 신용위험의 경감

신용위험의 경감(credit risk mitigation)은 담보, 제3자 보증, 상계, 신용파생상품 매입 등을 통해 투자자가 부담하는 신용위험을 줄이는 것을 말한다. 바젤협약에서의 신용위험 경감은 인정범위의 확대와 함께 다양한 경감 기법을 제시하고 있어 실무적으로 매우 복잡한 구조를 가지고 있다. 신용위험 경감기법은 금융기관의 신용위험을 경감시키는 효과를 갖지만, 동시에 법적 위험이나 운영위험 등 다른 유형의

위험을 높일 수 있으므로 그 적용에 있어 다음과 같은 기본원칙을 충실히 지켜야 한다.[22)]

첫째, 신용위험 경감효과는 중복하여 적용할 수 없다.

둘째, 경감기법 적용시 법적 위험, 운영위험, 유동성 위험 등 잔여위험을 충분히 고려하여야 한다.

셋째, 경감수단의 편중가능성과 차입자와의 상관관계를 고려하여야 한다. 즉, 신용위험을 경감시키기 위한 담보나 보증 등이 특정 담보유형이나 특정보증인에 집중되지 않아야 한다.

넷째, 신용위험경감에 대한 투명성이 확보되어야 하며 이를 위해 바젤Ⅱ의 시장공시요건(Pillar Ⅲ)의 준수가 필요하다.

신용위험의 경감은 위험노출금액이 현금이나 유가증권 등의 물적 담보에 의해 담보된 경우, 제3자에 의해 보증된 경우, 예금과 대출을 상계하는 경우, 그리고 신용파생상품계약을 통해 위험을 헤지한 경우 등에 이루어진다. 보증 및 신용파생상품을 이용하여 신용위험경감효과를 인정받기 위해서는 보통 다음과 같은 요건이 충족되어야 한다.

- 신용보강제공자가 거래상대방보다 낮은 위험가중치를 적용받는 A−이상의 신용등급기관이어야 한다.
- 계약조건의 취소가능성, 우발채무의 발생가능성 등이 없어야 한다.
- 신용위험의 일부분만이 경감되는 계약이 아니어야 한다.
- 신용파생상품 중에는 CDS와 TRS만을 신용위험경감대상으로 인정하며, 신용연계채권의 경우 현금으로 자금조달이 이루어진 것에 한해 인정한다.

[예제 5-2] B은행은 신용등급이 BBB인 갑기업이 발행한 액면 1,000억원의 채권을 보유하고 있다. 이 채권은 현재 액면가에 거래되고 있다. B은행이 채권포지션의 신용위험을 헤지하기 위해 C은행으로부터 갑기업 채권을 준거자산으로 하는 명목원금 1,000억원의 신용부도스왑을 매입하였다. C은행의 신용등급은 AAA이다. 이때 B은행이 얻는 신용위험의 경감효과와 필요 자기자본을 구하라.

---

22) 이 부분은 정대영(2005), 신위험관리론, 한국금융연수원, pp.87~89의 내용을 요약, 정리한 것임.

(풀이)

〈표 5-5〉에 의하면 신용등급이 BBB인 기업의 위험가중치는 100%이며, AAA인 은행의 위험가중치는 20%이다. 따라서 B은행은 신용부도스왑 매입을 통해 100%의 위험부담을 20%로 줄일 수 있다. 즉 스왑 후 신용위험 노출액은 1,000억원에서 200억원으로 줄어 80%의 위험경감효과를 얻는다. 200억원의 신용위험 부담에 따라 B은행이 필요로 하는 요구자본은 8%인 16억원이다.

(3) 신용위험경감효과의 처리 방법

적절한 수단을 이용하여 신용위험을 경감시키는 경우 규제자본량을 줄일 수 있다. 규제자본량의 축소는 신용위험노출금액을 줄이는 방식과 위험가중치를 조정하는 방식이 활용될 수 있다. 다음의 〈표 5-7〉은 신용위험경감효과를 처리하는 방법을 요약하여 보여준다.[23)]

〈표 5-7〉 신용위험경감효과의 처리 방법

간편법: Simple Approach	포괄법: Comprehensive Approach
• 위험가중치를 조정하는 방법 • 익스포져를 담보된 부분과 무담보 부분으로 구분 • 담보부 익스포져는 담보물의 위험가중치 적용 • 무담보 익스포져는 거래상대방 위험가중치 적용	• 익스포져를 조정하는 방법 • 익스포져는 극단적으로 가치가 상승할 경우를 가정해 할증(Haircut 만큼 가산) • 담보가치는 극단적으로 가치가 하락한 경우와 극단적으로 환율이 불리한 경우를 가정해 할인
위험가중자산(RWA) = (익스포져 − 담보가치) ×거래상대방 위험가중치 + 담보가치 × 담보물 위험가중치 즉, $RWA = (E - C) \times RW_E + C \times RW_C$	$E^* = Max\{0, E \times (1 + H_E) - C \times (1 - H_C - H_{FX})\}$ E^* : 신용경감효과를 반영하여 조정된 익스포져 E : 신용경감효과를 반영하지 않은 익스포져 H_E : 극단적인 경우(99% 신뢰구간 적용)의 익스포져 가치 증가율(수익률) H_C : 극단적인 경우(99% 신뢰구간 적용)의 담보가치 하락률(손실율) H_{FX} : 극단적인 환손실율(담보물과 익스포져의 표시통화가 다를 때) 단, 기본내부등급법(FIRB) 활용시 $LGD = Max\{0, LGD \times (E^* / E)\}$

23) 보다 상세한 내용은 은행업감독업무시행세칙 [별표 3] "신용 · 운영리스크 위험가중자산에 대한 자기자본비율 산출 기준(바젤Ⅲ 기준)" 참조.

표에서 보듯이 간편법은 담보금액에 대해 거래상대방의 위험가중치를 담보의 위험가중치로 대체(20%가 하한)하여 위험가중자산을 계산한다. 포괄법에서는 거래상대방에 대한 담보효과가 반영된 조정된 위험노출액을 계산한다. 한편, 신용위험경감을 처리하는 방법의 선택은 규제자기자본을 어떤 방법으로 산출하느냐(표준방식 또는 내부등급법)와는 관계가 없다. 다만, 은행의 경우 은행계정에 대해서는 간편법과 포괄법 중 하나를 선택하여 적용할 수 있으나, 거래계정에 대서는 포괄법만을 적용하도록 규정하고 있다.

4) 내부등급방법에 의한 신용위험가중자산의 측정과 경감

(1) 기본내부등급방법과 고급내부등급방법

내부등급법은 BIS가 제시하는 신용위험측정모형에 은행이 자체 측정한(또는 BIS가 제시하는) 위험요인 값을 대입하여 위험가중자산과 필요자기자본을 산정하는 방법이다. 은행이 내부등급방법을 사용하기 위해서는 감독당국이 요구하는 조건을 갖추어야 한다. 측정이 필요한 위험요인으로는 부도확률(PD), 부도시손실률(LGD, 또는 회수율(1-LGD)), 부도시노출액(EAD), 만기(M), 그리고 상품들 간의 부도상관관계(R)의 다섯 요소가 있다. 내부등급방법 중 기본방법은 이 중 부도확률만을 은행이 자체적으로 측정하고 나머지는 BIS가 제시하는 표준치를 이용한다. 반면, 고급방법은 부도상관관계를 제외한 네 가지 요소 모두를 은행이 자체 측정한다.

내부등급방법에 의한 필요자기자본의 산정과정을 단계별로 간략히 나타내면 다음과 같다.

- 내부신용평가시스템을 이용하여 거래처별로 신용등급을 결정한다.
- 거래처별로 위험요인 값을 측정한다.
- 위험특성에 따라 위험노출 유형을 구분한다. 예를 들어 정부 및 금융기관, 소매, 부실, 적격매출채권, 유동화 부문 등으로 구분한다.
- 각 노출 유형별로 신용위험측정함수에 위험요인 값을 대입하여 위험가중자산과 필요자본을 산정한다.

기본방법과 고급방법의 차이를 투입되는 위험요인의 측정을 중심으로 나타내면 다음의 〈표 5-8〉과 같다.

〈표 5-8〉 기본내부등급방법과 고급내부등급방법의 비교

구분	내부등급	
	기본	고급
신용위험측정함수	BIS	BIS
부도확률	은행	은행
손실률	BIS	은행
도산시 노출액	BIS	은행
만기	BIS	은행
부도상관관계	BIS	BIS

지급보증이나 신용파생상품 등을 이용한 신용위험의 경감은 앞서 표준방법의 경우 위험가중치의 조정을 통해 이루어지나 내부등급법의 경우 위험가중치의 조정 또는 부도확률이나 도산시 손실률 등의 추정치의 조정을 통해 이루어진다.

(2) 내부등급방법에 의한 신용위험가중자산과 필요자기자본의 측정

은행이 자체 등급을 이용하여 PD, LGD 등 필요자기자본 계산을 위한 요소들을 추정한 경우 내부등급방법을 이용한 신용위험에 대한 소요자기자본(규제자기자본)의 산정은 다음의 〈표 5-9〉와 같이 요약된다.[24]

〈표 5-9〉 바젤협약에서의 위험가중자산과 소요자기자본의 계산

- 상관관계(R) $= 0.12 \times \frac{(1-\exp(-50 \times PD))}{(1-\exp(-50))} + 0.24 \times \left[1 - \frac{(1-\exp(-50 \times PD))}{(1-\exp(-50))}\right]$
- 만기조정(b) $= (0.11852 - 0.05478 \times \ln(PD))^2$
- 소요자기자본비율(K)

$$= \left\{LGD \times N\left[(1-R)^{-0.5} \times N^{-1}(PD) + \left(\frac{R}{1-R}\right)^{0.5} \times N^{-1}(0.999)\right] - PD \times LGD\right\}$$
$$\times (1 - 1.5 \times b)^{-1} \times (1 + (M - 2.5) \times b)$$

- 위험가중자산(RWA) = K × 12.5 × EAD
- 소요자기자본(규제자기자본) = 0.08 × RWA = K × EAD
- 위험측정기준
  ① $\Pr[L \leq K] \geq 99.9\%$, L : 손실, K : 소요자기자본
  ② $K_{A+B} = K_A + K_B$

주1) PD와 LGD는 소수점의 숫자를 사용(예 : 20% 대신 0.2 이하 같음)
주2) N[•]은 표준정규분포의 누적분포함수, N^{-1}[•]는 표준규정분포의 역누적분포함수를 의미함
주3) M은 유효만기

24) 구체적인 내용은 은행업감독업무시행세칙 [별표 3] "신용 · 운영리스크 위험가중자산에 대한 자기자본비율 산출 기준(바젤Ⅲ 기준)" 참조.

[예제 5-3] A은행은 주거용부동산에 대한 1억 달러의 대출을 보유하고 있다. 이 대출의 평균부도확률은 0.5%이며 LGD는 20%이다. 대출간의 부도상관관계가 평균 0.15라고 할 때 A은행의 주거용부동산 대출에 대한 위험가중자산과 이에 대한 소요자기자본을 평가하라.

(풀이)

바젤협약에서 소매대출의 경우 기본내부등급법과 고급내부등급법이 구분없이 은행은 위험결정요인에 대해 모두 자체평가한 값을 이용한다. 또 소매대출의 경우 만기조정은 없다. 주어진 자료를 이용하여 K-함수의 값을 구하면,

$$K=\left\{LGD\times N\left[(1-R)^{-0.5}\times N^{-1}(PD)+\left(\frac{R}{1-R}\right)^{0.5}\times N^{-1}(0.999)\right]-PD\times LGD\right\}$$

위 식에서 $N[\bullet]$에 R=0.15, PD=0.005를 대입하여 계산하면 0.067이다(이렇게 구한 $N[\bullet]$을 WCDR(worst case default rate)이라 부른다). 따라서 K-함수의 값은 다음과 같다: K = 0.2×0.067 − 0.005×0.2 = 0.0124.

위험가중자산(RWA)은 0.0124×12.5×1억 달러 = 1,550만 달러

소요자기자본은 0.08×1,550만 달러 또는 0.0124×1억 달러 = 124만 달러이다.

(3) 바젤Ⅲ와 고급내부등급방법

바젤Ⅱ하에서 내부모형을 이용한 신용위험의 평가는 과도한 복잡성, 위험가중자산의 국가간 · 은행간 비교가능성 저하, 특정 익스포저에 대한 내부모형의 신뢰도 부족 등의 문제점이 지속적으로 지적되어 왔다. 이러한 문제점을 개선하기 위해 바젤Ⅲ에서는 내부등급방법의 사용과 관련하여 다음과 같은 점을 개선하고 있다.

① 내부모형의 신뢰성이 낮은 특정 익스포저에 대한 내부등급법 사용 불허
주식 익스포저에 대한 내부등급법 사용을 불허(표준방법만 사용 가능)하고 대기업(연결기준 연간 매출액이 5억유로를 초과하는 기업) 및 금융기관 익스포저 등에 고급내부등급법 사용을 불허

② 내부등급법 모수값에 대한 하한(input floor) 설정

모수값의 과소 추정에 의한 규제자본요구량이 과소 산출되는 것을 억제하는 한편, 모수값 추정치 격차에서 비롯된 국가간 · 은행간 위험가중자산 편차를 축소. 즉, 모수값 하한(input floor)과 자본하한(output floor)을 도입하는 대신 바젤Ⅱ 도입시 신용리스크 내부등급법 사용으로 인한 규제자본 축소를 우려하여 적용했던 신용리스크 위험가중자산에 대한 규제자본 조정계수(scaling factor, 1.06)는 폐지.

③ 국가간 · 은행간 위험가중자산 편차 축소를 위한 추가 조치

고급내부등급법 사용 제한으로 사용이 확대될 것으로 예상되는 기본내부등급법의 고정 모수값을 현실에 맞게 조정(예를 들어, 非금융자산 담보부 대출에 대한 LGD 계산방식 조정, 무담보부 기업 익스포저에 대한 LGD 하향 조정(45% → 40%) 등).

다음의 〈표 5-10〉에 익스포져별로 내부등급방법 적용이 어떻게 이루어질 수 있는지를 바젤Ⅱ와 바젤Ⅲ의 경우를 비교하여 나타내었다.

〈표 5-10〉 바젤Ⅱ와 바젤Ⅲ에서의 익스포져별 내부등급법 적용

익스포져별 신용리스크 내부등급별 적용[1]					
익스포저		바젤Ⅱ		바젤Ⅲ	
		기본	고급	기본	고급
기업 익스포저	대기업 · 중견기업[2]	○	○	○	×
	중소기업[3]	○	○	○	○
	특수금융[4]	○	○	○	○
	비은행 금융기관	○	○	○	×
은행 익스포저		○	○	○	×
주식 익스포저		○	○	×	×
소매 익스포저		○	○	○	○

주) 1) ○는 허용, ×는 불허를 의미

2) 바젤Ⅱ에서는 대기업 분류 기준이 없었으나 바젤Ⅲ에서는 연결기준 연매출 5억유로 이상의 기업에 대해서는 고급내부등급법 사용을 불허

3) 연결기준 연매출 5천만유로 미만 기업에 대한 익스포저는 자본요구량을 하향 조정하는 특례를 적용(상관계수 차감)

4) 특수금융의 경우 내부등급법 최소요건 미충족시 표준등급분류기준(slotting criteria)에 따라 위험가중치를 부여

5-2. 바젤Ⅲ와 신용위험가치조정(CVA)

신용파생상품 거래에서 거래상대방위험은 간과할 수 없는 위험요소이다. 세계금융위기 이후 장외파생상품 거래가 중앙청산소(CCP)를 통하여 청산되도록 규제가 강화되면서 이전에 비해 그 정도가 많이 줄긴 했지만, 신용파생상품 거래의 상당부분은 여전히 두 거래당사자간에 거래가 청산된다. 바젤Ⅲ는 이전의 바젤Ⅱ와 비교하여 거래상대방위험과 관련하여 CVA(credit value adjustment)에 대한 자본부과(capital charge) 등에서 차별적인 내용을 포함하고 있다. 이를 살펴보자.

1) 거래상대방 신용위험가치조정(CVA)

CVA는 거래상대방의 신용위험을 반영하여 파생상품의 가격을 조정하는 것으로 거래상대방의 신용도 하락에 따른 예상손실의 추정치이다. 기존의 바젤Ⅱ가 거래상대방의 신용도 하락에 의한 손실을 간과하여 거래상대방의 신용위험을 흡수하기에 규제자본이 부족했다는 지적을 반영한 것이다. 여러 거래상대방과 신용파생상품 거래를 하는 은행(딜러)을 생각해보자. 이 은행은 모든 신용파생상품 계약에 대해서 각각의 거래상대방위험을 반영하여 CVA를 평가하여야 하며 이는 재무제표에 보고되는 신용파생상품의 가치를 감소시킨다. 또 매기의 CVA의 변동은 해당기의 손익으로 보고된다. 결국 CVA가 커지면 은행이 추가로 적립해야 할 자본도 커지며 자본수익률에 영향을 주게 된다. CVA는 거래상대방의 부도에 따른 잠재적 손실에 대비할 수 있도록 해준다. 따라서 CVA가 반영되고 난 후의 신용위험요구자본은 다음과 같다.

$$\text{거래상대방 신용위험요구자본} = \text{기존의 신용위험요구자본} + \text{CVA} \tag{5.4}$$

거래상대방 위험을 줄이기 위해 ISDA 기본계약서의 상계 조항(netting agreement)를 이용하여 각각의 스왑계약을 상계 처리할 수 있으며, ISDA Credit Support Annex(CSA)를 활용하여 담보를 교환하는 방법을 사용할 수도 있다. 또 CVA 헤지를 위해 CDS를 이용할 수 있다. CDS는 기초자산이 되는 준거기업의 부도위험에 대한 일종의 보험이므로 거래상대방을 준거기업으로 하는 CDS 매입을 통해

CVA를 축소시킬 수 있다.[25)]

2) 신용스프레드와 CVA

신용스프레드를 이용하여 파생상품의 CVA를 계산할 수 있다. 거래상대방의 부도위험이 없을 경우의 파생상품 가격에서 부도위험이 있는 경우의 가격을 뺀 것이 CVA이다. 예를 들어 파생상품으로부터의 현금흐름이 계약의 만기에만 발생하는 특정한 경우를 가정하면 위험중립평가하에서 부도위험이 반영된 파생상품의 가치는 다음과 같이 간단하게 평가될 수 있다.[26)]

$$C_0^* = C_0 e^{-(y^* - y)T} \tag{5.5}$$

위 식에서 C_0^*는 부도위험이 반영된 파생상품의 가치, C_0는 부도위험이 없는 경우를 가정한 경우의 파생상품의 가치, y^*, y는 각기 동일만기를 갖는 위험채권과 무위험 무이표채의 수익률, T는 채권의 만기를 나타낸다.

[예제 5-4] 어떤 기업에 대한 옵션의 가치가 부도위험이 반영되기 전에 $3라고 하자. 이 기업이 발행한 2년 만기 무이표채의 신용스프레드가 1.5%이다. 이 경우 부도위험이 반영된 옵션의 가치를 평가하라.

(풀이)

부도위험이 반영된 옵션의 가치는 $C_0^* = C_0 e^{-(y^* - y)T} = 3e^{-0.015 \times 2} = 2.91$ 달러이다. 즉 신용스프레드가 1.5%인 위험채권에 대한 옵션의 거래상대방 부도위험에 따른 CVA는 0.09(=3−2.91)달러이다.

---

25) 위험을 줄이기 위해 적격 장외파생상품 중앙청산소(CCP)를 통해서 거래하는 대안도 있다. 예를 들어 종전에 비적격 CCP를 통해 거래하던 은행이 100억원의 장외파생상품 거래규모를 보유하고 있을 때 위험가중치를 150%로 적용받으면 150억원이 위험자산으로 분류된다. 반면 바젤위원회 기준에 따라 적격CCP와 거래한 장외파생상품에 대해서 위험가중치를 2%로 적용할 경우 100억원 중 2%인 2억원에 대해서만 대손충당금을 쌓으면 된다.

26) 도출과정은 John C. Hull, "Risk management and Financial Institutions," 5rth edition(2018), Wiley Finance, pp.461~468 참조.

3) CVA와 신용부도스왑

CVA를 측정하기 위해서는 거래상대방의 부도확률을 계산하여야 한다. 보통 거래상대방의 신용스프레드 또는 CDS 프리미엄을 이용하여 부도확률을 계산한다. 계약의 만기가 T년인 신용파생상품을 가정하고 만기까지의 기간을 n개의 기간으로 균등하게 나누었다고 하자. q_i를 i번째 기간의 위험중립부도확률이라고 하고, v_i를 i기의 중간시점에서 평가되는 거래상대방에 대해 은행이 갖고 있는 신용파생상품계약의 가치, R을 거래상대방 부도시의 회수율이라고 하면 i기의 CVA는 $(1-R)q_iv_i$로 평가된다. 계약 만기동안의 총예상손실은 다음과 같다.

$$CVA = \sum_{i=1}^{n}(1-R)q_iv_i \tag{5.6}$$

위 식에서 부도확률 q_i는 거래상대방의 신용스프레드를 이용하여 구할 수 있다. 즉, 만기가 t_i인 채권에 대한 거래상대방의 신용스프레드(또는 CDS 스프레드)가 s_i라고 하고, 시점 0부터 t_i까지의 평균부도확률을 λ_i라 하면 $\lambda_i = \frac{s_i}{1-R}$이며, 시점 t_i까지의 생존확률은 $e^{-\lambda_i t_i}(\approx(1-\lambda_i)^{t_i})$이다. 따라서 i기의 부도확률은 다음과 같이 구할 수 있다.

$$q_i = e^{-\lambda_{i-1}t_{i-1}} - e^{-\lambda_i t_i} \text{ 또는 } \exp(-\frac{s_{i-1}t_{i-1}}{1-R}) - \exp(-\frac{s_it_i}{1-R}) \tag{5.7}$$

[예제 5-5] A기업이 발행한 만기 3년과 4년 채권의 신용스프레드가 각각 50bp와 60bp이며, 부도시 회수율은 60%이다. A기업의 향후 3년과 4년 동안의 평균부도확률을 구하고, 4년째의 부도확률을 구하라.

(풀이)

3년간의 평균부도확률 $= \frac{s(3)}{1-R} = \frac{0.005}{1-0.6} = 0.0125$

4년간의 평균부도확률 $= \frac{s(4)}{1-R} = \frac{0.006}{1-0.6} = 0.015$

4년째의 부도확률 $= e^{-0.0125\times3} - e^{-0.015\times4} = 0.0214$

CVA는 거래상대방의 신용스프레드와 파생상품 계약의 가치에 따라 그 값이 변동한다. v_i가 알려져 있다고 할 때 신용스프레드의 작은 변화 Δs에 대한 CVA의 변화분은 CVA의 계산식에 델타/감마 근사를 적용하면 다음과 같이 계산된다.

$$\begin{aligned}\Delta CVA = &\sum_{i=1}^{n}\left[t_i\exp(-\frac{s_it_i}{1-R})-t_{i-1}\exp(-\frac{s_{i-1}t_{i-1}}{1-R})\right]v_i\Delta s \\ &+\frac{1}{2(1-R)}\sum_{i=1}^{n}\left[t_{i-1}^2\exp(-\frac{s_{i-1}t_{i-1}}{1-R})-t_i^2\exp(-\frac{s_it_i}{1-R})\right]v_i(\Delta s)^2\end{aligned} \tag{5.8}$$

바젤Ⅲ의 고급내부등급법은 신용스프레드의 변동에 의한 위험을 위 식을 이용하여 평가하도록 하고 있다.[27)]

한편, 부도시 손실률(LGD)과 도산시 노출액의 기댓값(EE)이 주어진 경우 식 5.6의 CVA는 다음과 같이 평가할 수 있다.

$$CVA = LGD_M\sum_{i=1}^{n}Max\left[0,\exp\left(-\frac{s_{i-1}t_{i-1}}{LGD_M}\right)-\exp\left(-\frac{s_it_i}{LGD_M}\right)\right]\left(\frac{EE_{i-1}D_{i-1}+EE_iD_i}{2}\right) \tag{5.9}$$

식 5.9에서 LGD_M은 시장에서 평가되는 부도시 손실률이며, EE는 도산시 위험노출액의 기댓값, 그리고 D_i는 t_i 시점에서의 무위험이자율을 이용한 할인계수로 D_0=1이다.

[예제 5-6] C은행이 하나의 거래상대방과 계약기간 2년의 두 건의 금리스왑 계약을 맺고 있으며, 현재 시장에서 평가되는 스왑 1의 가치는 2백만 달러, 스왑 2의 가치는 -1백만 달러라 하자. 거래의 상계가 가능하며, 부도시 회수율은 40%로 평가된다. 거래상대방의 연간 CDS 스프레드가 만기 1년의 경우 2%, 만기 2년의 경우 3%라 할 때 C은행의 스왑계약에 따른 CVA를 평가하라.

---

27) Basel Ⅲ에서는 시장요인(market variables)의 변화에 따른 계약의 가치변동에 따른 위험에 대해서는 특별한 평가 규정을 두지 않고 있다.

(풀이)

상계처리가 가능하므로 현재 C은행이 맺고 있는 스왑포지션의 가치는 1백만 달러이다. 매 기간의 부도확률은 CDS 스프레드를 이용하여 구할 수 있다. 첫째 해의 부도확률은 다음과 같다.

$$\text{첫째 해의 부도확률} = \frac{s(1)}{1-R} = \frac{0.02}{1-0.4} = 0.0333$$

2년 만기의 CDS 스프레드가 연가 3%이므로 2년간의 평균 부도확률과 2년째의 부도확률은 다음과 같다.

$$\text{2년간의 평균부도확률} = \frac{s(2)}{1-R} = \frac{0.03}{1-0.4} = 0.05$$

$$\text{2년째의 부도확률} = q_2 = e^{-0.0333\times 1} - e^{-0.05\times 2} = 0.0624$$

따라서 C은행 스왑포지션의 CVA는 다음과 같이 평가된다.

$$CVA = \sum_{i=1}^{n}(1-R)q_i v_i = (0.6\times 0.0333 + 0.6\times 0.0624)\times 1{,}000{,}000 = 57{,}420\text{달러}.$$

연습문제

1. 신용파생상품 거래시에 발생하는 위험에 대해 설명하라.

2. 신용파생상품 거래가 BIS 자기자본규제에 미치는 영향을 예를 들어 설명하라.

3. 신용파생상품 거래가 자산건전성 분류에 미치는 영향에 대해 설명하라.

4. 바젤협약의 발전과정에 대해 설명하라.

5. 우리나라의 신용파생상품 규제현황에 설명하라.

6. 신용파생상품 거래시 고려할 사항을 간략하게 설명하라.

7. 신용파생상품거래가 금융시장 전체의 안정성을 해칠 수 있다는 비판이 있다. 이에 대해 설명하라.

8. 부외자산의 신용위험 평가에 대해 설명하라.

연습문제

9. 바젤 III 자기자본규제가 신용위험가중자산의 평가와 관련하여 갖는 주요 특징을 기존의 바젤 II와 비교하여 설명하라.

10. 신용파생상품을 이용한 신용위험의 경감에 대해 설명하라.

11. 바젤 III에서 규정하고 있는 CVA(credit value adjustment)에 대해 설명하고 이를 반영하는 경우 신용위험가중자산이 어떻게 변화되어야 하는지 설명하라.

12. 은행 A가 차입자에 대한 신용을 확대하려고 한다. 대출조건은 액면 100만 달러, 5년 만기의 BBB 회사채에 해당하며 대출이자율은 SOFR+45bp이다. A 은행은 일반 대출금을 확대하거나(이는 부내거래가 될 것이다) 부외거래인 CDS를 통해 차입자에 대한 신용위험을 보장매도자(은행 B)에 전가할 수 있다. 두 경우에 A은행이 보유하여야 할 자기자본과 자기자본이익률에 대해 평가하라. 단, 은행계정의 경우 8%의 규제자기자본비율이 적용되며, 거래계정의 경우 1.6%의 규제자기자본비율이 적용된다.

13. ABC투자회사는 현재 신용등급이 A인 A기업이 발행한 채권에 500억원, 신용등급이 BBB인 B기업이 발행한 채권에 500억원을 투자하고 있다. ABC회사는 채권포지션의 신용위험을 헤지하기 위해 신용등급이 AAA인 X은행과 명목원금 800억원의 신용바스켓스왑 계약을 맺었다. 신용바스켓스왑에서 X은행은 선순위손실보전바스켓(FTD) 투자자이며 손실보전율은 계약금액의 50%를 한도로 한다. 이 경우 ABC투자회사가 얻는 신용위험의 경감효과와 필요 자기자본을 구하라.

연습문제

14. A은행은 신용등급이 A+인 기업들에 총 2억달러를 대출하고 있다. 대출기업들의 평균 부도확률은 0.1%이며 LGD는 50%이다. 대출의 평균만기가 2.5년이라고 할 때 〈표 5-9〉에 제시된 식을 이용하여 위험가중자산과 필요자기자본을 평가하라.

15. X은행은 Y투자은행과 두 건의 금리스왑 계약을 맺고 있다. 만기 2년인 금리스왑 1에 대해 현재 평가되는 가치는 1백만 달러이며 만기 3년의 금리스왑 2의 시장가치는 2백만 달러이다. 부도시 회수율은 50%로 평가된다. Y투자은행의 신용스프레드의 기간구조는 만기 2년의 경우 연 1.5%, 만기 3년의 경우 연 2%이다. X은행의 스왑계약에 따른 CVA를 평가하라.

해답

1~5. 본문내용 참조.

6. ISDA는 신용파생상품 거래를 위한 기본계약서(master agreements)를 제공한다. 그러나 신용파생상품계약은 기본적으로 두 거래당사자간에 맺어지는 사적계약의 형태를 띠므로 심도있는 실사(due diligence)와 협상과정이 필요할 수 있다. 다음의 몇 가지 항목은 신용파생상품의 계약서류를 작성함에 있어서 특별한 주의를 기울여야 하는 부분이다.

- 준거기업 및 신용파생상품의 가격결정
  대부분의 상업대출이나 일부 거래가 빈번하지 못한 회사채 등의 경우에는 유통시장이 활발하지 못해 투명한 가격결정이 어렵다. 이런 경우에는 거래당사자간의 협상에 의하여 가격결정자(calculation agent)를 지정할 수 있다.

- 분쟁해결(dispute resolution)
  신용파생상품의 거래에 있어서 거래가격이나 신용사건의 정의 등에 대하여 거래 쌍방간에 견해의 차이가 발생할 수도 있다. 이런 경우에 어떠한 방식으로 분쟁을 해결할 것인지 거래당사자간에 미리 합의하는 것이 바람직하다.

- 신용사건의 정의
  신용파생상품의 거래에 있어서 가장 중요한 거래조건 중의 하나가 보장제공자의 지급의무 발생을 결정하는 신용사건의 정의이다. 신용사건의 정의가 복잡해질수록 특정한 사건의 발생을 입증하는 것이 어렵거나 모호하게 되어 주관적인 판단에 의존할 수밖에 없는 경우가 생길 가능성이 커진다.

- 준거기업 혹은 준거자산에 대한 관리 및 정보
  신용파생상품 거래에서 준거자산의 관리에 대해 특별한 제한규정을 두거나 준거자산과 관련된 정보의 외부유출 등이 법규에 위배되는 등 문제가 발생할 수 있다. 따라서 이러한 제한규정이나 정보사용의 제한요인에 대해 미리 분명하게 합의 할 필요가 있으며, 신용사건을 정의함에 있어서는 이러한 사적 정보에 의존하지 않도록 공개적 정보에 의해서 확인될 수 있는 사건으로 국한하는 것이 바람직하다.

해답

7. • 신용위험은 다른 위험들과 비교하여 구분되는 다음과 같은 특성을 가지고 있다. 첫째, 통계자료의 불명확성. 시장위험의 경우 동일한 상품의 가격변화 자료를 시장에서 반복적으로 수집할 수 있는데 비해 신용위험의 경우 동일한 기업의 과거 통계 자료(예를 들어 부도 발생자료)는 존재하지 않는다. 예를 들어, 예상 도산확률 1%는 해당 기업의 도산확률이 1%라는 말이 아니고 유사한 특성을 가진 100개 기업 중 1개 기업이 도산할 확률을 나타낸 것이다. 둘째, 예상외손실의 측정의 어려움. 도산은 발생빈도는 낮으나 발생시 그 손실규모는 매우 크기 때문에 신용위험에 따른 손실 확률분포는 정규분포를 가정할 수 없다. 즉, 손실분포가 비대칭적이고 두터운 꼬리를 갖기 때문에 평균과 표준편차만으로 예상외손실을 측정하는 경우 오차가 크게 발생한다. 셋째, 상관관계의 특수성. 신용위험은 도산이 개별적 사건이며 도산시의 손실이 이항분포 형태(예: loss or no loss)로 나타나기 때문에 상관관계의 성격이 시장위험과 상이하다. 그리고 도산은 발생빈도가 낮고 관측기간이 장기간이기 때문에 도산확률 간의 상관관계 측정이 어려울 뿐 아니라 정확한 신용위험의 평가를 위해서는 도산확률과 손실률의 상관관계 측정도 필요하다. 또한 대출 등 신용위험 관련 상품의 거래시장 부재로 인해 유동성이 낮고 정확한 가치평가가 곤란하며 지급보증, 담보 또는 상계약정 등 다양한 형태의 신용보강(credit enhancement)조치가 가능하여 신용위험 구조가 복잡하게 구성되어 있다.

• 신용파생상품 거래에서 감독당국의 관심사는 개별은행 뿐 만 아니라 금융산업 전체차원에서 적합한 자기자본을 보유하도록 하는 것이다. 따라서 신용파생상품에 대한 자기자본규제를 함에 있어서는 거래대상 신용위험의 성격, 신용위험이전의 정도, 거래상대방위험, 신용위험의 규모와 적절한 측정방법 등이 주요한 고려사항이 된다.

• 그러나 신용파생상품을 어떻게 처리하느냐에 따라 거래당사자가 부담해야 하는 의무자기자본보유액은 크게 차이가 날 수 있으며, 금융시장 전체의 안정성 역시 신용파생상품 거래 전에 비하여 위협받을 수 있다. 대표적으로 은행입장에서 신용파생상품을 은행계정(bank account)으로 처리하는 것과 거래계정(trading account)으로 처리하는 것에 따라 위험가중치 및 신용위험환산율에 큰 차이가 발생한다. 또 보장매입자와 보장제공자가 각기 신용파생상품을 어떻게 처리하느냐에 따라 필요자기자본액은 큰 차이가 날 수 있다.

• 대부분의 국가에서 은행계정의 경우 신용파생상품거래를 통한 신용위험의 경감효과를 매우 보수적으로 인정한다. 반면, 거래계정의 경우 (시가평가가 가능하고 단기매매인 경우) 신용파생상품을 일반파생금융상품으로 처리하여 보통 0–15%의 신용환산율을 적용하며 위험경감효과를 인

정한다. 또 신용파생상품 거래로 보장매입자와 보장제공자 간에 누가 위험을 부담하는지, 이전된 위험의 정도가 어떠한지, 거래상대방위험은 어떠한지에 따라 필요자기자본보유액이 결정되어야 하나 이 또한 두 거래당사자가 신용파생상품에 대해 적용하는 위험가중치와 신용환산율에 따라 크게 영향을 받는다.

• 신용파생상품과 금융시장의 안정성
  ◦ 금융기관이 신용파생상품거래를 통해 BIS 자기자본규제를 회피하게 되면 준거자산의 신용위험에는 변화가 없는데도 불구하고 개별은행은 물론 은행권 전체의 자기자본 수준이 감소하게 되므로 금융시장의 안정성을 해칠 수 있다.
  ◦ 따라서 금융시장의 안정성 확보를 위해서는 감독당국은 신용파생상품의 위험경감효과를 보수적으로 인정할 필요가 있다.
  ◦ 신용파생상품의 규제경감(capital relief)효과를 인정받을 수 있는 은행의 위험관리절차와 관련된 최소조건, 그리고 신용파생상품의 계약이 실효성을 갖도록 하는 여러 가지 조건을 합리적으로 규정할 필요가 있다.

8~11. 본문내용 참조.

12. 두 경우에 있어서 차입자로부터 발생하는 현금흐름은 동일하나 위험포지션에 대해 보유되어야 하는 필요자본은 서로 다르게 된다. 대출금이 은행계정(banking book)에 기장되는 경우 위험(액면가격과 100%에 해당하는 거래상대방위험 가중치의 곱)에 대해 8% 자본을 보유하여야 한다. 반면 부외거래의 경우 시가 평가되는 거래계정(trading book)에 기장될 수 있으며 이 경우 부외거래인 거래계정에 대한 거래상대방위험(counterparty credit risk) 및 개별위험(specific risk)이 반영되어야 한다. 바젤 II 의 경우 거래상대방위험을 무시하면 B 은행과의 거래는 24개월 만기를 초과하므로 1.60%의 가중치가 적용된다. 따라서 거래계정에 보유해야 하는 규제자본요구액은 1.60%이고 이는 은행계정에 대한 요구액보다 80%가 낮다.

규제자본에 대한 수익률은 다음의 〈표〉에서 제시되고 있는데 부외계정으로 처리되는 경우 수익률이 5배 정도 증가하는 것을 알 수 있다.

해답

	은행계정	거래계정
거래금액	$1,000,000	$1,000,000
순이익(45bp)	$4,500	$4,500
거래상대방위험가중치	100%	100%
필요규제자본	8%	1.6%
필요자기자본	$80,000	$16,000
자기자본이익률	5.625%	28.125%

13. 〈표 5-5〉에 의하면 신용등급이 BBB인 기업의 위험가중치는 100%이며, A인 기업의 위험가중치는 50%이다. 따라서 스왑 전 ABC투자회사가 부담하는 평균 위험가중치는 75%이다. 스왑계약에서 X은행은 50%를 한도로 하는 FTD 투자자이므로 스왑계약을 통해 위험이 낮은 A기업이 발행한 채권의 위험이 X은행의 위험가중치 20%로 대체되게 되나 B기업의 위험은 그대로 남는다. 따라서 스왑 계약 후에 ABC투자회사의 위험가중치는 평균 60%로 감소한다. 600억원의 신용위험 부담에 따라 ABC투자회사가 필요로 하는 요구자본은 8%인 48억원이다.

14. 〈표 5-9〉에 주어진 식을 이용하여 만기조정함수의 값을 구하면
$b=(0.11852-0.05478\times\ln(0.001))^2$=0.247이다.
따라서 $MA=\frac{1+(M-2.5)b}{1-1.5b}=\frac{1}{1-1.5\times0.247}=1.59$이다. 〈표 5-9〉의 K-함수에서 $N[\cdot]$, 즉 WCDR의 값을 부도확률 0.1%에서 구하면 3.4%이다. 따라서 A은행의 위험가중자산은 다음과 같이 계산된다.

RWA = 12.5×EAD×LGD×($WCDR$ − PD)×MA

= 12.5×2억×0.5×(0.034 − 0.001)×1.59 = 0.66억(달러)

필요자기자본 = 0.08×RWA = 0.08×0.66억 = 525만(달러)

이는 결국 투자기간 1.59년, 신뢰수준 99.9%에서의 예상외손실 즉 VaR 추정치에 대한 8%의 위험자본이라고 할 수 있다.

해답

15. 매 기간의 부도확률은 신용스프레드를 이용하여 구할 수 있다. 첫 2년간의 연 평균 부도확률은 다음과 같다.

첫 2년간의 연평균 부도확률 = $\dfrac{s(2)}{1-R} = \dfrac{0.015}{1-0.5} = 0.03$

3년간의 평균부도확률과 3년째의 부도확률은 다음과 같다.

3년간의 평균부도확률 = $\dfrac{s(3)}{1-R} = \dfrac{0.02}{1-0.5} = 0.04$

3년째의 부도확률 = $q_3 = e^{-0.03\times 2} - e^{-0.04\times 3} = 0.0548$

따라서 C은행 스왑포지션의 CVA는 다음과 같이 평가된다.

금리스왑 1: $CVA = \sum_{i=1}^{n}(1-R)q_i v_i = 0.5(0.03+0.03)\times 1{,}000{,}000 = 30{,}000$

금리스왑 2: $CVA = \sum_{i=1}^{n}(1-R)q_i v_i = 0.5(0.03+0.03+0.0548)\times 2{,}000{,}000 = 114{,}800$

따라서 총 CVA는 144,800달러이다.

참고문헌

[국내문헌]

- 금융감독원, 자산건전성 분류업무 해설, 2015.8.
- 금융감독원, 은행업감독규정, 2021.2.1.
- 금융감독원, 은행업감독업무시행세칙, 2021.3.1.
- 금융감독원, 바젤Ⅲ 기준서: 글로벌 자본 및 유동성 규제체계, 2011.
- 금융감독원, 신용리스크 내부등급법 세부지침(안), 2005 & 2006.
- 문종진, 임철순, 박병수, 고일용, 이승국, Basel II와 리스크 관리, 경문사, 2007.
- 김경무 · 양정용 · 정연수, "신용파생상품의 구조와 리스크분석," 새로운 제안, 2007.
- 남길남 · 이석형 · 준윤신, "세계 신용파생상품시장의 혁신과 시사점," 한국증권연구원, 2008.
- 정대영, 신위험관리론, 한국금융연수원, 2005.
- 한국은행, "신용파생금융상품에 대한 회계처리방법", 한국은행, 1998.
- 한국은행, "신용파생상품시장의 최근 거래동향과 규제현황", 한국은행, 2000.
- 한국은행, "바젤Ⅲ 레버리지비율 기준서," 2014..

[국외문헌]

- Anthony Saunders and Linda Allen, Credit Risk Measurement, Wiley Finance, 2002.
- Antulio N. Bomfin, Understanding Credit Derivatives and Related Instruments, Elsevier, 2005.
- Arnaud De Servignu and Oliver Renault, Measuring and Managing Credit Risk, McGraw-Hill, 2004.
- Basel Committee on Banking Supervision, International Convergence of Capital

참고문헌

Measurement and Capital Standards: A Revised Framework, BIS, 2004.

- Basel Committee on Banking Supervision, "BaselⅢ: A global regulatory framework for more resilient banks and banking systems," and "BaselⅢ: International framework for liquidity risk, measurement, standards and monitoring," 2010.10.
- Basel Committee on Banking Supervision, Basel III: Finalising post-crisis reforms, 2017.12.
- Chenyu Shan, Dragon Yongjun Tang, Hong Yan, and Xing (Alex) Zhou, "Credit Default Swaps and Bank Regulatory Capital," Review of Finance, 2021, 121–152.
- David Rule, "The Credit Derivatives Market: Its Development and Possible Implications for Financial Stability", Bank of England Financial Stability Review, June 2001, 117 – 140.
- George Chako, Anders Sjoman, Hiderto Motohashe, and Vincent Dessain, Credit Derivatives, Wharton School Publishing, 2006.
- George Chaplin, Credit Derivatives, John Wiley & Sons, 2005.
- Houman B. Shadab, "Credit Risk Transfer Governance: The Good, the Bad, and the Savvy," Seton Hall Law Review 42, 2012, 1009 – 1080.
- Janet M. Tavakoli, Credit Derivatives & Synthetic Structures, Wiley Finance, 2001.
- John C. Hull, "Risk management and Financial Institutions," 5th edition, Wiley Finance, 2018.
- M. Crouhy 외, "Risk Management" McGraw-Hill, 2001.
- Moorad Choudhry, Strucutured Credit Producuts, Wiley Finance, 2004.
- René M. Stulz, Credit Default Swaps and the Credit Crisis, Journal of Economic Perspectives 24, 2010, 73 – 92.

참고문헌

웹사이트 : 금융감독원(www.fss.or.kr)

영국은행연합회(www.bba.org.uk)

국제스왑 · 파생상품협회(www.isda.org)

국제결제은행(www.bis.org)

CFTC(www.cftc.gov/lawregulation/doddfrankact/index.htm)

FRB(www.federalreserve.gov/bankinforeg/basel/default.htm)

European Commission

(ec.europa.eu/finance/financial-markets/derivatives/index_en.htm)

FRB Supervisory and Regulation Letters

(https://www.federalreserve.gov/supervisionreg/srletters/srletters.htm)

■ **장 욱** (제1편, 제2편)

약력 / 서울대학교 경영학과 및 동 대학원 졸업(경영학박사)
대우증권, 한국기업평가 근무
(현) 덕성여자대학교 경영학과 교수

저서 / 금융자산관리사(FP) 종합문제집(공저, 청람, 2001)
기업신용위험분석(공저, 한국금융연수원, 2002)

■ **박종원** (제3편)

약력 / 현, 서울시립대학교 경영대학 교수
전 한국재무학회 회장
전 한국파생상품학회 회장
전 재무관리연구 편집위원장
전 공적자금관리위원회 민간위원장
서울대학교 대학원 석사 및 박사(재무금융 전공)
국민대학교 경영학과 학사
펜실베니아대학교 와튼 스쿨 방문연구원
공인회계사 및 세무사(영화화계법인 근무)

주요 저서 및 논문
위험측정 및 활용(공저, 한국금융연수원, 2015)
재무관리 제4판 (공저, 다산출판사, 2021)
현대재무관리 제8판 (공저, 다산출판사, 2015)
현대투자론 제4판 (공저, 다산출판사, 2016)
선물 · 옵션 · 스왑(공저, 다산출판사, 2009)
현대재무관리연습(공저, 다산출판사, 2003)
리더가 꼭 알아야 할 재무관리전략(21세기북스, 2011)

신용위험관리

초판 1쇄 인쇄 2002년 10월 5일
5판 1쇄 발행 2024년 12월 6일
저 자 장욱 · 박종원
발 행 인 이준수
발 행 처 한국금융연수원 출판미디어사업부
03053 서울특별시 종로구 삼청로 118
전 화 (02)3700 - 1500
팩 스 (02)3700 - 1530
홈 페 이 지 http://www.kbi.or.kr
등 록 1990년 4월 20일(제1 - 1040호)

〈정가 : 18,000 원〉 ISBN 978-89-287-8225-3 (13320)

※ 도서의 오류내용(오탈자 등)을 제보해주시어 채택되신 분께는 소정의 상품을 보내드리오니 독자 여러분들의 많은 참여 바랍니다.(상세 정보는 www.kbi.or.kr 참조)

※ 본 도서의 내용은 한국금융연수원의 견해와 다를 수 있습니다.

한국금융연수원 자격검정시험 안내

•「국가공인자격」은 자격기본법에서 정한 기준과 절차에 따라 국가가 공인한 자격으로 신용분석사, 여신심사역, 국제금융역, 자산관리사(FP), 신용위험분석사(CRA), 외환전문역 I종, 외환전문역 II종 등 7개의 자격이 있습니다.

•「자체인증자격」은 우리 원이 인정, 수여하는 자격으로 공개시험형 자체자격인 프라이빗 뱅커(CPB), 은행텔러, 영업점 컴플라이언스 오피서(은행)(보험)(증권), KBI 금융DT 테스트, 자금세탁방지 업무능력 검정시험 등 7개 자격이 있습니다.

구분	자 격 명 (공인/등록번호)	응시료	자격소개
국가공인자격	신용분석사 (제2024-1호) (2008-0438)	전과목 : 66,000원 1부 : 28,000원 2부 : 39,000원	금융회사의 여신관련 부서에서 기업에 대한 회계 및 비회계자료 분석을 통하여 종합적인 신용상황을 판단하고 신용등급을 결정하는 등 기업신용 평가업무를 담당하는 금융전문가
	여신심사역 (제2024-2호) (2008-0439)	전과목 : 66,000원 1부 : 28,000원 2부 : 39,000원	금융회사의 여신심사 담당자로서 경제상황과 기업의 재무, 비재무상태 등을 분석, 파악하여 적정한 대출심사 의견서 작성, 대출이율 및 대출기간 결정 등 대출실행 여부를 판단하고 자금의 효율적 운용, 대손 방지를 위한 제반조치, 여신의 법률적 검토, 사후관리업무 등 여신업무와 관련한 종합적인 업무를 수행하는 금융전문가
	국제금융역 (제2021-1호) (2008-0440)	전과목 : 66,000원 1부 : 33,000원 2부 : 33,000원	금융회사의 국제금융 관련 부서에서 국제금융시장의 동향파악, 분석 및 예측 등을 통하여 외화자금의 효율적 조달과 운용업무를 담당하고 이에 따른 리스크관리 등 국제금융 관련 업무를 수행하는 금융전문가
	신용위험분석사(CRA) (제2023-2호) (2008-0442)	1차 : 77,000원 2차 : 88,000원	금융회사 및 기업신용평가기관 등에서 개인과 기업에 대한 신용상태를 조사평가하고 신용위험을 측정 · 관리하는 여신전문가
	자산관리사(FP) (제2020-1호) (2008-0441)	전과목 : 55,000원 1부 : 28,000원 2부 : 28,000원	금융회사 영업부서의 PB(Private Banking) 팀에서 고객의 수입과 지출, 자산 및 부채현황, 가족상황 등 고객에 대한 각종 자료를 수집, 분석하여 고객이 원하는 Life Plan 상의 재무목표를 달성할 수 있도록 종합적인 자산설계에 대한 상담과 실행을 지원하는 금융전문가
	외환전문역 I종 (제2020-1호) (2008-0436)	전과목 : 55,000원	금융회사의 외환업무 중 외국환 거래 법규 및 외환거래실무를 이해하고 고객의 외화 자산에 노출되는 각종 외환 리스크를 최소화시키는 등 주로 개인 외환과 관련된 직무를 담당
	외환전문역II종 (제2020-1호) (2008-0436)	전과목 : 55,000원	금융회사의 외환업무 중 수출입업무 및 이와 관련된 국제무역규칙을 이해하고 외환과 관련된 여신 업무를 수행하는 등 주로 기업 외환과 관련된 직무를 담당
자체인증자격	은행텔러 (2008-0437)	전과목 : 55,000원	창구에서 일어나는 제반업무에 대해 신속하고 친절한 업무수행과 정확한 업무처리로 고객에게 도움을 주고 상담을 통해 문제해결을 하도록 도와주는 금융전문가
	영업점 컴플라이언스 오피서(은행) (2010-0118) (보험, 증권) (2013-0702,0703)	전과목 : 각 44,000원	금융회사의 영업점에서 준법관련 법규와 감독기관의 감독규정이 정한 내용과 취지를 충분히 이해하고 업무 수행과정에서 이를 준수하며, 영업점에서 발생 가능한 금융사고 및 민원사항이 발생하지 않도록 사전적 예방 차원에서 그 준수사항의 이행을 점검하는 금융전문가(은행, 보험, 증권 분야별로 자격이 구분됨)
	프라이빗뱅커 (CPB) (2018-004091)	1차 : 110,000원 2차 : 342,000원 (실무교육)	개인고액자산가의 자산 및 수익증대를 실현하기 위해 금융분야 전반에 걸쳐 종합적인 금융상담과 실행을 지원할 수 있는 최고급 수준의 금융자산설계전문가
	KBI 금융DT 테스트 (2021-001872)	전과목 : 44,000원	금융인 및 예비금융인을 대상으로 디지털금융 전반에 대한 기본지식과 업무활용능력 등 금융DT 관련 기본역량 평가
	자금세탁방지 업무능력 검정시험 (2023-004792)	전과목 : 66,000원	금융시스템을 이용한 자금세탁행위와 공중협박자금조달행위를 적발 및 예방할 수 있는 전문적인 업무역량 평가

소비자 알림사항

•상기 "프라이빗뱅커(CPB)", "영업점컴플라이언스 오피서(은행)(보험)(증권)", "KBI 금융DT 테스트", "은행텔러", "자금세탁방지 업무능력 검정시험" 자격은 자격기본법 규정에 따라 등록한 민간자격으로, 국가로부터 인정받은 공인자격이 아닙니다.
•민간자격 등록 및 공인 제도에 대한 상세내용은 민간자격정보서비스 (www.pqi.or.kr)의 '민간자격 소개'란을 참고하여 주십시오.

기타

•응시료 환불 규정 : 접수기간 중 100%, 접수기간 종료 후 시험일 5일전 18시까지 50% 환불/이후 환불 불가
•자격 공인번호는 재공인시점에 따라 변경될 수 있으며, 응시료, 환불규정 등은 응시 시점에 따라 변경될 수 있으니 자격시험 응시 전 반드시 한국금융연수원 홈페이지에서 응시하고자 하는 자격시험에 관한 최신 정보를 확인하시기 바랍니다. 자격시험에 관한 자세한 사항은 한국금융연수원 홈페이지를 참조하시기 바랍니다.
•주소 : 서울특별시 종로구 삼청로 118 / TEL : 02-3700-1500 / 홈페이지 : www.kbi.or.kr